《故宫珍本丛刊》精选整理本丛书

阴阳五要奇书（下册）

八宅明镜（附）

[宋] 杨筠松 著

乾隆庚戌年姑苏乐真堂藏版

李峰标点、注释

海南出版社·海口

图书在版编目（CIP）数据

　　阴阳五要奇书：郭氏元经、璇玑经、阳明按索、佐元直指、三白宝海、八宅明镜 /（晋）郭璞等著；李峰标点、注释 . -- 海口：海南出版社，2006. 1 (2024. 12 重印).
　　《故宫珍本丛刊》精选整理本丛书）
　　ISBN 978-7-5443-1467-1

　　Ⅰ . ①阴… Ⅱ . ①郭… ②李… Ⅲ . 阴阳五行说 – 迷信术数 – 古籍 – 中国 Ⅳ . B992.1

　　中国版本图书馆 CIP 数据核字 (2005) 第 142456 号

阴阳五要奇书（下册）：八宅明镜（附）
YINYANG WUYAO QISHU (XIACE): BAZHAIMINGJING (FU)

海南出版社出版发行
总社地址：　海口市金盘开发区建设三横路 2 号
北京地址：　北京市朝阳区黄厂路 3 号院 7 号楼 101 室
邮　　编：　570216
网　　址：　http://www.hncbs.cn
电　　话：　0898-66812392　010-87336670
读者服务：　张西贝佳
责任编辑：　张　雪
经　　销：　全国新华书店
印刷装订：　河北盛世彩捷印刷有限公司
出版日期：　2006 年 1 月第 1 版　　2024 年 12 月第 6 次印刷
开　　本：　880 mm × 1 230 mm　1/32
印　　张：　上册 23.25　中册 20　下册 17.5
字　　数：　1400 千字
书　　号：　ISBN 978-7-5443-1467-1
定　　价：　168.00 元（全三册）

《阴阳五要奇书》下册目录

八宅明镜目录

卷　　下

乾隆庚戌年鐫

八宅明鏡

翠筠山房板

乾隆庚戌年重刊

陰陽五要奇書

板藏姑蘇閶門外樂真堂

序

【原文】愚性素常不信乎风水,不惑于地理,混混漠漠,任意迁居。或西或东,凶吉不一;或北或南,苦乐各异,实不知其所由也。偶于己酉仲冬,适有箬冠道人来家访余,谈及八宅之妙,余叩其术,曰:"乾坎艮震,巽离坤兑,八宅分其吉凶。而屋有东四宅,西四宅;人有东四命,西四命。何为东四宅?坎震巽离是也。何为西四宅?乾兑艮坤是也。"又云:"人有东四命,西四命,按甲子分上中下三元。如一坎、三震、四巽、九离为东四命;二坤、六乾、七兑、八艮为西四命。东四命宜居东四宅,西四命宜居西四宅。命与屋相合,无有不财丁并发者。如屋难以移迁,一室之内亦有二十四方向,按其位置改灶移床,即可应验。"余即叩授其术,箬冠道师探囊取书二本授余,名曰《八宅明镜》,并授天尺一枚,云乃杨筠松先生所著。如一宅不利,改门则利;一室不吉,改房门则吉。开门造床,依真尺寸趋吉避凶,应验如爽。然非梓人所用之周天尺也。令余细心玩阅,详载甚明。言讫而别。余随以膏继晷,静心玩读,并思亲友丁财并旺者,委系合命合宅;休咎衰亡者,确是命宅相反耳。若此,果阳宅之征信有凭,而房屋之吉凶有据,拾是桴鼓之相应也。书与尺,其理原属一致,并行不悖,兼而用之,良有益也。堪叹世人碌碌,倘逢命屋相背,关系非细,不但终身贫苦,抑且斩绝宗嗣,祸害岂浅鲜哉!故不敢私为枕秘,付之剞劂,以公海内,使方方兴旺,处处康宁,则余之所愿毕已。

时乾隆五十五年岁次庚戌仲春花朝胥江钓叟顾吾庐序

【注解】箬冠道人:诸书均未言及其人;己酉年即1789年。

杨筠松:号救贫,被风水家尊为祖师,以寻龙立穴著称,开创了后世风水中的形法一派。《八宅明镜》以大游年理气论吉凶,虽其理论依据来自杨筠松之"九星说",但用法与其大相径庭,故此书绝非杨氏所作。

八宅大游年断宅吉凶,盛行于明末清初,其著作有明末王君荣的《阳宅十书》,清初吴鼒的《阳宅撮要》及本书《八宅明镜》等,但本书内容前后重复,颠倒残缺,远不如《阳宅十书》条理清晰,内容完整。清初蒋大鸿、梅漪老人、魏青江等竭力反对此法,相继有《阳宅辟谬》《阳宅指南》《阳宅大成》等书纠辟其谬。随着玄空风水的慢慢兴起,八宅大游年断宅之法亦慢慢衰落,但仍不失为一法,如今港台及东南亚许多地区,还有许多风水师以其法断宅之吉凶。对八宅大游年方法的意见大约有以下几点:

一、天有九星,地有九宫,以九曜配九宫,是与洛书相为表里之法,而八宅大游年强将辅弼二星合二为一,不仅九星混乱,亦与昔圣人将天下分为九州之意不符,且九星之命又岂能与八宅八星相配? 是星官混乱也。

二、八宅大游年之法,既以乾坤兑艮为西四宅,为阴;以坎离震巽为东四宅,为阳,就当以此为法。忽而又以戌辰为分界线,又从戌至乙为阳,从辰至辛为阴,如此则阴阳混淆。

三、无极生太极,太极生两仪,两仪即阴阳,阴阳既互相对待,又互相滋生,故阴阳从来都是平衡的。然八宅生命,将女命中宫寄艮,男命中宫寄坤,两者都属西四阴命。如此则西四占五,东四占四,阴阳失去了平衡,万物岂有生机焉?

四、充盈天地之间者,气也,司吉凶祸福之变者,气也。人同此人,宅同此宅,命同此命,向同此向,然兴衰有异者,气之变化也故,故魏青江云:"世有以游年八星论门分房者,执滞不通。"又说:"宅气旺,虽绝命五鬼何害于吉? 宅气衰,延年天医何救于凶?"

凡　　例

【原文】1.斯书系箬冠道人所授,并不见有刻本传流行世,即有师偶知九宫八宅之奥,以为独得之秘密,若天机不肯妄泄。每见求术改宅者,屡受居奇推托,故不敢私为枕秘,谨刊流行,以公海内。

2.凡东四命宜居东四宅,西四命宜居西四宅,此千古不易之方向,必须用罗经为准,不可草率错误。

3.凡查命之九宫,须用排山掌诀,然初学者一时不能通会,莫若将《时宪书》后页纪年岁数之下有男几宫、有女几宫,查看无差,甚为简便。

4.凡三元是查命宫之纲领,如上元甲子年生男在坎一宫,女在艮八宫;中元甲子年生男在巽四宫,女在坤二宫;下元甲子年生男在兑七宫,女在艮八宫。余可类推。

5.凡东命人居西宅不能迁徙者,亦可改门易灶,即能转祸为福。

6.此书不但阳宅一家,而合婚实有至理存焉。如果东命配东妻,西命配西妇,非惟子多,抑且和睦。

7.凡艰嗣乏后者,细查命宫,照卦依象改门易灶,即可广嗣续后,应验如神。

8.凡救贫求财者,细查生气方向改门换灶,即可富厚。

9.凡除疾病,则将灶口或风炉口向本命之天医方位,则病可不药而速愈矣。

10.凡奇灾异祸之人,查阅是书,亦可趋吉避凶,转祸为福。

11.开门之尺,地师都用门光尺,梓人所用周天尺,今书所载天尺,实人间罕有之秘尺也,故绘刊传世。

12《玉辇经》开门放水等图、等歌,只可采其大意,莫若用天尺为效。

13.集中或有重复之处,因前贤所述,不敢妄除删改。

14.积善之家,虽居恶向,拱对煞星,天道断不令伊受祸;不善之家,虽居合命合宅之屋,拱对吉星,天道断不锡之以福。所以吉凶之不应者,皆由善恶所主也。

板藏乐真堂,如欲玩阅者,在苏州胥门内学士街谭云龙学古斋中发兑。

【注解】现在书前的凡例,多仅说明本书的体例,即对本书的编写格式和文章组织进行说明。而古籍的凡例还多对本书内容的特点进行说明,此凡例正是这样,希望读者认真阅读。

卷上

论男女生命

【原文】人之生命不同,宅之宜忌各异,故祖孙或盛或衰,父子或兴或废,夫妇而前后灾祥不同,兄弟而孟仲休咎迥别;或居此多坎坷,或迁彼得安康,实皆命之合与不合,有以致此也。古人云:"命不易知。"故从卦以演命之理,次从宅舍各事之宜,以合夫命,庶得趋所宜,而不拂天地八卦五行所生之理,则庆流奕业,而祥萃当身矣。

【注解】命:术数家把生人之年叫作命,或叫本命。因术数门类及风水派系不同,对命的称呼也各有异。这里只把本书提及的四种"命"作以介绍。

一、生于何年,就称为何命。术数中天干共有十位,即甲、乙、丙、丁、戊、己、庚、辛、壬、癸。地支共有十二位,即子、丑、寅、卯、辰、巳、午、未、申、酉、戌、亥。把天干和地支相配,共须六十次才能把干支配完,这就是平时所说的六十花甲。即:

甲子、乙丑、丙寅、丁卯、戊辰、己巳、庚午、辛未、壬申、癸酉、
甲戌、乙亥、丙子、丁丑、戊寅、己卯、庚辰、辛巳、壬午、癸未、
甲申、乙酉、丙戌、丁亥、戊子、己丑、庚寅、辛卯、壬辰、癸巳、
甲午、乙未、丙申、丁酉、戊戌、己亥、庚子、辛丑、壬寅、癸卯、
甲辰、乙巳、丙午、丁未、戊申、己酉、庚戌、辛亥、壬子、癸丑、
甲寅、乙卯、丙辰、丁巳、戊午、己未、庚申、辛酉、壬戌、癸亥。

如生于甲子年,就称为甲子本命或甲子生人;若生于乙丑年,则称乙丑本命或乙丑生人,余类推。这一派系是以干支正五行论命的,多用于修作、葬埋造命。

二、以生年纳音五行论命。五行中有一种纳音五行,即甲子、

乙丑海中金,丙寅、丁卯炉中火之类(详下节),如生于甲子年,其纳音五行属金,故曰金命;若生于丙寅年,其纳音五行属火,故曰火命。余类推。这一派多用于修造选择和山向分金。

三、以生年入中九星论命。古代术数家认为,天体是围绕北斗七星旋转的,故有"天上的群星永远朝北斗"之说。古人经过千百年的实践总结,建立了一套北斗与地球之间的相互影响的运算规律,九星就是其中的一种。北斗七星只有七颗,其名为天枢、天璇、天玑、天权、玉衡、开阳、瑶光,再加上斗柄左右的左辅、右弼,共为九星。九星名称甚多,有以贪狼、巨门等称呼的,有以天禽星、天心星等称呼的,这里介绍的则是以颜色称呼的,术称"紫白九星"。即一白、二黑、三碧、四绿、五黄、六白、七赤、八白、九紫。紫白九星和六十花甲相配,须一百八十年才能配完。一百八十年正好是三个六十花甲,术数家就把第一个六十花甲称为上元,第二个六十花甲称为中元,第三个六十花甲称为下元。依此,三元值年九星成表。

上元	中元	下元	值年之星						
一白	四绿	七赤	甲子	癸酉	壬午	辛卯	庚子	己酉	戊午
九紫	三碧	六白	乙丑	甲戌	癸未	壬辰	辛丑	庚戌	己未
八白	二黑	五黄	丙寅	乙亥	甲申	癸巳	壬寅	辛亥	庚申
七赤	一白	四绿	丁卯	丙子	乙酉	甲午	癸卯	壬子	辛酉
六白	九紫	三碧	戊辰	丁丑	丙戌	乙未	甲辰	癸丑	壬戌
五黄	八白	二黑	己巳	戊寅	丁亥	丙申	乙巳	甲寅	癸亥
四绿	七赤	一白	庚午	己卯	戊子	丁酉	丙午	乙卯	
三碧	六白	九紫	辛未	庚辰	己丑	戊戌	丁未	丙辰	
二黑	五黄	八白	壬申	辛巳	庚寅	己亥	戊申	丁巳	

此表还可排成另一形式,见本书上册第115面。

何年生,看何九星值年入中,就属何命。如上元甲子年生人,一白值年,就是一白命;下元甲子年生人,七赤值年,则为七赤命。再如中元丙寅年生人,二黑值年,为二黑命;上元丙寅年生人,八白值年,则为八白命。余类推。九星论命者,多用于判断阴阳宅吉凶。如中元辛卯年生人,属四绿命,巽方为四绿,故宜住巽山之房;一白属水,住坎方之屋为水生木亦吉;若住七赤屋,七赤属金,是金克四绿木本命,故凶。

四、即本书所分的东四命,西四命。坎离震巽为东四命,乾坤艮兑为西四命。(详见后注)

八卦:《周易·系辞传》说,包羲氏之王天下也,仰则观象于天,俯则观法于地,观鸟兽之文与地之宜,近取诸身,远取诸物,于是始作八卦。这就告诉我们,八卦是以仰观天文、俯察地理、中知人事,综合天地人三才之道才画出来的。八卦之图是阴阳学说的公式图,是由阴阳两种图象组合起来的。其本象用━来代替阳,用--来代替阴。每卦三画,上画代表天,下画代表地,中画代表人,由此而演变出八个变化,其变化均从最下面开始。其第一画为阳爻者,叫太阳,卦象是☳,歌曰"震仰盂";第二画为阳爻者,叫中阳,卦象是☵,歌曰"坎中满";第三画为阳爻者,叫少阳,卦象是☶,歌曰"艮覆碗";如果三画都是阳爻者,称为老阳,卦象是☰,歌曰"乾三连";以上为四阳卦。反之,如果第一画为阴爻者,叫太阴,卦象是☴,歌曰"巽下断";第二画为阴爻者,叫中阴,卦象是☲,歌曰"离中虚";第三画为阴爻者,叫少阴,卦象是☱,歌曰"兑上缺";若三画都是阴爻者,则称为老阴,卦象是☷,歌曰"坤六断",以上为四阴卦。八卦是一个非常复杂的体系,它不仅有先天八卦和后天八卦之分,还有许多取类比象,将在后文一一予以详细介绍。

五行:五行之说,《郭氏元经·山家五行篇第七十七》已做介绍,请参阅;另九星五行请参阅本书上册第533面。

　　"祖孙或盛或衰，父子或兴或废，兄弟而孟仲休咎迥别"，三句是言人生命不同，虽同居一宅而吉凶各异，此是人命与宅命合论。如《玄空大秘诀》中所举一例：广西大兴县姚姓之人，兄弟三人同居一宅，其宅坐卯向酉，为震宅，依八宅派论宅命属东四宅，宜东四命人居住，西四命人居之则大凶。其兄和其弟属于西四命，惟姚君为东四命人。后果其弟从三楼失足跌下，当即摔死，其兄亦抱病而亡。（详后）

　　"夫妇而前后灾祥不同"一句，夫妇还是原来之人，其宅亦是原来之宅，是宅命和人生命均未变换，其灾祥不同者，却非生命和宅命变化，依理气派而言，是宅之气运变化所致。如《宅案新运》中所举"元源庄发展及破产之考察"例，上海南市毛家弄西口沈宅，坐酉向卯兼庚甲二度，光绪七年辛巳年上元一运翻造，楼房光绪廿三年丁酉建造，时已交进二运。演数如下。

辛巳造

四七 九	八三 五	六五 七
五六 八	三八 一	一一 三
九二 四	七四 六	二九 二

丁酉造

三一 一	八五 六	一三 八
二二 九	四九 二	六七 四
七六 五	九四 七	五八 三

诗曰：

宅本吉，艮兑二流逢二一；动失时，楼房翻复起啾唧。

退气乘，年月怕逢生克出；一旦休，破产奇祸难为述。

评曰：此宅翻造于上元一运，向承六白，旺气飞临后方，喜后方低空，一六相生，一白方来源足，在一运内产业上非常活动，故沙船事业非常发达,并出余力经营元源钱庄,在上海金融界占盛大之势力。是宅胜利之年,当以光绪十四年戊子孟夏立夏小满期内,及光绪十九年癸巳孟夏立夏小满期内。其时年月天星与是宅操持全宅命运之向星成结晶体。因是宅向首旺星一白旺气飞到兑方,上海之兑方从蒲汇塘向西接通淞江三泖,再逆流而上,直趋八百里水库之太湖。二黑生气飞到艮方,上海艮方正是三叉水之四十里来源之吴淞口,接连黄海,故发福三十余年。然宅主财力充裕后趋向堂皇舒适一途,嫌蜗居狭窄,翻造楼房。岂知楼房翻造,宅命又是一局,查丁酉造之飞星局可知,宅命一落千丈。太湖方面三百数十里吉水与吴淞口四十里吉水,换为七六衰死之气,破财伤丁,其何以堪。光绪三十四年戊申十月初九日,元源庄遭倒闭奇祸。

以上两例都是论宅命,但上例为八宅法,下例为玄空飞星法,这是阳宅中两个截然不同的派系,后节会一一详细注明。

【原文】坎离震巽为东四宅,而男女命以三元起例,吊至此四宫者为东四命。乾坤艮兑为西四宅,而男女命以三元起例,吊至此四宫者为西四命。男之上元甲子起坎,中元甲子起巽,下元甲子起兑,自坎转离、转艮、转兑、转乾、转中、转巽、转震、转坤而逆行,得中宫则寄坤。女之上元甲子起中宫,中元起坤,下元起艮,自中至乾、至兑、至艮、至离、至坎、至坤、至震、至巽而顺行,得中宫则寄艮。俱以九宫排山掌诀,轮数而得其宫也。

【注解】为什么坎离巽震为东四命?乾兑坤震为西四命?其说有三:

一、根据太极生两仪,两仪生四象,四象生八卦之次序而来。东四宅乃少阴少阳之所生,长配长,中配中。即震为长男,巽为长女,二者相配,雷风相薄也。离为中女,坎为中男,中配中,水火不相射也。西四宅乃太阳、太阴之所生,老配老,少配少,秩序

不乱也。即乾为老父，坤为老母，二者相配，天地定位也。艮为少男，兑为少女，二者相配，山泽通气也。（详见后图）

二、根据五行比和相生为同类之理而来。西四命中坤为土，艮也是土，为同类；乾为金，兑亦属金，也是同类，且土金相生，不克不战，故为同类之命。东四命中震为木，巽也是木，二者为同类。坎属水，离属火，虽水火相克，但四宫中有木，反成水木火一顺相生，所以四命归为一类。

三、根据太极"阳中含阴，阴中含阳"之理而来。术数家认为，子为十二支之始，亦为一阳之始，所以太极图申子位上阴气虽重，但极阴中含一点阳气，取阳气渐生之理。正如冬至为子月，虽阴寒之气极重，但阳气渐生；又如一日之中，夜间十二点为子时，虽为极阴之时，但阳气亦渐生。午位上为阳气最盛之处，但极阳中又含一点阴气，取阴气渐生之理。正如夏至为午月，乃燥阳最盛之时，但盛极则变，阴气已渐生；又如一日之中，中午十二点为正午时，虽为一日中极阳之时，但阴气已渐生矣。如下图：

据此图，术数家把从子至巳称为阳气，即子为一阳，丑为二阳，寅为三阳，卯为四阳，辰为五阳，巳为六阳；把午至亥称为阴气，即午为一阴，未为二阴，申为三阴，酉为四阴，戌为五阴，亥为六阴。艮为丑寅、为阳，乾为戌亥、兑为酉、坤为未申，皆属阴，三阴中加一阳，乃阴中含阳也。坎为子，震为卯，

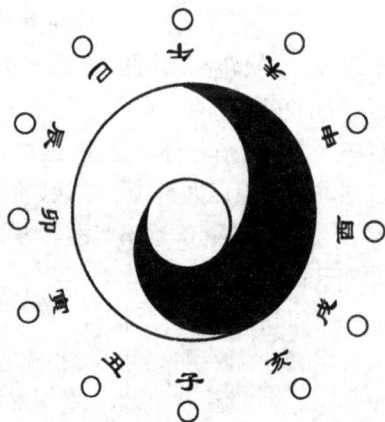

巽为辰巳,皆属阳,离为午,属阴,三阳中加一阴,阳中含阴也。

命卦的计算方法:男命从上元甲子起一白逆行,因男为阳,逆行为阴,取阴阳相谐之理。依次是一白、九紫、八白、七赤、六白、五黄(寄坤命)、四绿、三碧、二黑、一白,直排完三元一百八十年,年值何星即何命。此法与前三元九星值年飞星法同,详参前表即可。

女命是从上元甲子起五黄顺行,因女属阴,顺行为阳,亦取阴阳合谐之义。依此是五黄(寄艮命)、六白、七赤、八白、九紫、一白、二黑、三碧、四绿,直排完三元一百八十年,年值何星即何命。见下表:

上元	中元	下元	值年之星						
五黄	二黑	八白	甲子	癸酉	壬午	辛卯	庚子	己酉	戊午
六白	三碧	九紫	乙丑	甲戌	癸未	壬辰	辛丑	庚戌	己未
七赤	四绿	一白	丙寅	乙亥	甲申	癸巳	壬寅	辛亥	庚申
八白	五黄	二黑	丁卯	丙子	乙酉	甲午	癸卯	壬子	辛酉
九紫	六白	三碧	戊辰	丁丑	丙戌	乙未	甲辰	癸丑	壬戌
一白	七赤	四绿	己巳	戊寅	丁亥	丙申	乙巳	甲寅	癸亥
二黑	八白	五黄	庚午	己卯	戊子	丁酉	丙午	乙卯	
三碧	九紫	六白	辛未	庚辰	己丑	戊戌	丁未	丙辰	
四绿	一白	七赤	壬申	辛巳	庚寅	己亥	戊申	丁巳	

值年命星是八宅派论宅的根本依据,非常重要,如果记错,把东四命误为西四命,则吉凶就大不相同,可谓差之毫厘,谬以千里,所以必须准确。特将最近之三元命卦排列如下:

上元甲子:

1864年　甲子年　男性属坎命〇,女性属艮命△。

1865年　乙丑年　男性属离命〇,女性属乾命△。

1866年　丙寅年　男性属艮命△,女性属兑命△。

1867年　丁卯年　男性属兑命△,女性属艮命△。

1868年　戊辰年　男性属乾命△,女性属离命〇。

1869年　己巳年　男性属坤命△,女性属坎命〇。

1870年　庚午年　男性属巽命〇,女性属坤命△。

1871年　辛未年　男性属震命〇,女性属震命〇。

1872年　壬申年　男性属坤命△,女性属巽命〇。

1873年　癸酉年　男性属坎命〇,女性属艮命△。

1874年　甲戌年　男性属离命〇,女性属乾命△。

1875年　乙亥年　男性属艮命△,女性属兑命△。

1876年　丙子年　男性属兑命△,女性属艮命△。

1877年　丁丑年　男性属乾命△,女性属离命〇。

1878年　戊寅年　男性属坤命△,女性属坎命〇。

1879年　己卯年　男性属巽命〇,女性属坤命△。

1880年　庚辰年　男性属震命〇,女性属震命〇。

1881年　辛巳年　男性属坤命△,女性属巽命〇。

1882年　壬午年　男性属坎命〇,女性属艮命△。

1883年　癸未年　男性属离命〇,女性属乾命△。

1884年　甲申年　男性属艮命△,女性属兑命△。

1885年　乙酉年　男性属兑命△,女性属艮命△。

1886年　丙戌年　男性属乾命△,女性属离命〇。

1887年　丁亥年　男性属坤命△,女性属坎命〇。

1888年　戊子年　男性属巽命〇,女性属坤命△。

1889年　己丑年　男性属震命〇,女性属震命〇。

1890年　庚寅年　男性属坤命△,女性属巽命〇。

1891年　辛卯年　男性属坎命〇,女性属艮命△。

1892年　壬辰年　男性属离命〇,女性属乾命△。

1893年　癸巳年　男性属艮命△,女性属兑命△。

1894年 甲午年 男性属兑命△，女性属艮命△。

1895年 乙未年 男性属乾命△，女性属离命○。

1896年 丙申年 男性属坤命△，女性属坎命○。

1897年 丁酉年 男性属巽命○，女性属坤命△。

1898年 戊戌年 男性属震命○，女性属震命○。

1899年 己亥年 男性属坤命△，女性属巽命○。

1900年 庚子年 男性属坎命○，女性属艮命△。

1901年 辛丑年 男性属离命○，女性属乾命△。

1902年 壬寅年 男性属艮命△，女性属兑命△。

1903年 癸卯年 男性属兑命△，女性属艮命△。

1904年 甲辰年 男性属乾命△，女性属离命○。

1905年 乙巳年 男性属坤命△，女性属坎命○。

1906年 丙午年 男性属巽命○，女性属坤命△。

1907年 丁未年 男性属震命○，女性属震命○。

1908年 戊申年 男性属坤命△，女性属巽命○。

1909年 己酉年 男性属坎命○，女性属艮命△。

1910年 庚戌年 男性属离命○，女性属乾命△。

1911年 辛亥年 男性属艮命△，女性属兑命△。

1912年 壬子年 男性属兑命△，女性属艮命△。

1913年 癸丑年 男性属乾命△，女性属离命○。

1914年 甲寅年 男性属坤命△，女性属坎命○。

1915年 乙卯年 男性属巽命○，女性属坤命△。

1916年 丙辰年 男性属震命○，女性属震命○。

1917年 丁巳年 男性属坤命△，女性属巽命○。

1918年 戊午年 男性属坎命○，女性属艮命△。

1919年 己未年 男性属离命○，女性属乾命△。

1920年 庚申年 男性属艮命△，女性属兑命△。

1921年　辛酉年　男性属兑命△，女性属艮命△。

1922年　壬戌年　男性属乾命△，女性属离命〇。

1923年　癸亥年　男性属坤命△，女性属坎命〇。

中元甲子：

1924年　甲子年　男性属巽命〇，女性属坤命△。

1925年　乙丑年　男性属震命〇，女性属震命〇。

1926年　丙寅年　男性属坤命△，女性属巽命〇。

1927年　丁卯年　男性属坎命〇，女性属艮命△。

1928年　戊辰年　男性属离命〇，女性属乾命△。

1929年　己巳年　男性属艮命△，女性属兑命△。

1930年　庚午年　男性属兑命△，女性属艮命△。

1931年　辛未年　男性属乾命△，女性属离命〇。

1932年　壬申年　男性属坤命△，女性属坎命〇。

1933年　癸酉年　男性属巽命〇，女性属坤命△。

1934年　甲戌年　男性属震命〇，女性属震命〇。

1935年　乙亥年　男性属坤命△，女性属巽命〇。

1936年　丙子年　男性属坎命〇，女性属艮命△。

1937年　丁丑年　男性属离命〇，女性属乾命△。

1938年　戊寅年　男性属艮命△，女性属兑命△。

1939年　己卯年　男性属兑命△，女性属艮命△。

1940年　庚辰年　男性属乾命△，女性属离命〇。

1941年　辛巳年　男性属坤命△，女性属坎命〇。

1942年　壬午年　男性属巽命〇，女性属坤命△。

1943年　癸未年　男性属震命〇，女性属震命〇。

1944年　甲申年　男性属坤命△，女性属巽命〇。

1945年　乙酉年　男性属坎命〇，女性属艮命△。

1946年　丙戌年　男性属离命〇，女性属乾命△。

1947年　丁亥年　男性属艮命△，女性属兑命△。
1948年　戊子年　男性属兑命△，女性属艮命△。
1949年　己丑年　男性属乾命△，女性属离命〇。
1950年　庚寅年　男性属坤命△，女性属坎命〇。
1951年　辛卯年　男性属巽命〇，女性属坤命△。
1952年　壬辰年　男性属震命〇，女性属震命〇。
1953年　癸巳年　男性属坤命△，女性属巽命〇。
1954年　甲午年　男性属坎命〇，女性属艮命△。
1955年　乙未年　男性属离命〇，女性属乾命△。
1956年　丙申年　男性属艮命△，女性属兑命△。
1957年　丁酉年　男性属兑命△，女性属艮命△。
1958年　戊戌年　男性属乾命△，女性属离命〇。
1959年　己亥年　男性属坤命△，女性属坎命〇。
1960年　庚子年　男性属巽命〇，女性属坤命△。
1961年　辛丑年　男性属震命〇，女性属震命〇。
1962年　壬寅年　男性属坤命△，女性属巽命〇。
1963年　癸卯年　男性属坎命〇，女性属艮命△。
1964年　甲辰年　男性属离命〇，女性属乾命△。
1965年　乙巳年　男性属艮命△，女性属兑命△。
1966年　丙午年　男性属兑命△，女性属艮命△。
1967年　丁未年　男性属乾命△，女性属离命〇。
1968年　戊申年　男性属坤命△，女性属坎命〇。
1969年　己酉年　男性属巽命〇，女性属坤命△。
1970年　庚戌年　男性属震命〇，女性属震命〇。
1971年　辛亥年　男性属坤命△，女性属巽命〇。
1972年　壬子年　男性属坎命〇，女性属艮命△。
1973年　癸丑年　男性属离命〇，女性属乾命△。

1974年　甲寅年　男性属艮命△，女性属兑命△。
1975年　乙卯年　男性属兑命△，女性属艮命△。
1976年　丙辰年　男性属乾命△，女性属离命〇。
1977年　丁巳年　男性属坤命△，女性属坎命〇。
1978年　戊午年　男性属巽命〇，女性属坤命△。
1979年　己未年　男性属震命〇，女性属震命〇。
1980年　庚申年　男性属坤命△，女性属巽命〇。
1981年　辛酉年　男性属坎命〇，女性属艮命△。
1982年　壬戌年　男性属离命〇，女性属乾命△。
1983年　癸亥年　男性属艮命△，女性属兑命△。
下元甲子：
1984年　甲子年　男性属兑命△，女性属艮命△。
1985年　乙丑年　男性属乾命△，女性属离命〇。
1986年　丙寅年　男性属坤命△，女性属坎命〇。
1987年　丁卯年　男性属巽命〇，女性属坤命△。
1988年　戊辰年　男性属震命〇，女性属震命〇。
1989年　己巳年　男性属坤命△，女性属巽命〇。
1990年　庚午年　男性属坎命〇，女性属艮命△。
1991年　辛未年　男性属离命〇，女性属乾命△。
1992年　壬申年　男性属艮命△，女性属兑命△。
1993年　癸酉年　男性属兑命△，女性属艮命△。
1994年　甲戌年　男性属乾命△，女性属离命〇。
1995年　乙亥年　男性属坤命△，女性属坎命〇。
1996年　丙子年　男性属巽命〇，女性属坤命△。
1997年　丁丑年　男性属震命〇，女性属震命〇。
1998年　戊寅年　男性属坤命△，女性属巽命〇。
1999年　己卯年　男性属坎命〇，女性属艮命△。

2000年　庚辰年　男性属离命〇,女性属乾命△。

2001年　辛巳年　男性属艮命△,女性属兑命△。

2002年　壬午年　男性属兑命△,女性属艮命△。

2003年　癸未年　男性属乾命△,女性属离命〇。

2004年　甲申年　男性属坤命△,女性属坎命〇。

2005年　乙酉年　男性属巽命〇,女性属坤命△。

2006年　丙戌年　男性属震命〇,女性属震命〇。

2007年　丁亥年　男性属坤命△,女性属巽命〇。

2008年　戊子年　男性属坎命〇,女性属艮命△。

2009年　己丑年　男性属离命〇,女性属乾命△。

2010年　庚寅年　男性属艮命△,女性属兑命△。

2011年　辛卯年　男性属兑命△,女性属艮命△。

2012年　壬辰年　男性属乾命△,女性属离命〇。

2013年　癸巳年　男性属坤命△,女性属坎命〇。

2014年　甲午年　男性属巽命〇,女性属坤命△。

2015年　乙未年　男性属震命〇,女性属震命〇。

2016年　丙申年　男性属坤命△,女性属巽命〇。

2017年　丁酉年　男性属坎命〇,女性属艮命△。

2018年　戊戌年　男性属离命〇,女性属乾命△。

2019年　己亥年　男性属艮命△,女性属兑命△。

2020年　庚子年　男性属兑命△,女性属艮命△。

2021年　辛丑年　男性属乾命△,女性属离命〇。

2022年　壬寅年　男性属坤命△,女性属坎命〇。

2023年　癸卯年　男性属巽命〇,女性属坤命△。

2024年　甲辰年　男性属震命〇,女性属震命〇。

2025年　乙巳年　男性属坤命△,女性属巽命〇。

2026年　丙午年　男性属坎命〇,女性属艮命△。

2027年　丁未年　男性属离命〇,女性属乾命△。

2028年　戊申年　男性属艮命△,女性属兑命△。

2029年　己酉年　男性属兑命△,女性属艮命△。

2030年　庚戌年　男性属乾命△,女性属离命〇。

2031年　辛亥年　男性属坤命△,女性属坎命〇。

2032年　壬子年　男性属巽命〇,女性属坤命△。

2033年　癸丑年　男性属震命〇,女性属震命〇。

2034年　甲寅年　男性属坤命△,女性属巽命〇。

2035年　乙卯年　男性属坎命〇,女性属艮命△。

2036年　丙辰年　男性属离命〇,女性属乾命△。

2037年　丁巳年　男性属艮命△,女性属兑命△。

2038年　戊午年　男性属兑命△,女性属艮命△。

2039年　己未年　男性属乾命△,女性属离命〇。

2040年　庚申年　男性属坤命△,女性属坎命〇。

2041年　辛酉年　男性属巽命〇,女性属坤命△。

2042年　壬戌年　男性属震命〇,女性属震命〇。

2043年　癸亥年　男性属坤命△,女性属巽命〇。

注:〇为东四命,△为西四命。

细思三元甲子起命卦之理,甲子为干支之首,理当甲子年起一白,然该年干支皆同,九星值年亦同,何以女命却要起五黄?此不合义理者一。女命遇五黄寄艮,艮属阴,女亦为阴,当合其理。然男为阳,寄于坤宫属阴,不合义理;且阴命多于阳命,致使阴阳不能均衡,此不合义理者二。魏青江在《阳宅集成·选时》中说,年白历来皆逆递,总无一顺递者。一年十二个月九星逐次逆传,未见冬至后有一顺递者。若九星可忽顺忽逆,则六十甲子,二十八宿亦当半顺半逆。岂是天地自然之运乎?五星既不当忽而逆转,忽而顺转,则女命顺挨九星之法有误,应是男女同命合天地自然运转之理。

六十花甲纳音

【原文】按：白腊即铅锡也。

甲子金,乙丑金(海中)。丙寅火,丁卯火(炉中)。

戊辰木,己巳木(大林)。庚午土,辛未土(路旁)。

壬申金,癸酉金(剑锋)。甲戌火,乙亥火(山头)。

丙子水,丁丑水(涧下)。戊寅土,己卯土(城头)。

庚辰金,辛巳金(白腊)。壬午木,癸未木(杨柳)。

甲申水,乙酉水(井泉)。丙戌土,丁亥土(屋上)。

戊子火,己丑火(霹雳)。庚寅木,辛卯木(松柏)。

壬辰水,癸巳水(长流)。甲午金,乙未金(沙中)。

丙申火,丁酉火(山下)。戊戌木,己亥木(平地)。

庚子土,辛丑土(壁上)。壬寅金,癸卯金(金箔)。

甲辰火,乙巳火(覆灯)。丙午水,丁未水(天河)。

戊申土,己酉土(大驿)。庚戌金,辛亥金(钗钏)。

壬子木,癸丑木(桑柘)。甲寅水,乙卯水(大溪)。

丙辰土,丁巳土(沙中)。戊午火,己未火(天上)。

庚申木,辛酉木(石榴)。壬戌水,癸亥水(大海)。

【评注】纳音来源之说,众说纷纭,各执一理,今择较合义理的几种简介如下:

一、来源于十二律吕相生。沈括曰:"六十甲子有纳音,鲜原其意,盖六十律旋相为宫法也。一律含五音,十二律纳六十音也。凡气始于东方而右行,音起于西方而左行,阳阴相错而生变化。所谓气始于东者,四时始于木,右行传于火,火传于土,土传于金,金传于水。所谓音始于西方者,五音始于金,左旋传于火,火传于木,木传于水,水传于土。纳音之法,同类娶妻,隔八生子,此律吕相生之法也。"《蠡海集》曰："甲娶乙妻,隔八生子,子生孙而后行,继代其位,初一曰金。金为气居先,甲子为受气之始,甲娶乙妻,隔八壬申,是为子矣。壬娶癸妻,隔八庚辰,是为孙矣。庚娶辛妻,隔八戊子,火代其位,次二曰火。戊继其后,戊娶己妻,隔八丙申,是为子矣。丙娶丁妻,隔八甲辰,是为孙矣。甲娶乙妻,隔八壬子,木代其位,次三曰木。壬继其后,壬娶癸妻,隔八庚申,是为子矣。庚娶辛妻,隔八戊辰,是为孙矣。戊娶己妻,隔八丙子,水代其位,次四曰水。丙继其后,丙娶丁妻,隔八甲申,是为子矣。甲娶乙妻,隔八壬辰,是为孙矣。壬娶癸妻,隔八庚子,土代其位,次五曰土。庚娶辛妻,隔八戊申,是为子矣。戊娶己妻,隔八丙辰,是为孙矣。丙娶丁妻,隔八甲子,金复代其位。甲午、乙未起如前法。"

二、来源于先后天八卦之序。《考原》曰："五行以气始形终为次,则《洪范》之水、火、木、金、土是也。以播于四时相生为次,则月令之木、火、土、金、水是也。以饬庀五材相克为次,则《禹谟》之水、火、金、木、土是。纳音五行始金,次火,次木,次水,次土,既非本其始终,又无取于生克,故说者莫知其所自来。详考其义,盖亦祖述易象之意,即先后天卦之理也。各为图以明之。"(下面左图为先天八卦之序,下面右图为后天八卦之序)

"先天之图,乾兑居首属金,次以离属火,又次震巽属木,又次以坎属水,终于艮坤属土。故始于金,终于土者,乾始坤成之义也。金取于天之刚,土取于地之柔,火附于天,水附于地,而木以生气居中,此纳音所本于先天之序也。"

"后天之图,亦以乾居首而逆转,自乾兑之金,旺于西方;次转而为离火,旺于南方;又转而为震巽之木,旺于东方;次又转而为水,旺于北方;而土旺于四季,故退艮坤以居终焉。此纳音所本于后天之序也。"

三、来源于先天之数。《蠡海集》曰："数极于九,自九逆取退之,故甲己子午九,乙庚丑未八,丙辛寅申七,丁壬卯酉六,戊癸辰戌五。天干已尽而地支独遗巳亥,是以巳亥得四终焉。"《考原》曰："此杨子云《太玄》论声律所纪数也。凡两干两支之合,其余数得四九者为金,得一六者为火,得三八者为木,得五十者为水,得二七者为土。如甲子皆九,得数十八;乙丑皆八,得数十六,合之三十有四,故为金。壬六申七,得数十三;癸五酉六,得数十一,合之二十有四,故亦为金也。其余按数推之,莫不皆然。"

按:诸书均以一六为水,二七为火,五十为土,与考原不同,当是考原之误。

纳音既有五行之分,金即金,火即火,何以金又有沙中、海中、剑锋、白腊、钗钏等分别?火又有炉中、天上、覆灯、山头、山下之别?陶宗仪曰:"甲子乙丑海中金者,子属水,又为湖,又为水旺之地,兼金死于子,墓于丑,水旺而金死墓,故曰海中金也。丙寅丁卯炉中火者,寅为三阳,卯为四阳,火既得地,又得寅卯之木以生之,此时天地开炉,万物始生,所以曰炉中火也。戊辰己巳大林木者,辰为原野,巳为六阳,木至六阳则枝荣叶茂,以茂盛之木而在原野之间,故曰大林木也。庚午辛未路旁土者,未中之木而生午位之旺火,火旺则土焦,未能育物,犹路旁土若也,故曰路旁土也。壬申癸酉剑锋金者,申酉金之正位,临官申,帝旺酉,金既生旺则成钢矣,则无逾于剑锋,故曰剑锋金也。甲戌乙亥山头火者,戌亥为天门,火照天门,其光至高,故曰山头火。丙子丁丑涧下水者,水旺于子,衰于丑,旺而反衰则不能为江河,故曰涧下水也。戊寅己卯城头土者,天干戊己属土,寅为艮山,土积而为山,故曰城头土也。庚辰辛巳白腊金者,金养于辰,生于巳,形质初成,未能坚利,故曰白腊金也。壬午癸未杨柳木者,木死于午,墓于未,木既死木,虽得天干壬癸之水以生之,终是柔弱,故曰杨柳木也。甲申乙酉井泉水者,金临官申,帝旺酉,金既生旺,则水由以生,然方生之际,力量未洪,故曰井泉水也。丙戌丁亥屋上土者,丙丁属火,戌亥为天门,火既炎上,则土非在下而生,故曰屋上土也。戊子己丑霹雳火者,丑属土,子属水,水居正位而纳音乃火,水中之火,非神龙则无,故曰霹雳火也。庚寅辛卯松柏木者,木临官寅,帝旺卯,既生旺则非柔弱之比,故曰松柏木也。壬辰癸巳长流水者,辰为水库,巳为金长生之地,金生则水性已存,以库水而逢生金,则泉源终不竭,故曰长流水也。甲午乙未砂中金者,午为火旺之地,火旺则金败;未为火衰之地,火衰则金冠带,败而方冠带,未能盛满,故曰砂中金也。丙申丁酉山下火者,申为地户,酉为日入之门,日至此而藏光,故曰山下火也。戊戌己亥平地木者,戌为原野,亥为木生之地,夫木生于原野则非一根一株之比,故曰平地木也。庚子辛丑壁上土者,丑虽土家正位,而子则水旺之地,土见水多则为泥也,故曰壁上土也。壬寅癸卯金箔金者,寅卯为木旺之地,木旺则金赢,又金绝于寅,胎于卯,金既无力,故曰金箔金也。甲辰乙巳覆灯火者,辰为食时,巳为禺中,日之将中,艳阳之势光于天下,故曰覆灯火也。丙午丁未天河水者,丙丁属火,午为火旺之地,而纳音乃水,水自火出，非银汉不能有也，故曰天河水也。戊申己酉大驿土者，申为坤，坤为地；酉为兑，兑为泽，戊己之土加于坤泽之上，非其它浮薄之土也，故曰大驿土也。庚戌辛亥钗钏金者，金至戌而衰，至亥而病，金既衰病则诚柔矣，故曰钗钏金也。壬子癸丑桑柘木者，子属水，丑属金，水方生木，金则伐之，犹桑柘木也。甲寅乙卯大溪水者，寅为东北维，卯为正东，水流正东则其性顺，而川涧池沼俱合而归，故曰大溪水也。丙辰丁巳沙中土者，土库辰绝巳，而天干丙丁之火至辰冠带，巳临官，土既库绝，旺火复与生之，故曰沙中土也。戊午己未天上火者，午为火旺之地，未中之木复又生之，火性炎上，又逢生地，故曰天上火也。庚申辛酉石榴木者，申为七月，酉为八月，此时木则绝矣，惟石榴之木反结实，故曰石榴木也。壬戌癸亥大海水者，水冠带戌，临官亥，水临官官带则力厚矣，兼亥为江，非他水之比，故曰大海水也。"

　　细究其解，许多地方矛盾重重，实不能自圆其说。如庚子辛丑壁上土者，言土见水则为泥，故壁上土似乎合理。然戊子、己丑更是土见水，何以不曰土反曰火？壬子、癸丑亦水见土，何以为木而不为土？丙子、丁丑不仅是水见土，且干支丙丁皆火，又何以反而为水？是自相矛盾矣。又如庚寅辛卯松柏木者，是因寅为木临官之处，卯为木旺之处而名之，似乎亦合理。然甲寅、乙卯干支皆木禄旺之处，何以不为木，反为水？壬寅癸卯不仅支为木禄旺之处，且逢天干壬癸之水生育，比庚寅辛卯犹为有力，又何以不为木反而为金呢？是其意相互抵触矣。再如丙寅、丁卯炉中火者，天干丙丁逢寅卯木生，势必炎炎，尚合义理。然丙午、丁未乃火临旺处，何以又为水呢？是不能自圆其说矣。同时，该解只解地支，而不解天干，是只有支而无干，只有地而无天，忘了纳音五行是由干支相合而成之根本，因此纳音五行被历代著名术数家所摒弃。就是专以干支论吉凶的推命术，也以纳音五行为弃物,论命中均不用之。

关于纳音五行,还可参阅《郭氏元经·五行运用篇第二》。

然仁者见仁,智者见智,择吉术和风水学却视纳音五行为看家法宝。不仅许多神杀宜忌与纳音五行有关,就是风水学中视为最深功夫的造命术,也有以纳音五行生克论断者。今举《翰林集要》一书中数例以证。

天元一气格:

庚午（土）　　　王氏祖地,子山,乙亥亡命。四庚金克乙木为
庚辰（金）　　　官格,二庚辰纳音金,岂天地金神重重相犯耶? 或
庚子（土）　　　拘辰为扫地空亡,陋矣。不知子与辰合水局,合则
庚辰（金）　　　午不能冲,亡命火(乙亥纳音火)制金神,后富贵
大旺,何空亡之有。

按:子辰既已为土金,却又合水;乙木既以四庚为官,是金克木,却又为火,反克金,正五行与纳音五行混用,概念混乱。

地支一气格:

辛卯（木）　　　曾公于射洪程氏下祖坟,名曰"藏蛇形"。亡
辛卯（木）　　　命丙寅,巽山乾向。丙与辛合,乙木生丙火,巽纳
乙卯（水）　　　辛,乙并四卯皆阴木,与巽山比和。或拘时克山运
己卯（土）　　　又犯阴府太岁,不知此乃《通书》之假煞,原不足
忌,盖日禄归时,地支堆禄,葬后七代,朱紫盈门。

按:地支皆卯,但时而为木,时而为水,时而为土,一物竟有三种五行,故弃之不用而用正五行堆禄格。

天地同流格:

壬寅（金）　　　曾公于醴陵县为袁运祖下祖坟,乾山巽向,辛
壬寅（金）　　　丑土运,丁亥亡命,后八子入朝,食禄不替,甲己命
壬寅（金）　　　不利。
壬寅（金）　　　按:取四壬寅与丁亥亡命天地相合,壬禄在

亥,丁火长生于寅。若以纳音五行论,四壬寅属金,丁亥亡命纳音土,四金泄一土,反为不吉。

天干三朋格:

壬午(木)　　信州祝氏祖母,亡命癸亥,卯山酉向。癸与戊
戊申(土)　　合官,癸禄居子,二午冲禄;亥马在巳,二申合马。
戊申(土)　　或拘震山忌申,不知属土不属金,非真煞也。或拘
戊午(火)　　戊申土克山运,为阴府,月日俱犯,不知阴府病在
申,且与亡命合吉,月克日克不足忌。取得吉星照山拱命,制伏
化解,反主发财获福。葬后半纪出官,丁繁财旺,仕宦不绝。

地支三朋格:

戊戌(木)　　浙江处州南门外张山曾氏祖地,亡命癸丑。
丙辰(土)　　乾山属金,纯用墓库,辰刑辰,亡命丑与戌相刑。
庚辰(金)　　或又以辰金犯阴府太岁,入地空亡,时又重犯迭
庚辰(金)　　凶,不知庚见丙为煞,逢戊为枭,只取七政照临化
解。后财官不绝,多荣贵。

三合会局格:

甲辰(火)　　抚州杨九霄,选期多年,方得此吉课。祖坟酉
甲戌(火)　　山,俗谓乙丑金运,忌火音克山,捏造:"年克宅长
丙申(火)　　亡,月克宅母伤,日克新妇损,时克子孙亡。"今年
戊子(火)　　月日时四火重犯,岂不合家死绝,而杨宅全无一
应,此不足信也明矣。杨取日贵在山(按:丙贵在酉,酉为坐山),
水局火音为财,火生土旺,富贵绵长。

另:还有"双飞蝴蝶""日月比和""天干三奇""平分阴阳""正官格""正财格"等诸多命局,多以纳音五行与正五行合论。

从以上诸例可以看出,若以纳音论命,同一干支,忽而为水,忽而为木,忽而为火;明明同是一支,却有生有克,令人无所适从,此其一。同一命局,忽而以正五行论生克,忽而以纳音五行

论生克，使用混乱，此其二。同时，人已死去，生命已无，何以又有亡命？凡此种种皆属纳音五行之弊。尽管诸例言之凿凿，但其却难令人尽信。显见，造命吉凶与风水吉凶、生人生命吉凶大相径庭。

阴阳八卦次序之图

【原文】坎离震巽为东四宅，少阳少阴之所生也，中长配合而成家之义也。乾坤艮兑为西四宅，太阳、太阴之所生也，老少配合而成家之义也。

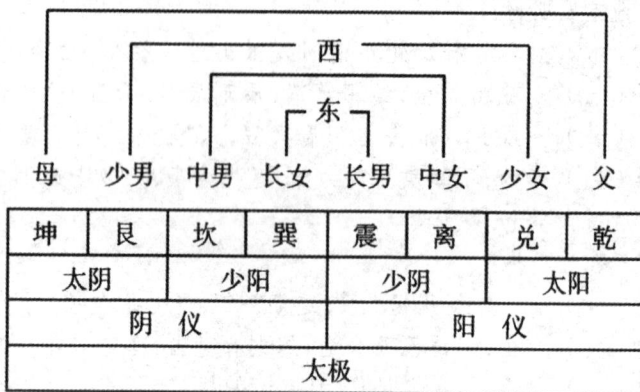

西							
			东				
母	少男	中男	长女	长男	中女	少女	父
坤	艮	坎	巽	震	离	兑	乾
太阴		少阳		少阴		太阳	
阴　仪				阳　仪			
太极							

【注解】对太极和太极图的解释，请参阅《三白宝海·卷首》。

八卦分东西四宅之图

【原文】

东 长 四 女 ☴ 巽	东 中 四 女 ☲ 离	西 老 四 母 ☷ 坤
东 长 四 男 ☳ 震		西 少 四 女 ☱ 兑
西 少 四 男 ☶ 艮	东 中 四 男 ☵ 坎	西 老 四 父 ☰ 乾

【注解】八卦既有东西四宅之分,何以又要以人的家庭成员比喻各卦? 其理来自《易经·说卦传》:"乾,天也,故称乎父;坤,地也,故称乎母;震一索而得男,故谓之长男;巽一索而得女,故谓之长女;坎再索而得男,故谓之中男;离再索而得女,故谓之中女;艮三索而得男,故谓之少男;兑三索而得女,故谓之少女。"索者,求也,合也。朱熹在《周易本义》中说:"男女指卦中一阳一阴而言。"又云:"乾求于坤,而得震、坎、艮;坤求于乾,而得巽、离、兑。一、二、三者,以其画之次序言也。"由此观之,《说卦传》上文之意即乾为父,为纯阳,阳爻以"—"代替,天地人合之为"☰",为父;坤为母,为纯阴,阴爻以"--"代替,天地人合之为"☷",为母;其子女为父母(阴阳)求合之所生,所以均有阴阳。震是父母初合而得的男性,男为阳,所以阳爻居于初位(☳),谓之长男;

巽是父母初合而得的女性,女为阴,所以阴爻居于初位(☴),谓之长女;坎是父母再次求合而得的男性,所以阳爻居第二位(☵),谓之中男;离是父母再次求合而得的女性,所以阴爻居第二位(☲),谓之中女;艮是父母第三次求合而得的男性,所以阳爻居第三位(☶),谓之少男;兑是父母第三次求合而得的女性,所以阴爻居第三位(☱),谓之少女。孔颖达则认为:"得父气者为男,得母气者为女。"即坤初求得乾气为震,二求得乾气为坎,三求得乾气为艮;乾初求得坤气为巽,二求得坤气为离,三求得坤气为兑。亦为一说。

　　从卦画中我们可以看出,坎、震、艮虽为阳卦,但阴爻居多;离、巽、兑虽是阴卦,但阳爻多于阴爻,这个原因《易经·系辞下》解释得非常清晰:"阳卦多阴,阴卦多阳,其何故也? 阳卦奇,阴卦偶,其德行合也? 阳一君而二民,君子之道也;阴二君而一民,小人之道也。"此意即阳卦以一阳为主,所以阳多阴少,故为一君二民;阴卦则以二阳为主,所以阴少阳多,故云二君一民。凡阳卦皆有五画,故为奇;阴卦皆为四画,故为偶。

　　至此东四宅、西四宅之分来于八卦之理已明,看起来条理分明,但从清蒋大鸿以来,反对者却甚多。仅录梅漪老人《阳宅辟谬·辨东西四宅》一节以证:

　　"俗学又有东四宅、西四宅之分,其法以坎、离、震、巽为东,乾、坤、艮、兑为西。或言东四命宜居东四宅,西四命宜居西四宅;或言东四命宜居西四宅出东四门,西四命宜居东四宅出西四门,其说不能画一。盖于定卦之旨,已不能详用。天体则乾巽分疆,如《元女宅经》是也;用地正则坎离定界,如《遁甲》分门是也。今乃瞀乱错杂,无例可言。或言长男、中女、长女、中男合为一卦,两老两少合为一卦,阴阳均平,以此为义所由起。然气有盈,朔有虚,天有奇度,岁有过差,阴阳之机,岂能齐一? 要之东西分卦之法,其原出于先天,根于洛书,自有真传正诀,而并非俗本东四宅、西四宅之云云耳。"

先后天八卦方位

【原文】先天八卦方位(下左图),后天八卦方位(下右图)。

【注解】先天八卦即伏羲八卦,据考,其图源于"连山易"。据传说,伏羲、神农皆起于连山,故名"连山易"。"连山易"首艮,按历法中的三正说属人正,人生于寅,应以寅月作为岁首观测。人正从斗,斗柄回寅,天下皆春,所以每年立春节的寅时为一岁的始点。《说卦传》曰:"天地定位,山泽通气,雷风相薄,水火不相射,八卦相错。数往者顺,数来者逆,是故《易》,逆数也。雷以动之,风以散之;雨以润之,日以烜之;艮以止之,兑以说之;乾以君之,坤以藏之。"

丘延翰对先天八卦的解释云,《易》曰:天地定位,山泽通气,雷风相薄,水火不相射,八卦相错。数往者顺,知来者逆。此先天八卦之方位也。乾坤纵而六子横,其数乾一、兑二、离三、震四、巽五、坎六、艮七、坤八;其方则乾南、坤北、离东、坎西、震东北、巽西南、兑东南、艮西北。自震至乾为顺，自巽至坤为逆。盖震始交阴而阳生，巽始消阳而阴生。兑阳之长者也，艮阴之长者也。震兑在天之阴，艮巽在地之阳，故震兑上阴而下阳，艮巽上阳而下阴。乾坤正上下之位，坎离列左右之门，天地之所开辟，日月之所出入，春夏秋冬，晦朔弦望，昼夜寒暑，莫不由是而推。此先天八卦所以为理气之体也，地法因之以推二十四位生杀之气，二十四气运化之机以消息阴阳，论其时日干支孤虚旺相，以至于用其理矣。

吴景銮云：此伏羲先天八卦，盖理气之体也。天地定位，乾坤对冲也；山泽通气，艮对兑也；雷风相薄，震对巽也；水火不相射，坎对离也。乾以纯阳位居南，坤以纯阴位居北，自乾坤交而男女生。离得坤之正性，故中虚有日之性，日生于东，故正位乎东；坎得乾之正性，故中满有月之象，月生于西，故正位乎西，四正定矣。然后乾一变为巽，故巽居乾左；二变成艮，故艮居坎左。三变成坤，坤一变为震，故震居坤左；二变成兑，故兑居离左，三变成乾。此变化之序，自然之理也。其法自子中至午中为阳，午中至子中为阴，以六十四卦分布为圆象，以推二十四气之运用。自冬至一阳生，而复周流至夏至初而为乾，故自子中至午中为天地长养万物之气，其数主生，故雷雨居春夏，盛茂生发系焉。自夏至一阴生而始，流行至冬至初而为坤，故自午中至子中为天地归藏之气，其数主煞，故霜露居秋冬，结实收藏系焉。地法体之，以推四序、时日、干支五行、孤虚旺相之方，施之时事，罗经分配花甲，装排八卦之系，皆得理气耳。

细究其义，先天八卦的主要内容是讲阴阳对待，共分为四组。乾为天，坤为地，以天地定人的上下位，因天在人的头上，地在人的足下，故曰天地定位；震为雷，巽为风，从古人对自然现象的直观发现，雷动则生风，风大雷愈震，故曰雷风相薄，这是天地间的一种阴阳对待现象。艮为山,兑为泽,再高的山也有泉水,再低下的湖泊中也有山,故曰山泽通气。坎为水,离为火,水盛则火灭,火盛则水涸,二者互不相容,故曰水火不相射。

先天八卦是八宅派断阳宅吉凶的主要依据,举魏青江《修方》中一例以说明。

子命坎宅,雍正十二年正月初,必欲拆正屋新造,求选时。余曰:"上元甲寅,吊客、灾杀、正都天,大将军在子山。"固辞不应。果另寻人择三月二十丙申日改造。五黄太岁、的命杀到坎克山克命。将盖屋,宅母辰命,肿胀不起,以申日鬼宿犯暗金伏断,冲寅岁君,且申日子山子命辰月辰命,三合带煞,又辰刑辰,先天坤在坎,即应宅母。坤为太阴,坤为腹,坎为水,所以黄肿水蛊臌胀而毙。癸酉生人,踝骨疮毒,以坤为踝,先天在坎。三月癸酉本命在坎,癸为足,先天坎在酉也。三月辰与酉合,九月戌冲开辰,酉命患背疮,脚肘踝肚皆疮,以酉为背,坎为肘也。择吉扶酉命报方保清安。

按:此皆以先天断。

先天八卦也是"玄空飞星派"断吉凶的主要依据。如零神照神,即源出先天卦序。《沈氏玄空学》云:山用顺,水用逆,此二语为零正入用之适应蒿矢,故正神取当元旺神,如一运坎,二运坤,用以排龙;而零神则转取失运衰神,一运用离,二运用艮,以之排水是也。然零神方位后天虽用逆,而源于先天卦序。父统三男,母统三女,阳顺阴逆,井然而不紊。上元一白当令,取后天离方水者,离乃先天乾位,乾为老父,故居第一,又一六共宗,故以乾六为照神。二黑当令,取后天艮方水者,艮乃先天震位,震为长男,故居第二,又二七同道,故以兑七为照神。三碧当令取后天兑方水者,兑为先天坎位,坎为中男,故居第三,又三八为朋,故以艮八为照神。中元四绿当令取后天乾方水者,乾为先天艮位,艮为少男,故居第四,又四九为友,故以离九为照神。此先天四阳卦,先长后少依序顺轮者也。中元六白当令,取后天巽方水者,巽乃先天兑位,兑位少女,故居第六,而一六共宗,因以坎一为照神。下元七赤当令,取后天震方水者,震乃先天离位,离为中女,故居第七,而二七同道,因以坤二为照神。八白当令取后天坤方水者,坤乃先天巽位,巽为长女,故居第八,而三八为朋,因以震三为照神。九紫当令,取后天坎方水者,坎乃先天坤位,坤为老母,故居第九,而四九为友,因以巽四为照神。此先天四阴卦,先少后长依序逆轮者也……零神方位是合乎卦理而出,学理用于实用。

由此可见,先天八卦方位在阳宅吉凶断中有着非常重要的作用,故宜明其理,方能明了其精髓。

后天八卦源于《周易》,乃西伯侯姬昌蒙难时所演,因姬昌为西周第一个国君,号文王,故又名文王八卦。《周易》首乾,在“三正”属“天开于子”,何以二者不合? 因后天八卦图首乾是根据西伯侯姬昌来命名的,而乾卦在后天八卦图上的方位恰在西北。后天八卦图是以子月为岁首,其理来自晷影。因天正从日,晷影冬至最长,所以周正以每年冬月冬至节子时为一岁之始。

丘延翰云:此文王八卦,乃人用之位,后天之位也。伏羲先天八卦乾生于子坎终于寅,坤生于午离终于申,以明天之道也。至文王垂卦,置乾于西北,还坤于西南,长子用事而长女代母,坎离得位而兑艮为隅。震巽为用以应地之方也,盖兑离巽,得阳之多者也,艮坎震得阴之多者也,是以为天地用也。乾极阳,坤极阴,是不用也。以方位言之,震兑始交者也,故当朝夕之位;坎离交之极者也,故当子午之宫;巽艮不交而阴阳不杂也,故当中之偏也;乾坤纯阴纯阳也,故为不用之位也,此后天方位所以始震而终艮之理也。

　　吴景鸾曰:此文王后天八卦方位,盖理气之用也。帝出乎震,震东方也,震为雷,雷奋发而物生,春为阳之始,故震居之。说言乎兑,兑正西也,兑为泽,有渚聚之义,秋为阴之始,故兑居之。震为一阳在下,兑为一阴在上,故曰始交。齐乎巽,巽,东南也,巽为风,长育万物,故居东南。成乎艮,居东北也,艮为山,山结止物,物作于春初而止乎冬末,万物之时以成始成终也,故艮居之。艮以一阳在上,巽以一阴在下,故云不交。战乎乾,乾,西北也;致役乎坤,坤,西南也。伏羲取乾坤于上下,取相交化物之义。及其成功,男女用事,有父退居之义,阳以顺动,故乾顺退居西北;坤以逆行,故坤逆退处西南。言战者,天地至此肃杀之极;言役者,天地至此肃杀之初,乾以纯阳老亢,坤以纯阴老极,无生成之意,故曰当不用之位。相见乎离,离,正南也,夏至阳极阴生,故离居之。劳乎坎,坎,正北也,冬至阴极阳生,故坎居之,坎阳居中,故为交之极,此先天之卦也。乃至文王重卦而后用,以有行也,地法体之,以推造化。故辨方正位,趋吉避凶,良有以也。

　　后天八卦,是八宅派断阳宅吉凶的重要依据,举古例以证:

　　邵姓,戊辰生,住子山屋,巽方二三浸水坑,甲辰年左腿疮疔成症,卧不能起,浓血糜烂,延余相宅。指示家人,辰隶巽,巽属股,在宅左首,辰巽即应辰命左腿,今太岁劫杀在巽,都天是戊辰刑本命,必起自三月。目下七月,调庚辰金神加巽,克戊辰,刑本命,是以甚笃。余择期扶命修方,整治巽坑浸水来路,刮出湿泥,别取吉方土填平,八月即愈,九月平安行走无恙矣。

　　关于先后天八卦图的解说还可参阅《三白宝海·卷首·先后天八卦图》。

先天卦变后天卦图

【原文】

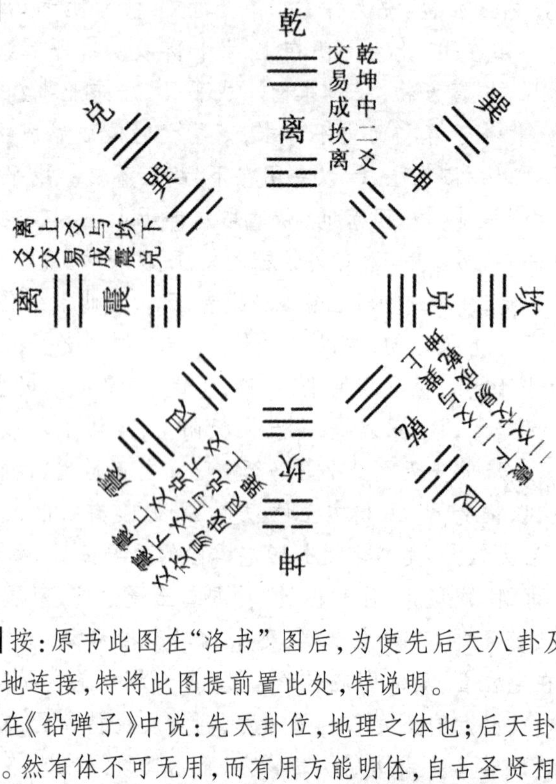

乾坤中二爻交易成坎离

离上爻与坎下爻交易成震兑

（乾、离、兑、巽、坎、震、艮、坤 八卦变图）

【注解】按：原书此图在"洛书"图后，为使先后天八卦及变图更能完整地连接，特将此图提前置此处，特说明。

张九仪在《铅弹子》中说：先天卦位，地理之体也；后天卦位，地理之用也。然有体不可无用，而有用方能明体，自古圣贤相传，龙神之搏换，向首之转移，水法之去来，砂位之朝拱，总不外体用互见之旨。是故一乾也，先天居正南离位，后天居西北艮位，离即先天之乾，艮即后天之乾，是不独乾甲为乾也，离壬寅戌与艮丙皆为乾也。一坤也，先天居正北坎位，后天居西南巽位，则坎即先天之坤，巽即后天之坤，是不独坤乙为坤也，即坎癸申辰与巽辛皆为坤也。一坎也，先天居正西之兑，后天居正北之坤，则兑即先天之坎,坤即后天之坎,是不独坎癸申辰为坎也,即兑丁巳丑与坤乙皆为坎也。一离也,先天居正东之震,后天居正南之乾,则震即先天之离,乾即后天之离,是不独离壬寅戌为离也,即震庚亥未与乾甲皆为离也。至于震也,先天居东北之艮,后天居正东之离,则艮即先天之震,离即后天之震,不独震庚亥未为震也,即离壬寅戌与艮丙皆为震也。兑也,先天居东南之巽,后天居正西之坎,则巽即先天之兑,坎即后天之兑,不独兑丁巳丑为兑也,即坎癸申辰与巽辛皆为兑也。巽也,先天居西南之坤,后天居东南之兑,则坤即先天之巽,兑即后天之巽,不独巽辛为巽也,即兑丁巳丑与坤乙皆为巽也。艮也,先天居西北之乾,后天居东北之震,则乾即先天之艮,震即后天之艮,不独艮丙为艮也,即震庚亥未与乾甲皆为艮也。

按:其法是先后天与纳甲三合通论,详见下表。

坐　　向	八　　卦	先　　天	后　　天
乾	乾　甲	离壬寅戌	艮　丙
坎	坎癸申辰	兑丁巳丑	坤　乙
艮	艮　丙	乾　甲	震庚亥未
震	震庚亥未	艮　丙	离壬寅戌
巽	巽　辛	坤　乙	兑丁巳丑
离	离壬寅戌	震庚亥未	乾　甲
坤	坤　乙	坎癸申辰	巽　辛
兑	兑丁巳丑	巽　辛	坎癸申辰

陈子奇曰:"先后天一家之义,合龙向砂水而是也,凡合此格者,定产台阁大臣,世代科甲,子孙繁衍,历久不替。"所以,堪舆家在论阴阳二宅时,多以先后天合论。仍举魏青江一例以证:

张姓,住辛山,屋前卯方一微凸古坟,长棘设面密布,癸丑予判应长房、次房之男并各房第二女,逢亥卯未年月日时生人,遇亥卯未年月日时伤左目。其家众人点额,询问何故? 予曰:"卯是先天离位,为目,今棘墩在卯,即应在目,傍宅左首,故碍左眼。后天震位为长男,卯建为仲,故应长房、次房。阳位属男子,先天离位为中女,故应二姑娘。卯与亥未三合木局,太岁三煞金神聚会,故应此年命时日。"问可救否? 曰:"非启除修净不可。"彼延节迁改,仍不见效,恳余择吉扶命,七政恩星躔度制煞修方,轻者即愈,重者迟久稍减。最笃者终不退,以年老根深不可挽也。

　　堪舆家还认为,先天取其形,后天看其气,先后天宜相生相合,忌相克相破。如坎山不放坤水,坤山不放坎水,因坎为先天之坤,坤为土,坎为水,土克水为相破也。艮山不放震水,震山不放艮水,因艮为先天之震,震为木,艮为土,木克土为相破也。巽山不放兑水,兑山不放巽水,因巽为先天之兑,巽为木,兑为金,金克木为相破也。余乾与离、离与兑、坤与巽皆此义。

　　又一说,先后天之位,喜其水来,忌其水去,水去则名破了先后天。此理《相地指迷》卷六有"先天后天相见相破例"一节,论述甚细,兹介绍如下:

　　"先天艮居西北乾位,而艮纳丙,又乾纳甲壬,故乾甲壬向见艮丙水为见先天。又乾居离南,故见离水为见后天。若水出艮丙为破先天,水出离为破后天。先天巽居西南坤位,而巽纳辛,又坤纳乙癸,故坤乙癸向见巽辛水为见先天。又先天坤居坎北,故见坎水为见后天。若水出巽辛为破先天,水出坎为破后天。震纳庚,先天震居东北,离居正东,后天艮居东北震位,而艮纳丙,故震庚向见离水为见先天,见艮丙水为见后天。若水出离为破先天,水出艮丙为破后天。巽纳辛,兑纳丁,先天巽居西南坤位,兑居东南巽位,巽辛向见兑丁水为见先天,见坤乙癸水为见后天。若水出兑丁为破先天,水出坤乙为破后天。艮纳丙,震纳庚,先天震居东北,乃后天之艮位,故艮丙向见震庚水为见先天;

又先天艮居西北，乃后天乾位，故见乾甲壬水为见后天水。水出震庚为破先天，水出乾甲壬为破后天。兑纳丁，先天兑居东南，乃后天巽位；先天坎居正西，乃后天兑位，故兑丁向见坎水为见先天，而巽又纳辛，见巽辛水为见后天。水出坎位为破先天，水出巽辛为破后天。后天离南乃先天乾位，而乾纳甲壬，先天离居正东，乃后天震位，而震纳庚，故离向见乾甲壬水为见先天，见震庚水为见后天。水出乾甲壬为破先天，水出震庚为破后天。后天坎北乃先天坤位，而坤纳乙癸，先天坎居正西，乃后天兑位，而兑纳丁，故坎向见坤乙癸水为见先天，见兑丁水为见后天。水出坤乙为破先天，出兑丁为破后天。"

玄空飞星派亦非常重视先后天八卦的运用，蒋大鸿在《归厚录》一书中说："六乾离九是朝宗，坤宫坎一脉相通，天三地八为朋友，七金地四喜相从，离九龙来定震位，巽龙入脉要坤宫，坎水朝来时至兑，脉出天三地八功。"其法以后天卦气立龙，即以先天卦气立向。如龙从六白乾方来，离乃先天乾位，故宜立乾向。余类推。

对以先后天八卦相生相克论阴阳宅吉凶，也有持不同意见者。廖金精曰："卦为宗者误人多，无龙无穴事如何？任尔装成天上卦，等闲家计落倾波。"杨救贫云："隔山装卦泥星辰，下了误人贫。"曾氏云："但登财禄君须下，莫用山头卦。"卜则巍云："水若屈曲有情，不合星辰亦吉；山如破碎敧斜，纵合卦例何为。"蒋大鸿在《平砂玉尺辨伪》一书中也说："盈天地间，只有八卦，先天之位曰乾坤定位，山泽通气，雷风相薄，水火不相射。八卦总之，阴阳而已，山阳泽阴，雷阳风阴，水阳火阴，皆两仪对待之象。对待之中，化机出焉，所谓元牝之门，是为天地根。一阴一阳谓之道，八卦者，天地之体；五行者，天地之用，当其为体之时，未可以用言也。故坎虽为水，此先天之水，不可以有形之水言也；离虽为火，此先天之火，不可以有形之火言也。故艮为山不可以土言也，兑为泽不可以金言也，震巽为风雷不可以木言，故以八卦属五行而论龙之所属者皆非也。"梅漪老人《阳宅辟谬》一书中特立《辨八卦生克》一节，兹介绍如下：

八卦五行出于汉人筮法，与地理全不相涉，蒋氏于《辨正》书中已纠其谬。今乃以坐北坎宅，即以一坎飞入中宫，坤在乾，震在兑，巽在艮，五黄在离，乾在坎，兑在坤，艮在震，离在巽，以此定五行生克，推八卦吉凶，八宫皆如此例。试思两仪生四象，四象生八卦，本本元元，统归太极，安得有此卦克彼卦，此卦生彼卦之理？今即以易言之，乾坎相生，而其卦为讼；震兑相克，而其卦为随。又如火金相制，而卦反为同人；水火互伤，而卦反名既济，则圣人不以八卦言生克明矣。生克之理，根于图书，河图以顺行相生为体，洛书以逆行相克为用，万物必赖相克，其用斯彰。木克土而百谷用成，金克木而官室斯见，火克金而器用成资，土克水而江河顺轨。天地之理，何尝以相克便为凶乎！天元妙用，自有枢机，故当其吉，卦卦皆吉；当其凶，则卦卦皆凶，而不必于生克二字讨消息，愿与世人明切而言之。

纵观古今阴阳宅实例，均以形气结合，以卦象类象为主判吉凶，很少见以八卦相互生克论吉凶者。九星飞星派虽言生克，是以飞宫九星五行判断，亦非以八卦生克断。故八卦先后天生克之说实属牵强。

八宅派判断阳宅吉凶，是以八卦为基础的，而八卦则各有类比取象，明其象而知其理，则吉凶明矣。八卦类比取象，源于《说卦传》："乾为马，坤为牛，震为龙，巽为鸡，坎为豕，离为雉，艮为狗，兑为羊。乾为首，坤为腹，震为足，巽为股，坎为耳，离为目，艮为手，兑为口。"又云："乾为天、为圆、为君、为父、为玉、为金、为寒、为冰、为大赤、为良马、为老马、为瘠马、为驳马、为木果。坤为地、为母、为布、为釜、为吝啬、为均、为子母牛、为大舆、为文、为众、为柄，其于地也为黑。震为雷、为龙、为玄黄、为旉、为大涂、为长子、为决躁、为苍莨竹、为萑苇，其于马也为善鸣、为馵足，为作足，为的颡（白额马），其于稼也为反生，其究为健，为蕃鲜。巽为木、为风、为长女、为绳直、为工、为白、为长、为高、为进退、为不果、为臭，其于人也为寡发，为广颡、为多白眼、为近利市三倍，其究为躁卦。坎为水、为沟渎、为隐伏、为矫輮、为弓轮，其于人也为加忧、为心病、为耳痛、为血卦、为赤，其于马也为美脊、为亟心、为下首、为薄蹄、为曳，其于舆也为多眚、为通、为月、为盗，其于木也为坚多心。离为火、为日、为电、为中女、为甲胄、为戈兵，其于人也为大腹、为乾卦、为鳖、为蟹、为蠃、为蚌、为龟；其于木也为科上槁。艮为山、为径路、为小石、为门阙、为果蓏、为阍寺、为指、为狗、为鼠、为黔喙之属，其于木也为坚多节。兑为泽、为少女、为巫、为口舌、为毁折、为附决，其于地也为刚卤、为妾、为羊。"由此，又生出许多类比取象来。以中天八卦图类比为例。

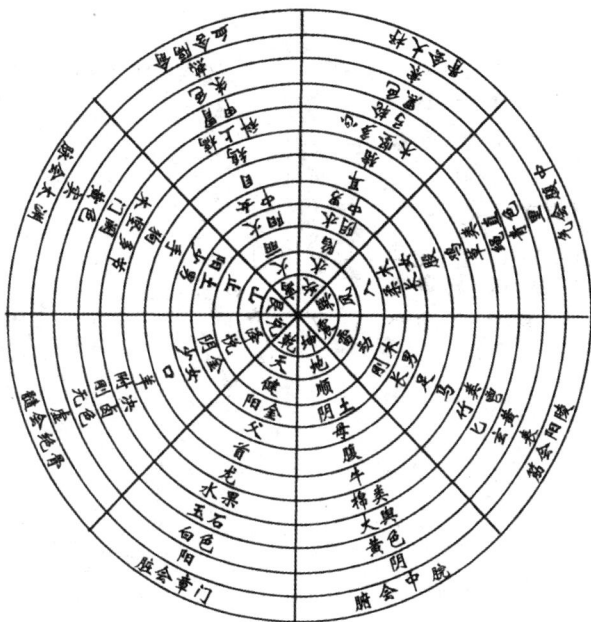

　　本图共十二圈,最内圈为中天八卦。第二圈是将宇宙间的事物分类为八种比类于八卦。第三圈为八卦的物质属性,源出《说卦传》。第四圈是八卦五行的属性。第五圈以人之一家喻八卦,源出《说卦传》。第六圈合于八卦性质的动物匹配。第九圈是以用住之物配八卦。第十圈是以鸟兽之皮毛配八卦。第十一圈是以八纲配八卦。最后一圈是以八会穴配八卦。

　　八卦类比取象在判断阳宅吉凶中,运用非常广泛,以后在具体判断中还会陆续介绍。

河图洛书

【原文】河图(下左图);洛书(下右图)。

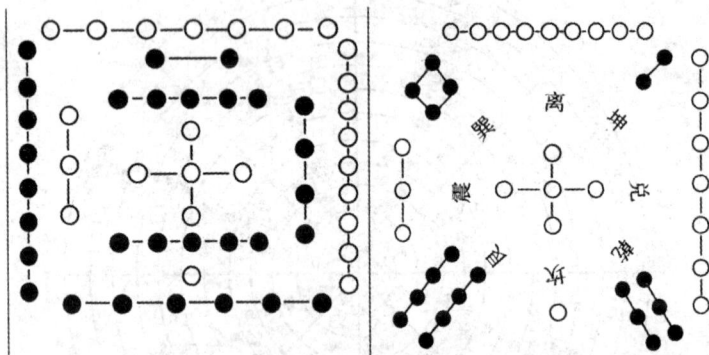

先天卦配河图之象图　　　　后天卦配河图之象图

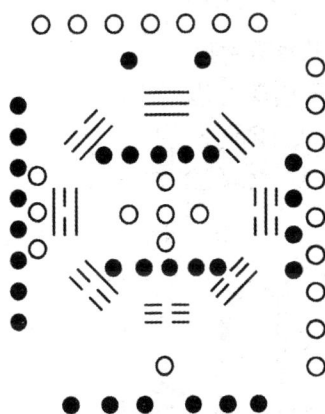

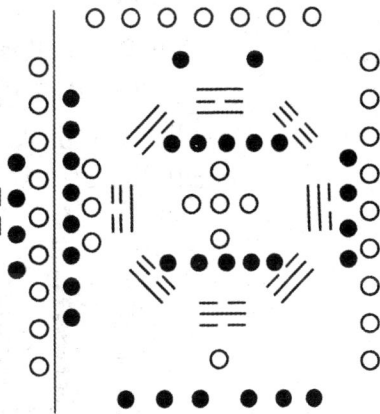

先天卦配洛书之数图　　　　后天卦配洛书之数图

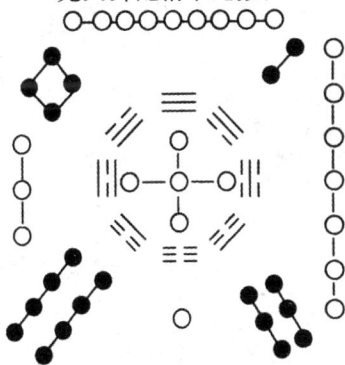

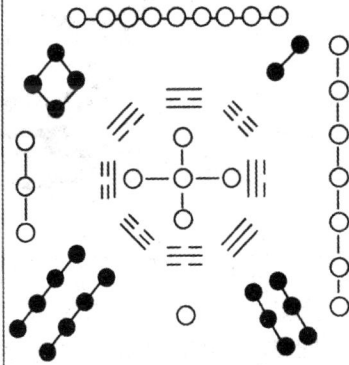

一坤、二巽、三离、四兑　　　一坎、二坤、三震、四巽
六震、七坎、八艮、九乾　　　六乾、七兑、八艮、九离

【注解】关于河图洛书的解释请参阅《三白宝海·卷首·河图洛书》。

排山掌上起三元甲子诀

【原文】　　　排山掌上起，从寅数到狗。

一年隔一位，不用亥子丑。

上元甲子一宫连，中元起巽下兑间。

上五中二下八女，男逆女顺起根源。

【注解】排山掌诀又叫作"野马跳涧诀"，除第一句"野马跳涧走"与掌上排山诀不同外，余三句皆同。

狗即戌，因戌肖狗故。此处以狗代戌，是仅求押韵而已。

排山掌诀即推男女生命之法。因八卦加中五只有九数，而掌纹支位则有十二位，所以要去掉亥子丑三位，只留从寅至戌九位，以与九宫对应。

其法以寅为坎一宫，卯为坤二宫，辰为震三宫，巳为巽四宫，午为中五宫，未为乾六宫，申为兑七宫，酉为艮八宫，戌为离九宫,其生年落于何宫,该人即属何命。如男命上元乙卯年生,上元甲子起一宫逆行,则甲子在寅坎一宫,乙丑在戌离九宫,丙寅在酉艮八宫,丁卯在申兑七宫,戊辰在未乾六宫,己巳在午中五宫,庚午在巳巽四宫,辛未在辰震三宫,壬申在卯坤二宫,癸酉在寅坎一宫,甲戌在戌离九宫,乙亥在酉艮八宫,丙子在申兑七宫,丁丑在未乾六宫,戊寅在午中五宫,己卯在巳巽四宫,庚辰在辰震三宫,辛巳在卯坤二宫,壬午在寅坎一宫,癸未在戌离九宫,甲申在酉艮八宫……从以上推演方法可以看出,每个旬首所处宫位均往后推移一位,如甲子旬首在寅坎一宫,甲戌旬首在戌离九宫,甲申旬首在酉艮八宫,甲午旬首在申兑七宫,甲辰旬首在未乾六宫,甲寅旬首在午中五宫。每个旬首均依此往后退一位,此即一年隔一位之意。知道旬首所在宫位,则依此逆推至生年,生年落于何宫即何命。如乙卯年生男,甲寅旬首居午中宫,逆推乙卯则在巳巽四宫,则该人为巽四命。巽四命属东四宅,故其宅命为东四命。

女命上元甲子则从中五起顺推,每个旬首往前进一位。如上元甲子乙卯年生女,则甲子在午中五宫,乙丑在未乾六宫,丙寅在申兑七宫,丁卯在酉艮八宫,戊辰在戌离九宫,己巳在寅坎一宫,庚午在卯坤二宫,辛未在辰震三宫,壬申在巳巽四宫,癸酉在午中五宫,甲戌旬首在未乾六宫。依旬首每旬往前推一年法,则甲申在申兑七宫,甲午在酉艮八宫,甲辰在戌离九宫,甲寅在寅坎一宫。乙卯年属甲寅旬,知旬首甲寅为坎一宫,顺推乙卯在卯坤二宫,则该人为坤二命。坤二命属西四宅,故其人宅命为西四命。

如果中元甲子,则男命起巽四逆行,女命起坤二顺行;下元甲子则男命起兑七逆行,女命起艮八顺行,方法同上。(详参前注)

游年歌

【原文】坎艮震巽离坤兑。　　艮震巽离坤兑乾。

乾六天五祸绝延生。　　坎五天生延绝祸六。

震巽离坤兑乾坎。　　　巽离坤兑乾坎艮。

艮六绝祸生延天五。　　震延生祸绝五天六。

离坤兑乾坎艮震。　　　坤兑乾坎艮震巽。

巽天五六祸生绝延。　　离六五绝延祸生天。

兑乾坎艮震巽离。　　　乾坎艮震巽离坤。

坤天延绝生祸五六。　　兑生祸延绝六五天。

【注解】生即生气,天即天医,延即延年,绝即绝命,祸即祸害,五即五鬼,六即六煞。八宅论宅法,把阳宅分成八个方位,每个方位根据吉凶而命名,又称大游年变卦。对此,《钦定协纪辨方书》解释甚精,并一一用图说明,特介绍如下:

大游年变卦,相宅家用之,选择有以宅长行年配合修造之,故名游年。因地理亦有游年变卦之法,故此名大游年,小阴而大阳也。其法亦由天定卦翻变而出,而以贪狼、廉贞、武曲、文曲、禄存、巨门、破军、辅弼为序。如乾为本官,上爻变为兑为贪,兑中爻变为震为五鬼,震下爻变为坤为武曲,坤中爻变为坎为文曲,坎上爻变为巽为禄存,巽中爻变为艮为巨门,艮下爻变为离为破军,离中爻变为乾为辅弼。贪狼与小游同,亦曰生气;廉贞即小游之巨门,亦曰五鬼;武曲即小游之绝体,又曰延年;文曲与小游同,又曰六煞;禄存即小游之五鬼,又曰祸害;巨门即小游之福德,亦曰天医;破军、辅弼与小游同。盖阳宅之法,以乾兑为老阳,艮坤为老阴,离震为少阴,巽坎为少阳,二老相配为西四宅,二少相配为东四宅,东西各自相配为吉,交错相配为凶,故变卦之吉凶与小游年有同异耳。翻卦之法皆以上一爻变为生气贪狼,下二爻变为天医巨门,三爻俱变为延年武曲,三爻俱不变为伏位辅弼。盖上一爻变者,则乾兑互变,艮坤互变,离震互变,巽坎互变。下二爻者则乾艮互变,兑坤互变,离巽互变,震坎互变,三爻俱变者则乾坤互变,兑艮互变,离坎互变,震巽互变。三爻俱不变者则自得本官,皆老少各自相配,故为吉也。外此则老少交错相配,故为凶也。在八官卦象则上爻持世卦为伏位,初世卦为祸害,二世卦为天医,三世卦为延年,四世卦为五鬼,五世卦为生气,游魂卦为六煞,归魂卦为绝命,与小游年例亦有异同。图可参阅本书上册第152面。此外,还应注意以下两点。

一、根据八卦阴阳五行相生相克论吉凶。

变卦时,两卦在变前和变后的五行皆相生或相比和为吉,相克则为凶。以巽宅为例:巽为木,到离位是遇火,木火相生为吉,是为"天医";到坤位是遇土,土木相克为凶,是为"五鬼";到兑位遇金,金木相克为凶,故为"六煞";到乾位遇金,也是金木相克为凶,是为"祸害";到坎位遇水,水木相生为吉,是为"生气";到震位遇木,木见木是比和为吉,故为"延年";到艮位遇土,木土相克为凶,是为"绝命"。余七宅同。

二、根据八卦家庭成员阴阳相配与生克论吉凶。

延年:夫妻正配。乾与坤是老夫配老妻,震与巽是长男配长女,坎与离是中男配中女,艮与兑是少男配少女。

生气:阴阳相配,五行相生相比。乾与兑,老父少女,五行比和;坎与巽,中男长女,五行相生;坤与艮,老母少男,五行比和;离与震,中女长男,五行比合。

天医:同性相生或相比和。坤与兑,老母少女,五行相生;乾与艮,老父少男,五行相生;震与坎,长男中男,五行相生;巽与离,长女中女,五行相生。

绝命、五鬼、祸害、六煞四凶神则非五行相克,即阴阳不配。

以艮宅为例：艮属土，到震、巽二位是遇木，木克土为凶，是为"六煞""绝命"；到离位是遇火，虽火土相生，但中女、少男非正配，是为"祸害"；到坤方是遇土，二土比和为吉，是为"生气"；到兑位是遇金，不仅土金相生，且少男少女正配，是为"延年"；到乾位是遇金，土金相生为吉，是为"天医"；到坎位是遇水，土克水为凶，是为"五鬼"。余七宅同推。

星煞吉凶

【原文】右弼所属不定，吉凶亦无定。

生气贪狼星属木，上吉；延年武曲星属金，上吉；

天医巨门星属土，中吉；伏位左辅星属木，小吉；

绝命破军星属金，大凶；五鬼廉贞星属火，大凶；

祸害禄存星属土，次凶；六煞文曲星属水，次凶。

生气辅弼亥卯未，延年绝命巳酉丑，

天医禄存四土宫，五鬼凶年寅午戌，

六煞应在申子辰，震巽坎离为东四，

乾坤艮兑西四位。

【注解】贪狼、武曲、巨门、破军、廉贞、禄存、文曲及左辅右弼，是术数家根据北斗七星及左辅右弼二星而设的，又称天机九星。《北斗本生经》一书描述了这样一个传说："在遥远的龙汉年间，有个古老的国家，国王叫周御王，圣德无边。他有个爱妃，明哲慈慧，号'紫光夫人'。夫人发下大愿要为周御王生下九位圣子，辅佐乾坤。一年春天，百花齐放，紫光夫人在御花园游玩，来到金莲花温玉池，脱下衣服洗澡，忽有所感，于是生有九子。老大是天皇大帝（左辅星），老二是紫微大帝（右弼星），其余七子分别为贪狼、巨门、禄存、文曲、廉贞、武曲和破军七星，此七星即北斗七星。"此九星在风水中，因派系不同，不仅五行有异，且吉凶也略有不同。阴宅风水是以九星论山峰之体：贪狼为木体，其峰顿起如生笋；巨门为土体，其峰不尖不圆而成方形，面如大门；禄存为土体，其峰上体圆方如鼓，又名"顿鼓"；文曲为水体，其峰如蛇蟮，蜿曲而长；廉贞属火体，星峰耸拔而尖峭，如烈焰中天而起之势；武曲属金体，峰形如大钟复地，圆中微方；破军属金，星峰状如三角军旗，前头高卓，后尾低下长拖；左辅属土体，峰前高后低，状如幞头；右弼属金，峰体状如丝如梭等。阳宅派系更加复杂。以八卦宅而论，贪狼为木，巨门为土，禄存为土，文曲为水，廉贞为火，武曲为金，破军亦为金，左辅与右弼同宫属木。以九宫论，则贪狼一白属水，巨门二黑属土，禄存三碧为木，文曲四禄亦属木，武曲六白属金，破军七赤亦属金，左辅八白属土，右弼九紫属火。八宅派以贪狼、巨门、武曲、辅弼为吉，文曲、禄存、廉贞、破军为凶；九宫星派则以贪狼、巨门、武曲、辅弼为吉，文曲、禄存、廉贞、破军为凶。地理家以龙论，以贪狼、巨门、武曲、廉贞为吉，禄存、文曲、破军、辅弼为凶。其取义各自不同，所以在使用时定要分清体系，以免混淆。

【原文】假如上元甲子，宅主甲寅年生，一宫寅上起甲子，逆数跳入离宫戌上起甲戌，艮宫酉上起甲申，兑宫申上起甲午，乾宫未上起甲辰，中宫午上起甲寅，是谓中宫生人，寄坤，以坤宫生人主之。游年起"坤天延绝生祸五六"。按诀推之，以定吉凶。

又如三元甲子，宅母甲寅年生，五中宫午上起甲子，顺数乾宫未上起甲戌，兑宫申上起甲申，艮宫酉上起甲午，离宫戌上起甲辰，坎宫寅上起甲寅，是谓坎宫生人主之。游年起"坎五天生延绝祸六"是也。

【注解】此节是前"排山掌诀"一节举例，理应排在该节文字之后，排在此处，有些紊乱。

此节主要是讲如何起大游年。"八宅论吉凶，伏位无定方"

实为一谬。本节是以生命定伏位，即生于何命，便从何命起伏位。如本节举例，女宅主是坎命，即从坎上起伏位；男宅主是中宫生人，男命中宫寄坤二宫，即以坤上起伏位。岂能说无定方？本文所说的无定方应是根据游年而变动，并非不定之意。此以本命定伏位，为一说。

吴鼐在《阳宅撮要》中说："大游年歌依后天八卦顺轮，第一字即本宅坐向，七字是游星。生延天三方俱吉，宜开门择房，绝命最凶，五鬼次之，六煞又次之，忌开门走路。如坐山是坎，从坎五天生轮至向上，属延年金。余以例推。"此说是从坐山或朝向上皆可起伏位，亦一说。

还有从门上起伏位者，又一说。四种伏位混乱于八宅之中，此吉彼凶，此凶彼吉，自相矛盾，相互抵触。如本节举宅母上元甲寅年生，为坎命，起游年则坎为伏位，艮为五鬼，震为天医，巽为延年，离为生气，坤为绝命，兑为祸害，乾为六煞。如果其人住在坐兑向震之宅，若从坐山兑上起伏位，则乾方为生气，坎方为祸害，艮方为延年，震方为绝命，巽方为六煞，离方为五鬼，坤方为天医。若从震向上起伏位，则巽方为延年，离方为生气，坤方为祸害，兑方为绝命，乾方为五鬼，坎方为天医，艮方为六煞。假若门开在艮方，又须从艮上起伏位，则震方为六煞，巽方为绝命，离方为祸害，坤方为生气，坎方为延年，乾方为天医，坎方为五鬼。此四种大游年起法不仅九星易位，且吉凶迥然不同，是断吉还是论凶？令人无所适从。更有甚者，本书"定游星法"一节云："先从座上起游星到门上，再从门上起游星到还本位"；"如一宅有高房，再从高房起游星"。此法使论断更加紊乱，所以八宅派到清初被大多数风水家所指责，慢慢走向衰落。

再一个问题就是八宅派以何方为坐山。依常理，当以后方为坐山，前方为朝向。但八宅派又提出以大门所向的方位决定坐山

朝向。意即站在屋面向着大门的一方便是"向",而与"向"相对的方位便是"坐"。于是,八宅派的坐山朝向共分八种,分别是:

一、大门向西,则西为向,东方为坐,是为震宅。

二、大门向西北,则西北为向,东南方为坐,是为巽宅。

三、大门向北,则北为向,南方为坐,是为离宅。

四、大门向东北,则东北为向,西南方为坐,是为坤宅。

五、大门向东,则东为向,西方为坐,是为兑宅。

六、大门向东南,则东南为向,西北为坐,是为乾宅。

七、大门向南,则南为向,北方为坐,是为坎宅。

八、大门向西南,则西南为向,东北为坐,是为艮宅。

如果大门的确是开在房的正面,此说毫无非议。如古时宫殿、府衙、学堂、寺庙及一些官宦人家等。但民间大部分房门均开在房屋一角,北方的小四合院几乎家家如此。如房屋坐北朝南,门或开在巽方,或开在坤方。有些房屋因受地理限制,还有开在乾方、艮方,甚至坎方的,民间习惯上叫作"倒走门"。如果此时强以门论向,则无坐山朝向之理,故先贤云:"八宅论宅,毫无应验。"

东四西四宅诀

【原文】东四宅诀:

震巽坎离是一家,
西四宅爻莫犯他。
若还一气修成象,
子孙兴旺定荣华。
西四宅诀:

震	东	坎
	四	
巽	宅	离

艮	西	乾
	四	
兑	宅	坤

　　乾坤艮兑四宅同,东四卦爻不可逢。
　　误将他象混一屋,人口伤亡祸必重。

【注解】按:原书图与文字分开安排,为使文义紧凑,特把原文与原图排在一起;同时,原图中四宅方位也并非八卦方位,不过说明此四宅同属东四西四而已,特说明。

从大游年法中可以发现这样一个规律:凡东四命宅,生气、延年、天医三吉位皆在东四宅方位上,祸害、绝命、六煞、五鬼四凶位均在西四位上。相反,凡西四命宅,生气、延年、天医三吉位均在西四宅方位上,而祸害、绝命、五鬼、六煞四凶位皆在东四位上。阳宅以门、路、床、灶、炕、厕、井等为要事,其法床、门、路等宜设在吉位上,忌设在凶位上。如东四宅以坎、离、巽、震四位为吉,故门、路、床等宜设在此四个方位上,主丁财皆旺。若误设在兑、乾、坤、艮四凶位上,则主破财伤丁,故云:"西四宅爻莫犯他。"然厕所、灶等却宜安在凶位上。如东四宅,则宜安在乾、坤、艮、兑四凶位,主吉庆。若误安在震、坎、巽、离四吉位,反主凶灾,故内六事应各宜其所。对此,《阳宅十书》论述比较清晰,特简要介绍如下:

东四位宅图说并东四位生人用例:

福元(即宅命)在震坎巽离宫为东四生人,其吉星俱在震巽坎离之方,门所宜开,路所宜行,楼房所宜高大,主人所宜居。若误用乾坤艮兑,俱属凶星,是谓东四修西多不吉,故著东四图说。

东四位坎宫相生人,坎宫为正福德宫。定福元宜居南房东间,上上吉;东房南间,上吉;北房中间亦吉。定宅宜住坐北向南宅,上上吉;坐南向北宅,上吉;坐西向东宅亦吉。惟坐东向西宅不宜居,不便修盖,以乾兑坤俱不宜开门故也。若用截路分房法亦可居。定门宜走东南巽方巳字、辰字生气门,上上吉;正北坎方福德门,上吉;正南离方延年门亦吉。定宅中所行路宜由东方上吉,定井宜在东南生气位大吉,定厨灶宜在宅东北甲寅字五鬼方大吉,定放水宜在甲乙巨门方,巨门水去来皆可。

东四位离宫相生人，离宫为正福德宫。定福元宜居南房东间，东房南间，俱上上吉；北方中间亦吉。定宅宜住坐北向南宅，上上吉；坐南向北宅，上吉；坐西向东宅亦吉。惟坐东向西宅，不宜居（按，因兑乾坤三方均不宜开门故）。定门宜走东南巽方巳字天乙门，上上吉；正北坎方壬字延年门亦上吉；东方甲卯乙生气门，亦大吉。定宅中行路宜由东方上吉，定井宜在正东卯字方生气位大吉，定厨灶宜在宅东北甲寅字祸害方大吉。定放水避忌阴水，只宜在乾破军方。

东四位震宫相生人，震宫为正福德宫。定福元宜住东房南间，南房东间俱上上吉；北房中间亦吉。定宅宜住坐北向南，巽方巳字门宅上上吉；坐南向北，坎方壬字门宅吉；坐西向东，巽方辰字门宅亦吉。惟坐东向西宅不宜居（按：亦因兑乾坤三方不宜开门故）。定门宜走东南巽巳方延年门，正北坎方天乙巨门，俱上吉；正南离门亦吉。定宅中所行路宜由东方上吉，定井宜在宅南丙字生气位大吉，定厨灶宜在西方庚字上大吉，定放水宜在西方庚字、辛字上大吉。

东四位巽宫相生人，巽宫为正福德宫。定福元宜居东房南间，南房东间，俱上上吉，北房中间亦吉。定宅宜住坐北向南巽门宅，上上吉；坐北向南坎门宅，上吉；坐西向东巽门宅亦吉。惟坐东向西宅不宜居，盖因开大门不便，若用截路分房法亦可居。定门宜走东南巽方巳字、辰字福德门，正北坎方生气门，俱上吉；正南离方天乙门亦吉。定宅中所行路宜由东方上吉，定井宜在正北方生气位大吉，定厨灶宜在西方庚字上大吉，定放水宜在西方辛字、庚字俱上吉，南方丁字亦可。

西四位宅图说并西四位生人用例：

福元在乾坤艮兑宫为西四位生人，其吉星俱在乾坤艮兑之方，门所宜开，路所宜行，房楼所宜高大，主人所宜居。若误用震巽坎离,俱属凶星,是谓西四修东必不祥,故著西四位宅图说。

西四位乾宫相生人,乾宫为正福德宫,定福元宜西房、西楼,上上吉;次居北房西间,福德吉;北方东间,天乙吉;南房西间延年亦可居,但房之中间未善耳。北房中一间六煞文曲,南房中一间绝命破军。定住宅宜住坐北向南坤门宅,坐南向北乾门宅,俱上吉;坐东向西艮门、坤门、兑门宅俱上吉;坐南向北宅,艮方丑字门亦吉;坐西向东宅,艮方寅字门亦吉。定门宜走西北乾方亥字、戌字福德门,西南坤方未字、申字延年门上吉;正西辛字生气门,东北艮方寅字、丑字门亦吉;但不可正当艮字,别法谓之鬼门。定宅中所行路宜由西方上吉,定井宜在宅正西方生气位大吉,定厨灶宜在宅南方丙字上大吉,定放水宜在东方甲字、乙字,北方壬字、癸字俱吉。

西四位坤宫相生人,坤宫为正福德宫。定福元宜居西房、西楼,南间北间俱上吉;北房西间、东间,南房西间亦吉。但房之中间未善耳,北方中一间谓之绝命,南房中一间谓之六煞。定宅宜住坐北向南坤门宅,坐南向北乾门宅,俱上上吉;坐南向北艮方丑字门宅,坐东向西坤门、兑门、乾门宅,坐西向东艮方寅字门宅亦上吉。定门宜走西北乾方亥字、戌字延年门,西南坤方未字、申字福德门上吉;东北艮方丑字、寅字门亦吉;但不宜正当艮字,别法谓之鬼门。定宅中所行路宜由西方大吉,定井宜在东北方生气位大吉,定厨灶宜宅北方癸字上大吉。定放水宜在东方甲字、乙字,北方壬字、癸字俱吉。

西四位艮宫相生人,艮宫为正福德宫。定福元宜居西房、西楼,俱上上吉;北房西间、东间亦吉;南房西间亦可居,但房之中间未善耳。北房中一间谓之五鬼,南房中一间谓之六煞。定宅宜住坐北向南坤门宅,坐南向北乾门宅,坐南向北丑字门宅,坐东向西坤、兑、乾门宅亦上吉。定门宜走西北乾方亥字、戌字天乙门,西南坤方未字、申字生气门,俱上吉;东北艮方丑字、寅字福德门亦吉,但不宜正当艮字,别法谓之鬼门。定宅中所行路宜由西方大吉,定井宜在西南生气位大吉,定厨灶宜在宅东方乙字上大吉,定放水宜在南方丙字、丁字俱上吉。

　　西四位兑宫相生人,兑宫为正福德宫。定福元宜居西房、西楼,上吉;次居北房西间生气贪狼,南房西问天乙巨门,北房东间延年武曲亦吉;但房之中间未尽善耳,北房中间祸害,南房中间五鬼。定宅宜住坐北向南坤门宅,坐南向北乾门宅,俱上上吉;坐南向北艮方丑字门宅,坐东向西坤门、乾门、兑门宅,坐西向东艮寅字门宅亦上吉。定门宜走西北乾方亥字、戌字生气门,西南坤方未字、申字天乙门上吉;次定宜走东北艮方丑字、寅字延年门亦吉,但不宜正当艮字,别法谓之鬼门。定宅中所行路宜由西方上吉,定井宜在西北方生气位大吉,定厨灶宜在北方癸字大吉,定放水宜在南方丙字、丁字上吉。

　　【原文】后天八卦方位图(下左);排山掌诀九宫图(下右)

东南	巽	南离	坤	西南
正东	震		兑	正西
东北	艮	坎北	乾	西北

四	巽	巳	五中	未	乾	六
三	震	辰	午	申	兑	七
二	坤	卯		酉	艮	八
一	坎	寅		戌	离	九

　　【注解】原书此两图均无标题,为明图意,注者特增标题。

　　张九仪曰:"后天易位之序,《易·系辞》已明,所以相易之故,今试以浅言之。东方木位,于时为春,于人为仁,震巽属木,故易而居东。南方属火位,于时为夏,于人为礼,离卦属火,故易而居南。西方金位,于时为秋,于人为义,乾兑属金,故易而居西。北方水位,于时为冬,于人为智,坎卦属水,故易而居北。至于坤易居西南者,以火能生土,以土生金也;艮居东北者,万物皆归于土,万物皆生于土,冬尽春来,非土不能制水,非土不能栽木,犹仁义体智之德,非信不成,故圣人易于东北者,即信以成之者也。"

八卦方位图,本书前已有之,何以又增一图?这需要与上右图连起来看,该图是排山掌诀图之九星,此九星坎一、坤二等从何而来,即与此后天八卦相配而成。坎居正北,数一。坤居西南,数二。震居正东,数三。巽居东南,数四。五居中宫。乾居西北,数六。兑居正西,数七。艮居东北,数八。离居正南,数九。上右图之数,即从此图演变而来。

上右图即前排山掌诀飞宫图。地支本十二位,此图中只有九位,无北方亥子丑三支,即前"不用亥子丑"之意。从寅上起坎一,到戌上离九止,即"从寅数到狗"之说。

八卦三元九宫九星之图

【原文】其法以洛书九宫为序,坎一、坤二、震三、巽四、中五、乾六、兑七、艮八、离九。一、二、三为上元,四、五、六为中元,七、八、九为下元,此三元之序也。坎为一白,坤为二黑,震为三碧,巽为四绿,中为五黄,乾为六白,兑为七赤,艮为八白,离为九紫,此紫白之序也。坎为六煞文曲水,坤为祸害禄存土,震为生气贪狼木,巽为伏位辅弼木,五中黄无星,乾为延年武曲金,艮为天医巨门土,离为五鬼廉贞火,兑为绝命破军金,此峦头九星五行本宫之定位也。其变爻相配,另其图于后。

戴九

	中　元 巽 辅弼 皆四 不绿伏 变木位	下　元 离 廉贞 变九 下紫五 二气鬼	上　元 坤 禄存 变二 下黑祸 一土害	
四肩				二肩
左三	上　元 震 贪狼 变三 上碧生 一木气	中　元 五 黄 土	下　元 兑 破军 变七 中赤绝 爻金命	右七
八足	下元 艮 巨门 变八 下白天 二土医	上元 坎 文曲 变一 上白六 下水煞	中元 乾 武曲 俱六 变白延 尽金年	六足

履一

【注解】上图为九宫飞星图,也有称为玄空飞星图或紫白飞星图的。其图是将洛书配九星,变形而为九宫,再按照男女命或阴阳顺排或逆布,由此形成不同的星曜组合,这就是宅命的变化。

九宫图是依照洛书来排布的,其顺序亦按照洛书的顺序而飞布。起点始于中宫,而后至乾、至兑、至艮、至离、至坎、至坤、至震、至巽、复至中宫。顺排数字由小到大,逆排则由大到小。

九宫九星是依据北斗七星和左辅、右弼九星设立,其气场和九运变化也是依照星体变化而设立。

先谈九运。一运是一白当令,二运是二黑当令,三运是三碧当令,四运是四绿当令,五运是五黄当令,六运是六白当令,七运是七赤当令,八运是八白当令,九运是九紫当令。

一运为二十年。为什么要以二十年为一运,而不是十年或三十年呢？其理论根据是依照木星和土星的相会周期而设立的。

木星每隔11.86年绕太阳一周,土星每隔29.46年绕太阳一周。

一周天为360度,则木星与土星每年平均行度是：

木星：360度÷11.86＝30.354131度

土星：360度÷29.46＝12.219959度

土星每年比木星慢：30.354131－12.219959＝18.134172度

如此则：360度÷18.134172度＝19.852023年

这就是说,每隔19.85年(通说为二十年)土星均要和木星相会一次,这二十年就称为一运。

天上的星星星罗棋布,为什么只选木星和土星相会,而不选金星和水星相会或其它星体相会为一元呢？这就要了解以下知识。

木星是太阳系几大行星中最大的一颗,直径是地球的十一倍,质量是地球的三百多倍,体积是地球的近一千四百倍,且有十三个卫星;大气层为风暴,自转周期为九小时五十分,旋转时有甚为强烈的"超级闪电"大气,无疑也是对地球气场影响最大的一颗行星。土星则是太阳系中仅次于木星的大行星,其气场对地球影响仅次于木星。其它星体因体积较小,距地球又远,影响不如木星与土星大,所以以木星与土星相会周期为一运。

木星为大皋之神,居五常之首,位协震宫,所以我国古代天文学家及星命学家对木星非常重视,称之为"岁星"。《晋书·天文志》说："岁星曰东方春木,于人五常,仁也;五事,貌也。仁亏貌失,逆春令,伤木气,则罚见岁星。岁星盈缩,以其舍命国,其所居久,其国有德厚,五谷丰昌,不可伐。其对为冲,岁乃有殃。岁星安静中度,吉。盈缩失令,其国有忧,不可举事用兵。"又曰："人主之象也,色欲明,光色润泽,德合同。"又曰："进退如度,奸邪息;变色乱行,主无福。又主福,主大司农,主齐吴,主司天下诸侯人君之过,主岁五谷。赤而角,其国昌;赤黄而沈,其野大穰。"因此,古人以木星为天上最大的福曜,为人间至高之德宇。西方星相学亦称木星为"幸运之星";古罗马谓其为律法守护神,系真理、节操、公理之保护者。

我国古代天文学家及其星命学家,称土星为"镇星"或"填星"。居四方之中,坐戊己之位,其色黄,主养成之德。而"戊己大煞"与"五黄煞"均为择吉和风水中至凶者。西方星相学也认为土星是"恶魔之星",至凶之星。所以《晋书·天文志》云:"凡五星,土与木合,为内乱,饥。"

土星与木星相会,会给地球带来什么变化? 星学家认为,土星与木星相会,必在庚申、庚辰、庚子之年于巳、酉、丑宫相会;而在甲子、甲申、甲辰之年分开。当其相会之时,世界会出现经济不景气的现象。香港星相家有人研究说,土星与木星相会的经纬对应正好是美国,所以美国此时会出现海啸,地震频发,饥荒干旱等灾情。

三运为一元,即一运、二运、三运为上元;四运、五运、六运为中元;七运、八运、九运为下元,所以一元共有六十年。为什么六十年为一元呢? 这是根据地球绕太阳的轨道而设定的。

我们知道,地球绕日之轨道非正圆而是椭圆,所以经度和纬度宽窄不同。这一点,古人早就认识到。因此,他们以十干为纬,十二支为经划分天球。认为经度与纬度宽窄不同,盖辰谓无星处出于恒星之外,极天之大圆而无止境皆是,此十二位(指地支)乃正图之体,分为十二,是为经度。若乎纬道是七政循环之路道,斜跨天腰,东西环绕而成椭圆之形,修削而狭,较经度窄。故太岁之经度在子,须十二年乃复子位;太岁之纬度在甲,只须十年而已复甲位。经度正圆而阔,纬度椭圆而狭,不能整齐,以次逆差,必六十年然后岁星乃复甲子,故六十年为一元。

九次木星与土星相会为九小运,六十年为一元运,一百八十年为一大运。为什么要历一百八十年而非二百四十年或三百年？古代天文学家及星相学家认为,每隔一百八十年,太阳系的五大行星会约成为一条直线,而后再慢慢分开。所以,历学家计算："六十年而立春之日同,一百八十年而立春之时刻同(按:一大运也),五百四十年而立春之分秒同。"五百年必有王者兴之理即出于此。

西方科学家对木星土星九次相会周期也很重视,称之为"一七九周期"(即一百七十九年)或"木星效应",认为行星直列会对宇宙产生以下影响：

1. 宇宙均衡崩溃,引力发生大变化,导致小行星碰撞与磁极的逆转。

2. 由于受行星集合的直接影响,太阳黑子会异常增加,结果导致巨烈的太阳风与辐射线。

3. 与太阳射线有依存关系的大气会发生变化,成为气候异常的诱因。

4. 地球轨道的半径变长,地球所接受的热量减少,因而导致全球性寒冷化。

5. 由于引力变化会改变地球自转速度,地壳弱的地方受岩浆压力,可能引起火山爆发、地震或海流异变。

元运是玄空地理学的灵魂,所以大玄空飞星派运用九星顺逆飞布的原理推演判断阴阳二宅吉凶,逐渐被人们接受,而在八宅论断阳宅吉凶中,则只有推断生命与入中调替论各宫吉凶之用,远不如大玄空飞星派运用的生动活泼。

三元命卦配灶卦诀

【原文】如天启四年,甲子系下元,男起兑宫为兑命,逆行。乙丑生属乾命,丙寅属中寄坤是坤命,丁卯巽,戊辰震,己巳坤,庚午坎,辛未离,壬申艮,癸酉又属兑,以九宫逆行六十年。女命即顺轮九宫。

今康熙二十三年甲子,又为上元。

【注解】天启:明熹宗朱由校年号,公元1621年辛酉年登基,天启四年即公元1624年甲子年。

康熙:清圣祖爱新觉罗·玄烨年号,1662年壬寅年登基,康熙二十三年即1684年甲子年。

【原文】假如上元丁卯生女,即艮宫坐命,以艮命起大游年,"艮六绝祸生延天五",此西四命也。看灶门即火门也,向西四吉,东四凶。

乾坤艮兑为西四命,坎离震巽为东四命,以大游年"摇鞭赋"断吉凶。灶屋方位,宜压本命之"绝、六、祸、五"方煞,不宜犯其宅、其年之"都天""五黄",即灶口宜向本命之"生、天、延、伏"方,亦不宜向本宅之"都天""五黄"。故催财宜向生气,而坤艮二命五黄在坤艮,生气亦在坤艮,因五黄同在坤艮,不宜向,向则有灾。催财丁灶口宜向伏位,侯其年天乙贵人到命,必生子,极验。天乙贵人即坤也,如上元甲子逆轮,庚辰年三碧值,即以碧人中,四乾、五兑、六艮、七离、八坎、九坤、一震。若巽命人伏位灶,即天乙坤到命也,余仿此。灶口用紫白遁得生气到火门,催财亦验,六十日应。

【注解】摇鞭赋:选自《通天照水经》,即"鬼入雷门伤长子,火见天门伤老翁"等,详见后注。

火门:灶口,灶火所向之方。

都天:又名戊己都天,即天干戊己所临支辰者是。都天名目繁多,是非混杂,特介绍《阳宅大成》一书中二节如下:

一、问都天?

曰:戊为阳都,关系宅长;己为阴都,关系宅母。甲年忌戊辰月并辰方,过三月无忌。己年忌己巳日并巳方,过四月无忌。乙年忌己卯月并卯方,过二月无忌。庚年忌戊寅月并寅方,过正月无忌。丙年忌戊戌月并戌方,过九月无忌。辛年忌己亥月并亥方,过十月无忌。丁年忌己酉月并酉方,过八月无忌。壬年忌戊申月并申方,过七月无忌。戊年忌戊午月并午方,过五月无忌。癸年忌己未月并未方,过六月无忌。庚年忌戊子月并子方,过十一月无忌。

如甲辰年戊在辰上,谓戊辰都天占辰,三月以前大火月将,未过宫,戊都正得令,犯之主凶。若甲辰年四月以后修辰方,戊午年六月以后修午方,煞已过宫,不能为祸。倘得年命贵禄吉神到方动作,反主发福。庚子年十一月以前忌修子方山向,己巳年五月以前忌修巳方山向,以都天必要行满一旬,动作方可无害。如戊午都天乃甲寅旬管下,必损宅母小口,财帛冷退。后取吉星到方报之,方保平安。若禄贵生合坐山,本年又主发禄福。戊己会辰戌丑未、子午卯酉、寅申巳亥月令,如前向高楼独阁等必有碍。在乾坤艮巽等方,不动作其祸稍轻;若动作犯之,宅主灾祸极大。阳年犯损男,祸应速;阴年犯损女,祸应迟。若坐山分金并宅长、宅母,男妇大小本命冲刑害,动作犯之,其受冲之人必坏。若年命在生时得令之时,只主灾病。若本年岁贵,禄马吉神冲克坐山分金及灾主命者,主好事破费或喜中生忧,或贪小失大,或攀高取辱,反主破败惊忧。坐山分金俱从年月日时与值年太岁三合四柱并日主纳音五行论生克,阴宅以大门、厅堂中宫一层层并卧房一间间,有人生克为主;坟茔以穴顶上正中后一尺下罗经,定确方位,看某方上有高楼独阁,墙头屋脊,牌坊池塘,坑井走路,桥梁古树,枯木歪斜,悬藤庙观,坟碑窑窖等类,在于宅墓乾坤艮巽子午卯酉方,一遇戊己都天、太岁、羊刃、三杀或岁破、官符、金神、五鬼、五黄等凶,逢四旺四墓之年聚会同临都天方,主鬼神出现、抛砖打瓦、人口颠狂、投河自缢、官非火盗、凶灾横祸。阳宅门在刃方、禄方,住久必主重重换妻、常损小口、奴仆欺主、寡母当家。若遇戊已都天同太岁、三煞等凶加来,损宅长、宅母、骨肉参商、争财、官非、破财,终必败绝换主或主折,一败涂地。如丙向刃午禄巳,丁向刃巳禄午,甲向刃卯禄寅,乙向刃寅禄卯之类,其方门路遇都天凶煞加临,须避之。戊已凶猛,其祸不能制,切勿犯也,在山固凶,在行犹凶,以行动故也。不冲动亦一年多灾,岂可轻犯之乎?戊已本乎土杀,亦隶乎土,忌响动以震起之。他家在我家宅茔都天方动土起造修作,是犯我凶方,为害于我,则以吉方吉日动作我处以报之,取太阳、太阴、龙德、福德并三德、德合动作大吉,此即制凶化杀之妙。大抵近则十八步应祸,远至百步则不应祸。如有独楼、高峰、旗杆、庙尖、窑冶等在四维,虽百步外一二里远,遇都天加之,亦主火灾频发,横祸暴凶,要如前法制修遮蔽,方可免患。

戊已土煞遇土王用事,修中央五黄土方时,煞极猛,必犯奇祸。如有重刃、飞刃、叠刃、羊刃、大小血刃、游煞到中,或三德、德合诸喜亦到中,只可择吉制伏修改,切忌动土开沟、挖坑窑柜、通枢凿井、梁墩之类,致生疮毒。如己巳年丁酉生人,以癸卯为金章、科甲、文曲、文魁、催官贵人,十一月到中宫;己巳岁君以庚午为正禄、文曲、金章、天禄、威胆星,亦十一月到中宫,此为"岁命禄贵两相随",共镇中宫,宜修造,并工在十一月告竣,方获吉福。若延至十二月,递戊已重飞,叠血大小刃,夹煞都天加来,与坐山同度,主命冲克,立见灾祸。

夹煞:如甲己年正都戊辰、己巳,辰巳中之巽为夹煞都天。乙庚之年正都戊寅、己卯,寅卯中之甲为夹煞都天。乙庚年戊子、己丑中有癸,丙辛年戊戌、己亥中有乾,丁壬年戊申、己酉中有庚,戊癸年戊午、己未中有丁,皆夹煞都天。修方有太阳、太阴、龙德，并岁命禄贵调到所修作方吉，为戊己夹煞都天调到最凶，切不可犯。又须分阳年戊，阴年己为正都，如戊年午丁，癸年丁未，甲年辰巽，己年巳巽，乙年丑癸，庚年子癸，丙年戌乾，辛年亥乾，丁年酉庚，壬年申庚。戊辰、戊子、戊申年四月丁巳为劫杀，五月戊午为都天并灾煞，己未为岁煞，古以申子辰三合水克巳午未火，而此辛未凶煞、凶方、凶日却不可克，待交立秋，方可制化。太岁阴贵人当权，而天金不足忌，己都天当令之日，不可克制。过戊己后始可乘吉动作。明末庸术板定煞忌一年者不通，试过五十余载，只忌煞月以前，不忌煞月以后。

戊己方纳音为年纳音所克，不能作祸，如甲子金年，克戊辰木都无祸。都天纳音及宅向分金纳音克本命纳音，调到向方大凶。

都天属木，土命眼疾痛昏；木命到向，木月日忧煎，手足眼疾。都天属火，金命喑哑痨疾；火命到向，火月日火炎肺病。都天属土，水命外亡；土命到向，土月日哭泣，折足肾疾。都天属金，木命折脚、麻疯、夭亡、横死；金命到向，金月日剥落疲癃。都天属水，火命虚黄水臌青盲；水命到向，水月日弱病畏狂风邪。

二、都天各例纷纷乱杂，孰假孰真，可得闻欤？

曰：都者，土也；天者，干也。戊，阳都；己，阴都。犹每年月支上之天子，逢丙丁为独火，遇庚辛为金神者是也。每年月支上之天子，但戊值阳年，己值阴年，所以起例分顺逆，各不相同。明末邪术以一都天而穿凿许多名色起例，所以纷纷乱杂，而无一定之准验矣。

坐都：如甲子年以正月丙寅起艮顺轮八卦宫分，遇本太岁甲子到震，名坐都者，假也。

坐家都：如甲子年丙寅入中顺飞九宫，遇本年太岁甲子到离，名坐家都者，假也。单以正月调太岁一年之坐家，如甲子非破灾煞、天金之家，岂可将岁君坐一年乎？《时选》刻太岁在子方，此偏以太岁坐午方硬相抵，非假而何！

真都：如甲子年，从坐都震宫起甲子，逆飞九宫，遇戊子到乾，名真都。

正都：如甲子年以丙寅入中，逆飞九宫，遇戊子到坎，名正都。从来真假邪正不容并立，既以到乾者为真，则到坎者不为假乎？坐到坎者为正，则到乾者不为邪乎？夫既云"真"，又云"正"，则真者非正，正者亦非真，不然何以一戊子矫揉造作而无一定之位分也。术家云，此二煞以三合及冲方论凶，屡问于世，闻犯之者，毫无效验，故为庸人设耳。

总都：如甲子年丙寅入中，顺飞九宫，遇太岁甲子到离（即坐家都），煞占一年门路，行动定损人。然甲子一年南面居者，不家家皆丧服乎？屡观节问犯此者，安然无恙，则损人之说不足信。

五行都：以当年纳音论。如甲子属金，金生在巳，巳巽同宫，决主灾害并至。若然则东南一间或门路、或房床，一年到头皆日日天灾凶害，硬与《时宪》三碧旺气之旨相反，非假而何！

戊游都：戊午至丁亥三十年，戊午为游都，戊子为旁都；戊子至丁巳三十年，戊子为游都，戊午为旁都，以当年寅遁入中，阳年逆数，阴年顺数，调戊泊宫起正，逐月轮流，三宫会动，灾祸缠绵，向方叠煞，官事破败。如甲子年以正月丙寅入中，逆飞调戊午在兑，即以兑上起正月，是戊午游都在酉，二月在坤，三月在中，四月在午，五月在巽，六月在中，七月在卯，八月在艮，九月在中，十月在子，十一月在乾，十二月在中。今甲子在戊午后，自当戊午为正，戊子为辅。戊子旁都，如甲子年以正月丙寅入中逆飞，调戊子到坎，即以坎上起正月游都，二月乾，三月中，四月兑，五月坤，六月中，七月午，八月巽，九月中，十月卯，十一月艮，十二月中，戊子年后，又戊午为旁都。

月游煞：以每岁寅上起戌顺数至本年支上起正月，如子年辰上起正月，是月游都在辰方，二月在巳，三月在午，挨次排之。丑年正月在巳，二月在午，三月在未，一年赶一位，一月赶一位。仿推，此犹可遵。

定都：每岁建数至第五定字上起正月、执二、破三、危四、成五、收六、开七、闭八、建九、除十、满十一、平十二，年年如此，即月游都。

旁都：如甲子以正月丙寅入中逆飞九宫，遇戊辰至艮宫，旁戊都在震宫，己巳到坤名旁，己都在坤宫，一月一宫之飞都在正月则然耳。二、三、四月又各不同。兹乃以一丙寅总包一年，大谬。

硬都：以寅遁戊在某支名硬戊都，己在某支名硬己都，竟不分阴年阳年，概以戊己二字所占两方为一年凶煞，与阳年占戊不占己，阴年占己不占戊之皆混淆。

八都：八都从真都上起。如甲子年真都在乾，乾亥同宫，即从亥起建，逆行到巳上遇破即止；巽巳同宫，即从巽宫起羊刃，逆布八宫，震飞刃，艮叠刃，坎血刃，乾红罗，兑天喜，坤重游，离暗建，此以假乱真，试之不准，不及暗建阳逆阴顺者之验也。

暗建：每年时月建入艮宫顺行八卦，分寻本年太岁行在何宫，名暗建。从太岁上逆行八宫，寻戊子为正都，戊午为游都。从戊子宫起建逆行对面第七位破上正月，顺布八宫，将三、六、九、十二月挨次寄入中宫；次用本岁天干，从太岁行在起逆数，一干布一宫，遇戊煞即排入中宫，并将己煞、小刃、重刃挨次逆排入中四季月之内。如甲子年，戊子在巽，破在亥乾，则正月起乾，二月坎，三月入中，四月艮，五月震，六月入中，七月巽，八月离，九月入中，十月坤，十一月兑，十二月入中。次用本年岁甲从太岁所落建巽宫起逆行，乙加震，丙加艮，丁加坎，戊加乾，乾值正月，为孟月值；再逆退一位，将戊煞入中宫，寄在冬季十二月丙；次将己煞逆排于中，入秋季九月内；又次将小刃逆排入夏季六月内，又次将重刃叠刃逆排入春季三月内，至于羊刃、飞刃、叠刃、红罗、天喜、重游七位，神煞皆系暗建统领。分布八宫之例，阳年从太岁暗建逆排，阴年从太岁暗建顺排。如甲子年暗建在巽，甲子为阳年，逆排羊刃加震，飞刃加艮，挨次排于八宫是也。又如乙丑年暗建在坎，乙丑为阴年，顺排羊刃加艮，飞刃加震，挨次排于八宫是也。此都灵效，见贯珠盘：

八宅艮宫正月从，顺寻太岁泊何宫。

从岁逆寻戊子煞，起建倒数破字终。

又从破上顺轮正，四季之月顺寄中。

太岁泊处又逆起，逆逢甲乙丙丁空。

逢戊入中为戊煞，己煞小刃重游从。

阳年时建逆排序，阴年暗建顺布宫。

三煞退神原定位，都天岁岁转流通。

戊字值四孟退一位，戊字值四仲、四季月上只逆起，不必退一神。中宫四季月逆排，而戊己小重挨次顺加于各月之上，查何月系，戊煞应宅主，己煞应宅母，小刃应小儿，重刃应六畜。

帝旺都：起例不论阴年、阳年，皆从破上起长生逆行，照生、沐、冠、临、旺，一字一宫，至第五宫遇旺位，即帝旺火都是也。但一字一宫非卦宫也，世人多以一字轮一卦宫，不思卦只八，数至危字，不已圆满乎？设数成收开闭，不又加在建除满平之上乎？当以艮与寅同一宫，乙与辰同一宫，乾与亥同一宫，坤与申同一宫，丁与未同一宫，仿此例推，仍照十二宫布十二字，则确切不可移易，生沐冠禄旺亦如是焉而已。彼从生一卦宫布，沐一卦宫至旺在第五卦宫，隔越十二支位者不可以。

都天二十五，乱错于明季，但见一家之书，辄奉为秘诀真传，拘泥谨守，而不知一家书外，尚有数十家之书。其说不一，又不肯虚心求教于高明，高明与之以正，偏执己之成见，反以正者为谬,执一废百,盖不博学审问之故,尚乌能审思明辨哉。

五黄:五黄解释详见本书上册第327面。

天乙贵人:其歌云"甲戊庚牛羊,乙己鼠猴乡,丙丁猪鸡位,壬癸蛇兔藏,六辛逢马虎,此是贵人方",是言每个天干均有两个贵人,一个是阳贵,一个是阴贵。如乙木,阳贵在申,阴贵在子是,余皆例推。但本书所说的天乙贵人为坤者,是因为天上有天乙之星,居于坤方,所以仅以坤论。详见《郭氏元经·二遁贵人篇第六》。

九宫命宅三元排掌图

【原文】男一宫一旬,至本旬宫逆数至生年本命;女一宫一旬,顺数至生年本命。

巽四 中元甲子生男 起㊥	中五 上元甲子生女 起㊤	乾六 下元乙丑生男 上元乙丑生女
震三 中元乙丑生女 中元乙丑生男		兑七 下元甲子生男 起㊦
坤二 中元甲子生女 ㊥		艮八 下元甲子生男 起㊦
坎一 上元甲子生男 ㊤		离九 上元甲子生女 下元甲子生女

捷诀:

甲子、甲戌、甲申、甲午、甲辰、甲寅,旬头子戌申午辰寅。

一四七宫男起布,五二八宫女顺推。

男五寄二女寄八,甲子周轮本命寻。

上元甲子一宫连,中元起巽下兑开。

上五中二下八女,男顺女逆起根源。

【注解】旬头:六十花甲是用天干与地支相配,天干配完一轮为一旬,天干共有十位,所以十年或十天叫作一旬。天干从甲始,地支从子始,第一旬是从甲子至癸酉,第二旬是从甲戌至癸未,第三旬是从甲申至癸巳,第四旬是从甲午至癸卯,第五旬是从甲辰至癸丑,第六旬是从甲寅至癸亥。从此可以看出,每一旬的第一个地支分别是子戌申午辰寅,术数家便将其称之为旬头或旬首。六十花甲中共有六旬,所以有六个旬头。

一旬中共有十年,即有十个生年或本命,而住宅方位只有九宫,一旬与九宫相配,就多出一位,这样,旬头与旬尾就重叠在一宫,而下一个旬头必须换移一宫,这就是本书中一宫一旬之意。如果生命是男,则甲子从坎一宫始,逆行九宫,顺序是坎一、离九、艮八、兑七、乾六、中五、巽四、震三、坤二、坎一,还至本宫。第二旬则起离九命,第三旬起艮八命,依此类推,至中元甲子则为四绿命,下元甲子则为七赤命,此即本文“一四七宫男起布”之意。如果生命是女命,则上元甲子从中五始顺行九宫,其顺序是中五、乾六、兑七、艮八、离九、坎一、坤二、震三、巽四、中五还至本宫。第二旬起乾六命,第三旬为兑七命,依此类推,至中元甲子则为坤二命,下元甲子则为艮八命,此即本文“五二八宫女顺推”之意。依此法推算,生命至何宫,即为何命。(详参前“排山掌上起三元甲子诀”一节注解。)

经曰:“一阴一阳之为道。”阴阳相合,是一切术数的根本。男为阳,逆行为阴,故男命逆数,为阴阳和谐。女为阴,顺推为阳,所以女命九宫顺推也是取阴阳和谐之意。

【原文】算定上中下三元不可差误。假如上元甲子生男起坎一宫坎命,逆行乙丑生是离命,丙寅生是艮命;中元甲子生男起巽四宫巽命,乙丑生是震命,丙寅生是坤命;下元甲子生男起兑七宫兑命,乙丑生是乾命,丙寅生是中五,寄坤二宫为坤命。

上元甲子生女起中五,寄八为艮命,顺行乙丑生乾命,丙寅生兑命;中元甲子生女起坤二宫坤命,乙丑生是震命,丙寅生是巽命;下元甲子生女起艮八宫是艮命,乙丑生是离命,丙寅生是坎命。余仿此。

上元男命入中寄坤命宫:

己巳、戊寅、丁亥、丙申、乙巳、甲寅、癸亥。

中元男命入中寄坤宫:

壬申、辛巳、庚寅、己亥、戊申、丁巳。

下元男命入中寄坤宫:

丙寅、乙亥、甲申、癸巳、壬寅、辛亥、庚申。

上元女命入中寄艮宫:

甲子、癸酉、壬午、辛卯、庚子、己酉、戊午。

中元女命入中寄艮宫:

丁卯、丙子、乙酉、甲午、癸卯、壬子、辛酉。

下元女命入中寄艮宫:

庚午、己卯、戊子、丁酉、丙午、乙卯。

康熙二十三年上元甲子。

【注解】男命上元甲子起坎一宫为坎命,乙丑生为离九命,丙寅生为艮八命,丁卯生为兑七命,戊辰生为乾六命,己巳生为中五,寄坤二宫。依此类推,上元戊寅、丁亥、丙申诸年均入中宫寄坤,故均为坤命。中元甲子年生为巽四命,乙丑年生为震三命,丙寅年生为坤二命,丁卯年生为坎一命,戊辰年生为离九命,己巳年生为艮八命,庚午年生为兑七命,辛未年生为乾六命,壬申年生为中五,寄坤二宫为坤命。依此类推,中元辛巳、庚寅、己亥诸年都是入中寄坤,故均为坤命。下元甲子年生为兑七命,乙丑年生为乾六命,丙寅年生入中寄坤二宫。依此类推,乙亥、甲申、癸巳诸年都是入中寄坤,故均为坤命。

女命上元甲子即起中五宫寄艮,依此顺推,癸酉、壬午、辛卯、庚子诸年都是入中寄艮,故均为艮命。中元甲子年生为坤二命,乙丑年生为震三命,丙寅年生为巽四命,丁卯年生为中五寄艮。依此类推,丙子、乙酉、甲午诸年都是入中宫寄艮,所以均为艮命。下元甲子年生为艮八命,乙丑年为离九命,丙寅年生为坎一命,丁卯年生为坤二命,戊辰年生为震三命,己巳年生为巽四命,庚午年生为中五寄艮。依此类推,己卯、戊子、丁酉诸年都是入中寄艮,所以均为艮命。

康熙二十三年,即公元1684年。依此计算,则1744年为中元甲子,1804年为下元甲子。1864年又为上元甲子,1924年为中元甲子,1984年为下元甲子。如今正值下元甲子,推算男女生命则以下元计。

三元甲子男女宫位便览

【原文】乾隆九年甲子后所生男女系中元安命。

假如甲子下前一行小字,一四七数,乃男命三元九宫;甲子下后一行小字,五二八数,是女命三元九宫,余仿此。逢一坎、二坤、三震、四巽、五(男寄坤、女寄艮)、六乾、七兑、八艮、九离,依后天八卦方位合洛书之数。

此乃照《时宪书》所载三元九宫,亦与王肯堂《笔尘》所记以入。

上中下	上中下	上中下	上中下	上中下	上中下
甲子 一四七/五二八	甲戌 九三六/六三九	甲申 八二五/七四一	甲午 七一四/八五二	甲辰 六九三/九六三	甲寅 五八二/一七四
乙丑 九三六/六三九	乙亥 八二五/七四一	乙酉 七一四/八五二	乙未 六九三/九六三	乙巳 五八二/一七四	乙卯 四七一/二八五
丙寅 八二五/七四一	丙子 七一四/八五二	丙戌 六九三/九六三	丙申 五八二/一七四	丙午 四七一/一八五	丙辰 三六九/三九六
丁卯 七一四/八五二	丁丑 六九三/九六三	丁亥 五八二/一七四	丁酉 四七一/二八五	丁未 三六九/三九六	丁巳 二五八/四一七
戊辰 六九三/九六三	戊寅 五八二/一七四	戊子 四七一/二八五	戊戌 三六九/三九六	戊申 二五八/四一七	戊午 一四七/五二八
己巳 五八二/一七四	己卯 四七一/二八五	己丑 三六九/三九六	己亥 二五八/四一七	己酉 一四七/五二八	己未 九三六/六三九
庚午 四七一/二八五	庚辰 三六九/三九六	庚寅 二五八/四一七	庚子 一四七/五二八	庚戌 九三六/六三九	庚申 八二五/七四一
辛未 三六九/三九六	辛巳 二五八/四一七	辛卯 一四七/五二八	辛丑 九三六/二五八	辛亥 八二五/七四一	辛酉 七一四/八五二
壬申 二五八/四一七	壬午 一四七/五二八	壬辰 九三六/六三九	壬寅 八二五/七四一	壬子 七一四/八五二	壬戌 六九三/九六三
癸酉 一四七/五二八	癸未 九三六/六三九	癸巳 八二五/七四一	癸卯 七一四/八五二	癸丑 六九三/九六三	癸亥 五八二/一七四

【注解】乾隆九年，即公元1744年。

时宪书，即古时之皇历，清初改名为《时宪历》，乾隆时，因避讳"弘历"的"历"字，又改名为《时宪书》。

东四西四八宅秘图

【原文】乾坎艮震巽离坤兑东四西四八宅秘图（图见第71面至第74面）

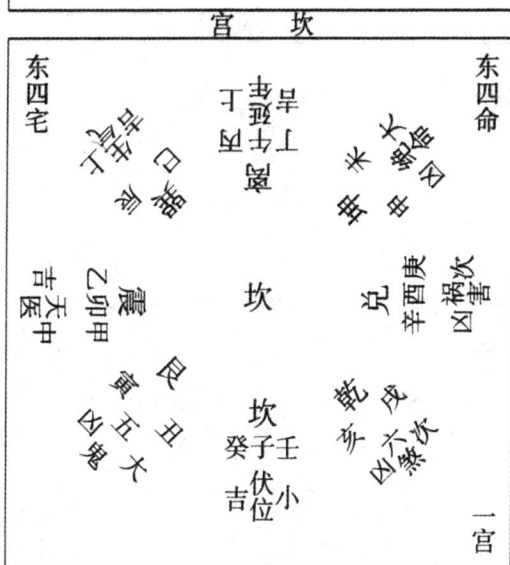

艮宫

西四命　西四宅　八宫

巽　巳天禄　辰文曲凶

申未坤　凶

庚酉辛　兑　延年吉

戌乾亥　天医吉

壬大　坎子五鬼　癸凶

艮丑　富　伏位小吉

震乙卯甲

六煞凶

震宫

东四命　东四宅　三宫

巽　巳天禄　辰文曲凶

申未坤　凶

庚酉辛　兑　绝命凶

戌乾亥　五鬼大凶

壬中　坎子天医　癸吉

艮丑　富　六煞凶

震乙卯甲　伏位小吉

绝命大凶

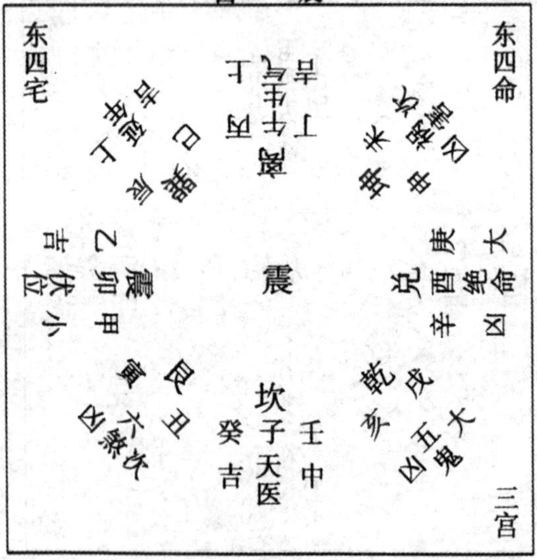

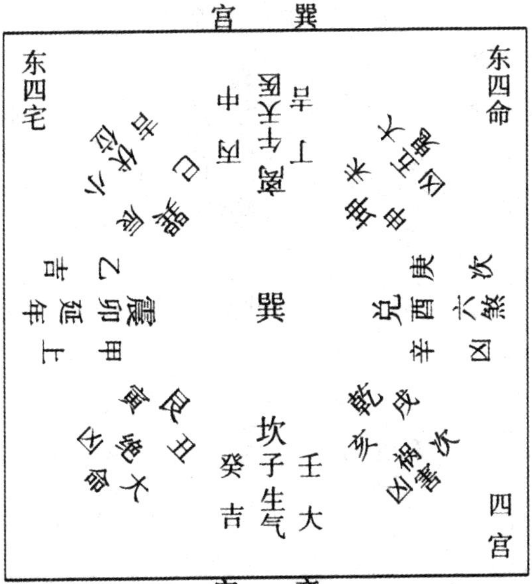

巽宫

东四宅　　　　　　　　　　　　东四命

中正

坤未丁午丙巳

坎子生气癸吉

壬大吉

巽　　　兑酉庚　六煞凶

震卯甲乙

乾亥戌

艮丑　绝命大凶

延年上吉

四宫

离宫

东四宅　　　　　　　　　　　　东四命

中正

坤未丁午丙巳

离　　　兑酉庚　五鬼大

震卯甲乙

乾亥戌　绝命大凶

艮丑　祸害次凶

坎子延年癸吉

壬上

生气上吉

九宫

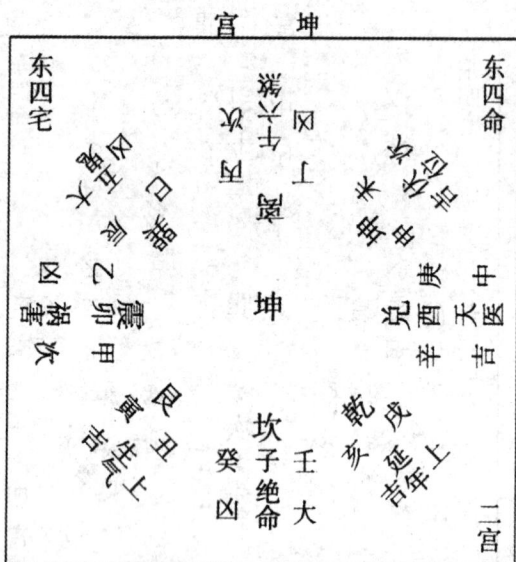

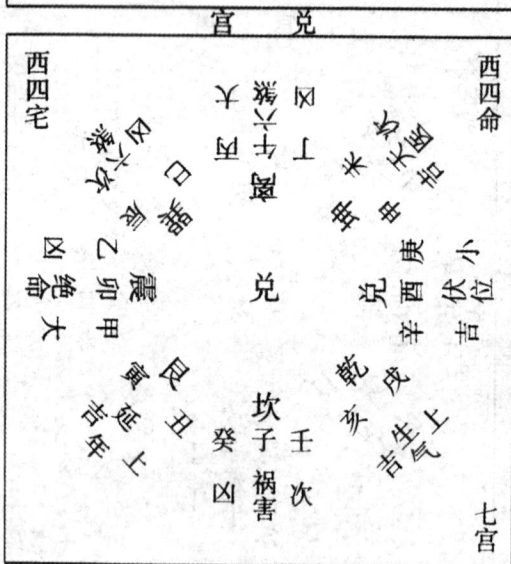

【注解】此图由里向外看,中心一字"乾、坎、艮、震、巽、离、坤、兑",分别为八宅之坐山,或是本人生年所属之命。如中心一字是巽字,此人便是巽四命,属东四命;或此人住巽宅,属东四宅。第一层"乾坎艮震巽离坤兑"八字,分别代表八个方位,即乾为西北,坎为正北,艮为东北,震为正东,巽为东南,离为正南,坤为西南,兑为正西。第二层"壬子癸丑艮寅甲卯乙辰巽巳丙午丁未坤申庚酉辛戌乾亥"二十四字,分别为二十四山,平均每一宫有三个山向,如坎宫则有壬山向、子山向、癸山向三个山向,此即"一卦管三山"之意。二十四山在"大玄空飞星"论风水中非常重要,丝毫不可偏差。八宅论风水是以整个卦位论,二十四山并无实际意义。最外一层"伏位、生气、延年、天医、六煞、五鬼、祸害、绝命"等则是该宅或该命游年分布之位。而游年旁边的小字"上吉、中吉、小吉、大凶、次凶"等,则是说明该游年方位之吉凶。如生气旁小字为上吉,是说明这个方位为上吉,宜开门、安床、灶向等。如绝命旁小字为大凶,则告诉人们,此方不可开门、安床、灶向,却宜安厕、灶坐等。

王肯堂论八宅生气等星吉凶之源

【原文】自太极分阴阳,阳之中有阴、有阳,所谓太阳、少阴也;阴之中有阳、有阴,所谓太阴、少阳也。太阳之中,阳乾阴兑;少阴之中,阳震阴离;少阳之中,阳坎阴巽;太阴之中,阳艮阴坤,所谓先天八卦也。

【注解】先天八卦,即伏羲八卦。《系辞传》曰:"易有太极,是生两仪,两仪生四象,四象生八卦。"邵康节曰:"乾一、兑二、离三、震四、巽五、坎六、艮七、坤八。乾兑离震为阳,巽坎艮坤为阴。乾兑为太阳,离震为少阴,巽坎为少阳,艮坤为太阴。"此即先天八卦之次序,图见本册第82面"先天八卦次序图"。

先天八卦主要讲两个问题。一是阴阳互根,即阳中含阴,阴中含阳,阴阳互为依存之意。《类经图翼》云:"阴根于阳,阳根于阴,阴阳相合,万象乃生。"《素问·金匮真言论》以一昼夜的时间为例云:"平旦之日中,天之阳,阳中之阴也;日中至黄昏,天之阳,阳中之阴也;合夜至鸡鸣,天之阴,阴中之阳也;鸡鸣至平旦,天之阴,阴中之阳也。"由此以证,世间万物的发展,都离不开阴阳互根、互存的关系,一旦阴阳离决,万物之生命也就终止了。这就是先天八卦中太阳之中含乾兑,少阴之中含离震,少阳之坎巽,太阴之艮坤,均为一阴一阳的道理。

二是讲阴阳对待。《说卦传》曰:"天地定位,山泽通气,雷风相薄,水火不相射,八卦相错。"邵康节云:"乾南坤北,离东坎西,兑居东南,震居东北,巽居西南,艮居西北,所谓先天之学也。"世间万物,有阴必有阳,有阳必有阴,阴阳缺一不可,二者相对相合而存。《易》云:"男女媾精,万物化醇。"《老子》云:"万物负阴而抱阳,冲气以为和。"阴阳对待即相互感应,阴阳相合即相互依存。如乾卦与坤卦相对,即"天地定位";震卦与巽卦相对,即"雷风相薄";艮卦与兑卦相对,故曰"山泽通气";坎卦与离卦相对,故曰"水火不相射"。其位相对,其气相通,所以有"奇偶相连之妙,根阴根阳之旨,循环不息之机,内外微盛之象,上下定位之秘"。

就其数论,乾一对坤八合九,兑二对艮七合九,离三对坎六合九,震四对巽五亦合九。就其卦画而论,乾三画,坤六画合九;兑四画,艮五画合九;离四画,坎五画合九;震五画,巽四画亦合九,且每组中都是三个阳画、六个阴画,也是阴阳相互对待,相互依存之意。

【原文】乾父,坤母,震长男,巽长女,坎中男,离中女,艮少男,兑少女,所谓后天八卦也。

【注解】乾天为父,坤地为母等详见前注。

后天八卦主要讲流行,即指四时五运阴阳变化之道,万物生长、收藏、盛衰变化之理。《说卦传》曰:"帝出乎震,齐乎巽,相见乎离,致役乎坤,说言乎兑,战乎乾,劳乎坎,成言乎艮。"震东方也,东方甲乙木,天象斗柄指东,天下皆春,万物萌长,卦象中一阳发动,故曰万物出乎震。巽,东南也,立夏时节,万物竞相齐长,卦象阳盛于外,故曰齐乎巽。离,南方也,斗柄指南,天下皆夏,阴气盛大而万物繁茂华实;南方丙丁火,卦象内阴外阳,著明之象。坤为西南,立秋之季;坤者地也,卦象至柔,故曰致役乎坤。兑为正西,斗柄指西,天下皆秋,西方庚辛金,丰收之时,万物皆悦,其象兑口上开,悦之象也。乾为西北,立冬之时,乾阳居坤阴之上,阴阳相薄,故曰战乎乾。坎,北方也,斗柄指北,天下皆冬;北方壬癸水,卦象一阳伏于二阴之中,藏蛰之象,故曰万物之所归。艮为东北方,一年之终,又为一年之始,卦象阴盛而阳止于上,故曰成言乎艮。此即循环无穷,造化流行之序也。

后天八卦是以洛书为体,不类方位与数,皆与洛书相合。乾坎相连,一与六合;坤兑相连,二与七合;震艮相连,三与八合;巽离相连,四与九合。其对宫则是坎一离九,坤二艮八,震三兑七,巽四乾六,皆合十为土。

先天八卦为体,后天八卦为用,将先后天八卦加以变化,是八宅派论阳宅吉凶的理论依据,所以一定要记清楚。

【原文】阳道主变,其数以进为极,故乾父得九,震长男得八,坎中男得七,艮少男得六;阴道主化,其数以退为极,故坤母得一,巽长女得二,离中女得三,兑少女得四,此河图洛书自然之数,而不离于五者也。

【注解】这是以先天八卦方位与洛书之数相配而得。先天乾居正南,洛书之数为九,故乾父得九。震先天居东北位,洛书之数为八,故震长男得八。坎先天居正西,洛书之数为七,故坎中男得七。艮先天居西北,洛书之数为六,故艮少男得六。坤先天居正北,洛书之数为一,故坤母得一。巽先天居西南,洛书之数为二,故巽长女得二。离先天居正东,洛书之数为三,故离中女得三。兑先天居东南,洛书之数为四,故兑少女得四数。

【原文】故先天之合为生气焉。

【注解】先天之合:乾上一爻变则为兑,兑上一爻变则为乾,不仅乾兑皆为金,五行相比,且乾兑先天为太阳,乾阳兑阴相合,处处皆吉,故互为生气。离上一爻变则为震,震上一爻变则为离,震为木,离为火,不仅五行木火相生,且离震为先天之少阴,震阳离阴相合,处处皆吉,故互为生气。巽上一爻变则为坎,坎上一爻变则为巽,坎为水,巽为木,不仅五行水木相生,且巽坎为先天之少阳相合,处处皆吉,故互为生气。艮上一爻变则为坤,坤上一爻变则为艮,不仅艮坤皆属土,五行相比,且坤艮先天为太阴,坤阴艮阳相合,处处皆吉,故互为生气。

【原文】后天之合为延年焉。

【注解】后天之合:天地定位,乾父坤母,乾九坤一,阴阳合十。雷风相薄,震长男,巽长女,震八巽二,阴阳合十;水火不相射,坎中男、离中女,坎七离三阴阳合十;山泽通气,艮少男,兑少女,艮六巽四,阴阳合十。夫妻以阴阳正配为吉,数以合十为美,故为延年吉星。

【原文】五数之合为天医焉。乾九合艮六,坎七合震八,坤一合兑四,巽二合离三,阳得十五而阴得五,故曰五数之合也。

【注解】五数在洛书中居中宫,五行属土,土生万物,故合五数为吉。细推之,乾与艮,乾金艮土,土金相生;坎与震,坎水震木,水木相生;巽与离,巽木离火,木火相生;坤与兑,坤土兑金,土金相生,五行不仅皆相生,且阴阳相配,故为天医吉星。

【原文】其不合者皆凶矣。乾与离,兑与震,坤与坎,艮与巽,皆以阴而克阳,凶莫甚矣,故为绝命也。

【注解】离火乾金相克,乾九离三,均奇数;兑金震木相克,兑四震八,均为偶数;坤土坎水相克,坤一坎七,均奇数;艮土巽木相克,艮六巽二,均为偶数。五行数理阴阳无一吉处,故为绝命之凶星。

荀爽在注《系辞》"阴阳之义配日月"一句时说:"乾舍于离,配日而居;坤舍于坎,配月而居。"此即言先天乾位即后天离位,先天坤位即后天坎位,乾离、坤坎虽相克,但先后天同位通气,风水中多以吉论。且兑与震后天有对待之情,兑中有庚,为震宫之纳甲,亦为风水家纳水之最吉处,所以绝命之理并不尽然。

【原文】乾与震,巽与坤,坎与艮,兑与离,皆阳克阳,阴克阴,其凶次之,故为五鬼也。

【注解】乾金震木相克,且老父配长男;巽木坤土相克,且老母配长女;艮土坎水相克,且中男配少男;兑金离火相克,且中女配少女。经云:"孤阳不长,纯阴不生。"不仅五行相克,且阴阳不配,故为五鬼凶星。

须要注意的是,先天巽居后天坤位,巽坤虽相克,但先后天同位,一气相应,故有"离巽之中有乾坤"之说,多以吉论。而震宫有甲木,乾纳甲;离中有丁火,兑纳离,又为卦象最吉者,是五鬼之理亦不尽然。

【原文】乾与坎,艮与震,巽与兑,坤与离,皆六亲相刑,故为六煞也。

【注解】乾与坎,乾中戌亥,坎壬子水,无刑;艮与震,艮中丑寅,震中卯木,无刑;坤与离,坤中未申,离中午火,无刑;巽与兑,巽中辰巳,兑中酉金,无刑。原文言六亲相刑者,均无,实为穿凿,不足为凭。

细观此组搭配,乾与坎,乾一坎六,即为河图之合,且金水相生；艮与震，艮八震三，为河图之合。均当论吉，何以反凶？巽与兑，兑中有辛金，为巽卦之纳甲；坤与离，坤土离火，五行相生，亦当论吉，何以反凶？均不合义理，有牵强附会之嫌。

【原文】乾与巽，坎与兑，艮与离，坤与震，金水土相克而子酉丑午相破，故为祸害也。

总之，合皆比而生吉，不合者相克而生凶，此东四、西四八宅之所以判，而各星分配之所以殊也。

【注解】乾与巽，乾金克巽木；坎与兑，兑金虽生坎水，但兑中酉金与坎壬子水相破；艮与离，虽离火生艮土，但艮中丑土与离中午火相害；坤与震，震木克坤土；诸组配合均有弊病，故为祸害凶星。然乾六巽四，后天为对待合十；艮与离，离中有丙火，为艮卦之纳甲；坤与震，震中有乙木，为坤卦之纳甲；坎与兑，金水相生。原书云："合皆比而生吉。"以上配合，非生即合，反以凶论，是例与意自相矛盾。其理不明，验亦难应，偶有所中，与其他义理相巧合耳。

【原文】画卦自下而上，变卦自上而下。故一变而乾得兑，兑得乾，离得震，震得离，巽得坎，坎得巽，艮得坤，坤得艮，所以为生气也。

【注解】一变：卦上爻之变，其阳爻变为阴爻，阴爻变为阳爻，如乾上爻变则为兑，兑上爻变则为乾等是。

【原文】二变而乾得震，震得乾，坎得艮，艮得坎，巽得坤，坤得巽，兑得离，离得兑，所以为五鬼也。

【注解】二变：卦的上二爻由阳爻变为阴爻，或由阴爻变为阳爻。乾上二爻变则为震，震上二爻变则为乾；坎上二爻变则为艮，艮上二爻变则为坎；巽上二爻变则为坤，坤上二爻变则为巽；兑上二爻变则为离，离上二爻变则为兑是。

【原文】三变而乾得坤，坤得乾，坎得离，离得坎，震得巽，巽得震,艮得兑,兑得艮,所以为延年也。

【注解】三变:卦中三爻俱由阳爻变为阴爻,或由阴爻变为阳爻。乾三爻俱变则为坤,坤三爻俱变则为乾;坎三爻俱变则为离,离三爻俱变则为乾;震三爻俱变则为巽,巽三爻俱变则为震;艮三爻俱变则为兑,兑三爻俱变则为艮是。

【原文】四变而乾得坎,坎得乾,艮得震,震得艮,巽得兑,兑得巽,离得坤,坤得离,所以为六煞也。

【注解】四变:中爻不变,上下二爻由阳爻变为阴爻,或由阴爻变为阳爻。乾上下二爻变则为坎,坎上下二爻变则为乾;艮上下二爻变则为震,震上下二爻变则为艮;巽上下二爻变则为兑,兑上下二爻变则为巽;离上下二爻变则为坤,坤上下二爻变则为离是。

【原文】五变而乾得巽,巽得乾;坎得兑,兑得坎,艮得离,离得艮,震得坤,坤得震,所为为祸害也。

【注解】五变:卦的最下一爻由阳爻变为阴爻,或由阴爻变为阳爻。乾下爻变则为巽,巽下爻变则为乾;坎下爻变则为兑,兑下爻变则为坎;艮下爻变则为离,离下爻变则为艮;震下爻变则为坤,坤下爻变则为震是。

【原文】六变而乾得艮,艮得乾,坎得震,震得坎,巽得离,离得巽,坤得兑,兑得坤,所以为天医也。

【注解】六变:一卦的下二爻由阳爻变为阴爻,或由阴爻变为阳爻。乾下二爻变则为艮,艮下二爻变则为乾;坎下二爻变则为震,震下二爻变则为坎;巽下二爻变则为离,离下二爻变则为巽;坤下二爻变则为兑,兑下二爻变则为坤是。

【原文】七变而乾得离,离得乾,坎得坤,坤得坎,艮得巽,巽得艮,震得兑,兑得震,所以为绝命也。

世所传游年歌,其源实出于此,而将为捷法以括之。时师执流而忘源,不复深求其故,此吉凶所以无据也。

【注解】七变:卦之中爻由阳爻变为阴爻,或由阴爻变为阳爻。乾中爻变则为离,离中爻变则为乾;坎中爻变则为坤,坤中爻变则为坎;艮中爻变则为巽,巽中爻变则为艮;震中爻变则为兑,兑中爻变则为震是。

【原文】先天八卦次序图。

八	七	六	五	四	三	二	一
坤	艮	坎	巽	震	离	兑	乾
太阴		少阳		少阴		太阳	
阴				阳			

【注解】原书只有图,而无"先天八卦次序图"标题字样。

这是先天八卦次序图,图中乾兑同象为太阳,震离同象为少阴,艮坤同象为太阴,巽坎同象为少阳,二卦同属一象,且五行相生相比,阴阳和谐,故互换为生气,是八宅大游年中最为吉庆之方。

福　　元

【原文】宅之坐山为福德宫,人各有所宜。东四命居东四宅,西四命居西四宅,是为得福元。如西而居东,东而居西,虽或吉不受福也。如东西之宅难改,当于大门改之;如大门难改,当权其房之吉以位之;如房不可易,当移其床以就其吉,则虽无力,贫家亦可邀福也。

【注解】《阳宅十书》曰:"福元者何?即福德宫是也,故人秘此诀谓之伏位。"也就是说生命为何,即住何宅,其宅之坐山为伏位,也就是福元。

福元之说,矛盾重重。其云:"如西而居东,东而居西,虽或吉不受福也。"东四命居西四宅,西四命居东四宅,以八宅游年之理是为最凶,何以冠以"吉"字?是与其理不符。既云"吉",又云

"不受福"，自己又否定了自己，此其一。原书云"贫亦可邀福也"。既云"贫"，又何以为"福"？此其二。原书又云："若东西之宅难改，当于大门改之；如大门难改，当权其房之吉以位之；如房不可易，当移其床以就其吉。"八宅游年分布八方，吉者则吉，凶者则凶，改门、分房、移床均难移其坐向，吉处还吉，凶处仍凶，毫无变换，何以移一下床就可以使凶变为吉呢？此其三。试看古今我国北方房屋，大多坐北朝南，以避风采光。北房属坎宅，为东四宅，莫非西四命人居之必一生贫困么？此即八宅误人之处，试举几例以证之。

例1.见本书中册第378面所举"鲁冈壬山"例。

按：宅主甲寅年生是1674年，为下元甲子，系坤二命。康熙戊寅年，是公元1698年，为上元甲子，为中五，男命寄坤，亦坤二命。父子俱坤二命，属西四命，应住西四宅。但其宅坐壬向丙，属坎宅，是东四宅，西四命住东四宅，以八宅论为凶，理应主少丁绝嗣。但此例修造后，却连生三子，是东四、西四无义理矣。

例2.戊申十一月廿一日亥时生，住离宅，小便细紧疼痛。天井中埋一缸作窖子，放水出子癸方者，年久淤塞不通，而辰年起病，庚申年痛益甚。其家妇人脚气，小儿腹疾。闰六月择吉扶命，取七政恩星照命度，并照中宫向方除缸，另改水道，即痊愈。

按：此例选自青江子《阳宅大成》，该书乾隆辛酉年(公元1741年)梓行。其戊申生称叟者，老人矣，当非公元1628之戊申，应是公元1568之戊申。时属下元，本命艮八，属西四宅。住离宅为东四宅，是西四命住了东四宅，理应有此疾。然一经择吉修造，其病自愈，却又非西四命住东四宅之弊。

宅舍大门

【原文】大门宜安于本命之四吉方，不可安于本命之四凶方；

又须合青龙坐山之吉方以开门,又宜迎来水之吉以立门,三者俱全,则得福而奕业流光矣。屋有坐有向,命有东有西,若专论山向而不论命者,大凶;论命而不论山向者,小凶;合命又合坐向者则永福。如乾山巽向,乃西四宅也,大门宜在坤、兑、艮方,以配乾之西四坐山。而床、香火、后门、店铺、仓库之类,亦宜安西四吉之位,以合坐山。若灶座、坑厕、碓磨则宜安西四宅之四凶方,以压其凶。而灶之火门,又宜向四吉方;烟道宜出四凶方,以熏凶神。但此宅惟乾坤艮兑西四宅命居之吉,若坎离震巽东四宅命居之则凶矣。

【注解】 阳宅出入,全在于大门,纳气、出煞全赖于此,所以又称为气口,是阳宅内第一重要的部位。《宅法举隅》云:"大门为宅之气口,如人之有口以便呼吸吐纳。所取关方开大门者,正用先天阴阳相配之位彼此交媾,以之出煞,即以之收生。通宅气机流活,全在乎此。他方之吉,不若此方之卦得正配,气机自然和协。"蒋大鸿在《天元五歌》之四中也说:"宅龙论地水神裁,尤重三门八卦排。只取三元生旺气,引他入室是胞胎。"《阳宅十书》亦云:"夫人生于大块,此身全在气中,所谓分明人在气中游者是也。惟是居房屋中,气因隔别,所以通气只此门户耳。门房通气之处,和气则致祥,乖气则致戾,乃造化一定之理。"如此种种,均言门之重要。

门之名称,因其所处地方不同,名称也有异。不仅有总门、大门、中门、便门、房门之别,就是前后门,亦有以下讲究:

一、宅前为门、宅后为户。前门属阳,后门属阴,取"天门、地户"之意。

二、门为双,为阴,与前门属阳相配;户为单,数阳,与后门属阴相配,取"阴阳交媾"之意。

三、门属阳,宜常开;户为阴,宜多闭,取"阳开阴翕"之意。

四、前门与后户宜对称,或前门可比后户高大,但后户决不可比前门高大,天尊地卑也。

至于判断门之吉凶,不外乎两种方法:一是论气,二是论形。

八宅大游年认为,东四命宜开坎离震巽之门,西四命宜开乾坤艮兑之门,是门开在本命、本宅之吉方,此是以理气论。

《鲁班经》中从房檐下开始,量步至门,单步为吉,双步为凶,也是以理气论。

按:亦有以"建除满平定执破危成收开闭"十二字论步者,步数合除定执开者吉,余则凶。

大玄空飞星法则主张门开当运旺气、生气之方,可将生旺之气引入宅内,也是以理气论。举诸理气例以证。

例1.凤山李先生住艮宅,开巽门。以八宅大游年论,是门开绝命之方。1988年戊辰年,太岁临门,九月戌土冲犯辰土太岁,李太太借人钱十数万不了了之,破一笔大财。不仅患头痛病,有时还失去记忆。

例2.永乐十三年(公元1415年),中元乙未岁,九紫亢金,丁亥月,甲申日,甲子正一刻为王氏庚辰主命,坎宅安大门,丁向兼午二分,丙午分金,柳土九度。本年遁壬午在丁,丁与壬合而化木,四绿到方,上生下,木火通明;小雪中局八宫,甲子逆行,甲戌兑七,甲申乾六,乙奇到向,丙奇到山,是时离方得乙奇景门,岁入中顺遁命禄甲申到向,阳贵到中宫;月遁食禄并文星贵人在中宫,岁马在中,食禄在丙午等,吉庆云集,定主三元及第。今庚辰属龙,命度角木蛟,逢亥月子时又会水局,恰修丙午天河方,自然飞腾。后连登高第,仕至宗伯,而后科甲不绝。

按:此宅坐坎向离,修丁方天医,合八宅大游年东四之吉义理。

例3.卢姓,坎宅开艮门,丑艮寅一带空旷,地风吹散宅气,家下吵闹不安。宅主癸丑,宅母甲寅,俱手足风瘫,卧不能起,百医莫效,延余修方祛病。艮为手,止当应手,何以兼应足?震为足,先天震在东北方也。箕在寅初一二度，艮三至八度，箕好风，故应手足风瘫。丁巳年墓在丑，白虎到命，劫杀天狗寅丑，寅统艮，故应丑寅两命风疾。余步恩曜到度，并照艮方，择吉壅闭，丑命宅主先愈，寅为箕所占，不能遽复，连报连催，次年稍愈。此后天艮兼先天震而应之者也。

按：坎宅艮门，是五鬼门，故凶。封闭而愈，合八宅大游年东四犯西四为凶之理。

例4.上海闸北新尼路、国庆路口居士林右侧女居士林部，四运造，亥山巳向，丙寅夏初入宅，向来多口舌是非，演星如次：

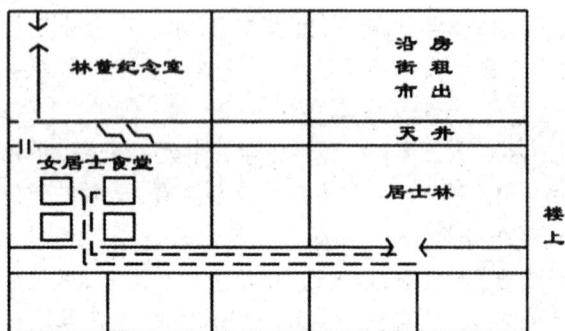

宅　相

试检阅宅命及宅相图，便知女居士林部内口系向星二黑管事，二黑于四运内为死气，为背时之阴神，每日三餐，其门路上剧动处完全在二七先天火星、九七后天火星飞临之地。二为老阴，为寡母；九为中女，七为少女。易曰，二女同居，其志不相得。况于聚阴处行动乎！

辛未年四月十五辰时，记者因事赴居士林。将入门，与居士林要人朱石僧居士不期而遇，殷殷招呼，略作寒喧，彼即疾首蹙额曰："居士林女居士部口舌重，问将如何？"记者问："最近是非发生何时？"曰："最近于上年十二月闹起，今日早晨七点左右，又大闹了一回。"问："修心人忍耐柔和为要务，如此动嗔火，互相争执如对垒，成何样子！老居士看来有何良法以善其后？"答曰："敢求仁者陪同视察女居士宿舍以外之形势，以便推究。"朱居士即陪同登右厢楼，入膳堂，由膳堂之巽口达后方乾口，向左旋为走廊，由艮往坤约二丈许，即达女居士宿舍之气口（即出入必由之

四四三	九八八	二六一
三五二	五三四	七一六
八九七	一七九	六二五

总门），其门在女居士宿舍乾方，只有后门而无前路。其由乾而坎，由坎而艮通路之形势已一览了然。

辛未年正月年月飞星

五四	一九	三二
四三	年六月五	八七
九八	二一	七六

辛未年四月十五日辰时之年月日时飞星

五一七七	一六三三	三八五五
四九六六	年月日时六二八八	八四一一
九五二二	二七四四	七三九九

　　归后检查，即驰出告朱居士曰，居士林女居士部之多口舌是非，咎不在女居士，而在该部门路之不利。庚午年十二月十八日交立春节后，即属辛未年正月节气，其时与辛未年四月十五日辰

时年月日时各星对照,便可了然此中症结之所在。

　　女居士部之出门口,在该部之乾方,主星为二黑土星,于四运为死气,其经行路线由乾而坎而艮,一路二七、九七先后天火,一片阴惨之气,逢年月日凶星到容易引起喷火,惹起轩然大波澜。庚午年十二月立春后女居士部乾方口子上七六相逢为交剑杀。经曰:"交剑杀起兴劫掠。"七六星俱属金,泄主星二黑之气,彼时争端之起因,决然有人收藏不慎,被人暗算,失却钱物,一时放不下,语言之间无心开罪于与此事不相干之人而起冲突。无欲则刚,此次争端之起盖如是。

　　辛未年四月立夏,小满期内,年七月三到女居士部乾方口子上。经曰:"七逢三到生财,岂料是财被劫。"定系女居士家有款送到,收藏不慎,财物露入歹人眼中,亦被贼劫。且此日此时,乾坎艮动路上纯是火星,独有一个四绿性质好些,但也是见吉为吉,遇凶便凶之星。四绿于外为巽,于象为风,阴柔善人,一遇火星善作煽动功夫,所谓风助火威,火趁风势者是也。五黄惯坐中央作威作福,飞到八方,性情暴烈,变为火星。此时女居士气口动路上群小聚会,无一宁人息事之星,气息相威,各不相让,无人能去制止。然时过境迁,一阵疾风暴雨,乱了片时,时限一过,云散天晴,法象人事,一一如是。

　　今年十月间,尚有大是非发生,与前如出一辙,明年可安然矣。挽救之道,门路开于巽震之方,四五为当运生旺之星,始有大益。

　　例5.章仲山《二宅实录》载上海小南门东黄家衖郑寓。

　　该宅坐癸兼丑向丁兼未三分,建于三运之初,郑氏于四运乙丑(公元1925)年迁入。由于在迁入之前,该宅已断人迹,数月无人居住,所以作四运立极。

　　大门在巽宫(巳方),后户在艮宫(寅方),大门终岁紧闭,常由

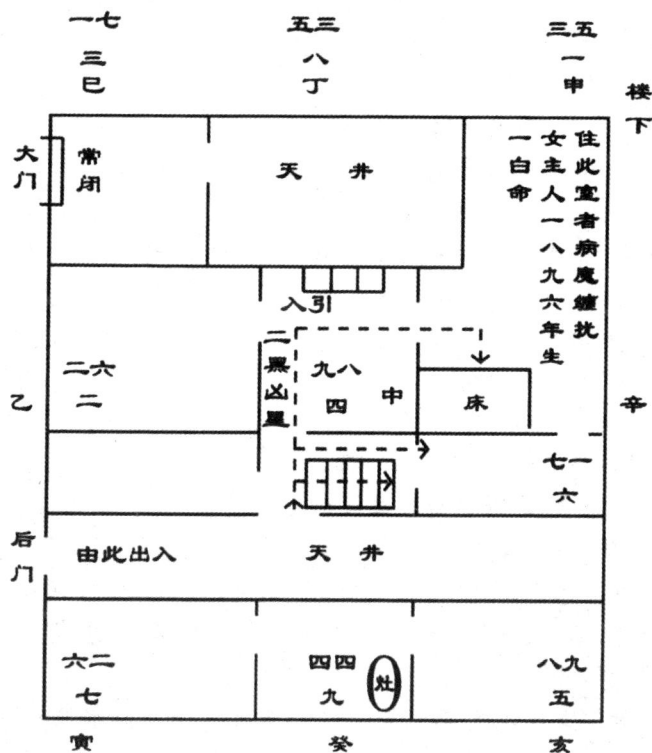

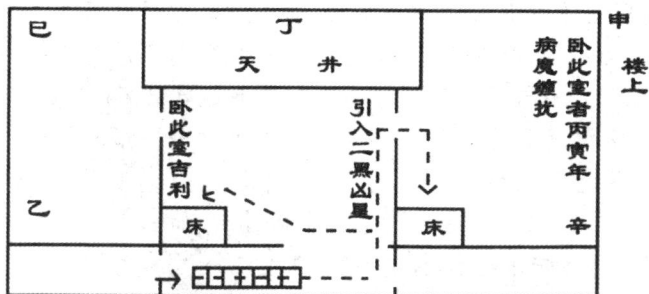

后户出入。后户的星盘挨星二黑,在四运是衰气,且克宅命(癸山属水,二黑克水),又为病符,主腹疾多病,女性欠安,久则并有水亏之病。

迁入后,郑氏一家人剥杂多病。右间(位于坤兑两宫)楼上、楼下的卧室,气口(房门)在巽宫,挨星七,是四运的煞气,更承接艮宫二黑衰气;七赤煞气为金,二黑衰气土,金被土生,煞气愈强,益肆其虐。丙寅(1926)年二黑入中宫,五黄到艮宫,故位此二室之人,受病魔缠绕,轮流不已。楼上中间老母卧室,房门在卧室的乾宫,该年三碧木到乾,木能克制土,该年老母没有染病。

向

一　七 三	五　三 八	三　五 一
二　六 二	九　八 四	七　一 六
六　二 七	四　四 九	八　九 五

山

以形论又有大门本身之形与门前之形之分别。本身之形包括大小、单双、正斜、新旧等。门前之形其包括水、路、砂及门前房屋、树木等。

大门本身之形,我社已出版的《鲁班经》第198面图文并茂,非常详细,有兴趣的读者可参阅。

门前首看来水,即原文所谓"迎来水之吉以立门"。门前之水,有吉有凶,吉者有三种:第一是朝水,悠悠洋洋而来,之玄九曲,朝入门庭者是,经云"屈曲水星当面迎朝,儿孙富贵平步云霄","乙辛丁癸秀水朝门,家发横财文武元魁";第二是玉带水,门前环抱者是,经云"曲尺水湾,发财安闲","一步一沟,家富千秋,沟流三湾,财贵清闲";第三是横过水,如一字从门前流过。经云,"条条秀水,绕前横过,世代清闲,欢乐唱和"。

玉带水	八字水	水　厨
门前若有玉带水， 高官必定容易起， 出人代代读书声， 荣显富贵耀门间。	门前水分八字图， 卖尽田园离乡土， 淫乱其家不用媒， 定出长小离房祖。	前面水路及反飞， 定主退妾又离妻， 瘸跛孤儿随母嫁， 顺水淫乱主生离

进财格	暴发富宅
腰带田三层， 发富有声名； 墙壁更回环， 名曰进田山。	杨箕地，金斗屋， 贵子多福禄； 横案横水仓板朝， 主骤富。

献宝宅形

田源水朝

迎财格

来水

此边重叠起圆峰，
世代钱财丰。

逆水下砂能救贫，
向着财头发万金。

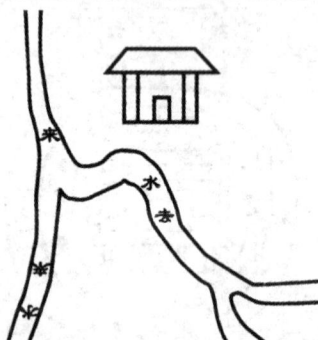

来
水去

来
左肩水冲
来
水

来
去

亥向癸来下元吉，
申向辛来上元吉，
寅向乙来下元吉，
巳向丁来上元吉。

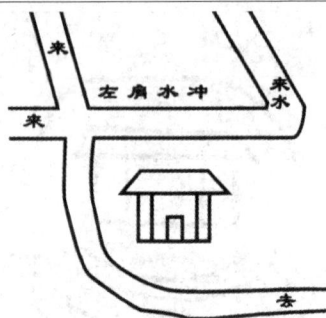

脉自左胁至，
右肩止，
寅申巳亥向吉，
辰戌丑未向凶。

凶水也有三种。第一名斜流水，水至门前斜流而去，看似有情却无情。经云："门前八字，水分流去，忤逆贫穷，荆臻着絮。""交牙水出，少亡讼绁；卷帘低飞，穷无所归。"第二名反飞水，水到门前反背而去，水形如弓背者是。经云："水似弓背，田财自废。""前水反飞，休妻无依。""墓方之水，反到明堂，三房无后，仅留二房。"第三名直冲水或直去水，水毫无弯环，直来直去者是。经云："四水直出，离乡暴卒。""直冲到门，赶杀儿孙。""左右来水，紧撞两夹，冰消财退，人丁空乏。""直出无情，前流财倾；前水路直，苦无衣食；门被水射，眼疾喑哑。""两沟直逐，异姓同屋；水沟冲门，悖逆儿孙。"（详参第91、92面的图）

门前除河溪之水外，还有池塘之水。其塘吉凶亦以形论。形尖者为火形，圆者为金形，方者为土形，长而方者为木形，屈曲者为水形。方扁、屈曲、弯弓内抱宅门者吉。倾斜、尖射、反弓者凶。

《宅谱迩言》一书对池塘吉凶论之甚详，亦介绍如下：

几家屋向牛角塘，向中不及角头强。池塘若四方，兴旺纳祯祥。
池塘大小当门前，头大头小瘟火连。塘似覆釜样，富贵开典当。
头大头小怪上塘，长直离乡落水亡。屋小池塘大，财散出狡猾。
塘似尸形遭人死，左右向来左右指。一沼间一塘，代代出痨伤。
门前塘大寿不长，后头塘大少年亡。唇短一大塘，宅小主败亡。
门前池塘一直长，出外夭死更离乡。屋后小池塘，家中多寡孀。
左边无塘右边有，单主寡妇房中守。左右俱深塘，重婚绝一房。
左畔大塘直且长，逃亡出外不还乡。前塘夹后塘，枉死见重丧。
左塘路直如枪射，儿孙被戮妻被跨。上塘过下塘，儿孙主少亡。
大塘流过小塘中，代代儿孙不见公。大塘并小塘，孤寡受凄惶。
小塘流过大塘中，人绝财消一旦空。屋后开塘堑，官非贼劫见。
前后两旁有囚塘，哑狗哑人生聋盲。来脉开池塘，入财必两伤。
塘开两角向门前，女子风声到处传。屋内若有塘，主人必逃亡。

门前若有幞头池，一排三座中间宜。右沟卷一钩，痰迷被贼偷。
池如半月主分离，中间一座必无儿。前塘后路直，少亡并寡妇。
月角两头并有子，中房色欲成瘕痞。塘中有小山，人命官事扳。
池中缺月向外反，欹斜孤寡更伤眼。塘中起水亭，殃煞唤魂灵。
左右回塘叠两重，家中财物享亲封。塘水似黄泥，眼目常昏迷。
包围小塘在内屋，横门穿入被刑戮。前塘又后塘，子在母前亡。
宅后小塘煎药汤，鬼魅瘟疫岁月长。后塘前直路，宅长必早故。
花厅作池引水入，外水入中常泣哭。长塘一头大，大头财散外。
旧宅门前开新塘，血盆照见绝儿郎。长塘一头小，向宅财不少。
前塘头浅一头深，深处聚财浅堕妊。前塘头宽一头窄，小尾向来休作宅。
门前塘样似葫芦，先代人多后代孤。塘叱生头似尸形，因奸溺水犯官刑。
屋漏尽塘水茫茫，三代倾败出他乡。门前三角塘更塘，被人欺压实难当。
门前两塘挨屋细，养子重妻招女婿。门前两塘挨屋大，形成品字福未艾。
塘似斗圆，代积闲钱。池塘三角，男女翻驳。
两塘中直，绞头折胯。面前三塘，寡妇溺亡。(见第95至97面的图)

例1.黄姓坎宅，犯离弊，合家老少男女皆痰火痨病，俗术谓宅不合式。黄疑工使魇魔，尽行拆毁，细寻无迹，旋即修复，历年火病不减。形家谓茔地所致，黄将高、曾祖考墓尽迁改，而痨疾伤者愈甚。不知是门前蛾眉塘两角崩斜，周围牛马踏蹓，数处拖尖，形如棱角，乱火星攒离方，火克肺金成疾。塘如口吐鲜火，且前修门楼时犯煞，致宅主、次男女呕血早殒(按：先天乾为父，后天离为中女，午为次男)。后改塘整方，泄火之气，举家病止，永断失红之根。

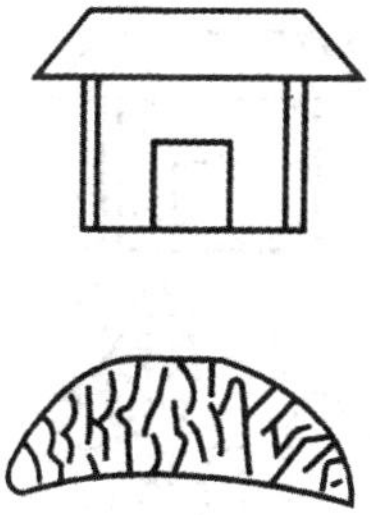

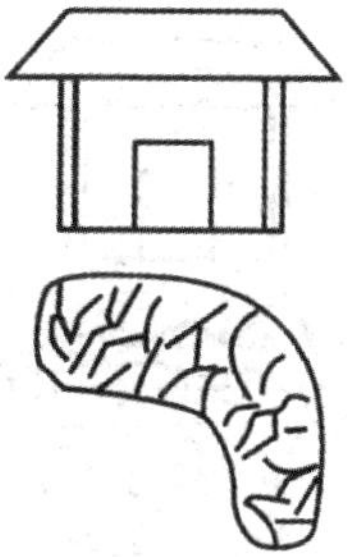

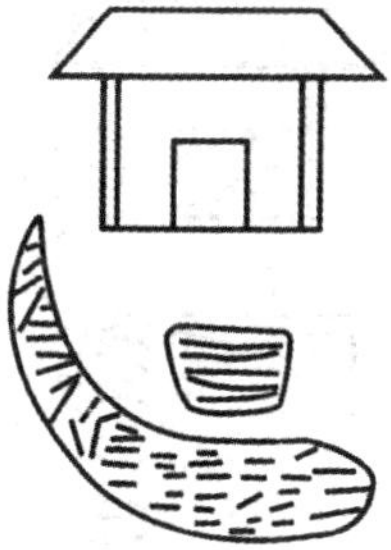

反张金形：
子孙忤逆，
夫妻分离，
岁岁欠租，
风声败绝。

偏牵金形：
左牵鼻长流水，
家业退败，
离乡背井。
（中牵、右牵同）

抱臂金形：
回顾转望之象，
患眼堕胎。
不拘左右，抱内
但一星皆同。

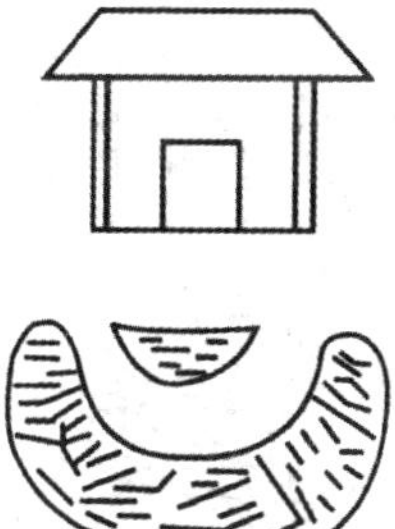

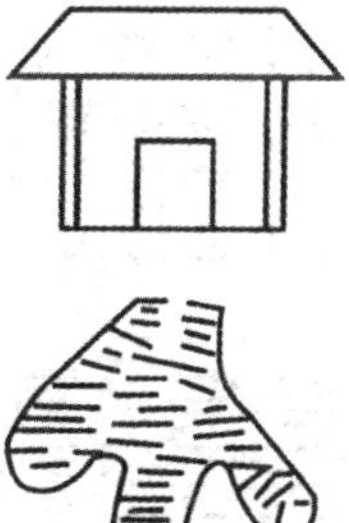

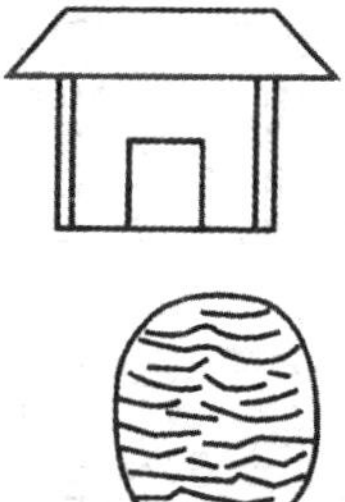

裹头金形：
死丧叠见，
淫乱无子，
或招凶带枷，
或犯官入囚。

破金明堂：
军匠退落，
孤寡二姓，
外死扛尸。

荡胸孤曜形：
深水痨病，
代代少亡，
溺水死。

射胁金水形： 舞袖，一发便衰， 风声游荡。	凉伞天罡形： 贫穷、痨病、 贼盗头， 浪荡出娼妓。	葫芦明堂： 寡妇与奴， 聋哑招瘟， 投水痨瘵。
侧金堂： 眼病寡娘， 堕胎少亡， 痨瘵气疾， 水流儿伤。	割脚天罡形： 孤独流离， 枉死他乡， 溺水焚舍， 扛尸绝嗣。	文曲明堂： 男少女多， 招郎风声。

倒库孤曜形：黄泉塘,小儿落水亡,有庙或空屋,阴人自缢。	裙头明堂：反转似裙头,淫不知羞,瘟疫麻痘,孤寡少亡。	门前三塘及二塘,必啼孤子寡母娘。断出其家真祸福,小儿落水泪汪汪。
黄泉破军若有塘,必主小儿落水亡。禄存有庙及空屋,必主阴人自缢当。	前有塘兮后有塘,儿孙代代少年亡。后塘急用泥填起,免得其后受祸殃。	明堂此塘在面前,三四寡妇闹喧天。时师不识其中病,此杀名为丧祸源。

例2.见本书中册第350面所举"胡姓,丙辰生"例。

例3.见本书中册第383面所举"张姓宅向坤"例。

玄空飞星派论门前之水并非以形及方位论,而是以三元九运的"生旺衰死"之气论。门前之水为生旺之气者吉,为衰死之气者凶。举章仲山《二宅实录》中三例以说明:

例1.陶姓宅,丑山未向,五运造。(见下图)

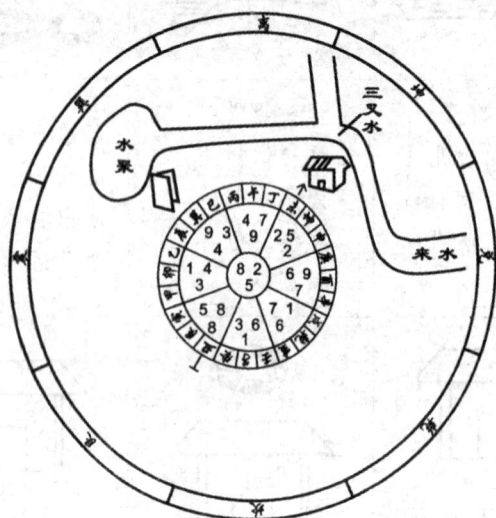

向上有破屋井水,开巽方门,前有三叉水口,兑方有水至巽方门前聚消。

五运丑山未向为旺山旺向,向方见三叉水,为水里龙神见水。

此屋住后,财丁颇好,旺星到向也。至六七两运,病人常见女鬼,因向上有参差之楼故也!

按:此宅向上门前均有水及池湖,但因是当运旺气,故吉。旺运一过,虽其形环抱,亦以凶论。

例2.见本书中册第350面所举"湖塘下陈宅"例。

　　按:此局门前有大湖之水,但临五黄凶星且为衰死之气,故以凶论。若此湖飞星为八或九,是当运生旺之气反吉。

　　例3.某宅,未山丑向,八运造。(见下图)

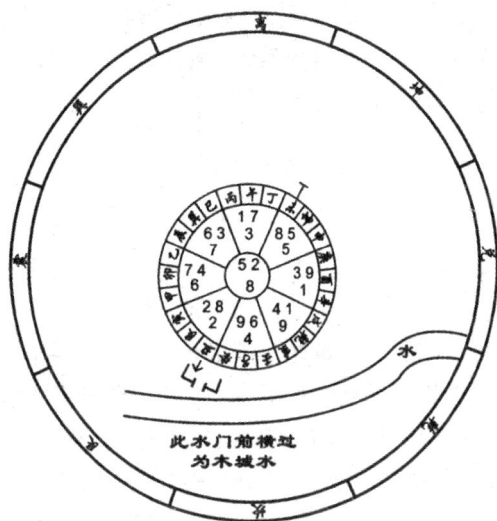

此水门前横过
为木城水

　　乾坎二方有水放光,至丑方门前横过。

　　此宅住后,丁财颇佳,因旺星到坐到向,向上有水故也。惟嫌乾坎两宫之水,皆四六同宫,乾方本无六到,而地盘是六,故亦四六也。书曰:"巽宫水路缠乾,主有悬梁之厄。"故主屋内有一女人身穿红衣黑背心坐而吊死。此因乾方地盘是六,六金也,金重不能悬起,坐而吊死也。穿红衣黑背心者,因一九同宫,九为离,色红,高中虚,落于坎位,坎色黑且中满,填补离中虚,故穿红衣黑背心也。若六在上(天星),四在下(地盘),却主悬吊矣。

　　按:此宅乾坎艮二方皆有水放光,丑方旺水当权,故曰丁财皆旺。但乾坎二方水为衰死之水,故有此凶,吉凶非常清晰。

　　其余门前砂、树、路及屋角尖射等,详见后注。

【原文】按：宅基外势,临水临街,更有九局焉。局之真正者,其力量足以胜坐山也。

【注解】九局者,共有九个本命,即九个宅命(五黄男寄坤宫,女寄艮宫)。如果街水在本宅命四吉方,则力量甚大;若在本宅命四凶方,凶气益甚。因街为路,水在流,皆为动气,而座山为静气,所以动气比静气力量宏大。

六　　事

【原文】六事者,乃门、路、灶、井、坑厕、碓磨,居家必须之物。安放得所,取用便宜。人每忽其方道,一犯凶方,利用之物反为致害之由,暗地生灾,受祸不知,良可浩叹。

【注解】六事:有外六事与内六事之分。外六事者,有山峰、来水、去水、池塘、邻屋、峤星、桥梁、街路、围墙、庙宇、牌坊、塔及树木等。内六事者,有门户、卧房、床位、厨房、餐厅、客厅、神明厅、书房、浴厕、水井、楼梯、阳台、走廊、天井、水沟、假山等。如今还有冷暖气空调、车库等。实际上均不止六事,只是比喻而已。这里所说的六事是指内六事。六事中动者属阳,静者属阴,阳处凶位,可以胜阴动吉位,阴处吉位,则难以压伏阳动凶位。所以内六事中凡属动之处者,均宜居于右方。如大门、宅内行路、房门、书房、床位、香火、厨房等。凡属静者,居凶位则无妨。八宅大游年中的吉方是伏位、生气、天医、延年四方;凶位是绝命、五鬼、六煞、祸害四方。其吉凶发断之时,是以吉凶之位正当太岁或与太岁三合之时。而玄空飞星则是以宅运坐山布九星为运盘,又从坐山与朝向各起九星为天盘,以山向旺气、生气、进气之方为吉;以衰气、煞气、死气方为凶。吉凶发断之时,则以年月日时四客星飞到之处合断。

【原文】坑厕。凡出秽之所用,压于本命之凶方,镇住凶神,反发大福,甚验。其方皆与灶、屋、烟窗相对,用以压之则吉矣。然详审方位,不可混错,或误改于屋之吉方,则同来路之凶矣。即尺基丈址,亦宜清楚的确。

【注解】坑厕:八宅大游年认为,坑厕是出秽之方,宜设在本宅命的四凶方,即绝命、祸害、六煞、五鬼之方,故古有"五鬼头上安茅厕"之说。古人认为,厕属于秽气,设于凶方,可以镇压凶神,但亦有持不同异议者。《宝海经》认为:"厕属金,不宜火方,宜八白、二黑、七赤之方,但要在本宅休囚之位。"《宅书》云:"厕忌乾亥壬子癸方,忌在宅基来脉及正堂后,此二十四山向所同者。至于各宅黄泉煞方,并本宅坐山相生之吉方,总不宜污秽,犯则杂病怪疾。惟坐山所克之方为休囚,可置厕也。如卯山则庚申为休囚,壬山则艮坤为休囚是也。宜安在天干,勿安地支,恐犯太岁,其年不利。墙角坑厕,常闻哭声。生方开厕,打破吉星,大不利。厕坑宜安水口,又不宜对前门、后门并山栋。厕缸破缺,瘟疫漏泄。前有粪池抛男女,后有粪池生疮痔。艮上安坑吉,天门生疥疾,庚子安坑眼花,来脉有厕疮痘死。灰舍忌寅午戌火方及都天三煞方(按:此不论八宅大游年)。如一人于未年在戌方作灰舍,正月犯动,九月被火。盖戌乃甲戌山头火方,正月丙寅入中,丁卯炉中火加临戌方,卯与戌合火罗也。卯为火杀,春木当令,合太岁而刑方,戌命童烧死矣。"

《阳宅撮要》云:"乾是天门莫作坑,亥壬戌位损畜牲,甲乙丙丁辛丑吉,若安子地损田桑,癸艮酉庚不吉利(按:《阳宅集成》不字作多字,二者矛盾),巽辰损丁招是非,寅卯巳未坤损女,吉地午位旺蚕桑(按:《阳宅大成》云午方不可安厕,亦矛盾),申位失火休冒犯,时师仔细自推详。"又云:"乡居住宅若于来龙处开坑,大则伤宅主,小则官非人命。艮巽坑不发文财,坤兑坑老母、幼女多病,坎离坑主坏目,卯酉坑主孤寡,乾坑主老翁灾。"

　　厕所是每个家庭都必须使用的地方,是每个住宅都不可缺少的设施。古时称厕所为茅厕,设备简陋,其地污秽不堪,故在住宅风水中是一个既不能缺少却又必须十分避忌的地方。日本屋相家说:"厨房、起居室和厕所是必要的,其中最能有碍健康,使屋相为凶的就是厕所。"所以古时阳宅风水中对厕所的安排方位有很多禁忌,今择要如下:

　　一、厕所属金,不宜九紫火方,宜八白土、二黑土、七赤金方,但要在本宅坐山所克之休囚位。宜安天干位,不宜安地支位,恐犯太岁,其年不利。忌在乾、亥、壬、子、癸方;忌在宅基来脉及正堂后;不宜在本宅黄泉杀方及坐山相生吉方。详参下面的表。

　　二、墙角安坑,常闻哭声。生方开厕,打破吉星大不利。

　　三、厕坑宜安水口,但不宜对前门后户并山栋。厕缸破缺,瘟疫漏泄。前有粪池抛男女,后有粪泄生痔疮。

　　四、艮上安坑吉,乾上安厕生疥疮,庚上安厕眼花,来脉安厕疮痘死。灰舍忌寅午戌火方及都天三煞方,主火灾。

　　五、厕所在东方,工作效率高,会成功。若安正东卯方则缺乏元气,长男尤甚。

　　厕所在南方,不宜从事金融、证券、炒股等工作,因火克金故,很难成功,也不会有利益。却易患头疾,脑溢血等症,且会因不名誉之事而失败。

　　厕所在西方,吃喝玩乐,奢侈浪费,花钱无度,且易患胸部疾病。

　　厕所在北方,女多不孕,子嗣不旺,时常会被色情困扰。

　　厕所在西南方,家人健康不利,中枢神经、消化系统易致病,家庭主妇尤甚。俗话中的"暗鬼门"即指此方位的厕所。

　　厕所在西北方,家境逐渐衰退,缺乏社会性的活动力。

　　厕所在东北方,财运、家运皆凶,家人易染病,即所谓"鬼门",对少男影响最大。

八宅 / 宜忌方名称	坎一水	艮八土	震三木	巽四木	离九火	坤二土	兑七金	乾六金
二十四山	壬子癸 水水水	丑艮寅 土土木	甲卯乙 木木木	辰巽巳 土木火	丙午丁 火火火	未坤申 土土金	庚酉辛 金金金	戌乾亥 土金水
九紫方	辰巽巳	戌乾亥	未坤申	壬子癸	中宫	甲卯乙	庚酉辛	丑艮寅
二黑方	戌乾亥	丑艮寅	辰巽巳	甲卯乙	庚酉辛	中宫	丙午丁	壬子癸
七赤方	未坤申	辰巽巳	丙午丁	丑艮寅	甲卯乙	壬子癸	中宫	戌乾亥
八白方	甲卯乙	中宫	壬子癸	丙午丁	辰巽巳	未坤申	戌乾亥	庚酉辛
黄泉方	巽 巽坤 坤	庚 坤 丁	乾 坤 丁	辛 乾乾 壬	乾 乾艮 艮	巽 艮艮 甲	艮 巽巽	乙 巽 丙
休囚方	辰未 戌艮 丑坤	寅甲庚 卯乙辛 巽酉乾	庚 辛酉 乾	寅申亥 甲庚壬 甲酉子 乙辛癸 巽乾	亥子 壬癸	寅甲巳 卯乙丙 巽丁	巳丙 午丁	寅巳辰 甲丙戌 卯午丑 乙丁未 巽坤艮
相生方	申酉 庚辛 乾	巳午亥 丙丁壬 子癸	亥壬 子癸	巳亥寅 丙壬甲 午子卯 丁癸乙 巽	寅卯 甲乙 巽	巳丙辰 午丁 戌丑 未坤艮	辰戌 丑未 坤艮	巳辰申 丙戌庚 午丑酉 丁未酉 坤辛 艮乾

　　厕所在东南方，访客多而浪费时间、金钱。缺乏信用。女性之健康、婚姻会受影响。

　　六、厕所过大，会造成整个家庭动态不平衡，家中会有一人成洁癖。反之，若厕所太小，则不大讲究卫生，易染病。

　　七、房子正中为"太极"或"皇极"，犹如人之中枢，此处安厕者凶。

　　八、厕所之门不可正对大门、卧室门、厨房门。一进大门就看到厕所，不仅男易染病，且夫妻多失和。

九、玄空飞星法认为厕所宜安在飞星的退气或死气之方。出水口则在"城门诀"之方或生气、旺气、进气方。

举诸论之例以说明：

例1.丙戌三月，马姓头痛，余谓宅戌乾方必有厕坑。马云："敝宅向东南，当堂后有一厕。祖茔巽山乾向兼辰戌，当面近左有一粪坑。"余曰："两处皆系戌乾方，岁破在辰，三月建辰，冲动太岁，故应。"马云："贱庚亦是丙辰，小儿庚辰生者，今亦癞疮满头。"余择吉令把坑内湿土尽刮出，将生气方土填筑，至十月，伊父子头恙无。

按：此应乾上安厕生疥疮，及乾方堂屋正后不可安厕之义。

例2.宅母甲子生，住坎宅，坤方厕窖。十一年，至戊午正月，五黄坤，庚申金神加临庚申方，三合申子辰冲克月建，所以先于辰日患右目，申日凉胃目病。至五月戊午在中，甲子犯岁君，本命加临庚申方，坤方为老母、为腹、为脾胃，今被凶煞，所以嘈杂吐泄，数月弗止。央及聘余择吉扶命，取木火星躔照命度并坤申方位，木制五黄土，火燥胃湿气，取生气方土填筑复原，数日即愈。若不修化解，七月庚申难救。幸乘午月修方并移床于人道吉位，六月报方，七月安然无恙。

按：以八宅大游年论，此宅母住坎宅，厕安坤方为绝命，是安于四凶方以镇凶，而此例却生凶，八宅大游年之理不足信。

例3.郭宅，母股痰流注，久卧不起。丙辰年秋，见宅巳向，左前巽方安粪缸，本年太岁在辰巽，劫杀在巽巳，股属巽卦，宅母辰命，三月建辰起病。七月建申，被行医误针所伤，腿死板不能动。九月建戌，冲太岁、冲本命，几不可保全。择吉扶命，改除秽污，取生气方净土填复，包一月即愈，果期行走如常。

按：是宅亥山巳向，属西四宅，巽方为祸害，以八宅大游年论，厕安此方应吉，然此厕反为祸。

例4.中和某宅,癸山丁向、中元六运造。(见下图)

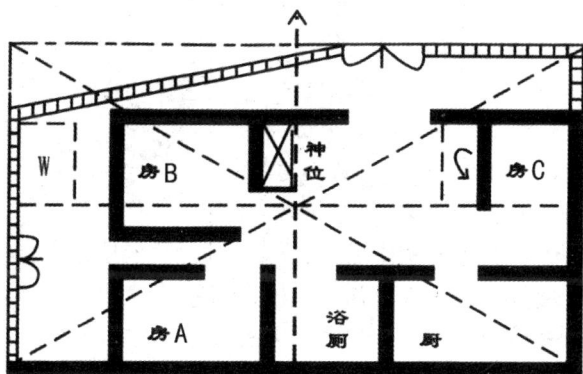

　　其宅为平房,癸山丁向,周天坐17度向197度,丙辰年农历九月入居。男主人辛卯命,女主人丙申命。正后面为浴厕,厕门对冲神台的侧面,神台坐东向西,夫妇俩住在C房。其厕居癸方,挨星是七五,运盘为二。向盘五属退气,山盘七是生气,落在污秽的处所,且与五二凶星相会,主家人常生病且不孕。因癸属坎卦,在

元旦盘的一白方,一白为"胎神",被二、五土星克制,主生殖机能有毛病。后将厕所改到屋之外的W方,该方为辰方,向盘挨星是二,是六运的死煞方,次年该夫妇生一男孩。

　　例5.艮山坤向,中元六运入宅。(见下图)

　　该宅位于城郊山村聚落,是砖造盖瓦之平房,前后左右均有邻屋,只有午丁方为入口,门外有一间旧式坑厕,小巷道仅能容

人行走。宅主四十余岁,做山林
工作,是身体健壮魁梧的中年汉
子,可惜患坐骨神经之症,半年来
卧病床上,不能行走,其因正起于
午丁方之厕所。其方山星为五,
向星为八,运盘为一,八白是六运
的生气,其方宜清清流水,宽阔通

一　四 五	五　八 一	三　六 三
二　五 四	九　三 六	七　一 八
六　九 九	四　七 二	八　二 七

路。但此八白却临污秽坑厕,道
路又窄,反为凶灾。八白属艮,艮
为背,为多枝节之木,在人体属脊椎关节,与五黄相会,五为腐
坏、肿肠、为废弃,故有坐骨神经之疾病。

按:八宅大游年中艮宅属西四宅,午丁方为祸害方,以其理
厕安此方无患,今反得疾。

此外,本书中册第537面也论及厕所吉凶,可参阅。

分　房

【原文】分房者,祖孙、父子、伯叔、兄弟,分居所宜之房位也。
虽分爨,未分爨,同居一宅之中,而东西南北四隅之房各异,俱可
分别,违之则凶。即一进之屋,或仅一两间者,只丈尺之间,合命
者吉。故东命弟居东,西命兄居西,无不福寿。苟失其宜,贫夭不
免矣。楼上下相同。

【注解】本书分房之法,东四命宜居东四方之房,西四命宜住
西四方之房。如巽命,宜住巽坎离震四方之房宅,主吉;若误住
乾坤艮兑西四方之房宅,则凶。《阳宅十书》虽同此意,其说却更
深入一层,特摘于下:

近世术者,概以大门定宅吉凶,不知大门只是游年一节,宅
中所居祖孙、父子、兄弟,男女众多,其祸福岂一大门能定,此截

路分房之法所关最为切要。其法凡宅中有墙隔断，墙间开门，其九星即当从此处起，与别院并无干涉。且如大门在巽，仪门在离，则游年与穿宫俱从离起，游年则数"离六五绝延祸生天"。穿宫则离门四正属金，进门第一层房属六煞，第二层房属贪狼，与仪门外绝不相关。余仿此。故一宅之内，各分各院，各取吉凶，此宅法中第一紧要之诀。

　　按：此法认为，如一家人只有一进，则同八宅游年之论。若有二进、三进，甚至七进、八进，则每进之游年，以每进之门向排，其宅命均与第一进不同，则各命住各宅。

　　魏青江对分房另有心得，他说："以本宫之星，合本宫之卦，察其生克之理数，以验一定之荣枯。坎宅一白入中，二黑乾，虽土生金宫，却为本山煞气，老父有福，破耗有灾，不如坎宫居之，六白生气为老父旺地。三碧兑，木受金克，又为本山退气，长房位之夭折，亦不聚财。四绿艮，木克土宫，为本山退气，长妇位之，恃强凌少，财亦不聚。六白坎，利宅主中男，为本山生气，财常有余。七赤坤，金受土生，少房获福顺利，为本山生气，财禄当丰。八白震，土受木克，小房受制于长房，与长同居不利。九紫巽，火受木生，中房遂意温裕，但为本山死气，灾却难免。九畴飞加，辨生旺退杀之用；三元气运，判盛衰兴旺之时。生旺宜兴，运未到而仍替；退煞当废，运方交而尚荣。总以气运为其转移，而吉凶随其变化。然以图之运论体，以书之运论用，此其常也。有时而图可参书，书亦可以参图者，又其变也。凡层数，一六值水者，喜金水之元；三八值木者，嫌金火之运；二七值火者，宜中元而忌一白；四九值金者，宜下元而忌九紫；五十值土者，宜九紫而恶碧绿。生运发丁而渐荣，旺运获禄而逐富，遇退气必冷退乏嗣，逢煞星且横祸灾死主损丁。此以先天图论者，而后天畴星遇此，喜忌亦同。木星金运，宅遭刑狱之凶；火星木运，人沐恩荣之喜；

火曜水运,宅逢劫盗之苦;金星火运,人受焚戮之殃;土星木运,招桎梏之刑;水曜土运,被瘟疫之厄。书可参图仿推,如是一白小运,一白方居住发福非常;二黑小运,二黑方居住;三碧小运,三碧方居住,福亦如之;四绿小运,四绿方居住,发福非常;五黄土运,五黄方居住;六白小运,六白方居住,福亦如之。下元小运仿此。"

也有以水来去定分房者,诀云:乾坤艮巽长男位,来去长男贵。甲庚壬丙是中房,乙辛丁癸小男当。寅申巳亥长男咎,子午卯酉中房咎,辰戌丑未小男咎,看水来去定灾殃。

天有斗转星移,地有四时交替,人有岁月增长,天地之间,万物均处在不停的变化之中,绝无一成不变之理。而促其变化之机者,气也。气充盈天地之间,无时无刻都无不在有规律地变化着,阳宅风水之气亦如此,故有"风水轮流转"之说。八宅之分房将亿万人分为一类,从生到死毫无变化,失于呆板,不懂变化之机,其说在清初即有人反对,蒋大鸿就是其中的一个。他在《归厚录》一书中说:"坐山定宅,宅既不真;东西分宫,宫亦全谬。五鬼六害,岂皆绝命之神;生气天医,不尽延年之路;贪狼巨门高耸,未是吉星;廉贞破军昂头,岂真凶曜。若执游年决法,断无取验机关。"故其理不可为凭。青江子用三元九运判生克之法,其理清晰,但一运为坎水,宜居坎宅之说亦无变化,失于拘泥。惟大玄空飞星之法,生动活泼,气机流通,据此分房,多有取验。举以上诸论之例以说明:

例1.见本书上册第123面所举"酉命乾宅犯巽"例。

按:以分房论,合家大病,莫非无一人住本命吉方么?

例2.张姓,庚戌生(公元1670年),住京山艮宅,便门丑方,紧对墙头。戊戌年二月,右厢内掘地作蒸酒灶,三月因失火上屋,坠跌伤右手膊兼伤右腿,适予过问,断:丑隶艮,艮为手,丑为足,又为腮，彼腮有伤痕。后天乾方忌火烧，今灶在本命戌方，寅午戌三合火，所以因火致疾患。乾系先天艮位，易传艮为指，为手病，戌戌太岁占方，二月丙辰加临，不但冲岁冲命，而干支克击本命，岁破月杀叠凶，故应戌命手足。丑戌相刑，俱在宅右，故主右折。择吉制煞修方后渐愈。次年孟冬会于古城，全安无恙。

按：公元1670年属下元，下元庚戌年生为乾六命，为西四命，住艮宅为生气方，丑方开便门亦为生气门，以八宅游年分房断，件件皆吉，何以凶灾？

例3.会稽章宅，子午兼癸丁，七运造。（见下图）

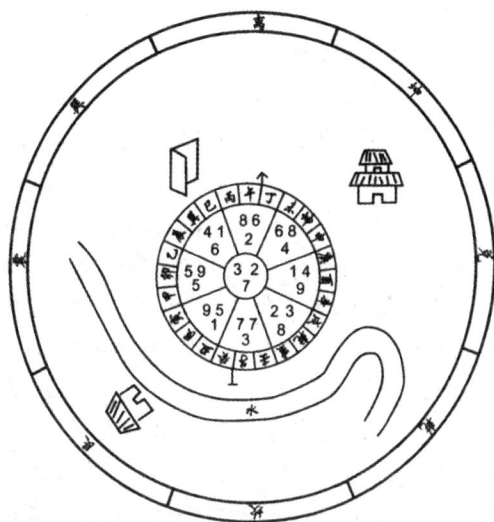

坤方为生气所到，不见水反见高楼压塞，为财星上山之格。而六白星为退气，高楼之出现，加强它的力量，六白为乾卦，属于官星。一所房屋里居住不同的房间，风水的影响亦有不同。如左边居住的在艮方，得一五衰气；右边居住的人在乾方，乾方天星为八白，八运则为旺气。

乾方的河有翘足之象,又乾方见三碧星,地盘乾金破木,三碧主脚,正是峦头与理气的配合。艮方有屋压塞,星犯五黄九紫,九紫为离卦,卦象主眼,而五黄星在玄空五行属土,主遮闭。

灶在震方,原局有九紫星,灶口向离。离方得六白星,《玄空秘旨》云:"火烧天而张牙相斗,家生骂父之儿。"但震离两方环境没有像"张牙"形状的物体,故不应验这句歌赋。

此屋运星到后,定主财丁两旺。双七临坎,至八运财大退,以坤方无水且有高楼压塞,名为上山故也。

又有官讼不休,以六到坤,坤为官星也。

此屋若两家合住,书云:"一到分房宅气移,一门换作两门推。"(按:蒋大鸿《天元五歌》中语)左边所住之人居一五之位是衰方,八运上山定主萧索。右边所住之人是八位,虽系上山,地盘尚旺,较左边之财大有高下,然总不吉耳。门开一四之方,书香是好,兑方之人一四同宫,定主采芹。屋后之河,乾方有翘足之象,且居于乾之三,三为震为足,住乾方屋者,必出一翘足。左边所住丑方之人,必出一瞽女。书云"离位伤残而目瞎"也。

左屋之灶建于震方,震九位火门向午,午即六,定主父子不睦,书所云"火烧天"也。然无骂父之儿者,形局无张牙之状耳。

注曰:分房者,是数家合居一屋分房也,看法以一家私门为主,诸家往来之路为用,是言九星定于起造之际,不因分房而随之变易。第分房后,各得一隅,其吉凶以私门乘气论,故曰握机,内路引气,故转可作外路论耳。后人不察,率以分房后之私门作主,不论所处地位,仅系宅之一部或厢房,余屋各自立极分布九星。谁知中宫误定,满盘都错。

按:此局论分房,条理清晰,生动活泼,深合易主变化之理,可参阅思考。

例4.多家失败兴一角。(见下图)

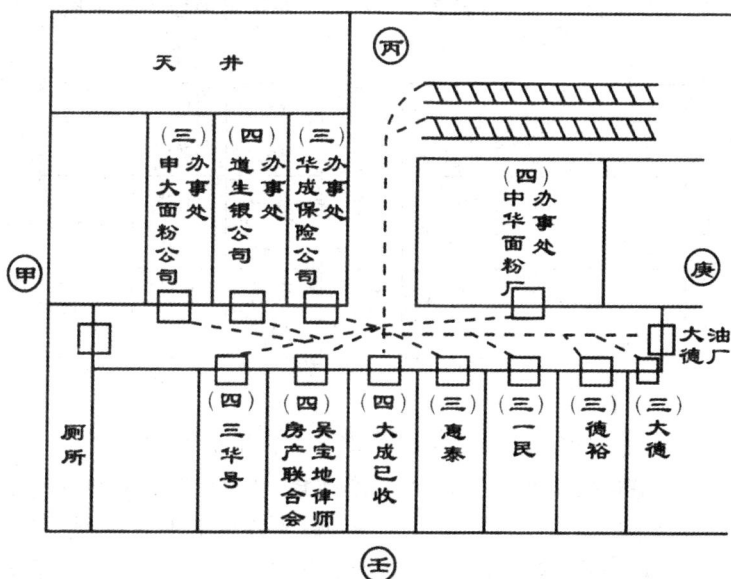

　　上海法租界天主堂街华大银行南隔壁楼上,各号办事机关得失苦乐之不同,按之气数,不爽毫发。三运入宅者,以"三"作符号,四运入宅者,以"四"作符号。中华面粉厂得位位生来之庆,故胜利独占。次为大德油厂,吸五土生气足,现虽未得大力,而脚跟却已稳固矣。大成已收,查该号原系拐骗性质,并非正当营业,空手敛钱,饱即扬去。但戊辰年内,此宅有厚望,不知时来运转处,明月入谁家。

　　按:中华面粉厂四运搬入,四运双星会向,中华面粉厂正据旺位,故佳。大成已收,虽居三碧退气位,但私房门开正向,且吸足向上来路之旺气,亦佳。大德油厂居于乾方,虽为衰气,但门开正西,正迎当面五黄之气,五黄在四运中为生气,所以可以站稳足跟。余屋皆为衰退之气,何以言吉?

壬山丙星三运飞星图

九六二	四二七	二四九
一五一	八七三	六九五
五一六	三三二	七八四

壬山丙向四运远星图

八九三	四四八	六二一
七一二	九八四	二六六
三五七	五三九	一七五

例5.久和、胜德一门内尚有区分。壬山丙向,四运入住。

上海南京路合作商店,半途拆散后,久和袜厂与胜德花边公司起而承当,在一门中设左右两柜。自丙寅新正开业,左柜久和,右柜胜德,丙寅年内生意不恶,流年向首克入。久和在六七月之交,生意当极盛,有意外之机遇。胜德柜得气口九,比较逊色,流年一白到,气口克入,四五六月之交,当主生意畅遂,有意外机遇。惜胜德所托非人,暗中侵蚀,查账员发现破绽,因之灰心进取,嗣得同仁劝解,再继续一年。惟丁卯胜德在山东设分号,申号人才调往北方,又因上海工潮影响,申号益呈现衰落情状。今秋加进工业社出品,聊资支撑。久和上半年尚佳,下半年亦稍逊。演数如下:

按:四运宅,双星到向,定主财运吉庆。丙寅年六白金到向克入,故佳。丁卯年五黄土到向,虽五为生气,但犯克出,故财运减退。但久和占据左柜,向首九紫火,丙寅年一白水克入,丁卯年九紫火比和,故佳。而胜德占据右柜,向首之星为二黑,丙寅年八白土飞到,二八合十且比和,故吉。丁卯年七赤金到为生出,其凶皆在数中矣。

宅运↑飞星盘

八 九 三	四 四 八	六 二 一
七 一 二	九 八 四	二 六 六
三 五 七	五 三 九	一 七 五

丙寅年飞星　丁卯年飞星

一 六	八 九	五 七
九 二	四 八	一 三
五 七	三 四	六 二

　　例6.巽山乾向,中元六运宅。

　　该宅坐落于市区,为二层楼旧式木造楼房,六运入居,宅对面是一层平顶建筑的邮局侧面,门前是路,正合门前有水(路为虚水),水外有案山之形(矮建筑物),是丁财俱备之局。但宅主生二子,二子均已成家。二子居二楼乾方,又生两个男孩。长子居

四 八 五	九 三 一	二 一 三
三 九 四	五 七 六	七 五 八
八 四 九	一 二 二	六 六 七

二楼中宫,房门在全宅的坤方,本卧室的兑方,结婚后生一女,多年再未生育。究其原因,乾方地盘,山向飞星皆六,为当运旺气,天盘七赤,为当运生气,生旺之气聚于一室,故财丁皆旺。而中宫坐山飞星为五黄,诀云"山逢五黄主少丁",且五黄为六运退气,同时房门向盘兑方五黄克坤方一水,一水为胎神,胎神又受克,如此种种,皆不利子嗣。经协商,与其弟调换房间后,于次年生一子。

【原文】床座。

阳宅诸事,惟床易为。其立法有四:宜合命之吉方为最,又宜合分房之吉,又宜合坐山之吉,又宜合《照水经》以门论房之吉。然四者难全,当从其可据者以合其吉,不越乎可先后而已。若精心措置,则为人移床,生子发福,易于反掌,亦须四课助之。

如正屋坐山不合生命,可于侧房小屋之合命者安床居之。而以正屋、正房与子孙合命者作房安床,则各无灾而获福矣。

【注解】床是睡眠休息的地方,人一天最少有三分之一的时间是在床上度过。同时,床和人的健康、隐私、梦、性、产孕等息息相关,所以,睡床摆设的位置也非常重要。古时候,人们对床位的摆设提出了许多方案,本书就是其中的一种。

大游年八宅风水认为,东四命的人宜睡东四床,西四命的人应睡西四床。如果住宅坐山、分房均合本命,则为上吉。由此得出,坎离震巽东四命,宜住坎离震巽宅,宜住坎震离巽房,且床宜摆放在房中的坎离震巽方。反之,乾坤艮兑西四命,却宜住乾坤艮兑宅,宜住乾坤艮兑房,且房中的床位也应摆在乾坤艮兑之方,这样才会吉庆。如果东四命住西四宅,西四房,床安西四方,或西四命住东四宅,东四房,床摆设在东四方,则凶。吉和凶也有大小强弱之分。四吉星者,最吉为生气,次天医,次延年,再次伏位。四凶星者,最凶为绝命,次祸害,次五鬼,再次六煞。

床位摆设的吉方选择好后,就出现了第二个问题,即床座和床向之问题。床座是指人睡觉时头向之方,床向则是脚向之方,而床座和床向正好呈一百八十度的相反方向。八宅大游年中,除坤艮二方为生气互换,坎离二方为延年互换,即床座和床向均吉外,而乾与巽则为祸害互换,震与兑则为绝命互换,是床座或床向,必有一方为凶方。为了解决这个问题,又有人把一间房分成五种气,即生气、旺气、泄气、煞气、死气。生宅坐山五行者为生气,与坐山五行相比者为旺气,克坐山五行者为煞气,坐山五行所克者为死气,坐山五行所生者为泄气。如兑宅,坤艮二方为土,土生兑金,其二方为生气;乾方为金,与兑金五行比和,为旺气;坎为水,是坐山兑金所生之方,为泄气;巽震二方为木,是兑金坐山所克之方,为死气;离方属火,克制坐山兑金,其方就为煞气。生气旺气为吉,煞气、泄气、死气为凶。如果能坐生旺,向生旺为吉,实在不能则宜坐凶向吉。其诀云:

坐生向生,名传中外。坐生向旺,富贵双全。

坐旺向生,先富先贵。坐旺向旺,财源广进。

坐煞向生,威震八方。坐煞向旺,方方进贡。

坐死向生,绝处逢生。坐死向旺,先贫后发。

坐泄向生,先贱后贵。坐旺向生,先破后兴。

注意:此是以宅之坐山论,也有以宅坐山飞星论者,与此不同,详见后注。

四课:年月日时四课。古时建房、修房及安床、安灶等都要选择吉日、吉时。一般择吉,仅以年、月、日、时的神煞吉凶论,逢吉神者吉,逢凶煞者灾。而选时造命,则是以修造主人四柱八字为基础,选择年月日时修造主人本命吉用神之时动作,叫作修方扶主,据说可以收到趋吉避凶,起死回生的效果。所以,古人认为选时造命,是选择中最为精深的功夫。如果细细写来,可独立成书,本册第479面作了简介,有兴趣者,可参阅。

作　灶

【原文】灶座火门。

锅灶人皆视为细小事,而不知为五宅之要务。

【注解】阳宅有三要,首要是大门,乃人出入之路,尤如人之口,所以最要。其次是主人房,乃一室之主居住之所,其吉凶关乎整个家庭,故为第二要。再其次就是厨灶,乃全家人饮食必须之所,养命之源,关乎着整个家庭的平安健康,故亦为要。

【原文】如灶压本命生气方,则怀鬼胎或落胎不产,即有子而不聪明,不得财,不招人口,田畜损败。若压天医方,则久病卧床体弱,服药无效。若压延年方则无寿,婚姻难成,夫妇不合,伤人口,损田畜,多病窘穷。若压伏位方,则无财无寿,终身贫苦。若压本命之破军、绝命方,则无病有寿,多子发财,招奴婢,又无火灾。如压六煞方,则发丁发财,无病无讼,无火灾,家门安稳。若压祸害方,不退财,不伤人,无病无讼。若压五鬼方,无火灾,无盗贼,奴婢忠勤得力,无病发财,田畜大旺。

【注解】八宅命派认为灶属火,应该压在本命之凶方,起到压杀的作用。而灶口则应向本命的吉方,起到纳吉气的作用。今将各宅具体吉凶方位一一介绍于下:

震命震宅:灶最宜坐西北向东南,为坐"五鬼"向"延年",主夫妻和睦,福寿康宁。其次宜坐西向东,即坐"绝命"向"伏位",亦吉,主家庭和顺,人口平安。艮坤可坐无向,坎离可向无坐,均不吉利。

巽命巽宅:灶最宜坐西向东,为坐"六煞"向"延年",主福寿康宁,夫妻和睦。其次宜坐西北向东南,即坐"祸害"向"伏位",亦吉,主家庭和顺,人口平安。艮坤有坐无向,坎离有向无坐,均不能安灶。

坎命坎宅:灶最宜坐西北向东南,为坐"六煞"向"生气",主大富大贵,青云直上,子孙荣显。其次,可坐西向东,即坐"祸害"向"天医",亦大吉,主财源广进,健康长寿。艮坤有坐无向,坎离有向无坐,均不能安灶。

离命离宅:灶最宜坐西向东,为坐"五鬼"向"生气",主大富大贵,平步青云,子孙荣显。其次宜坐西北向东南,即坐"绝命"

向"天医"，亦大吉，主财源广进，健康长寿。艮坤有坐无向，坎离有向无坐，均不宜安灶。

乾命乾宅：灶最宜坐东向西，为坐"五鬼"向"生气"，主大富大贵，青云直上，子孙荣显。其次宜坐东南向西北，即坐"祸害"向"伏位"，亦吉，主家庭和顺，人口平安。艮坤有向无座，坎离有坐无向，均不宜安灶。

兑命兑宅，最宜坐东南向西北，为坐"六煞"向"生气"，主大富大贵，青云直上，子孙荣显。其次宜坐东向西，即坐"绝命"向"伏位"，亦吉，主家庭和顺，人口平安，艮坤有向无座，坎离有坐无向，均不宜安灶。

艮命艮宅：最宜坐东南向西北，为坐"绝命"而向"天医"，大吉，主财源广进，健康长寿。其次宜坐东向西，即坐"绝命"向"伏位"，亦吉，主家庭和顺，人口平安。艮坤有向无座，坎离有座无向，均不宜安灶。

坤命坤宅，最宜坐东向西，为坐"祸害"向"天医"，主大富，财源广进，健康长寿。其次宜坐东南向西北，即坐"五鬼"向"延年"，亦吉，主夫妻和睦，福寿康宁。艮坤有向无座，坎离有座无向，均不宜安灶。

是否依此法安灶就吉庆无咎呢？清代紫霞道人姚廷銮就提出质疑和解决疑问心得：

宅有东西四宅之分，如坎离震巽为东四宅，乾坤艮兑为西四宅也。人之生年亦照此分东西四命，如人系坎离震巽东四命者，则灶坐烟囱宜压西四方，灶门口宜向东四方为吉；人系乾坤艮兑西四命者，则灶座烟囱宜压东四方，灶门口宜向西四方为吉。反此，则凶。然余见人家灶有东西宜忌合法者，未尽获福，何故？其弊有六。

一、人但知东四命作东四向灶，西四命作西四向灶，而不知东四向中亦有未尽善者,西四向中亦有未尽合者。如坎命,东四命也,作巽向、离向俱属东四向,阴阳配合固佳。若作震向未始非东四向也,然坎为中男,震为长男,俱属阳卦,谓之"纯阳不化"。如巽命作离向,离命作巽向,谓之"纯阴不生",故未尽吉。如乾命,西四命也,作坤向、兑向均属西四向,阴阳配合亦佳。若作艮向,亦属西四向也,然乾为老阳,艮为少阳,俱属阳卦,亦曰:"纯阳不生"。倘坤作兑向,兑作坤向,亦谓"纯阴不长",何能发福?故四吉向中,惟生旺二向阴阳不杂,夫妇配合,乃为上吉。其天医向可以祛病,延年、伏位向主于安稳,二者虽亦可发丁财,然终不若生、旺二向之妙也。

二、不知男女命合看。作灶之法,虽曰妇主中馈,然毕竟从宅主之命为验。故男东女亦东命,男西女亦西命,固易合法。倘男东而女则西,男西而女则东,却难两全。其法以男命为主,如男命属坎,则向巽离二方为美。而女命属乾,却以离为绝命,则灶向巽而不向离也。男命属艮,则以坤、兑二方为美;而女命属震,又以兑为绝命,则宁向坤而不向兑也。是则男命取其生旺,女命回避绝命,即为合局。

三、但知向生向旺,而忘灶座之压杀反压吉方,亦不能无害。如在西南屋内作灶,灶应向乾者,则灶座宜傍北壁,是为向西压东;若傍西壁,则压西四矣,吉凶参半。

四、不知屋外水法,有误于朝向者。盖一宅之旁,或外有近屋流水来去,灶向贵迎来水为吉。倘但知向生、向旺,而不察屋外来去之水,一对去水出向,若系生向而对去水,则生气走矣;立旺向而对去水,则旺气走矣。此法亦不可不知,但只就临河者论。若灶与水稍远,则不忌。

五、忘记此间系何白星为间星,其间星之生旺死退在于何方,此间之门系何星值门。灶向不能与间星、门星并论生克,则虽合吉向,亦未必验。

　　六、不知年月吉凶神煞临方到向。苟或作灶于杀位,又向杀星,正值凶星得令,吉星休退,则福未见而祸先咎,何可诿咎于灶向之不灵? 即余执各法而用之,其应验固可掺券而待也。

　　又每见庸师有以灶君殿为向者,大可哂也! 盖进柴处,火门口,犹住宅之大门——所谓气口也。气口为向,倘向认错,则祸福俱不能应。又有不知灶卦之法,灶当合命为上;不知九星吉凶方位,以生旺为吉。但执《通书》上"灶入乾官是灭门,亥壬子位损儿孙"数句板法;又依俗"烧东勿烧西,烧南勿烧北"之言为人作灶,岂能迓福? 又坐身烧火处为柴仓,此即仓库也,有门路对冲,则财不聚,应验俱准,故并及之。

　　从以上可以看出,尽管姚廷銮苦口婆心地解释了以八宅命法安灶的六种不验,但是还有一个问题没有论及,即坤艮坎离四方以八宅配灶论均不宜安灶,不宜灶向,而坤艮坎离灶比比皆是,且获福者甚多,究属何因? 由此,清代青江子,另辟蹊径,不仅注重厨灶在全宅的方位,且与厨灶的内外形相结合起来,很值得研究,亦介绍如下:

　　灶安白方,天赐麒麟。盖住宅除大门总口外,灶亦最紧,况妇人朝暮之路,生子多系于此。

　　灶向中宫离,家和人顺遂。两头无柱庭下灶,靠人过活生不肖。
　　向外坐天井,无情耗器皿。灶门外敝鬼祟欺,财散畜去不见鸡。
　　向前为顺灶,家内无虚耗。灶在两廊无墙隔,婶母婆媳两相克。
　　向内为逆灶,忤逆多颠倒。灶在门前患目疼,吐红犯火招官讼。
　　灶门碓向舂,闭经逆血浓。灶与碓盘同煞屋,吊颈投水间骨肉。
　　灶门见碓横,小口多虚惊。正宅山尖灶当中,疮灾疾病耳不聪。
　　灶后碓直舂,头悬疯气冲。灶安午方火灾兴,目疾生疮肚漏崩。
　　灶旁碓横舂,忤逆汤火冲。丑方安灶牛命伤,戌方安灶犬病亡。

灶与井相对,家计年年退。火门向北水在南,水火反逆不旺男。
灶井同一廊,姑媳日相妨。灶前洁净无灾殃,积水污秽生瘰疬。
灶踏渠上安,痨伤应发瘢。灶前左右有门冲,口舌破财主妇凶。
灶门对房门,灾病红血喷。灶前对路多疾病,旁门横过始安静。
厨房门对门,吃饭便添人。倚墙靠壁灶坐实,前后门窗猫犬疾。
灶门对柱开,家接离书来。锅后硬格窗明亮,虚耗血财不旺相。
灶门对鸡楼,淫欲外人诋。灶须藏内人不见,见灶破财物损遍。
一廊分两灶,兄弟相争吵。灶土裂折患眼病,阴人小口疮疥生。
火炉傍门阶,疮疾孕难怀。作灶不当桁条吉,锅当横梁女病疾。
并排两处灶,吃饭添人到。筑灶新砖合香水,若杂壁土虫累累。
灶悬空,不利堂家翁。作灶先除地面土,猪肝和泥人不忤。
粪土堆灶前,怪疾灾病缠。漏泥水泥淤塞多,灶山虫蚁偷油婆。
锅上当桁条,吃饭闹哓哓。灶门朝南火太刚,须在灶北安水缸。
梁柱正当灶,心气疼难当。灶当一白猪伤眼,灶居二黑孕难产。
灶向西发迹,西南向有盗。五黄作灶家主病,三碧四绿保安邦。
向南火旺相,向东亦可向。灶宜六白来到方,八白到方最荣昌。
灶莫向北水,柴贵火不起。生气旺方灶吉昌,若居关煞无儿郎。
灶向东北,火灾遭贼。丙丁方位丙丁日,家长奴仆病疮疾。
神龛后作灶,招讼心焦燥。房床后作灶,头痛小人闹。

注意:这里所说的一白、二黑等星,非指坎方为一白,坤方为二黑等,也不是玄空飞星中山向运盘的一白二黑等,而是以本宅之星入中顺布,何方布何星论。如坎宅,坎属一白水,即以一白入中,则二黑在乾,三碧在兑,四绿在艮,五黄在离,六白在坎,七赤在坤,八白在震,九紫在巽。再如巽宅,巽属四绿木,即以四绿入中,则五黄布乾,六白布兑,七赤布艮,八白布离,九紫布坎,一白布坤,二黑布坤,三碧布巽。余同推。

例1.李长姑头肤燥痒,其母告余,余诘生庚,云壬戌。余曰,西北戌乾方有窑炉。及观母家并夫家茔宅，皆无犯。越数年，其母因头痒渐甚，仍叩病何由？余细思无方相犯，因迫问其母原生产此姑在何地。云今住宅天井内，是原先堂屋，今右厢是原先卧室，房内左山壁缝中是原生产地。余曰："当日生产地，今日作房。正宅艮山坤向，则厨灶在戌乾方矣。"其母恍然曰："今日作灶处即当日生娩处。"余曰："此长姑本命方也。易曰，乾为首，烧戌乾方即烧戌命头，所以燥痒不止。"择吉迁灶，将此灶地下土掘出，凿深一尺，每日装水取水，克制火气，变火化水，不致克害乾金。过月填平，永置水缸在此，嗣后头不燥痒也。

例2.宅母辛丑生，住亥山屋，左间厨房内数暗窗烟郁，右有砖石埋坤方，其家凡属阴人，胃气常疼，医皆不治。余择吉修方通窗，三日砌满补平，砖石挖出，补以生方之土，举家老少永无胃气之患也。

【原文】须丈量屋之基址，务使方位真正，不可猜度误事。当用大纸一张，将屋基及层数逐一量明丈尺，画成一图，每基一丈，折方一寸，将屋总图分作八卦九宫，写明二十四方向，而后知某方某位为某间，则吉凶昭然矣。

火门者，锅底纳柴烧火之口，得向吉方，发福甚速，期月之间即验。子嗣贫富，灾病寿夭，以之日用饮食者，此为根本也。如东命人火门向东卦则吉，向西卦则凶；西命人火门向西卦则吉，向东卦则凶。西命火门，人身背西向东炊火则是矣。

所云将屋基量明丈尺，最为有理。如壬山丙向者，中为壬，右为亥，再右为乾，更右为戌；中左为子，再左为癸，更左为丑，而艮乃在墙外空处及东西之北矣。如癸山丁向者，中为癸，左为丑，再左为艮，更左为寅；中右为子，再右为壬，更右为亥，而乾乃在墙外空处也，及西南之北矣。即此推之，东西向方位之了然不爽，更有癸丁壬丙，不尽房中，而偏左偏右，当以所偏之处为中宫矣。

【注解】屋基方位,当以罗经在屋中央格定,然后从中引出八方二十四山。古人即立二十四山向,每个房宅中就均有二十四个方位,决无一方空缺之理。本书云某方在墙外空处,实为主观臆造,脱离实际之论。

灶座凶方而火口向吉方,发福甚速是八宅命配灶方的要点。然不验者甚多,且有未得福而祸先至者,如《宅案新运》中例:

上海小南门外附近定福弄内程宅,三运底壬戌七月进宅,乙丑七月十六日丙室亭子间内,伤上元丁卯生的老人。同年闰四月二十六日,伤庚申生的女童。丙寅年三月十七日酉时,伤丁巳生某君于乙房,演数如此。

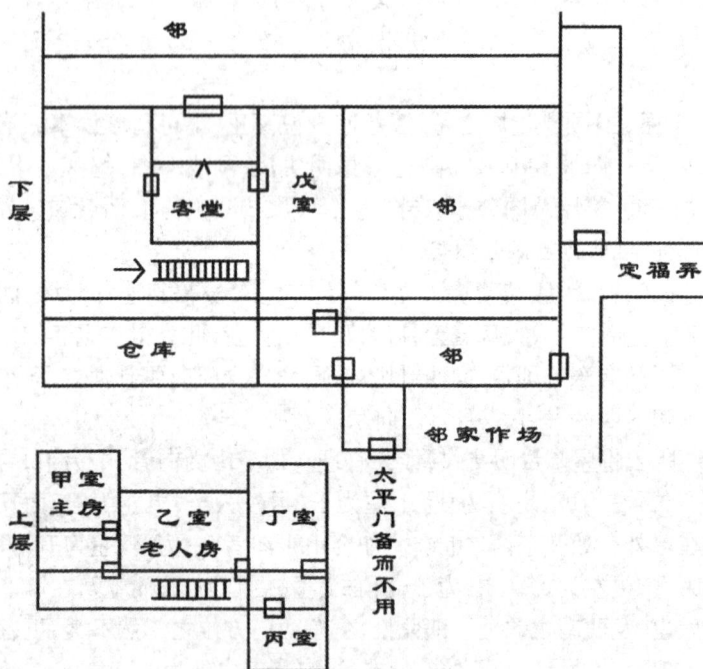

　　丙室动处与向首一星合成三八木,乙丑七月十六,二七火泄之,成致命伤,且太岁三碧入中,乾宫灶位反吟,故是年大不安。

　　按:此宅乃子山午向,灶安乾方向巽。以八宅论,子山属东四宅,乾方属西四宅,此灶坐乾是坐凶方,朝巽是向吉方,理应获福甚速,何以受灾反速?八宅配灶之论不能自圆其说矣。

乙丑年七月十六日飞星盘

七八二	三三七	五一九
六九一	八七三	一五五
二四六	四二八	九六四

七二二	三七七	五九九
六一一	月年日 八三三	一五五
二六六	四八八	月年日 九四四

　　【原文】作灶。作灶宜用天德、月德、玉堂、生气、平、定、成等吉日。东命人宜向南、或东南、或东;西命人宜向西,或西南吉方。以灶火门立向,宜取生气催丁。

　　【注解】天德:见本书上册《郭氏元经》第79面注解。

　　月德:见《郭氏元经·月德篇第十五》。

　　玉堂:天乙贵人,详《郭氏元经·二遁贵人篇第六》。

　　生气:正月在子,二月在丑,三月在寅,四月在卯,五月在辰,六月在巳,七月在午,八月在未,九月在申,十月在酉,十一月在戌,十二月在亥。《五行论》曰:"生气者,极富之神也。其日宜修筑城垒,开道沟渠,起工修营,养育群畜,种莳。如出军战阵,则宜背之。"

　　平、定、成:建除十二神,详见本书上册第88面。

　　【原文】另载:作灶忌朱雀黑道、天瘟、土瘟、天贼、天火、独火、十恶大败、转煞、毁败、丰至、微冲、九土鬼、四废、建、破、丙、丁等日,逢午亦忌。

【注解】朱雀黑道:正月起卯,二月在巳,三月在未,四月在酉,五月在亥,六月在丑,七月在卯,八月在巳,九月在未,十月在酉,十一月在亥,十二月在丑。朱雀为南方火精,立灶为火动之处,火精动于火旺之方,恐有回禄之灾,故忌。

天瘟、土瘟:见《璇玑经·报瘟疫第三十五》。

天贼:《协纪辨方书》载,正月起丑,二月在子,三月在亥,四月在戌,五月在酉,六月在申,七月在未,八月在午,九月在巳,十月在辰,十一月在卯,十二月在寅。《象吉通书》有异,为正月在辰,二月在酉,三月在寅,四月在未,五月在子,六月在巳,七月在戌,八月在卯,九月在申,十月在丑,十一月在午,十二月在亥。何是何误?曹振圭曰:"天贼者,盗神也,常居天仓后辰,盖仓库之后必有盗也。"天仓者,正月起寅,逆行十二支;天贼者,正月起丑,逆行十二支,《协纪辨方书》所载较合义理,故依此为准。

天火:《协纪辨方书》载,正、五、九月在子,二、六、十月在酉,三、七、十一月在午,四、八、十二月在酉,逆行四仲。《象吉通书》载:"正、五、九月在子,二、六、十月在卯,三、七、十一月在午,四、八、十二月在酉,顺行四仲。"其源出自《历例》。何错何对?《协纪辨方书》认为:"古人立义命名纯一不二,使其宛转难移,兼收并举,纳甲不得入于纳音,河洛不得入于壬遁,则无径而不可立说矣。寅午戌火既取子水,申子辰水既取午火,则亥卯未木必不取卯木而取酉金,巳酉丑金必不取酉金而取卯木可断也。"故亦以前说为准。《玉帐经》曰:"天火者,月中凶神也。其月忌苫盖,筑垒垣墙,振旋兴师,会亲娶妇。"

独火:详见《郭氏元经》"年家独火篇第二十八"和"月家独火篇第二十九"。

十恶大败:详见《郭氏元经·十恶大败篇第二十七》。

转煞:转杀,详见《佐元直指·卷六·四季转杀例》。

毁败:正、二月在寅,三、四月在辰,五、六月在午,七、八月在申,九、十月在戌,十一、十二月在子。

丰至:正、二月在申,三、四月在戌,五、六月在子,七、八月在寅,九、十月在辰,十一、十二月在午。

微冲:正、二月在酉,三、四月在亥,五、六月在丑,七、八月在卯,九、十月在巳,十一、十二月在未。

九土鬼:乙酉、癸巳、甲午、辛丑、己酉、壬寅、庚戌、丁巳、戊午九日。

四废:歌曰,春庚申(金囚死),夏壬子(水囚死),秋甲寅(木囚死),冬丙午(火囚死)。囚死无用谓之废。《广圣历》曰:"四废者,四时衰谢之辰也,其月忌出军征战、造舍、迎亲、封敕拜官、纳财开市。"

建、破:建除十二神,详见本书上册第88面。

忌丙丁午日者,丙丁午日属天地之火,灶火属人间之动火,恐动火引起天地之火,火过旺而易发生回禄之灾。

【原文】幕讲师论作灶吉凶断:

灶在乾宫号灭门,亥壬二位损儿孙。

寅申得财辰卯富,艮宫遭火巽灾瘟。

子癸坤方皆用若,丑伤六畜福难存。

乙丙益蚕庚大吉,若逢午位旺儿孙。

申酉丁方多疾病,辛宫小吉戌难分。

【注解】乾宫五行属金,又为天门,乾宫安灶,火克金,又名"火烧天门",故言"灭门"。亥壬二方属水,克灶之火,故言损儿孙。申为金,火克金者为财;寅卯为木,可以生火,故灶安此数方可富。庚亦为金,火克者为财,且庚属天干,不犯太岁,永无忧患,故云大吉。申酉之方为金，被灶火所克，故云多疾。此均笼统之论，毫无变化，且"子癸坤方皆用若，辛宫小吉戌难分"等句含义不明，断难验证，故清初之后，再也不见有人提及此诀了。

幕讲：亦名目讲，其介绍见本书中册《三白宝海》第281面。

【原文】又云：房后灶前家道破。安灶后房前，子孙不贤。房前有灶在未坤丑艮上，生邪怪之祸。房前有灶，心痛脚疾。栋下有灶，主阴私痨怯。开门对灶，财畜多耗。坑若近灶，主眼疾疯病，邪事多端。灶后房前，灾祸延绵。灶后装坑地，绝嗣孤寡。井灶相连，姑嫂不贤。

又云：灶在卯方，命妇夭亡。灶在后头，养子不收。灶在艮边，家道不延。

【注解】旧时，阳宅风水家认为，灶为"五事"之尊，"六事"之首，与家庭主妇的身体健康关系最重。如安设得宜，则主妇健康，全家无恙。若安设不合法，首先是主妇受灾，既而渐及老幼，久之败绝。会发生心病、目疾、口舌、官司、奴仆悖逆、雷击、夭亡等凶事。所以古人对作灶有以下要求：

一、造灶首先要择吉日。除本节中的宜忌外，还有许多。如：宅龙方，正、二、三、八月占灶；兴龙方，七、八月占灶；耗星，二、八月占灶；六甲胎神，四、十一月占灶；牛黄杀，四、十月占灶；牛胎，三、十、十一月占灶。均宜避忌，若犯之则凶。安灶要以灶面为座，灶火门口为向。灶门要向本宅的天干方位打，忌地支方，否则，地支方每十二年轮一次，叫犯太岁，不但破财伤丁，且有官灾、病难等事。

二、以八宅飞星论，灶宜安在住宅的生旺之方。如住震宅，以震三入中，则巽四到乾，中五到兑，乾六到艮，兑七到离，艮八到坎，离九到坤，坎一到震，坤二到巽。震宅属木，则巽震飞临之方为旺，坎一水飞临之方为生气。余宅类推。

三、灶管人丁,水缸管财富,水缸对中锅为"水火既济",主夫妻和谐。

四、灶宜安在泥土地上,如灶下有石板或建在楼上,名"无根灶",主退败,绝人丁。

按:今楼房,除一层外,灶均安在水泥板上,若何?

五、两柱夹一灶,小口多烦恼;三门对灶品字开,钱财出去不回来(按:此指灶左右,或前后三方有门为品字)。房门对锅口,钱财难入手。

六、灶门切要深藏,勿使人见,若入门可见灶烧火,主不聚财。

七、楼上作房,楼下不可作灶,主损小口,惊风出痘而亡。

八、灶有冲有射,或上有横梁者,主锅破损。灶有门冲或梯压,白虎加临主痢疾。灶对房门,主妇人经痛,又主妇人头痛、血淋。

九、在亡神方作灶,多有火灾。亡神:寅午戌坐山在巳,申子辰坐山在亥,亥卯未坐山在寅,巳酉丑坐山在申。

按:此法除寅午戌合火局,灶作向巳,为火旺极,恐有火灾合义理外,余皆不合五行义理,勿拘。

十、灶位与床位不可相反,"冲关"不利,主伤人。又云:灶上烟囱屋上头,不须巧样去装修;出气原来宜隐下,巧高怪异闹啾啾。烟囱出在屋脊间,必损家长。

香　火

【原文】土地祠神,祖先祠堂,皆香火也。安本命之吉方则得福,凶方必有咎。古云:移烟改火者,谓无锅烟香火,有祸无福也。若误移其方,则变其吉之来路,反凶矣。凡出秽之所,用压于本命之凶方,镇住凶神,反发大福,甚验。其方皆与灶屋、烟窗相对,用以压之,吉矣。然当详审方位,不可混错。或谓改于屋外之吉方,则同来路之凶矣。即是基丈址,亦宜清楚的确矣。

【注解】香火是指家中供奉之祖先神主、土地、灶君,道家诸神,如关帝、财神等及佛家诸佛,如如来、观音等。其宜方位本书是以主人的福元所在方论。如东四命则安于东四方,西四命则安于西四方为吉,反之则凶。此法在民间却不常用,而常见的宜忌,有如下要点:

一、根据神灵而分座向。如灶君,一般家庭的"灶君"神位都是供奉在炉灶之上。依八宅论,灶座为本命凶方,不宜安神位。但若解释为以神之力而镇凶神,反主此灶更为有力,亦合理。如果炉灶之上实在没有空间,可将灶君供于南方,因南方属火,灶君亦火神,古代天子于夏祭灶,亦取火旺之时。"土地"则为本屋的守护之神,有的放在门前,与门同向;有些放在大门后,面朝宅中,此其正位。而观音菩萨则最宜坐西向东,因观音为西方极乐菩萨,以慈悲为怀,临东土普度众生故。但观音菩萨有三不向,一不向厕所,二不向房门,三不向饭台。若以八宅安神论,将观音菩萨面向厕所、厨灶则大谬矣。

二、不宜安在本宅的关煞之方,主儿孙不孝,出孤孀。其关煞方据《八宅周书》之法,以宅的坐卦入中,顺布九星,五黄所临之方为"关",克宅星之方为"煞",依此八宅的关煞如下八图。

坎宅(壬子癸山)

九 火 死	五 土 关	七 金 生
八 土 煞	一 水	三 木 泄
四 水 泄	六 金 生	二 土 煞

坤宅(未坤申山)

一 水 死	六 金 泄	八 土 旺
九 火 生	二 土	四 木 煞
五 土 关	七 金 泄	三 木 煞

震宅（甲卯乙山）

二 土 死	七 金 煞	九 火 泄
一 水 生	三 木	五 土 关
六 金 煞	八 土 死	四 木 旺

巽宅（辰巽巳山）

三 木 旺	八 土 死	一 水 生
二 土 死	四 木	六 金 煞
七 金 煞	九 火 泄	五 土 关

乾宅（戌乾亥山）

五 土 关	一 水 泄	三 木 死
四 木 死	六 金	八 土 生
九 火 煞	二 土 生	七 金 旺

兑宅（庚酉辛山）

六 金 旺	二 土 生	四 木 死
五 土 关	七 金	九 火 煞
一 水 泄	三 木 死	八 土 生

艮宅（丑艮寅山）

七 金 泄	三 木 煞	五 土 关
六 土 旺	八 土	一 水 死
二 土 旺	四 木 煞	九 火 生

离宅（丙午丁山）

八 土 泄	四 木 生	六 金 死
七 金 死	九 火	二 土 泄
三 木 生	五 土 关	一 水 煞

三、安神方宜洁净、安宁,避免污秽、嘈杂。

四、神位对面不可有电杆、尖射屋角、柱子等碍眼物；不可有直路中射，不可正对反弓的大路、巷道与房门、厕所门。

五、不可位于大梁下面，后面不可有夫妇卧房及浴厕。

六、神位宜牢靠墙壁，最忌墙后为楼梯走道。

七、神位前不宜有镜子反照，亦不宜安在房子的角隅尖处。

八、神台应面向大门。请看天下大小庙宇寺观，主要神像都是面向大门的。一般的配像如十八罗汉等则列在两侧。虽家庭并非寺庙，仅设一二以表信仰，亦应向大门。

九、不宜把祖先神主与天神并排。因祖先牌位或照片属"家神"，不能与观音、关帝等相提并论，所以祖先宜放在神之下，比较适宜。神位与祖先牌位分开亦可，但必须同座同向，若相对则极凶。

玄空飞星学的安神位法则是以山上飞星为主，宜安于旺气、生气、进气和辅佐之方。

一运：宜一白、三碧方，二黑方慎用。

二运：宜三碧、四绿方，二黑方亦慎用。

三运：宜三碧、四绿方，五黄方不用。

四运：宜四绿、六白方，五黄方不用。

五运：宜六白、七赤方，五黄方不用。

六运：宜六白、七赤、八白、一白方。

七运：宜七赤、八白、九紫方。

八运：宜八白、九紫、一白方。

九运：宜九紫、一白、四绿方。

若山星与向星呈下例组合，吉，再逢生旺之气尤佳：

一四、一六、一九、二七、二六、三八、三七、三四、四一、四六、四九、五六、六一、六二、六四、七二、七三、七八、八二、八三、八九、九一、九四、九八。

如果山星与向星呈下例组合,凶,再逢死退之气,尤凶:

一二组合,损壮年丁口、妻辱夫、不孕、水肿;一七徒流、好酒贪花、败泻;一八损丁、黄肿、闹鬼。

二五组合,疾病损主、出鳏寡;二六组合,主出僧尼,鬼神不安;二九组合,出瞽目,出蠢丁。

三五组合,赌博败家、争斗不合、横死;三六组合,不仁不义、肝病、脚病、刀伤;三七组合为"穿心煞",男盗女娼,忘恩背义,财多被盗,病疾官讼;三九组合者刻薄,三八组合损聪明之子。

四二组合,恶媳欺姑;四五组合,破产倾家、乳痈;四六组合,自缢;四七组合主肝病,吐血;四八组合损幼丁。

五二组合,闹鬼、怪病、出鳏寡;五七组合,横死、癌症、财来则破;五九组合、性病、瞽目;五一组合,损壮年丁口、堕胎、阴部生疮。

六二组合,出僧尼、鬼神不安、寒热往来;六三组合,刀伤足病、肝胆病;六五组合,长房血症,出逆子;六七组合为"交剑杀",不和、不伦、劫掠。

七三组合为"穿心煞",主家破人亡,暴戾斗狠;七四组合,吐血早夭,文章不显;七五组合,横死、癌症、服毒、性病;七六为"交剑杀",劫掠、不伦、不和;七五组合,火灾、血症。

八一组合,损丁、闹鬼、黄肿;八三组合,损丁;八四组合,小口殒命、怀才不遇、风湿筋骨伤损。

九二组合,神智不清、出蠢丁、目盲眼翳;九五组合,瞽目、火灾;九六组合,血症、逆子忤父;九七组合,火灾血症。

如下元七运,巽山乾向安神位:

1.此局为上山下水,宜坐后低,朝向方高,叫坐空朝满,方合飞星。

2.山星七为旺气,八为生气,九为进气,六五四三二为退死气,一为辅佐星。

3.神位宜安在山星七八九一之方,即乾艮兑离之方。

安神位时,还要注意选择良辰吉日,且要避开与家人生年及神位的朝向相冲。其法是:

一、宜天德、月德、神在日、玉皇銮驾等吉日。

二、忌三煞、五黄、戊已都天及与家人神像的坐向相冲、相刑。

五 七 六	一 三 二	三 五 四
四 六 五	六 八 七	八 一 九
九 二 一	二 四 三	七 九 八

就中国传统文化而言,在家中设神明及祖先牌位,纯是一种对神明的依靠及对祖先的怀念。但是,通过一些风水"专家"渲染,其安设方位就与家庭吉凶祸福紧密连结起来,甚至达到危言耸听的程度,使那些真正研究风水建筑的学者也无可奈何。读者要冷静地想一想,如今许多公司,许多店铺,许多家庭都供奉着财神,而且差不多都请风水先生看过位置,可是这些公司,这些店铺仍有许多经营不善,负债累累,那些财神能起到什么作用呢?信仰怀念贵在真诚,佛亦不著相,人又何必拘泥呢!

论　婚　姻

【原文】命元是东四命者,宜婚东四命妻,则有子多福;误结西四命妻,则艰于子嗣,不和不发福。如坎命男配巽命女,巽为坎之生气,必有五子,又和而助夫成家。若坎命男娶艮命女,是为五鬼,虽有二子,必不和而窃财。古云:

贪生五子巨三郎,武曲金星四子强。

五鬼廉贞儿两个,辅弼只是半儿郎。

文曲水星独一子,破军绝命守孤孀。

禄存无子人延寿,生克休囚仔细详。

此合与妻命固有准,即得来路灶向之合命者,亦可断其子之多寡有无也。如乾夫兑妻,生气有五子,但金见金相敌,主不和。坤延年妻,四子和睦。或云乾坤配合最宜,应六子。艮天医妻,三子。乾伏位妻,只一女。离绝命妻,无子,又离火克乾金,必惧内。坎六煞妻,一子相争。震五鬼妻,二子,长难招;又乾克震,夫欺妻。巽祸害妻,为腐木懒妇,常受夫辱。禄存妻无子,夫妇多寿。余命皆仿此推。然须论其星之生克吉凶与得位不得位,以为救助,庶可广嗣助吉矣。妻元论命之法较有益,于《通书》《吕才合婚》之例,予屡试之,无如此之确有实验也。世之求婚配者,先留意于此也。

【注解】一个人婚姻的好坏,子息的众寡,撇开其生辰八字不谈,就以住宅风水而言,应该是看屋外的水、路、砂、屋角、脊尖有无冲射,冲射于何方位;屋外有无坑沟,本住宅之形有无缺陷等。而屋内住于何房,床的安放,门的位置等亦有一定因素。同时,还要与结婚,修造之时犯无犯凶煞等紧密结合,绝非是仅以命卦相配就可决定的。青江子在《阳宅大成》一书中对婚姻各方面吉凶作了详尽的说明,特摘有关章节于下,以供参考。

一、夫妻、妻妾因何不合?

酉遁卯,卯遁酉,子遁午,午遁子,名"反目煞",犯之夫妻不和。前分八字水,夫妻嚷不已。中高左右低,妻妾大小各排挤。

财砂妻位相刑,主夫妻反目;地丧占财位,室家必定刑冲,妻妾争闹。梁栋一偏敧,夫妻不相宜。天井水,反向出,妻妾嚷,无宁日。三门一处开,家内大小乖戾。灶左右有门冲,妻妾各逞舌锋。乾峰高耸巽方低,夫好骂妻。艮震坎雄离兑低,男子夯妻。门扇敧斜,夫妻口舌如麻。门壁门枋敧斜,夫妻每日喧哗。劫刃临右首,反目不和偶。财砂隔蔽,妻不认夫搁一世。宅内多用弯曲水,夫妻不睦。门差左枋弯曲,夫妻口舌相辱。

二、因何家出悍妇、妒妇?

垣城合马,悍妇夺夫。前山乱衣,女妒忌而惹非。明堂柳叶形,悍妒害家庭。右砂三尖长,悍妇横暴持强。离脉直如枪,中女妒性不良。右首起团峰,悍妇张威逞凶。财砂见火,佛口蛇心笑面猫。乙水直射明堂,牝鸡晨鸣。坤未冲前,悍妒操兴家之权;火性多出,悍性目中那有夫君!

三、因何闺门之玷出而出妇休妻?

对面相刑克,一嫁来即反背。面前八字分,弃妇如浮云。右山直顺长,必定出妻房。东西共战,娶得便离。飞砂乱衣,逐妇远飞。右沟弯射穴,休妇生离别。杵石居门,出离尽与他人婚。右砂外卷,妇遭谪遣。财位禽星不合,世犯出娶。妻变仇囚,六七八年亦别。

四、因何家有丑妇拙妻之宝?

火星多,出丑妇,以其克制金也。土星多,招拙妻,以其克制水也。蠢木亦丑,顽金更拙。如太阴金星石嵯峨,到头鳖形丑妇多。金在坤斜侧,十妻九似魔。太白逢凶妻魍魉,四位空披头散发。

五、因何妻妾夺权却颇操持?

阴山有情,治家由妇而盛。右砂不合,正内间其无人。要知财方特起,始得内助兴家。财砂近,获妻财。水山见火位砂起,土山见水位砂起,木山见土位砂起,火山见金位砂起,金山见火位砂起。禽星顾,得内助,反是则不得和好,仍分孟仲季方看。左右首,开小门,妇持家有恩。坤峰高,妇掌事,男人多畏忌。巽高长妇夺权,震高则合。流通墓库,阴人操持,勤劳兴家。兑离高耸,中少两妇夺夫权。堂高厅大门楼小,阴人勤俭掌家。左首低,右起峰,主惧内。金受火煎,妾夺妻权。月孛欺金,庶妾专阃。

金字为媒相比和。妻妾合二,火罗背约,妾夺妻权败夫纲。财砂叠叠水通库,妻妾助夫。财砂对起咫尺抱,贤齐孟光。震方太低,长男惧内。右首团峰,妇骂家翁。

六、因何男子贪花?

内井水放桃花位,金星水见子贪花。金字与水同宫,迷恋不顾羞耻。月字独占沐浴方,风流胭脂院巷,水木共度亦然。水金会成池,花为债主。裸身带花,男迷酒色。面前卷帘案山侧,男妇无差。舞袖斜身水又斜,妇女贪花。妻多力弱,花粉生涯。单见沐浴一水朝,女淫男劳。败位遇字星,桑中有约。园后树根现,生儿必好色。后树露滴屋,夜同别妇宿。胁下水池,日夜贪淫不足。卯午水,骑脉穴,专好男风。淫星傍财,奴婢同枕。

七、因何女子风声?

裸身带花,女播淫奔丑态;向会月字,胭花娇冶多情。鬼旺财衰,虽荣贵亦多淫亵。四败遇字,月下偷香。身营柳鬼,日换三妆诲人淫。面前似开睁主淫,此地不用。余气似燕尾,妾与雇工同眠。美女献羞形主淫,此地不用。右砂似葫芦,女子贪花,挖改方免。前面三只角主淫,挖改方正。面前角向穴,相形势挖改。右山头嵯峨,风吹入主淫。大蛾眉下小蛾眉,大姨未去,小姨又来。蛾眉金星两脚太长,女自招郎。左右山头出花,从山敧曲,浪荡水懒徘徊,日夜喜人来。右砂上路交加,含花被拐。面前耸起蛾眉库,母女供人淫。曜隐金神,扬鞭嫁婿。形如火宿,则天女中丈夫。案上窝见一干坑,主淫。献花山当面,露体斜飞。前山生来似乱衣,主淫。水星涌浪面前,室女招郎。大小十金,二十金,主淫。屋势参差又倾斜,改整可免。古房瓦移栋折,摧速拆换。桃花带煞,娼妓之流。前面对长池,主淫,改势方正。庚辰见酉,凤眼桃花假自重;甲戌见卯,鼠眸禄马多淫荡。门楼两脚扬仰势,露形主淫。砂多欹侧,勿用。前山手反握,勿用。

水金临沐浴,泛滥妖娆。木杓头欹斜,主淫勿用。伸手抱圆球,桃花水见,金字沐浴临官,胭脂粉黛,勿用。女位案似蛾眉而稍偏侧,勿用。当面有井,前山脚摆斜,明堂卧水坑,鸭颈鹅头砂,沐浴方树踥蹜,左砂反去,右砂弯追,水破太阴,均主巫山云雨。飞廉直煞,女落风尘。树肿头,又肿尾,相思成病。明堂恶土形,主淫,改后方正。面前水返向外抱,两路直去女淫奔,改正可免。右砂两尖随水摆,媳妇淫外人。左砂两尖随水摆,室女被人迷。金穴左右水,妇被拐去;突金生小泡,孀产私孩。反掌砂,妇向外(内钩外反为曜,无妨)。案外抱头山现则露丑,对面有砂钻入怀主淫。沐浴酉水泛流,幼女淫。重城抱尸交加,淫犯凌迟。右山有塘作花园,改整可吉;午方庚方有井,挪移可免。破局坤山抱花,寡母私欲;破局子水犯桃花,次女次媳淫;巽方抱花山碎,长女长妇淫;西方蛾眉双起,姐妹俱淫。右山如叉指,四墓树直冲,井屋对门,后堂井对门,兑位桃花鲜,沟间多曲桑,井灶相连,水碓向屋打,均主女淫。前塘猪肚样,女子偷和尚。两边山屋树高排,中间空处有风来,主争风。歪斜摇摆样,伴两男兮事不谐,争风。右路多返形,寡母淫欲。沐浴墙高迫近身,寡妇淫欲。前涨后幽,孀寡极无羞耻。寡妇逢罗喉,枕上牵欢。金如破体,女怀月下之情;木若斜形,男恋阳台之梦。水强土旺,淫乱风声;献花露体,女子私奔。右边金水二峰斜,女专淫欲。

八、妇因何不孕且多怪梦、怪病?

檐头未塞,胁下门冲床,前后门冲床,梁压床中,子宫不通多怪梦。墙头射房门及射床,怪梦惊张。不花不果之木作床,幻梦不受孕。心月狐之脉所生女,多疑病;危月燕之脉生女,多洁癖。卯兔见庚戌,中女惊慌多疑惑;甲卯逢申,多疑好洁无嗣。狐遇丙寅、壬寅、庚申,颇多疑病;心氏见己未、庚戌,忧疑成病。酉脉危月,皎洁少女,洁病不孕;危逢丙子、丁丑,洁病不怀胎。

九、妇不生子因何?

辰巽太高,长妇终身无子;离兑孤峰,仲季两房不孕。东西列长厅,正嫡无生妾有孕;坤上栽花并池沼,徒多妻妾,生女不生男。日遇火罗,月逢土计,虽有水金相扶,嫡无出而庶偏生。生方低陷,水去风来不生子;养方破缺,水流出,不能养儿;胎方空亡,地户闭塞不怀胎;绝方高压,终身独而无一孩。天嗣方凹,四生不起定乏嗣;生气方空,金柜不起子不生。脉弱穴吉,先抱子而后妾序;破煞倒冲生气,妇人不生育。丙低凹水去,中女不育;坤巽低凹陷,长媳不生。

十、因何人丁大旺?

生养水朝堂,一母生十二郎,一二女。巽离峰高,三男五女。艮坎震峰连巽离,五男二女;对面金星拱照,二女四男。明堂广阔,左右相生男女多;左右宽抱,三男三女孝和。生方山叠起,八、九、十一子。山势强,阴阳比和少风侵,山有余气水,不割脚,三四子。水印金鱼虾须砂弯抱有情,丁申丙巽合局,子有七八。天嗣生气方高,子有五六。日月对望,男女数目均一样;日月合朔,男女次第而生。人道子方远映,螽斯衍庆。

十一、因何抱养出嗣?

子养外来生处绝,儿孙异姓。绝处生,公婆真假。财兄相依,计都刑火,义子入门。卷簾水现,入舍填房。火罗欺嗣,子出为蛉。怀抱圆峰,蜾赢负螟;脉弱地吉,抱子来家(丙自生子)。主微后托,过房继嗣;癸方门路,抱养之儿可住。孤房独屋,蜾赢可居。后屋尖小前屋宽阔,入舍填房。楼屋独耸,螟蛉有儿;厅前水阁,养子立嗣。日遇火罗,无父出嗣;月逢土计,母死出嗣。鬼投母腹,幼必离亲;财临生库破生官,兼奉两家。脉上印临财,父母一离一合。

十二、何应堕胎,生而不育?

胎息露风两臂短,主漏胎。流破胎方主堕胎,冲破生养落地亡。门枋上窄下宽溜孕,上宽下窄难产。妇常坐石主堕胎。门前树木两直长,堕胎。放水冲太阳、卯方主伤胎。门前土堆主伤胎,天井停聚水不出产难,天井作土堆堕胎,怪石拦门主小产,绝胎方有塘有墩伤胎。门边怪石现,胎产不明。左右见土皐堕胎,四墓流来主产难,天井造卷篷产难,天井直狭四屋夹产难,直桥对门胎气难产,面前猪腰塘堕胎,社坛墙角对门产难,面前见赤土产难,退神入明堂损胎,两山现出头产难,玉印形破碎堕胎,穴前深坑孕妇悲。小山傍大山下,生产不明。前面渐低水长去,胎不足。罗星当堂主堕胎。坟前又坟,胎若不堕必横生。病脉恶土形产难,前堆两脚开伤胎,已亥方圆墩伤胎,都天堑坑伤胎难产,癸水壬水太旺堕胎。寅申巳亥水朝休,丙生难产。胎方有塘水流乾,难产。右首凶水交加难产,火星起难产,四火烧金产难,刃方开门放水主产难,坟前小峰堕胎。西方红色向中赤,产死;披连属水不接脉,产死。石墩在前池产死,房中涨塞产死。门上摇皮大,长生儿难出。三刑克妻,产必伤命。群凶损妻财宫位,主产丧。前凶后恶,堕胎亡身(看妻财砂位)。群凶损子砂宫位,产生多惊。卧房石堆、土堆主难产。房内怪石本命方,动辄胎堕。胎占之地犯劫,八月身妊即堕。怪石胎占并岁方,动辄胎堕。墩头破碎堕胎,暗建方产中毒。天井下有水井,落孕损胎。当向车辗盘伤生。印台壬子癸方堕胎。明堂圆墩或侧台堕胎。水漏大石或磙、或碓嘴磨,皆主堕胎。

　　击伤生气,落地而亡。流破养方,三朝即死。星日马陷,脐风而亡。小坑窟多窝窝,脐风殒命。修犯死符,乳儿月内必倾;修犯小月建,颇损小儿。离方凹风,九日脐疯亡;午丁方破缺,二月脐疯灭。午丙向反水,血症小儿亡;兑方破缺,七日脐疯死。水若淋头,婴儿哪得站立;子宫恶曜,卜商哭子丧明。季月中宫犯方，要儿必损，煞处又逢煞为克，双儿下殇。太岁迫凶到喜，儿梦入南柯；金脆火炎，儿未移步便夭折。岁会煞与本房，歌兴薤露；六煞方高逼，女儿亦难养育。圆内煞方，小屋男女常啼哭；禄支作门路，子女花间露。卯方破损，月内脐疯丧命。煞方见煞，小儿痼症害生。孛计穿，童岁死，下殇或中殇；造作犯五黄，频产频失下殇。阴局土为灾，戊己生亦难求；阳位荧兴祸，丙丁命早堪忧。右开口衔尸，生一儿死一儿；绝命砂高逼，家内常闹哭泣。祸害砂高逼，水命儿难期；岁煞月煞坑堆，儿寿冥中催。艮位深塘，小儿早亡；前开口向宅，吞啖伤少丁。子砂子立逢枭，儿命常夭折；门向逢金度，不合生儿两岁必亡。子位逢煞，过岁难逃三六九；子宫恶，一二十岁偏伤儿。砂头屋角，冲心射胁男女夭；拭泪捶胸死不停，或屋或砂或冢常损儿。墙头钩心，儿虽半年亦难活；曲尺墙冲射，男命不善终。天井明堂，哭字头儿多夭折；前塘后塘，人丁少亡忧绝灭。房门紧对厨门，损小口；两边大池水浸门，儿命难存。右臂高昂窜明堂，多损少丁；破冠带失龆龄之儿(中殇)，流官禄丧成材之子(上殇)。仇雠金杀，纵富贵不长年；两檐水合，损少丁最难孕。子宫刑囚暗合，有儿亦凶夭；穴衰遇煞官砂多，子命夭亡。穴被风摇，少年必损。金脉金叠叠，生者频，育留稀；土脉土砂叠，有儿必终绝。唇毡浅薄，前无余气子息少；木脉木层层，无财又无儿。穿路绕过房，损小口。山水散不随，常年损小儿。冲口之处不宜居。门对空屋，四山高压，交路夹门，路如烛焰，土箭射门，前山压身，来脉挖塘，交牙水出长，前通后拥，均主丧子。

例1.见本书上册第66面所举"癸丑宅母不妊"例。

例2.汉州龙耳冈王比镇，行二，住子山午向，右水倒左反局，刑妻克子。盖凡子午犯冲，男行二必无传。今宅主癸亥，男二宫属阴，丙辰月、丁丑日、辛亥时生命。续娶辛未女，三宫属阳，八月初六日未时生命。储室己卯女，二宫属阴。雍正乙巳冬在子午宅之后另扦癸山丁向以合水局，造四字屋取合格式，择七政恩星到命度照山方祛病催丁。辛未女阳命，安床左房三碧震宫；己卯女，安床右房六白乾宫。庚戌八月初三，辛未妇生一男，辛亥时。六月初四午时，己卯妾生一男。

按：男坤二宫配女震三宫，为五鬼妻，主艰于子息，且夫妇不配。然此例一经安床择吉，亦可生子。而妾与夫均同命主吉，亦须择吉安床方生子，是大游年配命不足信。

例3．荆州白旗防御，己亥命主，禄元日，天禄月，喜神土。七月癸酉二十五丙申日主，天禄木，喜神、天嗣气。寅时，戊午命宫，喜神月，禄元水，禄神土。娶丁酉九月庚戌十六己酉时命主，禄元日，天禄金，喜神水。丁卯日主同庚戌命宫喜神金，天禄水。丁巳年十二月初七庚寅日癸未时作圹，坤方房门迎艮，十三丙申日铺床，取吉曜照方照命，订二年生子、黄马、青牛、白虎、黑羊，同修方日时。果于戊午年、乙丑月、庚寅日、癸未时生男。

按：下元己亥男命为八艮命，丁酉女命属中五寄艮，二者同宫同命，是西四命配西四命，依八宅命卦论应多子，此却求子艰辛，全赖修方催丁，再证八宅命卦之不验。

吕才合婚图

【原文】按：吕才合婚之说，即从游年诀中来，所谓生气、天医、五鬼、绝命固相同，而所云福德即延年，归魂即伏位，游魂即六煞，绝体即祸害，名虽异而实则同。但其下所注之数，即九宫之数。而细核之也，惟生、游、绝、归四条数不差，其福、天、体、五，四条俱错，皆后人以讹传讹，不考从来，习而不觉。外不知八卦中乾兑生于太阳，离震生于少阴，巽坎生于少阳，艮坤生于太阴。二太所生西四，二少所生东四，此命巽（巽字疑是"八"字之误）宅所由分，而各星吉凶,皆从各卦挨变而起,理固有据,数亦可考,奈何迷其源而紊其流乎? 固为订正,附录于后。至上元甲子起一宫,《时宪》现载书不以论男女命元婚姻之数,而旧传上元起七宫,与今当异。或云,以《竹书纪年》考之,实差一元,康熙甲子乃系下元,未知孰是,然毕竟以《时宪书》为准。

福　德	生　气	天　医	归　魂
一四六七 九三二八	一三六八 四九七二	六三七四 八一二九	一二三四 一二三四
九三二八 一四六七	四九七二 一三六八	八一二九 六三七四	六七八九 六七八九
游　魂	五　鬼	绝　体	绝　命
一三七九 六八四二	一二三七 八四六九	一三九六 七二八四	一三四六 二七八九
六八四二 一三七九	八四六九 一二三七	七二八四 一三九六	二七八九 一三四六

吕才合婚图(见上)。福德即是延年,游魂即是六煞,绝体即是祸害,归魂即是伏位。

合福德、生气、天医为上婚,主子孙昌旺,大吉;游魂、绝体为中婚,较量轻重,用之亦吉。五鬼口舌相连,绝命、祸害甚重,为下婚,避之则吉,不可不知之矣。

【注解】原书吕才合婚法后接"论女命利月,如入赘论男命","和尚公杀,男命宜忌"等节,为保持吕才合婚法的连贯性,特将"吕才合婚图"及"三元男女生命宫数"二节提前,特此说明。

表格中的一九三四等字样代表年命,即一为坎一命,二为坤二命,三为震三命,四为巽四命,六为乾六命,七为兑七命,八为艮八命,九为离九命。第二格中的上一行代表男命,下一行代表女命;第三格中的上一行代表女命,下一行代表男命。上下二命相配,就是第一格中的福德、生气等,吉凶就一命一格断。即男女命一九、九一互配,四三、三四互配、六二、二六互配,七八、八七互配为福德,与大游年中的延年同。男女命一四、四一互配,三九、九三互配,六七、七六互配,八二、二八互配为生气,大游年也是生气。男女命六八、八六互配,三一、一三互配,七二、二七互配,四九、九四互配为天医,大游年亦为天医。男女命一一互配,二二互配,三三互配,四四互配,六六互配,七七互配,八八互配,九九互配为归魂,与大游年中的伏位同,其中一二、二三互配有异,故本文云后人"以讹传讹"。男女命一六、六一互配,三八、八三互配,七四、四七互配,九二、二九互配为游魂,与大游年中的六煞同。男女命一八、八一互配,二四、四二互配,六三、三六互配,七九、九七互配为五鬼,大游年相配亦是五鬼。男女命一七、七一互配,三二、二三互配,九八、八九互配,六四、四六互配为绝体,大游年相配为祸害。男女命一二、二一互配,三七、七三互配,四八、八四互配,六九、九六互配为绝命,大游年相配亦同。

据《钦定协纪辨方书》所载:"吕才合婚图"除"生气、游魂、归魂、绝命"四者与本书相同外,余皆有异,故强以大游年与吕才合婚图并论,也属牵强。

吕才:(600－665年)唐时博州清平(今山东聊城)人,少好学,善阴阳方伎之书,官至太常丞。

对于大游年配卦合婚及吕才合婚法,自清初叶后,多为有智之士弃之。就是皇家主持修编的《钦定协纪辨方书》也大斥其谬:"阴阳家言多病,迂泥术士捏造,益属荒唐而惑世诬民,则未有如合婚大利月尤甚者。夫妇之道,人伦之始,书载釐降诗咏关雎,未尝有合婚之说也。诗曰:士如归妻,迨冰未泮。礼曰:仲春之月,令民会男女。未尝有大利月之说也。即禄命之法,以人生年月日时去留属配,推人寿夭穷通,亦未尝有以男女年月定妨妻妨夫之说也。是说皆不知其所自起，而皆托于吕才。观《唐书·吕才传》，其于阴阳术数，辨驳甚详，则其为术士之伪托无疑也。今取其说而论之，三元九宫者，乃年九星入中宫之一星，非谓其年之生命即在是宫也。由年而衍之于人，由男而衍之于女，已属展转支离。而又以地理家游年变卦之法，两宫相配以定吉凶，无论比拟非论，且地理专取净阴净阳，而婚姻则取阴阳配偶，是葬之所谓吉，正婚之所谓凶更属显然皆背。又况世传九星，误以上元为中元，则宫已非，其宫卦亦非其卦。然则世之惘惘焉，据以为拘忌者，诚不啻谬以千里也。"

三元男女生命宫数

【原文】此通书所载男女生命三元宫数合婚之图，与时宪书所载各异，姑并识之。

六十花甲干支						上元	中元	下元
						男女	男女	男女
甲子	癸酉	壬午	辛卯	庚子	己酉	戊午	七五	一二	四八
乙丑	甲戌	癸未	壬辰	辛丑	庚戌	己未	六六	九三	三九
丙寅	乙亥	甲申	癸巳	壬寅	辛亥	庚申	五七	八四	二一
丁卯	丙子	乙酉	甲午	癸卯	壬子	辛酉	四八	七五	一二
戊辰	丁丑	丙戌	乙未	甲辰	癸丑	壬戌	三九	六六	九三
己巳	戊寅	丁亥	丙申	乙巳	甲寅	癸亥	二一	五七	八四
庚午	己卯	戊子	丁酉	丙午	乙卯		一二	四八	七五
辛未	庚辰	己丑	戊戌	丁未	丙辰		九三	三九	六六
壬申	辛巳	庚寅	己亥	戊申	丁巳		八四	二一	五七

【注解】按：此表三元命宫数与前不同，前男命上元甲子起一宫，中元甲子起四宫，下元甲子起七宫，而此将前下元移至上元，前中元移至下元，上元则移至中元。前女命上元甲子起中五宫，

中元甲子起坤二宫,下元甲子起艮八宫,与此表同。同时,原书中元甲子男起艮八命,女起中宫及丁卯等日,女属六白命及下元中辛未,壬申等错,均据《象吉通书》纠正,特予说明。

论女命利月(如入赘论男命)

【原文】凡亲属行嫁,大利月如前吉期,百无禁忌,新妇拜见无妨。若余月各有休咎,屡经屡验,不可不慎也。

月份名称 \ 生年	子午生	丑未生	寅申生	卯酉生	辰戌生	巳亥生
大利月	六十二月	五十一月	二八月	五七月	四十月	三九月
妨媒人	正七月	四十月	三九月	六十二月	五十一月	二八月
妨翁姑 翁姑无不忌	二八月	三九月	四十月	五十一月	六十二月	正七月
妨父母 无父母不忌	三九月	二八月	五十一月	四十月	正七月	六十二月
妨夫主	四十月	正七月	六十二月	三九月	二八月	五十一月
妨女身	五十一月	六十二月	正七月	二八月	三九月	四十月

【注解】原书第一行无巳亥生,妨夫主卯酉生为五九月,辰戌生为三九月,妨女身中辰戌生为四十月,巳亥生无,均依照《钦定协纪辨方书》补足更正,特说明。

合婚大利月决为术士捏造,统而论之,并无义理。《钦定协纪辩方书》云:"合婚之说,北方世俗用之,士大夫及南方皆不深信。而行嫁大利月则举世用之而不辨其非,而不知其所谓大利者,固术士之捏造而无理之甚者也。其法以女命为主,子寅辰午申戌六阳年自本命首一月向前顺数;丑卯巳未酉亥六阴年自本命后一月向后逆数。第一月为大利,第二月妨媒氏及子弟,第三月妨翁姑，第四月妨女父母，第五月妨夫，第六月妨本身，至第七月复一转。夫第十二月为女本命，第六月为本命之冲，虽选择无忌地支一字之理，而犹有可言，阳首阴后一月又何以取大利耶？且第一月利矣，以次而推，何由而妨媒氏？何由而妨翁姑？何由而妨父母？何由而妨夫婿？求之阴阳五行，九宫八卦，堪舆建除，丛辰之说，无一可通，此不亦荒诞不经之至乎？而世俗懵然信之，一月偶愆，辄逾数岁，摽梅东楚诗之，致概于失时者比比皆然，故曰惑世诬民之尤甚者也。""查月有十二，而忌者居其十，而两月六十日中忌者又居其半，是使民间可以婚嫁之日至少也，不便于民莫此为甚，亦应删去。"

和尚公杀（男命宜忌）

【原文】巳午未生人忌用申子辰日，申酉戌生人忌用亥卯未日，亥子丑生人忌用寅午戌日，寅卯辰生人忌用巳酉丑日，名曰"和尚煞"。又云：孤神寡宿煞及本命三煞犯者，主无子息。

此例只论男命，不论女命，惟推大小利月论女命。但和尚是男子，若以女命而论者错矣。若得男女俱不犯者更妙。

【注解】和尚公杀是取本命正五行三会一方秀气的绝处。巳午未三会南方火局，火绝于水，故见申子辰水日者是。申酉戌三会西方金局，金绝于木，故见亥卯未木日者是。亥子丑三会北方水局，水绝于火，故见寅午戌火局者是。寅卯辰三会东方木局，木绝于金，故见巳酉丑金日者是。此论粗听有理，细究却非。若午命见子日，子命见午日，卯命见酉日，酉命见卯日，日辰与本命相冲，主凶，其理尚通。余命均未三会一气或三合化气，是其正五行并未被合化，只以正五行论吉凶，绝不能以合汇五行而论。如巳命见申日，戌命见卯日，亥命见寅日，辰命见酉日，都是六合吉日，何以冠以"和尚煞"凶名？是无视五行六合矣。又如午命见申日，申命见卯日，亥命见午日，寅卯命见丑日，都是本命克日，禄命以我克者为妻财，娶妻者即是妻财，正逢妻财吉日，何云"和尚煞"？是此论义理不足矣。

查《协纪辩方书》《象吉通书》《鳌头通书》等婚嫁宜忌，并无和尚公杀之名，但有一"何尚公"杀，或又名"河上翁"杀，却是女命所忌，与本书"和尚公杀"恰相反。其法：丑命见寅午戌日，辰命见巳酉丑日，未命见申子辰日，戌命见亥卯未日。此杀明末才有。然寅午戌火局可生丑命为丑命之印；巳酉丑金局与辰土相合，申子辰水局是未命之财局，亥卯未木局是戌命之官星，都是本命所喜，何忌之有？故亦不足信。

孤神寡宿煞：又名孤辰寡宿。即令前一辰为孤辰，令后一辰为寡宿。寅卯辰春令，巳为孤辰，丑为寡宿。巳午未夏令，申为孤辰，辰为寡宿。申酉戌秋令，亥为孤辰，未为寡宿。亥子丑冬令，寅为孤辰，戌为寡宿。年月日时同。《协纪辩方书》云："孤辰寡宿者，乃由奇门孤虚之法而推衍之，荒诞无义理。奇门以旬空为孤，其对为虚。又有年孤、月孤、日孤、时孤，乃年月日时后二辰。如子年月日时则戌亥为孤，辰巳为虚，皆以方位言也。通书有孤辰寡宿日，以令首一辰为孤辰，令后一辰为寡宿。如寅卯辰春令，巳为孤辰，丑为寡宿。寡即孤意，已属无稽，然一月只忌一日，其害犹小。而合婚者乃谓亥子丑年正月生男命为孤辰，主妨妻，九月生女命为寡宿，主妨夫。盖因兵书有云："背孤击虚，一女可敌十夫。"术士遂捏造为孤寡之名而以妨夫妻为说。夫以三年而生一月之内合诸日时，命以千计，而谓其皆妨夫妨妻，虽三尺童子亦不可信也。

三煞：开山立向及修方有"劫杀、灾杀、岁杀"，合称为三杀，但此为修造时用，并非合婚之三杀，宜分别。合婚之三煞寅午戌月在未，亥卯未月在辰，申子辰月在丑，巳酉丑月在戌，取四墓。

论男女生命行嫁月孤虚煞

【原文】曲脚杀:己巳、丁巳、乙巳,人命遇之主克妻。

月令杀名 旬头	孤	虚	月令杀名 旬头	孤	虚
甲子旬	九、十月	三、四月	甲戌旬	七、八月	正、二月
甲申旬	五、六月	十一、十二月	甲午旬	三、四月	九、十月
甲辰旬	正、二月	七、八月	甲寅旬	十一、十二月	五、六月

【注解】孤虚煞引自《奇门遁甲》中"背孤击虚"之义,其理来自六甲空亡。六十花甲是以十个天干和十二个地支相配,每配一轮,总有两个地支无天干可配,这两个地支就叫"空亡",奇门中叫作"孤",而孤的对冲之方就叫作"虚"。如甲子旬是从甲子始、乙丑、丙寅、丁卯、戊辰、己巳、庚午、辛未、壬申、癸酉,十个干支,戌亥两支无天干,就是空亡,就是"孤"。而戌亥的对冲之方为辰巳,就是虚,这是以方位论。因六十花甲共分六旬,所以只有六组空亡地支,也就是有六组孤虚了。

阴错阳差歌

【原文】阳并阴错是如何,辛卯壬辰癸巳多。

丙午丁未戊申是,辛酉壬戌癸亥过。

丙子丁丑戊寅日,十二宫中细细歌。

【注解】《象吉通书》曰:"女子逢之公姑寡,男子逢之退外家,与妻家是非少合。其杀不论男女,月日时或两重或三重犯之极重,只日家犯之尤重,纵有妻财,亦成虚花,向后与妻家如仇敌也。"

《堪舆经》曰:"以阳建之支配当方之干,阴阳自相配为日,以值所冲之宿为阳错。如正月阳建在寅,近于甲,支干相配为甲寅日,寅冲于申,故正月甲寅之日月宿在申为阳错。二月阳建在卯,近于乙,支干相配为乙卯日。卯冲于酉,故二月乙卯之日月宿在酉为阳错。三月阳建在辰,近于甲,支干相配得甲辰日。辰冲于戌,故三月甲戌之日月宿在戌为阳错也。余月仿此。"

《堪舆经》亦曰:"以阴建之支配当方之干,阴阳自相配合为日,以值所冲之宿为阴错。如正月阴建于戌,近于庚,支干相配为庚戌日,戌冲辰,故正月庚戌之月宿在辰为阴错。二月阴建于酉近于辛,支干相配为辛酉日。酉冲卯,故二月辛酉之日月宿在卯为阴错。三月阴建于申,近于庚,支干相配为庚申日。申冲寅,故三月庚申之日月宿在寅为阴错。余仿此。唯五月、十一月阴阳二建会于子午,故无阴阳差错。"

据《钦定协纪辨方书》之意列成下表。

月令 干支 神杀	正	二	三	四	五	六	七	八	九	十	十一	十二
	甲寅	乙卯	甲辰	丁巳 己巳		丁未 己未	庚申	辛酉	庚戌	癸亥		癸丑
	庚戌	辛酉	庚申	丁未 己未		丁巳 己巳	甲辰	乙卯	甲寅	癸丑		癸亥

《堪舆经》义理甚明,《八宅明镜》其理不知所出,且年月日时并用,亦无月令分别,故不必拘泥。

厨	夫	姑
妇		堂
灶	第	翁

嫁娶周堂图

【原文】凡选择嫁娶日,大月从夫顺数,小月从妇逆数,择第、堂、厨、灶日用之大吉。如遇翁、姑而无翁、姑者亦可用。

【注解】嫁娶周堂只论月份,不以节气论(即不以交节之时论)。大月从夫始,顺数,即夫、姑、堂、翁、第、灶、妇、厨,周而复始。小月从妇始逆数,即妇、灶、第、翁、堂、姑、夫、厨,周而复始。由此则有大月份和小月份两种婚日,见下表:

一、大月份之婚日例(以夫起顺数)。

初一、初九、十七、二十五×,周堂值夫,此日大凶,最忌,不用。

初二、初十、十八、二十六√,周堂值姑,新人入门,姑勿见面。

初三、十一、十九、二十七√,周堂值堂,新人莫在堂上婚礼。

初四、十二、二十、二十八√,周堂值翁,新人进门翁无见面。

初五、十三、二十一、二十九√,周堂值第,士宦之第,非女弟也。

初六、十四、二十二、三十√,周堂值灶,新人进门,灶门遮掩。

初七、十五、二十三×,周堂值妇,此日大凶,最忌,不用。

初八、十六、二十四√,周堂值厨,新人进门,灶门遮掩。

二、小月份之婚日例(从妇起逆数)。

初一、初九、十七、二十五×,周堂值妇,此日大凶,最忌,不用。

初二、初十、十八、二十六√,周堂值灶,新人进门,灶门遮掩。

初三、十一、十九、二十七√,周堂值第,士宦门第,非女弟也。

初四、十二、二十、二十八√,周堂值翁,新人入门,翁勿见面。

初五、十三、二十一、二十九√,周堂值堂,新人莫在堂上婚礼。

初六、十四、二十二√,周堂值姑,新人入门,姑勿见面。

初七、十五、二十三×,周堂值夫,此日大凶,最忌,不用。

初八、十六、二十四√,周堂值厨,新人进门,灶门遮掩。

注意:周堂值第乃官宦之第,平民无碍。日后加√号者吉,可婚,加×号者凶,莫用。

周堂之法,取于月亮圆缺的周期,即在月晦、月上弦、月圆前各占一日或二日,并无实际义理。徐善述、徐善继兄弟在《人子须知·论通书诸神煞之谬》一节中说:"通书有所谓周堂者,不知其始自谁何?行世已久,泥之愈深。如行嫁周堂,通书所言行嫁曰:'白虎有睡、死、床、堂、灶、厨、路、门之例,以为择厨灶日用之。'"又曰:"值死乃白虎死,其日吉。值睡乃白虎睡,其日吉。"俗则见其日死,遂谓凶不可犯。值睡亦不曰"白虎睡",而以新人亦忌于睡,遂举家坐以达旦。若此者,何惑之甚欤?何其愚之甚欤?行之已久,略无议者,谓周堂之说有准,不可犯欤。则吾深求其理,而竟无其起例,谓不足信欤,世俗信之至周且笃噫。天下事莫不有理,其于理有未穷则其知有不尽,无怪世俗之惑滋甚也。盖常俗不知察究其理,而儒者又不暇穷其术,徇于习俗,泥于常见,拘于忌讳故耳。予谓阴阳之理,皆本于五行,其所以为祸福者,亦莫不以秉其生旺者为吉,而当其衰败者为凶;遇旺相生者为福,值其相克者为祸,无余论矣。而通书之诸周堂者,既无五行之起例,则无生旺衰败之可依,无相生相克之可处,徒执定局而拘于大月、小月,某日某日吉,某日某日凶,年年不异,月月相同,不几于胶柱而鼓瑟,刻舟而求剑乎?既无通变之机,又无的然吉凶之验,则其所谓"周堂"云者,祸福无凭,又不足准信,削去不惑于君子亦宜矣。世人错过吉期,多因拘泥于此。竖造、入宅、葬埋、上官等皆有周堂之例,举一隅他可类知,又何足深辨哉。《钦定协纪辨方书》诸臣奏请删除神杀的表章中亦云:"周堂载在时宪书,以乾为翁,坎为第,艮为灶,震为妇,巽为厨,离为夫,坤为姑,兑为堂。大月从夫顺数,小月从妇逆数,遇第堂厨灶为吉,遇翁姑夫妇则妨损其人。并不论本命与日干支,尤甚无理。细按其图,合义礼成婚之次日,新妇盥馈而舅姑餐妇之位,次其所为翁姑夫妇者,各人所立之方也。宅与堂者,宅为坎宅,堂坐西朝东之堂,行礼之所,古人堂室如是也。有厨又有灶者,厨为女氏之行,厨所以馈舅姑。灶为男氏之爨,灶所以餐新妇。妇在震方,则厨灶在艮巽,乃便也。此其得有吉凶生于其间耶?"古人已经摒弃,今人又何须泥之,故不必忌讳。

男女合婚辨谬

【原文】合婚之谬,张神峰谓之久矣,而诸家犹宗之道。从八宅起例者之宪书无不吻合,试之男女,应验如神。更有不准,则床灶之转移也。催丁之法,莫善于此,故时取而正之男女宫位,诀演宫卦,辨婚姻之宜忌;辙异东西,定房屋之吉凶。宜分左右安床立户,随生命以转移;作炉置灶,旋乾坤于掌握。神奇莫测,变运八方。无端一行蛮貊,复遇吕才反诀,倒装生旺,逆取休囚,计陷蛮方,祸遗千古,特行订正。另设横推,使知生命之讹,一说合婚之谬矣。

【注解】貊:音墨,古称,东北方的少数民族。

一行:自宋至清,堪舆家和择日家每谈到书、诀的真伪问题,均一致推崇丘延翰的《玉函经》为真书,痛诋一行禅师的《铜函经》为伪书。据说,唐时丘延翰写《玉函经》献给玄宗,玄宗以玉函将其藏于琼林御库。又命一行禅师伪造书籍,以铜函藏之。据说其书五行颠倒,专用以灭蛮,故又名《灭蛮经》。至唐僖宗时,黄巢破长安,杨筠松将《玉函经》偷出,断发入昆仑,至江西而出其秘籍。此说仅见于个人著作的风水书中,正史并无记载。

杨筠松为唐僖宗时人,其弟子是范越风,而丘延翰又为范越风之弟子。由是观之,反而弟子先于师傅一百余年,且弟子传书给师傅,此说实属荒诞不经矣。

据《旧唐书》卷191记载:唐一行禅师(683—727),姓张名遂,魏州昌乐(今河南南乐)人,曾祖父张公谨,是唐太宗的开国元勋,官至郑国公。公谨生三子,均为朝廷大臣。其父张檀,曾任县令,至则天时其族已衰退。唐一行自幼颖悟过人,博览经史,尤精历象、阴阳、五行之学。因避武三思的拉扰,于嵩山嵩阳寺剃度出家,法号一行。唐玄宗即位后五年,召一行入京,驻华严寺。公元721年,玄宗下诏一行主编新历,完成了著名的《大衍历》。由此可见,一个严谨于历学,分秒不敢失误的学者,根本不可能昧着良心去著有违于天文的阴阳伪书,故予此辨。

【原文】假如坎命之男,得巽方来路与灶向,亦与得妻巽妻命相同,皆是得生气,而有子且富贵也。曾有一坎命人,娶兑命妇人,犯祸害禄存,当无子。又其人云命犯孤神,来求挽救之法。师云:"你去将灶门改朝汝坎命之东南巽方,乃得生气星食之,当有子。又将小灶或风炉另以口朝乾向,使妻独食,则妻亦得生气吉向,亦当有子。"其人从之,果生五子。屡应屡验。

凡命生七月以前者,作上元论。

【注解】《钦定协纪辨方书》诸臣奏请删除神杀的表章第八条云:"男女合婚以生命之九宫配卦爻之变动六爻,不动为归魂,一爻变为五鬼,二爻变为福德,三爻变为绝体,四爻变为天医,五爻变为生气,游魂卦为六煞,归魂卦为绝命,牵合非伦。……愚民拘牵俗论,应请删去。"查余同村同年生男共十二人,以八宅论为巽四命。其中有五人与同年女性婚配,同年女性为艮八命,是为绝命婚,以八宅婚配论当属最凶,主无嗣。此五对夫妇均住北房艮间或东房艮间,灶门均向兑方,是分房不利于男。然此五对最少者亦有两男,并非无嗣,故知八宅配婚之法不验。再介绍青江子"婚期辨讹"一节如下,以为本节内容之总结。

婚期重在五合、六合、三合、三生、隔八相生,融会贯通,配成格局,天星照度,体用兼全,纵通书男婚凶年,女婚凶年,而期逢生合,化凶为吉。历查年命六合之期,并无一多忧多疾者。盖卯与戌合,辰与酉合,子与丑合等,与夫合金、合土、合水、合木,皆日月五星合气联情,何得人间反以为忌,而嫁娶不取此和合之理乎?因一嫁娶周堂,而又编出纳婚周堂,如夫、舅、翁、门、灶、厨、户,屡试之而不验。至行嫁白虎、灶、堂、床、死、睡、门、路、厨,斩鸡禳之更荒唐不经也。如大煞白虎入中宫,又雷庭白虎入中宫,乙庚月同是。戊辰、丁丑、丙戌、乙未、甲辰、癸丑、壬戌日,历察时宪法,皆是吉日。只如乾隆元年(公元1736年)庚寅月、丁丑日,二年乙巳月、丙戌日,六年乙未月、乙未日,九年庚午月、乙未日,俱刻载宜嫁娶。《通书》云:"两个白虎并占中庭,鼓乐从大门外吹进无妨,先从中厅吹起者然。"何不先从内吹他出去,反自外吹进,岂不赶入内堂捣鬼,荒诞可笑。

《考古集正》等书,皆以年命六合,八生之月为大利,后人只见子丑一例,误认子阳命,顺次一月;丑阴命,逆上一月。遂将寅辰申戌阳命,顺次卯巳酉亥月;以卯巳酉亥阴命,逆上寅辰申戌月,谓照子阳丑阴之例。不知前贤坊刻时,但举一例肇其端以示后人仿推耳。寅卯辰巳申酉戌亥揣为顺次逆上,岂不大谬也哉。年命三合之月为小利,通书载妨父母,自古五合为天合,六合为地合,而三合则为人合也。夫既为人合,焉能妨生身之父母? 三合与媒人首子何涉? 而又曰妨媒人首子,不亦诬乎。按女命顺至四位,太阴天福之吉神也;即逆数四位,名为八生,皆大有益于年命者,而通书反以为妨夫之月。子忌四月、午忌十月、丑忌七月、未忌正月之类,悖乎律吕补生之意,与天地阴阳匹配相谬矣。

胡晖在《选择求真》一书中也说:"男女福泽,穷通寿夭,皆姻缘前定,岂于归之日所能转移哉。选吉之法,只宜选黄道吉日,三合、六合与乾坤二造相生相合,并取天德、月德,二德合日即为上吉,讵可与二命相冲相克耶? 至于大利、小利、周堂所值,一切板图硬局及无稽伪煞,皆不足信矣。论大利年及嫁娶凶年,古者周公制礼,男子三十而娶,女子二十而嫁,何利年之有? 故刘氏亦载不验不忌。论大月甚属无理,古人严寒不行嫁,酷暑不成婚,春月桃夭之时,正男女婚姻之期也。照万历太后甲子生命,太史请十二月择吉,余月皆有妨碍。宰相张居正奏曰:"日时宜忌此民俗,尚多不验,况帝王乎! 古礼仲春会男女桃夭之脉,见于风人,宜俟明年三月择吉成礼。"诏从之。按甲子女命,三月妨父母,据通书所载,只有二月大利,余皆有妨。然此皆无妨,故属荒诞。

由此再说明本书所云男女合婚选择之法不合义理。

修造论(新造同)

【原文】凡添修、拆、补房屋及换椽、盖瓦、修门，皆为修方，而吉凶立应。如修本命之吉方，旬日见福。予师令人于本命之吉方高造晒台，逾年即富。如乾命人修生气正西兑方，发大财，期年即见，后又出贵。或修东北，西南坤及本位皆吉，若误修他方皆凶。诸命皆然，各以类推。然必须丈量基路，使吉方之卦位准的，方能应验。凡略动斧木，砌砖泥墙，造花台亭榭，皆修方。其犯来路、灶向，与修方同凶。

坎方坑厕，未方能利盗贼；乾方作坑，男瞽女跛。

【注解】以八宅配命修方，吉凶有如下应验：

生气常修动，官职渐加昌。旧官任未满，新职又平章。
子孙皆和睦，岁岁旺牛羊。家中无祸患，富贵乐高堂。
五鬼连心痛，人丁六畜伤。退财无度数，更被贼偷囊。
官事相连并，时时见火光。延年急修补，儿女免灾殃。
子孙多昌盛，富贵又安康。婚姻连贵族，家事日丰穰。
终年无患事，易女寿绵长。六煞女先亡，连年有祸殃。
六畜颇伤死，时时见火光。田蚕多不利，官事鬼乖张。
祸害妨人口，妻小有刑伤。投河并落井，疾病不离床。
风狂有浪急，官事见分张。急急修伏位，家室得安康。
福德有修造，财帛喜如期。君子加官职，庶人福禄弥。
牛羊遍山野，家中百事宜。绝命多相害，年年有死亡。
新旧官俱退，讼争理不长。田蚕多不遂，财被鬼偷张。
添修宜伏位，能消万事忧。误犯诸凶煞，修此祸端休。

修方是阳宅风水中一个非常重要的环节，古代诸风水书都认为可以起到趋吉避凶，逢凶化吉，甚至起死回生的效应。人若无嗣,修吉方催丁,可使其子;人若无官,修吉方催贵,可使其得官;人若贫困,择吉修冷退方,可使其骤发;人若患病,择吉修方,可以袪病。诸如一切灾谷,都可通过修方变祸为福。但修方之法因风水派系不同,术亦有异,均云屡试屡验。然八宅配命修方之法,除本文中一例外,他书再无提及。其他修方验例,却屡与本书之法冲突,是本法不验亦不被人重视矣。举例以说明:

例1.绍兴二十一年(1151年),上元辛未岁、辛卯月、辛卯日、庚寅时,欧阳升为张魏公修甲山庚向,用辛为正官,惊蛰下局,乙奇开门到甲,月德、天德合在甲,当年得选,但未沾厚禄。欧阳子取廪禄,开星,报方官国、天官贵、国印、福星贵、天恩、天福、运财、食禄、火星同到,修发天禄、己禄、元勋必验。果于隆兴元年(1163年)开都督府于建康。

按:甲山庚向,修甲方是修伏位吉方,但本书遍取诸吉,并未提及伏位为吉,是不以八宅修方为重。

例2.甲午生,坎宅,修兑方。本年遁癸酉在兑,立夏中局,一官甲子,顺行己巳乾六,以休加乾,则兑逢开,是时兑方得丁奇开门,乙奇到向,生门到山;岁入中顺遁,命贵辛未到兑,金舆禄到山,月日时同。甲午以己巳为岁德合,以癸酉方为催官、唐符、威胆、满星、紫绶、天官贵人、三台、龙章、财帛星、天福星,本月利道在辛,月德在庚,天德在辛,一白在西,天道西行,宜修西方。太阳躔照西宫日度为升殿,甲午以之为天关恩星,命干主甲木,命支主午火,房日星日与太阳对望拱照,宿度不相克,再不多非多祸。日干、日支遇星流星三合对拱制化相生而不相克,则终身永无凶祸矣。彼夫星主贵而日干克遇星,伤者虽贵而忽贱。今主星得气化颇有前程,命宫主星不受煞制,一世逢凶化吉,修后富贵全美,世膺诰封。

按:以八宅配修方论,坎宅为东四宅,宜修坎离震巽东四方,忌修乾兑艮坤西四方,而本例恰是修兑方祸害方,无灾反福。

例3.见本书上册第329面所举"巳命坎宅犯卯"例。

按:坎宅卯方,以八宅配命论为天医方,修此方不仅百病不染,且可祛诸病,然此例修天医而染病。

既然八宅配命修方无验,修方当以何为据?今择合义理之古法数种,简介于下,供大家研究参考。

《阳宅撮要》认为:"凡修山修向修方,要看与修主卧房利否。如卧房方道不利,又欲急修,宜避宅别居,择方起手,俟完工后入宅。既避而去,则论山向空利而方道与中宫神杀皆可不拘也。太岁可坐不可向,而戊己在向猛于在山。三杀可制亦宜斟酌,候其休囚之月,以三合克之,然葬可而造险,盖葬暂而造久,且其声响动也。方向之煞可制而坐山之煞不可制,克倒坐山必杀人矣。年家神煞、戊己、三煞、岁破最凶,天官符、金神次之。月家大月建、小月建最凶,飞官符次之。修造择日,选日主本命(以年庚为主)生旺年月日,忌见本命刃星及旬空。生年重干不重支,择年月日时以天干为主,以地支扶山。如乡居论龙者,以地支补龙。"又云:"生子必从金匮方修之,以太阳方为应(太阳以月将为的),年月日时宜重太阳。催财以天财方修之,以月财方为应,年月日时俱用财星。科第以文昌方修之,以之为催财官,年月日时重科第星。

按:所用年方依时宪,三元紫白方可用,白中之煞亦宜避。又要禄马贵人相扶,天月二德到方位,上吉格也。

青江子在《阳宅大成·修方》中更有确论,简介如下:

一、何以择期修方许定二年内生男子耶?

人皆曰子孙由命,而不知命之大,原出于天,天有何体?二十八宿为之体。天有何用?日月五星为之用也。生人四柱,年月日时,亦不外二十八宿为之体,日月五星为之用也。五行有生克制化,命主分子父财官,当月生时,子星未带入命度,今日择吉,子星正取入官,燮理阴阳,仍系天之二十八宿裁成辅相,仍系天之日月五星,岂有他哉。夫亦日天之造命而已矣,以造命而补原命之偏,以造命而救原命之弊,权虽操于天,犹视其人之于天何如耳。违乎天则理变,合乎天则人事亨。今择期取天之时,叶天之吉,不过邀天之再造,培人之元神,解仇星而化煞生权,制难星而转为我用。选生气、天嗣到命,则绝煞已除而金柜透,取太阳、天喜到方,则子星出现而人道勃兴,不啻对日取火镜,一端即燃矣。三年犹宽缓之词,一二年不已可准乎。虽日人丁关乎祖莹,试问莹在何处?莹在地宅亦在地也。凡成形于地者,皆受气于天,地犹人母,天犹人父,有父无母,子从何出?有母无父,子由何生?择期本天道,即父道也;修方本地道,即母道也。受气于天,成形于地,造化之机,与时推移。若必谓祖莹前定,阳宅不能挽回,是只知有地而不知有天,只知有母而不知有父矣。苗生于田,田肥则苗肥,田瘦则苗瘦,地固为之主矣。然独思雨露之养乎?五六两月,无雨露则苗槁矣。人之不生子,由于命中之子星空矣。苗之不秀,实非天之雨水淹没,即天之干旱枯朽也。修方之道犹以水壅之秋,乘早移栽高田也;犹以干涸之禾,及时灌溉滋息也。气至而滋息则生,非复向日不生之命矣。由是观之,命定于天,仍移于天,体虽有定,用却无穷。不然天降以河图为之体,即不必锡以洛书为之用,天何必谆谆以示人乎?圣人本乎天,以前民用既有先天八卦为之体,本河图一定而不易;又有后天八卦为之用,本洛书流行而不滞。朱子曰:"有体不可无用,有用斯以明体,犹有根柢不可无枝干,有枝干方开花而结实。"此所以择吉扶持修方培植即可,预券三年内生子也,而乌容疑之。若谓自有生已定,此不过日家推算,但凭气数之命而言者。孟子云:"君子不畏命也。"使气数之命断不可移,则凡殴死者,命该死律,何以人命有抵偿之条？凡作恶者命该恶律，何必犯罪加桎梏之苦？谚云：医道不明，误杀一人；地理不明，误杀满门。既是命定，而又何事以误杀问罪与人哉？夫既曰不明者杀人，然则医道之明者，独不能救人乎？地理之明者，独不能生人乎？而何以修方生子为近荒渺？生子既不信，则发富出贵之说更难信。子不能生，则凡扦宅扦茔，不几皆绝地乎？而又何必强求扦之也。嗟夫，懒怠之人往往推诿于气数之命，而不知吉凶消长之理，进退存亡之道仍操之于人者也。向使人不能胜天，圣人又何必作《易》示人以趋吉避凶也。彼疑修方催丁为虚语，独未见《时宪书》排夫妇命宫，示人以生子之道欤。某年生男，命在某宫；某年生女，命在某宫，有室有家各依本命方道坐向作房安床，不致阳错阴差，便能叶吉生育，而世人不察，反置不用，何也？果不必用之，则必《时宪书》不有男女宫分而后可。宫分本于畴范，畴范本于洛书，洛书本于天地。明明有天地在上下，洛书并于易，畴范衍于书，宫分载于时宪，而反偏以有作无是，徒知有己身而不知身之所从出矣，不亦可哀之甚哉！

二、修方催孕凭何预定生男四柱？

夫妇当为儿女时，彼此各别，为何结发成婚？必两家宅兆同一气化，因而生儿育女，不离此理。夫妇命内之干支，或日或时，不同乎父，必同乎母，凡男女皆然，总有宅兆气化所应。如男生克妻之命，必招寿短之妇；女生克夫之命，必嫁寿短之男；男女命皆克子，必生汤命之儿。由是而知，全不生育者必无嗣星在命度也，造化即可改天命夺神工者也。如夫妇命无嗣星，推查命之嗣星属金，当日生时太白全不照命度，故命无金则无嗣。今择吉取天上金星躔照地下之生方，并照夫妇之命度，是无金而有金。犹肺气不足以参苓芪术散调补，而肺气不渐足乎，金补足而金嗣不当孕乎？金应庚丁巳酉丑，金星扶命，必太白合照或拱照之时受孕,太白正照或对照之时降生,儿命生乎金星,必庚丁巳酉丑四柱也。如嗣属水,当日生时辰星全不照命度,故命无水则无嗣。今择吉取天上水星躔照地下之生方,并照夫妇之命度,是无水而有水。犹肾气不足以归芍地黄丸调补,而肾气不渐足乎,水补足而水嗣不当妊乎。水应辛壬申子辰,既水星扶命,必辰星合照或拱照之时受孕,辰星正照或对照之时降生,儿命系乎水星,必辛壬申子辰四柱也。木火土从可知矣。夫探天药以救人服之,则顺天者存,若或使之虽微而显,人特忽忽,生子而未察造化之根源,日月五星,二十八宿,岂能外生命之干支也哉!

木应癸甲亥卯未,木星扶命,必岁星合照或拱照之时受娠,岁星正照或对照之时降生,儿命亦必癸甲亥卯未四柱也。火应乙丙寅午戌火星扶命,必荧惑合照或拱照之时受孕,荧惑正照或对照之时降生,儿命亦必乙丙寅午戌四柱也。考成案修方之期,日禄归时格,生子必日禄归时格;修方之期时上贵人格,生子必时上贵人格。原择吉以扶夫妇之命,必有一恩曜为主,福星为辅,以解仇星,救星坐镇以制难星,用神导引以趋生方,犹药之君臣佐使合成良剂,自能起病回春也。四柱金木水火土即恩曜、福星等吉之干支,所以择期时即可预定生子四柱也。

三、修方旺妻

家之兴衰,关乎妇女,不告而娶为无后也。命主星下一度宿为妻妾,得气化贤妻美妾,不相妒而同振家规。若损伤正配或不利副室,俱在命主星下一度看生克。妻在命干,女秉男权。妻在流星之外不贤,贤则不寿也。流星有妻,不宜逢合,合则虽贞洁而不生育,彼参燕龙狐兔,徒肆淫欲,终鲜所出。妻妾官分正副,金木水火土五行各分明。金主刚健,水主清灵,木主秀丽,土宿庄重,火宿燥暴,逢日月合而夫妻谐。上下弦审盈亏,子丑寅卯为元,辰巳午未为续,申酉戌亥又续,左右宿入侵行回。凡修旺妻以命主吉神取化合岁,天月德合配纳续相合,皆应内助贤良。求生贵子,先求生子之母,母之外家气化虽贵,然亦看应在何女。要知水木应长女,木火应中女,土金应少女,择配不可不先察明也。

四、修方催贵

凡修方催贵,先排命主、日主,命官主正度、合度、拱度,并三主曜气,查某系恩福,某系仇难,择吉扶命,避仇难躔本命度,取恩福照本命度,正照、对照、合照、拱照。又排三主用神律吕相生,岁遁、月遁、日遁、时遁到命度方位,山向中官得奇得门皆吉。又按候卦取其逢爻合爻,不犯消灭、伤官等煞,方得召吉征祥。如应试入库,重在文昌、外学堂;考监重在文星、内学堂;考廪重在文曲、食补学堂;考教重在金舆禄、食神、学馆、月学堂;乡试重在文魁、魁名、科名、科甲、节度贵人、荐元星;会试重在黄甲、天乙贵神、天枒贵元、华盖、天贵;殿试重在太阳、昏中星、紫微、斗杓魁星、官贵学馆、官禄贵、太乙贵、玉堂贵;教习重在年学堂、大学馆、太极贵;选职重在催官、官禄贵、天禄、禄神、金舆禄、归禄、朝禄、夹禄、冲禄、合禄、遥禄、拱禄、交禄、聚禄、官星、印星;升转重在福星、金柜、飞腾禄、天厨、天官、八座、三台,勿反用小贵及还家;武庠重在板鞍、天马、地驿;武科挑选重在武星、节度将星;从军重在将军、兵道、奏书、官国、火星、唐符、奇门。

五、修方祛病

请参阅本册第459面"祛病"。

六、修方应验

月游煞:同年三煞在方,疾病、破财、刑克,生命主损伤。吉神制化添丁。

戊子游煞:犯动宅长凶,惟水木二命不忌,但防疾病、火灾。

戊午游煞:犯动宅母患目疾、火灾、损畜。吉制平安无咎。

羊刃:犯动主疾病,吉星制化发财禄,无吉星不可动。

飞刃:即指背煞,叠凶遭冤枉。吉星制修,催丁发横财。

叠刃:主口舌纷扰,失意误事。吉星制修发横财。

血忌:主脓血疮恙,生产防厄。制修发孳性,安床经不调,久闭塞。

红罗:安床受孕,是男必秀,吉神会临修动贡福,主生贵子。

天喜:安床孕,男胎,吉神如临发福。经不调者居此久必验。

重游:受胎是男,多福多寿;是女,不育,吉星化解可修。

暗建:太岁吉神会临,主受男胎,但产中毒,受孕宜移吉方生婉。

戊煞:病伤宅主,土旺十八日内动作极毒,刑克年命主凶。

己煞:季月土旺十八日,犯应宅母灾咎,水土命妇女亦病。

小刃:土旺十八日内中官犯动小口灾,壮老患目,防堕胎。

重刃:土旺用事犯中官,六畜灾,叠凶畜损、小产、腹疼、胃气。

劫杀:为天狱,同都公事差拿,暗中失财,吉神制化,修发财禄。

灾杀:为披麻,同都主病,产室损胎,生亦不育,修制大发财禄。

岁杀:同都主小口灾,叠凶必损。吉神化解,修发财福,孕人移房。

官符:同都与年煞、月煞合在一方,主官事退败,徒配充军。

死符:同都煞合太岁,刑克生命,疾病破财,损伤六畜,不怀胎。

病符:并都煞与太岁同到,主母生灾。有吉星则平安无事。

戊己煞:合三煞及太岁同到方,又有神煞刑克,犯主损伤。

退神:同都刑克生命,主冷退。水土山头破碎,主堕胎产厄,小儿生灾,残疾破财。加刃在方,犯损人口,扶补退神,修之发财。

以上诸煞,试过五十年来,必刑冲克害本命方有验,如与本命不相冲克害,仍然平安无事。亦有为本命所克制者,更大发财禄,生合本命者,亦无灾祸。若得岁命禄贵诸吉用神遁到方位,而又七政恩星福曜照命主、日主,命宫主度,并方位化解为吉,更主催丁、催官,发财增福。

例1.见本书上册第66面所举"乙未宅主修坤方"例。

例2.昔二人同庚,皆七月丁亥日主,生命纳音属土,俱庚午年六月修作艮方。一人用六月十四戊申日,乃土命长生在申,用丑时起工,十四日中旬,辰土管事,后果发财生子。一人在六月二十三丁巳日寅时起工动作,以为马到,不知丁亥土命绝在巳日,又值下旬寅木管事,乃寅刑巳。七月建申,申寅冲,巳又刑申,是日与亥命正相冲,申亥又相害,本年寅方有戊都、白虎、太岁驾杀加临,造后七日,遇癸亥犯死丁亥。盖亥乃本年劫杀,与寅方岁杀、白虎、戊都、戊癸寅卯亥诸杀结党纠合,寅刑巳、巳刑申、申刑寅、寅申巳亥两相冲破,诸煞交战,癸水克丁火,亥又刑亥,亦在巳时气绝。

例3.甲申年修寅卯方,其年炙退在卯,庸术取甲戌月、甲申日、甲子时,以为天干一气,甲旺在卯,甲禄在寅。不知本年羊刃、宅母杀在卯,岁破在寅。九月调辛巳天地金神加来,月建甲戌为狗星,与卯宫炙退诸凶结党,而卯戌相合,又申为卯杀,子为卯刑,修后至十一月遇丙子,月建为大杀,子卯相刑,被大盗劫财,宅母遭火烧伤。以堆杀与炙退同宫,故有此祸。卯戌、寅戌皆合火,故遭火伤。

例4.癸丑生,辛酉年修子方,择三月初三乙巳日,太阳躔戌宫,娄宿戌,无射生仲吕,乙巳日天月德合丁酉到坎,合德、仁德、冲德、文德,巳生黄钟子方,本日水星值胃十四度,丑初二刻竖柱上梁,太阳坐娄八度,即将娄八度加于丑正一刻,胃宿水星正到子宫危三四度丙子分金,谓之水星入旺地,天月二德正壬子,宅主癸禄在子,与壬德子丑相合,以水星为科名、仁元、魁星、天印、地驿;以乙巳日为正贵人,与岁君巳酉丑三合,君臣庆会两得位矣。六十九岁修方,七十一岁生子。

例5.丁丑日主生人,在丙子年八月动作丑艮寅方,本年文昌、文曲、太阳、天喜俱在丑艮寅宫,选用八月初二辛亥日、壬辰时动作,本月天道、天德、极富星,青龙、母仓、月德、生德、合德、配德、嗣德、冲德、仁德、食德、马德、贵德诸吉降临于艮,本年太阳、天喜在丑,丁丑作主,即是太阳天喜扶助丁命。正贵、正马俱是辛亥,日辰所主,丑艮宫是作主天官、天贵吉方,此为丑命居亥贵马之前,我可徐待。妙在辛亥日干,辛贵在寅,亥与寅方贵合,此为日马与岁命二马同途夹丑命于中。丑是日马鞍屈,丁命禄在午,以酉月建入中官,调辛亥命马到坎方,谓之乘生冲禄马。居宅向午,与寅方寅午戌三合火,本年独火在艮,与飞天雷火同宫,乃发禄之神,助吉之星。五行之中,火为生气,变化无穷,神功莫测,故借之邀福发祥也。又按律吕取寅方生酉月,建酉生辰时,辰生亥日,亥生本宅午向,午生丑命,丑与本宅岁君子丑相合,即太簇生南吕,生姑洗,生应钟,生蕤宾,生大吕,合黄钟,此隔八生生不息,即贵禄、天道、天德方位作主,皆相生合,此为地曜最吉。然地曜虽吉,必得天星盖照,发福更速。再挨天星,丁丑作主,以火星为科名星,主联科登甲;为文魁星、为仁元、为天印、主催官发福,生子职掌威权之应。本日火星出于壁宿水度,壁乃亥宫之禽,主文章图府;取辛亥日正值火星,本日太阳日躔翼宿五度,至辰时正二刻,火星轮到丑艮寅宫,谓之天星盖照,为天光下临,选天道、天德,并岁月日时吉神贵禄所到处为地德上载,谓之天地合其德,赐福于人,有感有应,修后联科登第生贵子,如此神验。

按:此宅子山午向,修丑艮寅方,以八宅配命论,是修五鬼凶方,吉凶有天渊之别矣。

例6.绍定五年(公元1232年)壬辰岁、壬子月,胡公为数家修方救冷退,以火星为主,天月二德合同到其方,大兴工匠,救贫转富,且能预定何方得财或某事致富。起家歌云:

壬山离火木烟香,救火搬柴富与藏。

子山水利行舟发,定然拾宝在池塘。

庚癸有财埋石下,仍寻小路在边旁。

丑未园中锄得窖,艮在山中银器囊。

寅主坑沟流渎得,甲方获宝在船仓。

卯巳庙坛公厕内,乙丙窑冶更兼墙。

辰居田里得珍宝,巽宜粪壤放毫光。

午丁市镇宫观遇,坤山珠宝路田冈。

申在井田中掘得,酉亥僧舍泊桥梁。

辛戌江边沙坝上,乾看沙罗古器房。

　　此理之所验与不验,固未可尽以为非,亦未可执一而论,间尝试之有准验,此以俟智者鉴矣。枣阳李元之,庚子生,住宅庚山甲向兼申寅二分,丙申丙寅分金,坐毕十二度,合寅午戌火局水法,因宅右肩后来脉坤申有破陷,欲修补恐犯都天太岁,自春访天人家熊子淑,六月其家,系正德七年(公元1512年)上元壬申,二黑奎木值岁,本年遁都天戊申在坤,八白土到坤,七月戊申初一,戊申日庚申时修整,以四申扶一申坤方,运财星在方;立秋下局,八白艮宫起甲子戊,顺遁丁奇到坤,逆遁甲寅癸到震,庚申时系甲寅旬,从三震逆遁庚申到六乾,以震伤加乾顺挨,杜加坎则坤方得休门、丁奇。岁入中顺遁,命禄甲申,食禄辛亥同到寅方,为朝元,命马,阳贵俱戊寅,在申月入中顺遁,岁禄辛亥在寅,食禄丙寅,岁马壬寅俱在中宫,阴贵乙巳到向,本命巳禄在中宫,食禄辛亥,阳贵戊寅到向,天德合戊申在丑,坤为赦德、和德,修后九年辛巳岁,申月掘窖骤富。

　　例7.嘉定十七年(公元1224年),中元甲申岁,七月壬申,十五庚戌日辛巳时,柳仲达为巴陵卢家修甲卯向方,本年遁丁卯火在甲卯方为黄甲星、月德。壬申在中为赦德、仁德、财德、天德合,戊辰到兑山为恩德、印德、合德。立秋上局,二宫甲子,逆遁甲戌在坎,辛巳时在震三,是时甲卯向方得乙奇、休门。秋月辛时为催官鬼使星,辛禄到酉山,七月己卯土到向,受丁卯火生,己为岁德合,卯为龙德星,士子求选举宜修甲方,甲本为文章,又为科甲星,得丙奇发元,乙奇亚元,丁奇探花、官国、火星、催官、节度、太阳、天喜、禄马诸贵休门同到,连催官贵,其子卢十一郎乙丑生,与庚酉山、辛巳时三合会金局,金生巳旺酉,以己卯为真禄,卯酉冲动,即于乙酉科中亚元。昔与巴陵丁子文家修甲卯方,今父子同科,父解元,子虽第五,犹在经魁。又许士元家修甲卯方,亦中第四名。卢之子,丁之父同联捷登高第,以命主、日主,命宫主得七曜恩福躔照命度并方向,天地人三才一贯已。

例8.见本书上册第108面所举"庆历三年修午丁方"例。

例9.见本书上册第108面所举"汴江颜绍修方"例。

例10.见本书上册第109面所举"绍兴十七年修巽山"例。

与此法相较,玄空飞星的修方比较简单明晰。玄空飞星论修方认为,不论何方何宅,只要是生方、旺方、进气方、辅佐方,均可修,且主吉庆,生旺方尤佳。死囚之方均不宜修,五黄方尤忌(按:五黄为生旺之方时不忌)。如一运宅,则一白为当运旺气,二黑、三碧方为生气,六白方为辅佐之气,皆可修。余方为煞气、死气,均不宜动。

例1.台中大理一工厂,七运造,坐癸丑,向丁未中线。

因此宅坐于山向中线,即可为癸山丁向,亦可为丑山未向,所以要起两个山向盘。上一局为癸山丁向飞星盘,下一局为丑山未向飞星盘。

四　一 九　五 六	八　六 五　九 二	六　八 七　七 四	
五　九 八　六 五	三　二 一　四 七	一　四 三　二 九	大门
九　五 四　一 一	七　七 六　八 三	二　三 二　三 八	

　　此宅以丑山未向论，向上山星飞星七，为下水，主损人口；以癸山丁向论，山上向星七赤到，为上山，主破财。且癸未两方均六七交加，名交剑杀，主劫掠。大门位于乾兑之交，挨星为四二、三三，在七运中属死气、杀气。四木克坤二土，咎当主母。壬申正月，八白入中，九紫到乾，一白到兑，二黑到艮，三碧到离，四绿到坎，五黄大煞飞临坤方，该厂在西南方修筑堤坝，以防溪流，触动五黄大杀。当年十二月初十，该厂主人之妻与子女一家四口被人杀死。

　　例2.梁溪蛰公寄庐，四运癸山丁向。（见下图）

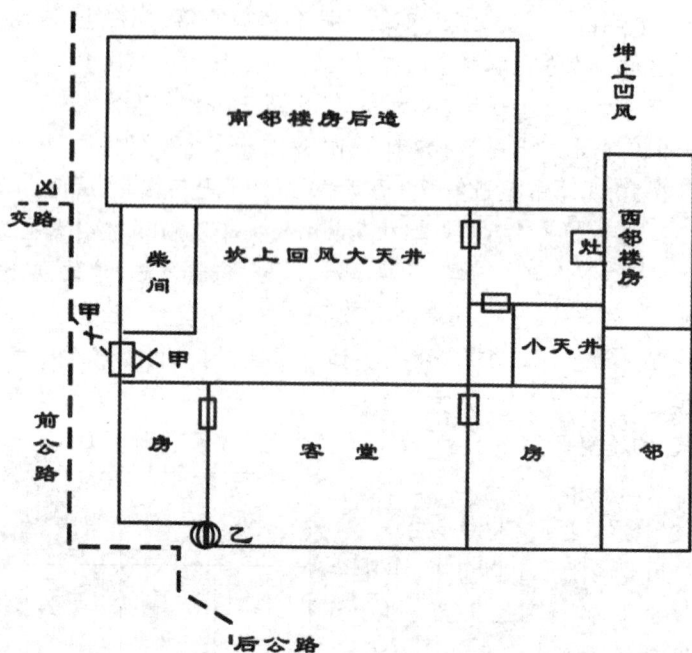

　　此局南邻楼房回旺风，西邻楼房界清坤上生气，前公路约十二丈深，后公路约九丈深，往来人多。初用甲方原有门路一站

一 七 三	五 三 八	三 五 一
二 六 二	九 八 四	七 一 六
六 二 七	四 四 九	八 九 五

出入,引进七赤死气。而乙方旧有门框砌墙不用,因之常在困境中。后将甲方门路取消,改用乙方门路,乙门开通后,纯收生旺之气,百日之内已连收效。演数如此。

按:四运宅,山向四为旺气,四居坎方,故开坎方之门为收生旺之气。此开门修造只择旺处,而不论神煞。

例3.国清寺三元九运兴修宜忌之推究。

癸山丁向兼子午六度。国清寺当初立局定向,煞费斟酌,兼数逾度,适用下卦。但三元九运中,惟上元一二运及中元五运为变而不变之局;上三、中四、中六、下九运为半变不变之局,下元七运、八运为全变之局,谨依国清寺及所得山水形势,分期推究,约记如下。(见下图)

一运建造或大修,经济易衰退,难进益,在兴造后三十年内法嗣有人,三十年后衰败。中元五六运中,有法运将绝之忧,且火星聚于后方,易于火灾,此运不修动为妙。二运建筑及大修,资财富饶。

上元一运兴修　↑　　　　　上元二运兴修　↑

五 六 九	一 一 五	三 八 七
四 七 八	六 五 一	八 三 三
九 二 四	二 九 六	七 四 二

八 五 一	三 一 六	一 三 八
九 四 九	七 六 二	五 八 四
四 九 五	二 二 七	六 七 三

上元三运兴修 ↑

八 八 二	四 三 七	六 一 九
七 九 一	九 七 三	二 五 五
三 四 六	五 二 八	一 六 四

中元四运兴修 ↑

一 八 三	五 四 八	三 六 一
二 七 二	九 九 四	七 二 六
六 三 七	四 五 九	八 一 五

中元五运兴修 ↑

二 一 四	六 五 九	四 三 二
三 二 三	一 九 五	八 七 七
七 六 八	五 四 一	九 八 六

中元六运兴修 ↑

九 二 五	五 六 一	七 四 三
八 三 四	一 一 六	三 八 八
四 七 九	六 五 二	二 九 七

下元七运兴修 ↑

三 九 六	七 五 二	五 七 四
四 八 五	二 一 七	九 三 九
八 四 一	六 六 三	一 二 八

下元八运兴修 ↑

五 三 七	一 七 三	三 五 五
四 四 六	六 二 八	八 九 一
九 八 二	二 六 四	七 一 九

下元九运兴修
↑

六五八	一一四	八三六
七四七	五六九	三八二
二九三	九二五	四七一

三运略差,来源虽有但未免破耗。四运入艰辛之境。人才则二运强,三元弱,中元四五运中有人支持,六运财星入囚,七运丁星入囚,皆为不吉之象。

五运出祖师,三一八运出讲师,摄化远方。上元二运大发禄,下元有火灾。四运出大法师,四五运大发禄,五运尤盛。六八一运出大法师,摄化多方,九运萧条,人才经济两衰,东部厨房易招火灾,经济来源艰难,耗损易,惟人不少,多以苦行著称,于是中下运一向有高人,上二运,下九运资粮有困扰。一运法嗣有中折之苦,一到六运有主持乏人之苦,三十年内有人支持,过此不堪矣。财禄一路退败,百年后方有转机,恐良时未到而早夭矣!七运修动,立招凶咎,人财两退。下元九运、上元三二运均有人才。经济财旺于一二运,三运稍衰,中下元均贫困,亦非全吉之局。闻全寺寺东方最后之修竹轩,当禅堂之后,向为平房,1921年至1922年之间(三运),翻造楼房,后山根突起,已无余地可资伸展。时新方丈志在展布,决主开凿,建筑竣工后,有人住此轩中,为病魔所侵,且累见异遗迹,如法禳之而安,盖刹方失运,故有此异遗迹。禅堂山星二土高耸,回风中又吹到衰气,故禅堂景象日非。少数人强打精神入内坐禅,亦无何成绩可得。1928年(四运)戊辰四月间,被暴徒榨取千元,1929年冬又被榨千元,1929年冬大雪倒大树几万株,此乃国清寺之衰运来袭之警钟也。记者辛未仲春到天台,详阅既毕,推算时机,知目下即可兴修,可以立收旺气,嘱将天王殿、大殿、神堂、方丈室开屋顶使天光下注数小时,即依旧封好,同时擦墙壁及油门户,使原宅命

变为四运宅命,人事上力求振作,尽量发挥,悉心整顿。并请地
方官长,严禁小民扰乱清静,内外上下毫无隔碍,一转移间,气象
万千,大非昔日比矣!

天台国清寺全图

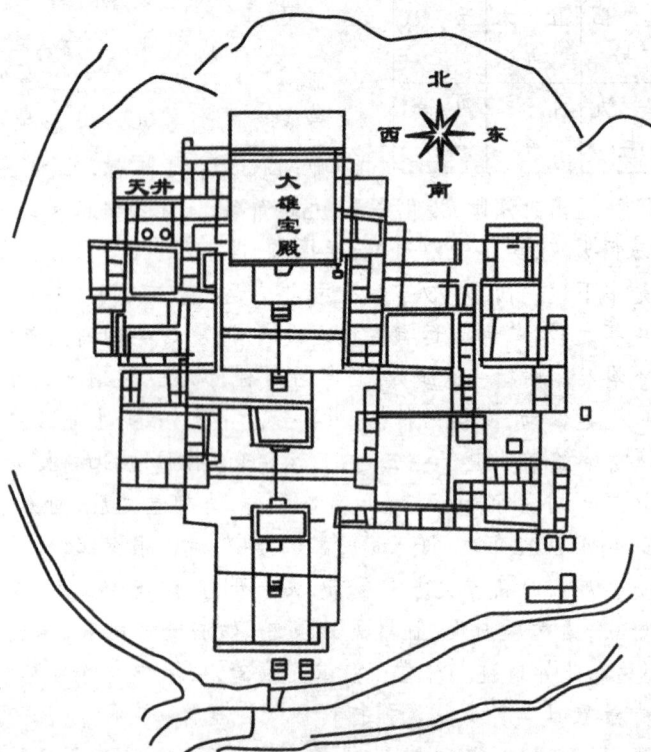

按:浙东天台山国清寺,开山于隋智者大师,至今已一千余
年。寺坐后五十里大气脉,近十里内一路涧水曲折奔赴,遥相护
送。后方来水及左右涧流,绕至巽方合襟流出,形局极佳。开山
于上元一运,旺星到向,名声顿起。乾隆年间重修,时值中元五

运，旺山旺向，宝琳法师拜为国师。九运旺向临坐山，生气临朝向，洪杨灭法，而此寺独存。今二三运中，此寺多故，名贤凋谢，游民在寺吃饭者，每餐有六七桌，且屡遭榨取，皆因二运向星一白为退气，三运坐山五黄煞到故。今四运重修者，旺星到山到向，故有振作。阅此则玄空飞星修方明矣。

比较以上三种修方，天星选择及玄空飞星修方生动活泼，变化无穷，深合易理。而八宅配命修方，亿万人只有两种，拘泥呆板，缺乏变化，与易变之义去之远矣。

阳宅六煞

【原文】前高后低谓之过头屋，出孤寡。房屋两旁有直屋，为推车屋。前后平屋，中起高楼，二姓招郎。前正屋，后边不论东西南北中央，或一间、二间乱起，谓块儿煞。四边多有屋，中间天井，出入又无墙门，谓扒尸煞。屋后有直屋，谓直射煞。左右屋低中高，谓冲天煞。前后两进，两旁厢房，中堂如口字，四檐屋角相对，谓埋儿煞。厅屋三间，中一间装屏门，两旁对一步者，谓停丧煞。不论前后，檐下水滴在阶沿上者，主血症。屋前如有梁木搭披，暗冲檐架者，谓穿心煞。屋后如箭暗冲者，谓暗箭煞。屋后白虎边另有一间横屋，谓自缢煞。屋后青龙上有一间横屋，谓投河煞。厅后高轩，又有正房如工字样，谓工字煞。前后两进，有一边侧厢者，谓亡字煞。不论前后天井两旁，如有山墙对照，谓金字煞，在西方者更甚。不论前后门首，或楹柱，或墙垛，或屋尖当门者，谓孤独煞。如屋大梁上又架八字木者，出忤逆。如一层前后翻轩，皆可作正面，主夫妻弟兄不和。门前四面围墙，中开一门，东西两家俱从一门出入，路若火字形，不宜。房门上转轴透出，主生产不易。一家连开三门如品字，多口舌。两门对面，谓相骂门，主家不和。面前如有鸡口朝对，不宜。前檐滴后檐，两层屋相连，不宜。面前左右有小塘,水满时或东放西,或西放东,谓之连泪眼,不宜。卧房前不宜堆假山、土山,谓堕胎煞。乱石当门,谓磊落煞。住宅前有深林,主怪物入门。住屋前后有寺庙,不宜。禄存方向不宜有树被藤缠满者,谓之缢颈树。面前有路川字形,不宜。山尖冲开门,名穿煞,大忌。床横有柱,名悬针煞,主损小口。

【注解】阳宅风水煞气甚多,总的来说,只有两类。一类是气煞,如灾煞、岁煞、劫煞、五黄煞、戊己都天大煞等,从五运六气运转而分布各方,谓之气煞。一类是房屋形状,桥梁、街路、水塘、河流等形状不佳造成的煞气,谓之形煞,本章所说的就是这一类。而这一类中,又有动煞、静煞之分。如房屋形状,墙壁,开门大小、多少等属于静煞,而河流、街道、桥梁等则属于动煞。因其煞方位不同,所产生的后果也就不同。这是风水中相宅首先要注意的问题,所以一一予以介绍。

一、房煞

房煞甚多,凡一切披插、扯拽、冲射之类,大为宅害。盖阳基原合吉局,而宅内房屋有损,犹人外耳目口鼻如故,肢体发肤犹在,而腹内脏腑有病,虽昂雄猛壮之身,皆痿痹枯坏,昔之灝气,不能振劲,力不堪胜矣。苟可医治,仍复如故。故插翅、单耳、双耳、暗箭、露脊、赤脚、露骨、枯骨等皆不宜。《阳宅十书》对此论述甚详,图文并茂,特介绍如下:

天井(上左图)：

　　　　此个人家大发财,猪羊六畜自然来。

　　　　读书俊秀人丁显,气恼纷纷眼疾催。

单耳房(上中图)：

　　　　堂尾东头接小房,宅中小口须遭殃。

　　　　三年两度应难免,人口六畜有损伤。

　　解曰:北房东头接小房者,名单耳房。主小口马牛有伤,不吉,拆之速,宜镇之吉。

　　按:亦有云主自缢生疮破财,腰、腿、脚生肿毒。

双耳房(上右图)：

　　　　北房两头都有房,宅中老少常病殃。

　　　　暗风血气并黄肿,咳嗽生风主瘟疫。

　　解曰:堂房两头各接小房名双耳房,主家人大小暗风、黄肿、咳嗽、血光之疾,急拆去。

　　按:亦云主家内有自缢、投河、落井、疮疾、劳瘵、小口灾殃。

孤独房(上左图)：

　　　　北头西房接小房,定主三年哭两场。

　　　　虽主家道多兴旺,后惹官事有灾殃。

　　解曰:堂房西头接小房,名为孤独房,主家败人亡,家事大凶,镇吉。

露星房(上中图)：

　　　　旧房远年雨露多,东则见西号星堂。

　　　　官灾口舌频频有,更有年年见火光。

解曰:破屋大漏有窟者,主有官灾横事,人口血财不旺,修补完备吉。

单侧房(上右图):

单侧双侧房,必定见乖张。全家频受苦,禳压可消殃。

解曰:堂房东头靠山横盖房,名曰单侧耳,主有横灾是非,须拆、镇之大吉。

暗算房(上左图):

家中暗算房,活计不荣昌。频频盗贼显,灾祸不可当。

解曰:北方西头又有西房,名曰暗算房,主招贼破财,钱谷虚耗,大凶。拆、镇之吉。

再插焦尾房(上中图):

再插焦尾房,家长必遭殃。火光频频有,阴旺主伤阳。

解曰:不论某房,若多年后再前重接厦,名曰焦尾房,又称焦耳房,多主不祥之事,拆者吉。

露骨房(上右图):

若盖露骨房,老者病着床。数年频频苦,不免卖田庄。

解曰:盖房不截房檐木者名为露骨房,主破财哭泣之事,截了平安。

晒尸房(上左图):

　　　　莫盖晒尸房,人口病着床。服药全无效,阴小必损伤。

　　解曰:盖房经年不盖完,名为晒尸房,主人口病,不快,择吉日苫盖了吉。

　　丁字房(上中图):

　　　　屋头丁字房,官灾口舌殃。破财多怪异,频频见火光。

　　解曰:堂屋东间接连盖东房者,名曰丁字房。主官司疾病火光,镇之大吉。

　　青龙披头插尾(上右图):

　　　　青龙插尾共披头,一年六度长子忧。

　　　　钱财破散人疾病,时时殃怪至门头。

　　解曰:东方南头接小房,名曰青龙披头;北头接小房,名曰青龙插尾,损长男房,大凶。将两头小房拆吉。

　　元武披头插尾(上左图):

　　　　若盖披头房,横死不可当。丧事频频有,家中必遭殃。

　　解曰:堂房东头插小厦名为玄武披头,西头名曰玄武插尾,横事损人口,不吉,拆、镇大吉。

　　白虎披头及畔哭(上中图):

　　　　白虎披头及畔哭,阴人小口病先俎。

　　　　重重灾害每相至,耗散钱财物皆无。

　　解曰:西房南头插小房,名曰白虎披头;北头插小房,名白虎畔边哭,主阴人小口病,拆、镇吉。

　　朱雀披头插尾(上右图):

　　　　南房西头接小房,阴人新妇病着床。

田蚕失散损小口,官灾盗贼主火光。

解曰:南房东头接小房,名为朱雀披头,西头接小房者,名曰朱雀插尾,阴人小口灾,拆、镇吉。

孤阳房(上左图):

只有一北房,男旺女遭殃。钱财主破散,年年有不祥。

解曰:只有一座房,名为孤阳房,主阳旺女衰,小口灾疾,再盖房添合吉爻平安。

露肘房(上中图):

凡有露肘房,宅中定不昌。阴人频频患,长子亦卧床。

解曰:凡房四角整齐,或上木料不盖合,名曰露肘房,阴人有灾、官司,解谢平安吉。

水字房(上右图):

莫盖水字房,阴人有灾伤。多服蛊毒死,一年两度亡。

解曰:堂房中宫有正房,两边有屋名曰水字房,主终服药死,阴人有小灾,镇吉,合爻吉。

土字房(上左图):

莫盖土字房,家长必遭殃。肿气并脚疾,阴人必损伤。

解曰:若盖东西屋,中心盖顶者,名土字房,主阴人小口灾,大凶,急拆了人平安。

瘫患房(上中图):

　　　　拆屋一半瘫患房,官事连连不可当。

　　　　阳屋必定灾男子,阴屋必定女人殃。

　　解曰:若拆屋一半留一半,即名为瘫痪房,主防官事口舌,人口不利,凶。急宜镇之,吉也。

纯阳房(上右图):

　　　　阳盛阴衰不可当,田蚕六畜主多伤。

　　　　男子从来个个旺,女人恶死患风疮。

　　解曰:只有一座北房共东房,再无别房,名为纯阳房,主阴人小口病,镇之速补爻吉。

重阴房(上左图):

　　　　阴盛阳衰最不强,女人兴旺儿不长。

　　　　盗贼官事都无数,绝了后代少儿郎。

　　解曰:凡宅中有南房合西房,再无余房,名为重阴房,主男人不旺,灾病生事,凶,补镇合爻吉。

白虎畔边哭(上中图):

　　　　白虎畔边哭,妇人多主孤。太岁不合同,钱财耗散无。

　　　　鬼魅交加有,妻病定难除。男女多寿短,家门日见无。

　　解曰:西房北头垂下厦,为白虎畔边哭,女先故,必有死事。

青龙举其头(上右图):

　　　　青龙举其头,居家多有愁。男女绝离散,奴婢尽逃流。

　　　　哭声终不断,五载并三秋。不惟伤人口,又损马共牛。

解曰:青龙举其头者,乃是东房南头插小房,主年年虚耗,男女有损,大凶。牛马死伤,急拆,镇之则吉。

玄武插尾(上左图):

　　　玄武插其尾,贼盗年年起。居官失其财,逃亡走奴婢。

　　　女人多不孝,不宜生家计。灾祸时时至,六畜自然死。

解曰:玄武插其尾,乃是北房西头接小厦,主贼盗六畜之事,不吉,拆之吉。

朱雀垂翅(上中图):

　　　朱雀垂其翅,家宅多不利。口舌纷纷有,破财及官事。

　　　奴婢尽逃亡,父子不相义。中女必定灾,火光频频至。

解曰:南房两头垂有小房厦是,主人家不测之灾祸也。

螣蛇举起头(上右图):

　　　螣蛇举起头,居家多有忧。六畜家财散,疾病事不休。

解曰:此房乃东北角有一小房也,主家财耗散,人口衰败。

小字房(上左图):

　　　莫盖小字房,阳人有灾殃。人口多有病,一年两度亡。

解曰:堂屋前中间有正房是也,主常服药,入灾,不吉利。

焦尾房(上中图):

　　莫盖焦尾房,人口必受殃。阳屋伤男子,阴屋女人伤。

解曰:若盖旧房用新椽接出前后厦,主人口损伤,血火之灾,官事口舌。

工字房(上右图):

　　宅修工字房,家长必灾殃。脚肿并气疾,女人亦克伤。

解曰:若南北二房,居中盖东西房为工字房,主家中阴人小口不利也。

两旁直(上左图):

　　若见人家两直屋,必主钱财多不足。

　　名为龙虎必齐直,退田少亡无衣禄。

过头房(上中图):

　　此屋名为过头屋,前高后低二姓族。

　　住主多损少年郎,招瘟动火连年哭。

孤寡房(上右图):

此屋名为孤寡屋,主有寡妇二三人。

一纪十六年间有,遭瘟动火败伶仃。

有右无左(下左图):

　　此屋名为白虎头,必主小房衣食愁。

幼男孤寡必败损,便见原因在里头。

有左无右(上中图):

此屋名为青龙头,必主长房衣食愁。

在家孤寡主长败,出去不回空依楼。

干水临头凶(上右图):

干水临头百事凶,孤儿寡女此中存。

克妻损长多祸事,支与天干仔细穷。

左右脊射(上左图):

屋脊射长房,长子命先亡。屋脊射右房,幼子主离乡。

若还齐来射,射得浪荡光。

扛尸房(上中图):

冲天落地两头低,三年两度损男女。

又主扛尸并外死,太岁当门无改移。

按:左右两屋低,中高日冲天。

埋儿煞(上右图)：

若得人家四屋夹,中间天井埋儿煞。

当防产难又招瘟,眼疾纷纷气疾发。

外内形吉凶图下断语歌解,率皆鄙俚不叶,然其兆应祸福无爽,必其作者亦有道之人,予弗敢以己意改饰为是,因仍旧言。昔仲尼慕古史阙文之意,今愿窃则效焉。

魏青江在《宅谱迩言》一书中另有心得,亦图文并茂,现介绍如下,以供参考。(见第181至第202面图)

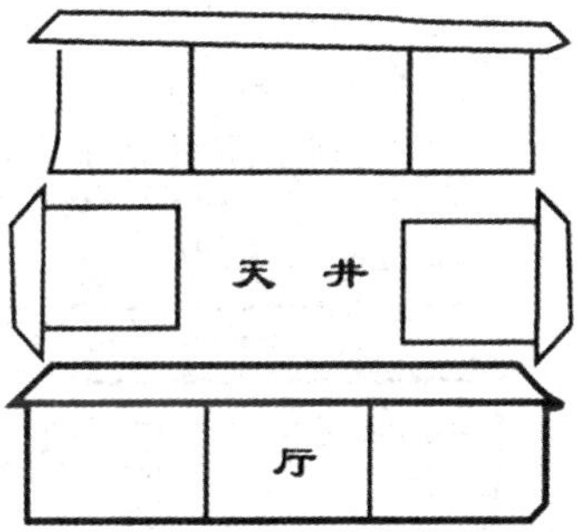

散气格：

天井,方土也,

乃成阔头木,内窄外宽。忤逆、滥败。

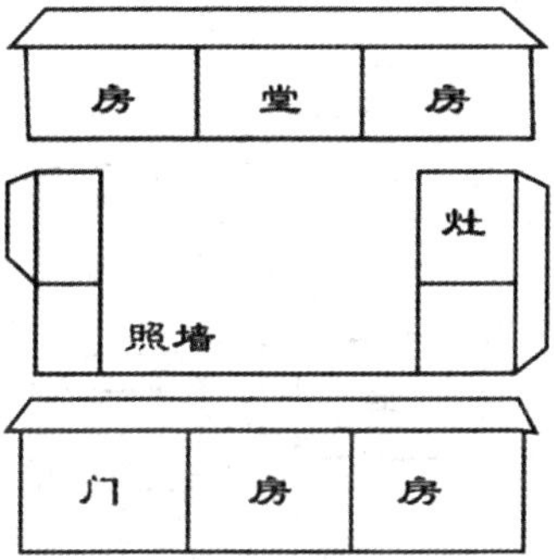

劳病格：

克妻伤小口,

痰火斗鲜血,

损畜人不利,

是非多哽咽。

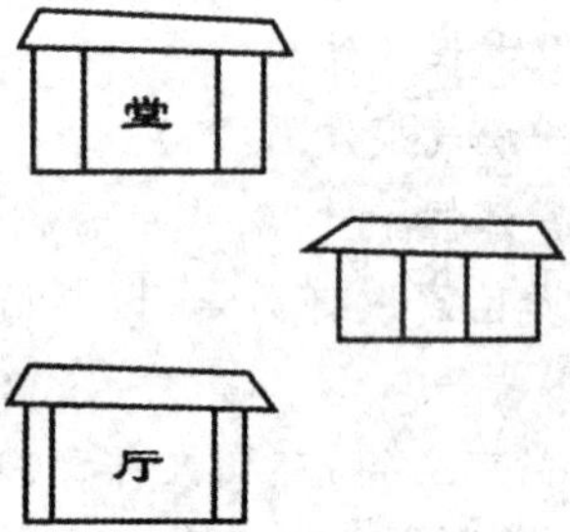

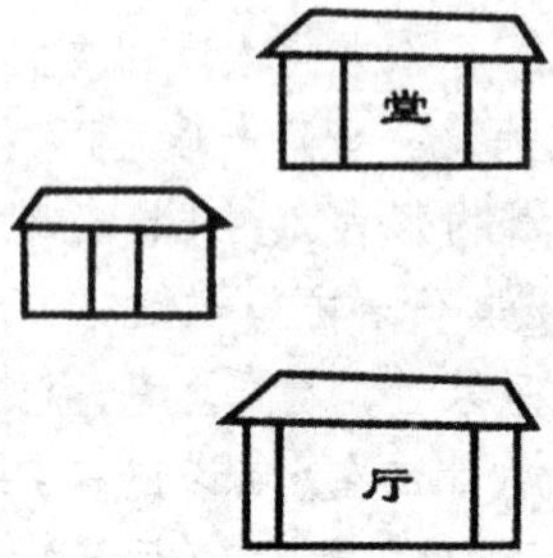

左射胁格：
手足残疾，
腰腿折伤，
长子损败左腿。

右射胁格：
暗哑，火病，不遭盗贼，
亦当暗失财物，
女子旺，次房刑妻克子。

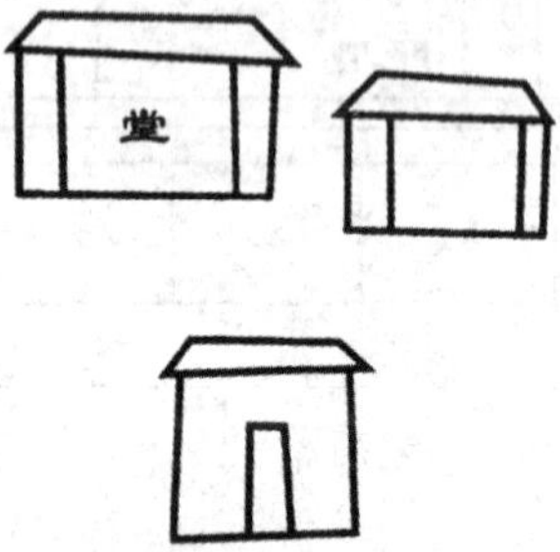

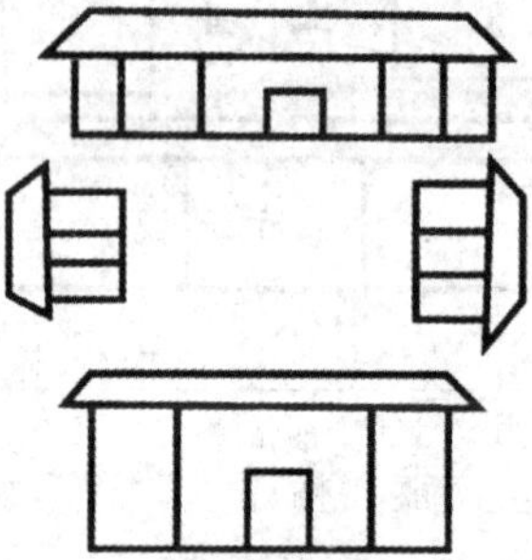

换妻克长屋：
大屋金，小屋木，
换妻常泣哭。
长子寿不长，
寡母情不足。

冷气屋：
生离死别，
长房灾厄，
疯癫孤寡，
入舍填房。

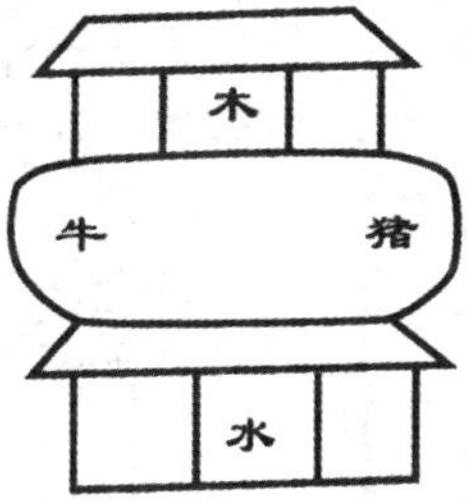

后金前木格：
克妻损长，
堕胎患眼，
后寡前鳏，
疾病疮癣。

前水后木格：
艺术寡翁，
卖换田牛，
异姓同居，
疯疾多病。

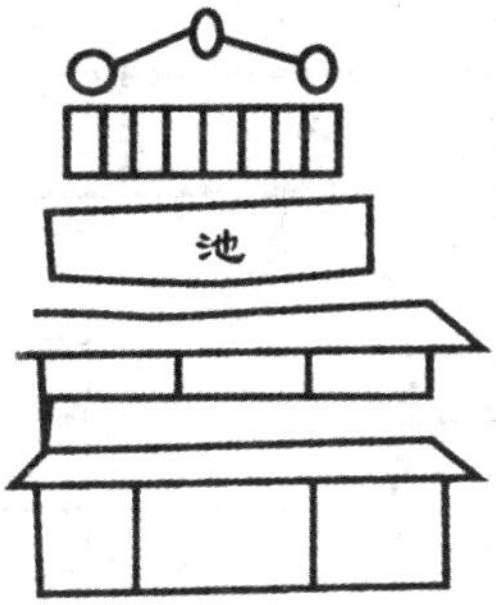

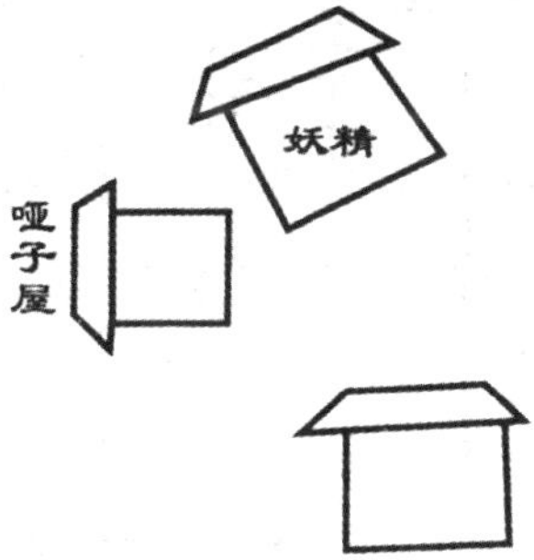

殃煞屋：
室后孤亭，水池
风端，吊项损妻
伤小口，疮毒患
盗，情苦淫祸中风。

精怪屋：
妖怪好性，
遭火病缠，
凶煞伤人，
致死败亡。

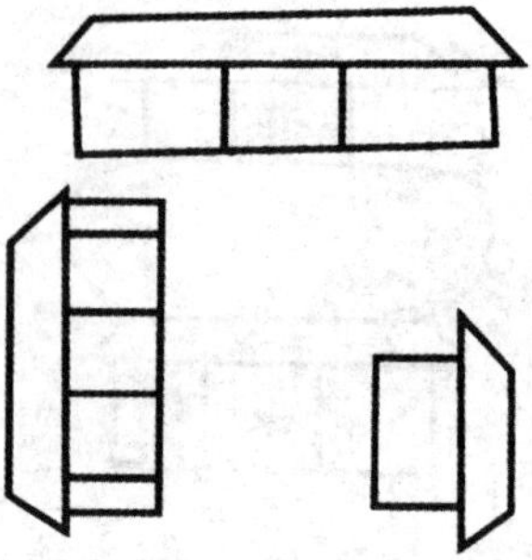

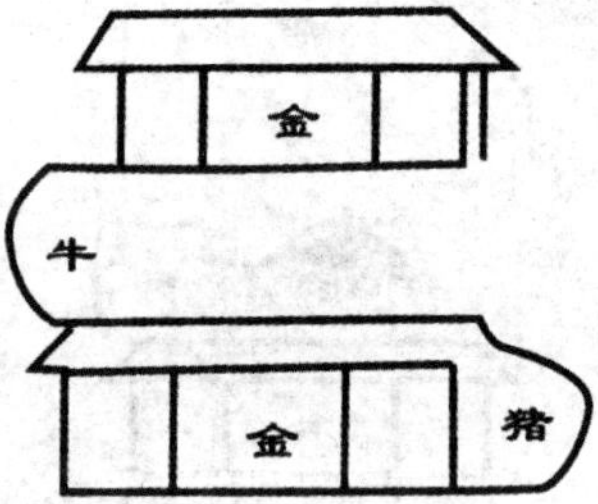

右空屋格：

右畔空房三五间，

退田地，招官事，

别离不还。

前金后金屋：

寡妇死子，

孤娘地荒。

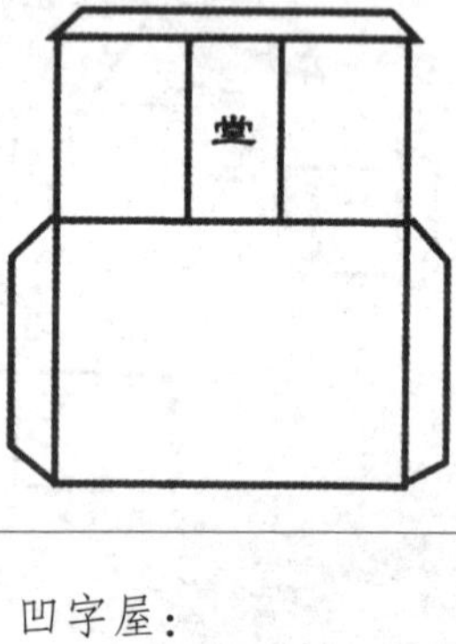

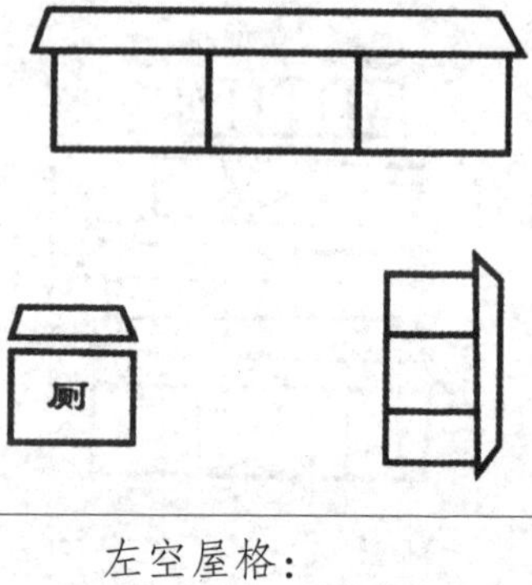

凹字屋：

屋造门字，家中不足，

急筑前墙，开门中出，

可敷灾患，渐积财谷。

左空屋格：

左畔空房三五间，

损长及中房，

游荡生离别，

争斗犯官刑。

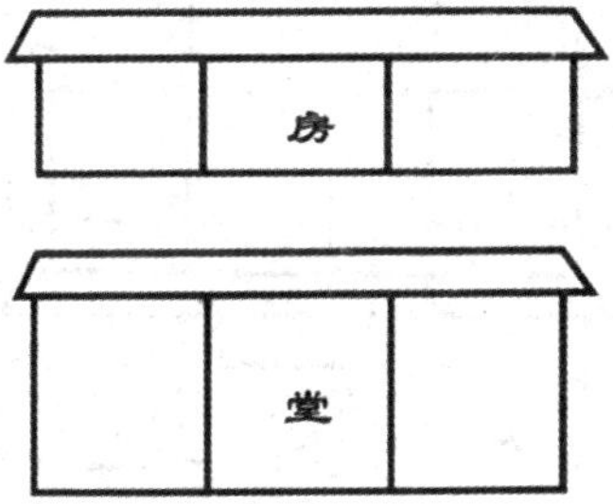

二木成林：
宅三间属木，无侧厢天井，
叠两屋，为二木。东住生一
子，不发财；西居人财两空；
中住止生女，损妻残疾病。

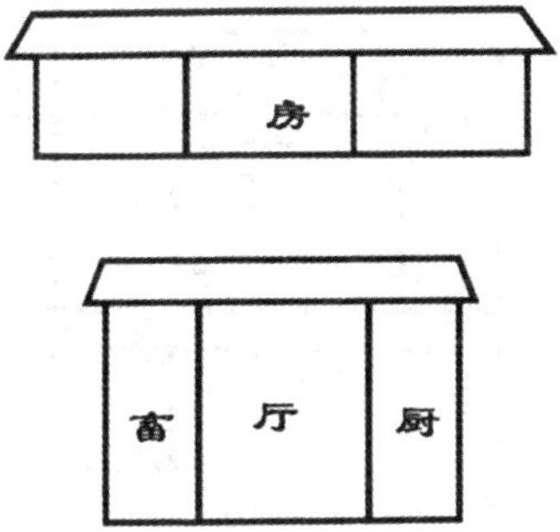

败绝格：
大小紧叠，一长一短，
金水土命人不生育，
火木命人一子，二代绝。

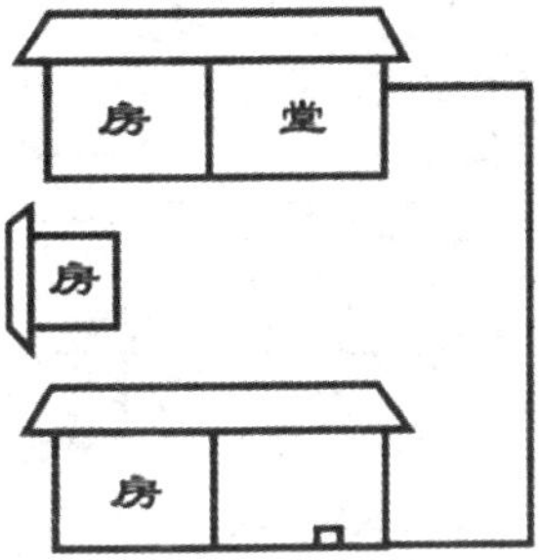

孤阴格：
有西无东，
家无老翁。

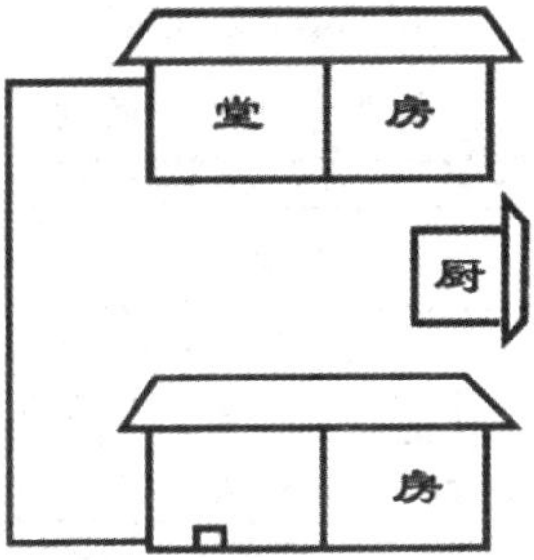

孤阳格：
实东空西，
家无老妻。

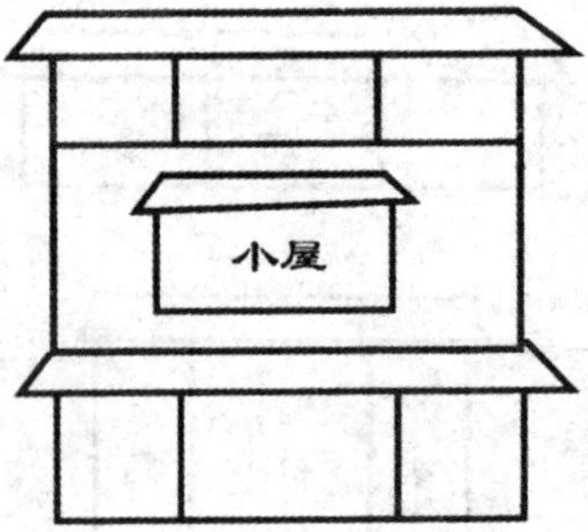

小屋

塞心格：
天井中造小屋以蔽天心，
主小儿难育，人多外亡，
拆去心胸宽广，大吉。

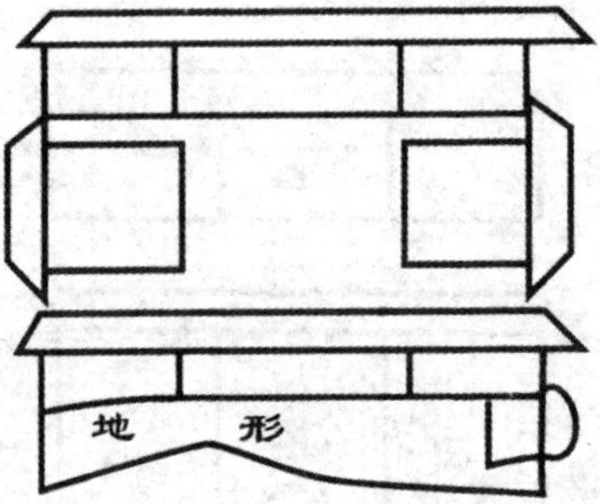

地　　形

人命破财格：
屋址不整，削去出角，
不然出凶顽，人命破家，
家长中风而亡，
二三代必化为鬼屋矣。

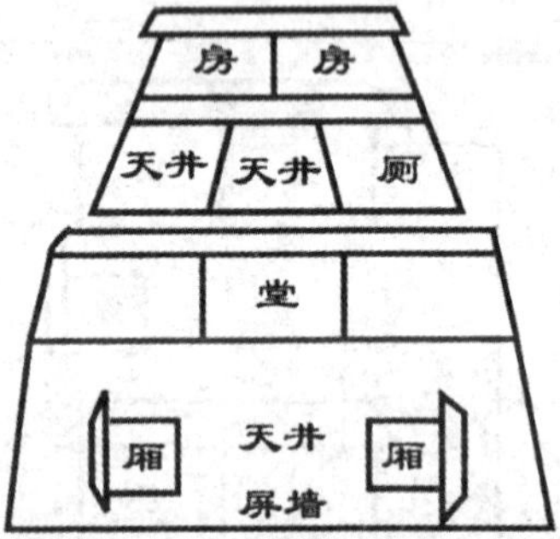

房　房

天井　天井　厕

堂

厢　天井　厢
屏墙

房病少亡格：
前阔后尖，右又作天井，
初代男子劳厄，二代阴人
吊缢，将前堂屋墙隔之，
西右后作一塔，各立门户可也。

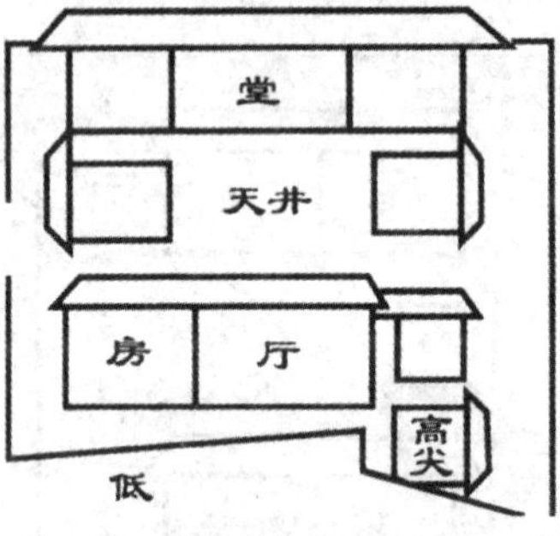

堂

天井

房　厅

高
尖

低

目疾淫泆格：
淫乱破伤，左边
尖角斜者，媳妇
淫泆。如屋形墙
形如此者，宜速去之。

目疾吊死格：
前小屋扁方，土体；后屋直长，木体大。前后有两厢，金克木，主自缢；木克土，主目疾。如前小屋亦目疾。

产难格：
前有小屋独高，正屋主妇难产晕死，宜去之。左边住者无此厄。

投河自缢格：
宅头接尾造屋，正堂因之破格，左边婢子自缢，阴人亦多劳厄，尖角当去之。

足疾格：
屋作曲尺为木形，主阴人足疾。

争斗格：

合家争斗损小口、
六畜、肺瘫、孤寡、
火病、生倒鳞、哑。

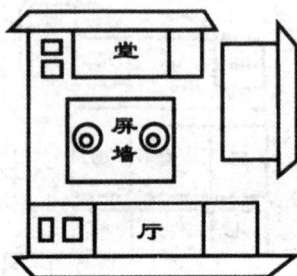

贼偷屋：

天井中屋墙上两圆，
遭盗窃。对面朝内
两小窗如眼，主盗窃、
损人、小口惊慌病。

乖张屋：

前后两向，忤逆不祥，
天井不四方，遭横祸。

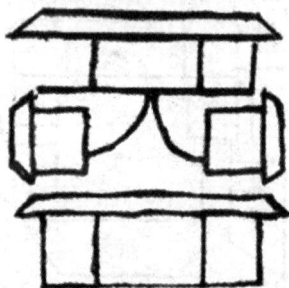

跌蹼屋：

天井砌人字路，
忤逆口舌，搐筋
损丁，肚腹病痛，
树上跌死，溺水吊颈。

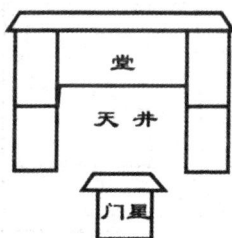

绞颈屋：
少亡孤寡，
遭凶惹祸。

产后丧妻格：
单传换妻，
怪疾瘟疫，
二姓同住，
财发少亡。

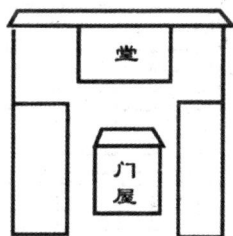

损妇吊颈格：
产难孤寡多是非，
二姓重妻主自缢。

堕胎格：
口舌困窘，小口不利，
目疾病患，产难堕胎，
左宅损妻，右宅损夫。

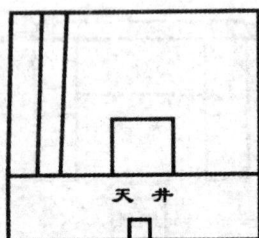

天井

黄肿格:
正屋左右接檐披下作
两房,忤逆,左披损长,
右披损季,双披堕胎风
声,女子浮黄而死。

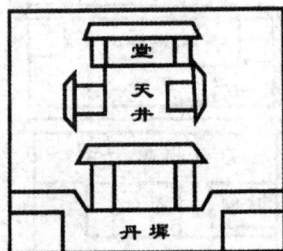

堂
天
井

丹墀

惊讶格:
四字屋吉利,后左
右墙内添张手屋,
主失财,惊骇,
口舌官非,小儿暴病。

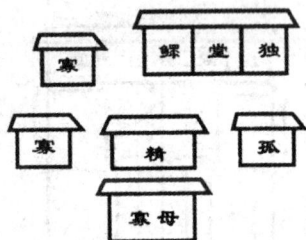

寡　　鳏　堂　独

寡　　　梢　　孤

寡母

妖孽屋:
宅出妖怪,孤寡暗疾,
风肿妖气,招瘟蛇伤,
扛尸横祸,官非败亡。

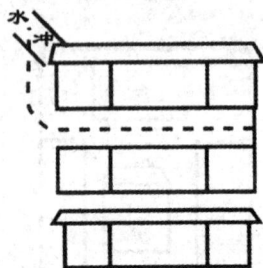

水冲

重妻少亡格:
四合宅发财,
后右肩水冲射损妻,
前水当心直去无子,
水灌堂孤寡少亡。

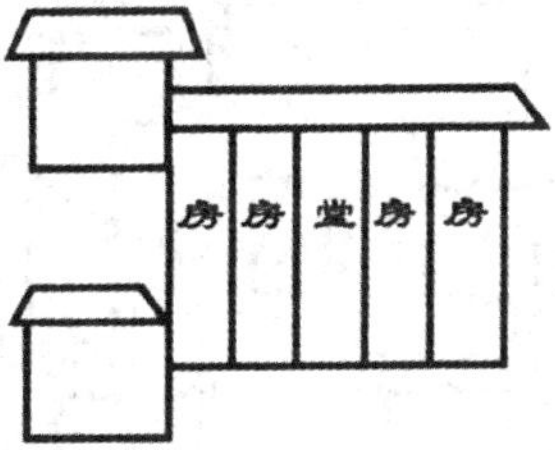

摇船屋:

左边大屋一进,
右边小屋二进,
名曰摇船屋,
屋似船形两橹摇,
家财荡尽好赌嫖。

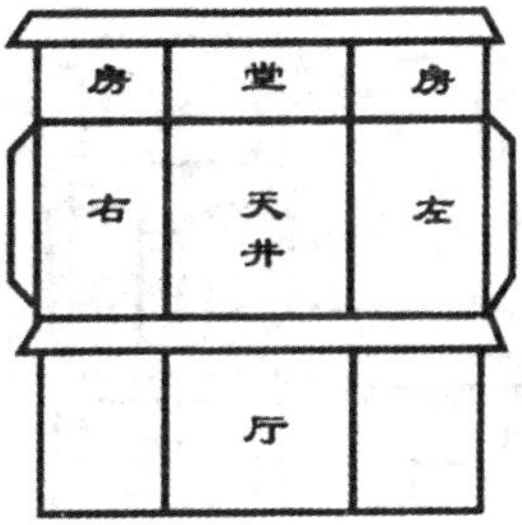

埋儿屋:

天井直长埋儿煞,
气朐眼病,难产瘟疫。
天井长,木克土,故有此应。

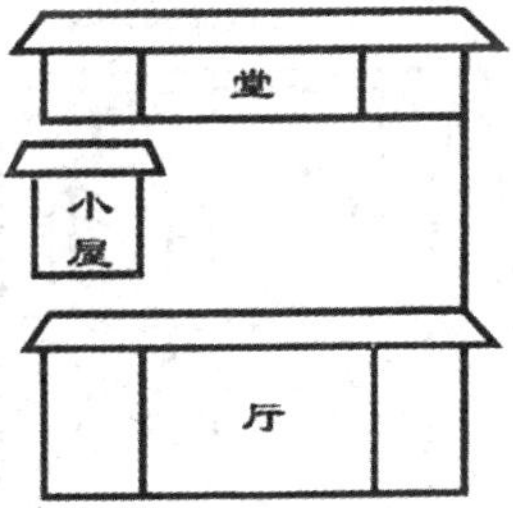

饮乳屋:

屋如饮乳,
败散人离,
儿命不长,
堕胎产死。

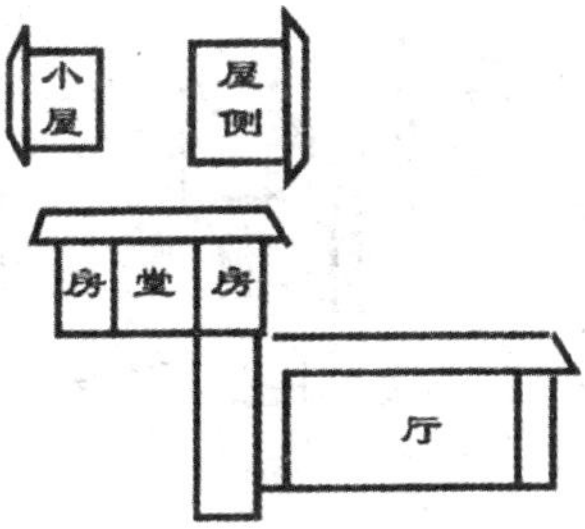

风车屋:

造屋风车,
内边摇出,
少亡家贫,
风瘓残疾。

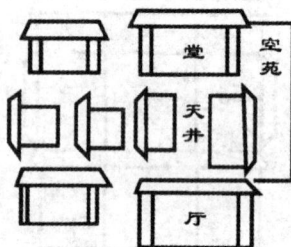

二代伶仃格：

有右无左，明堂窄狭，

纯阴不旺，人丁吊颈，

右胜左者出寡。

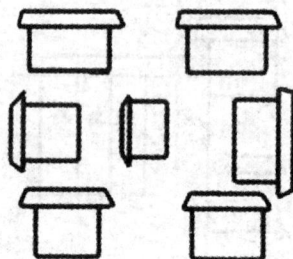

搬尸屋：

常常损人，小口不利，

人命横祸，外死扛尸。

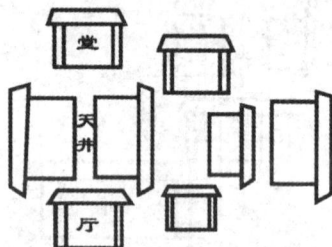

世代单传格：

左边有屋，

密密装房，

上下无堂，左属阳，

主重妻，不旺丁。

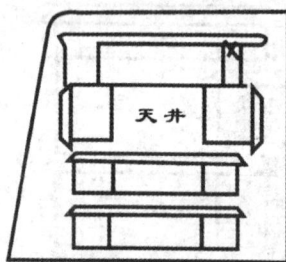

损子格：

四字屋，五六子，

添重小横屋，

少亡常啼哭。

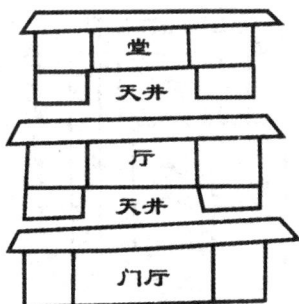

长子离乡格：
发财巨富，
因前左厢略短，
孟房离乡，
在家不安。

子迟格：
富贵重妻妾，子孙迟，
前再添一重，招官讼。

少亡榕：
四字屋发财发秀，
后添前两厢，
多出少亡，不发而退。

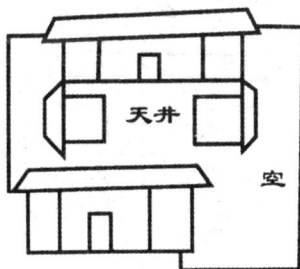

慌病格：
单传招婿，
寡母二姓，
多心慌病，
四季奔苦。

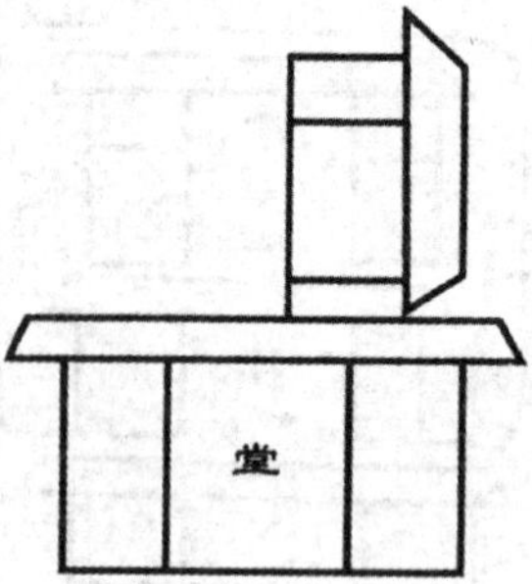

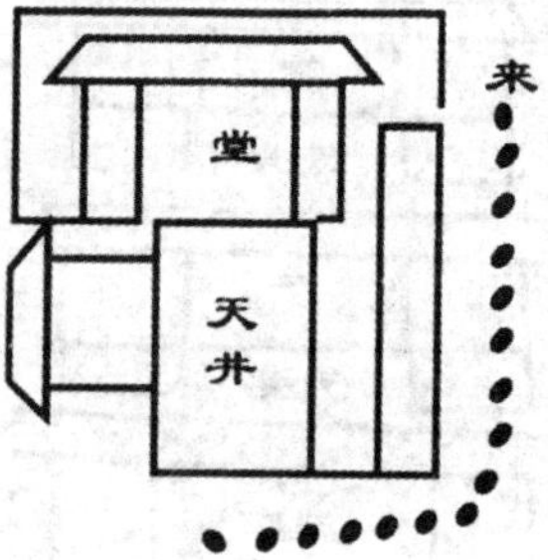

反曲尺：

尺稍指后，病不离床，
损畜耗财，去稍吉昌，
阴人难产，足疾缀溺。

寡女格：

上水覆舟卖祖地，
女嫁两夫。

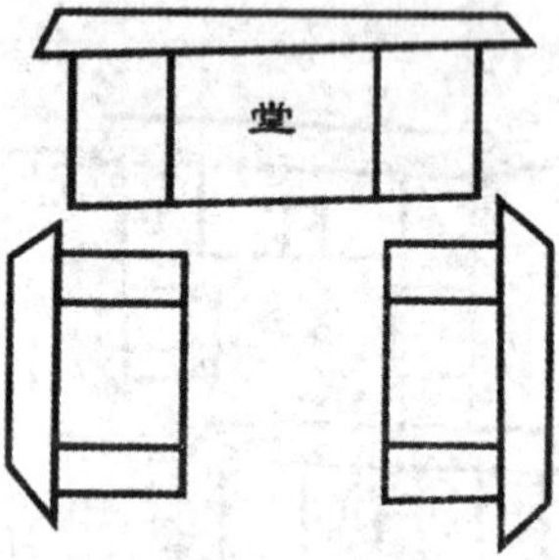

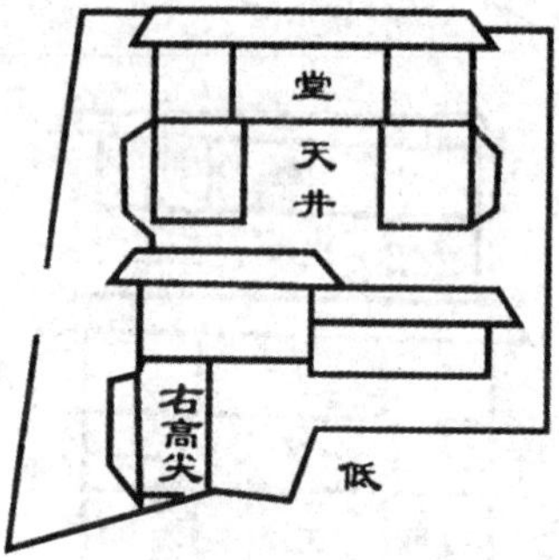

牵丁屋：

三间小屋两边歪，
残疾跚跛主风灾，
折转向前作两进，
家中少病足钱财。

心痛淫泆格：

右边屋有尖角斜者，
主室女淫泆怠惰，
二代后有走他乡而死者，
寡妇常遭祸患。

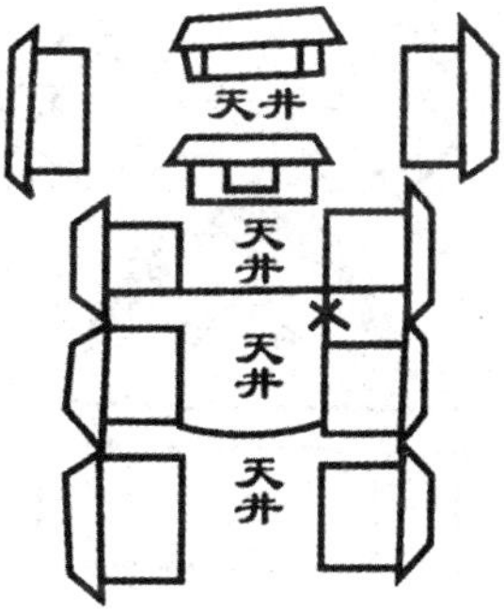

退气格：
直长主虚耗、
失职、问罚、倾洗。

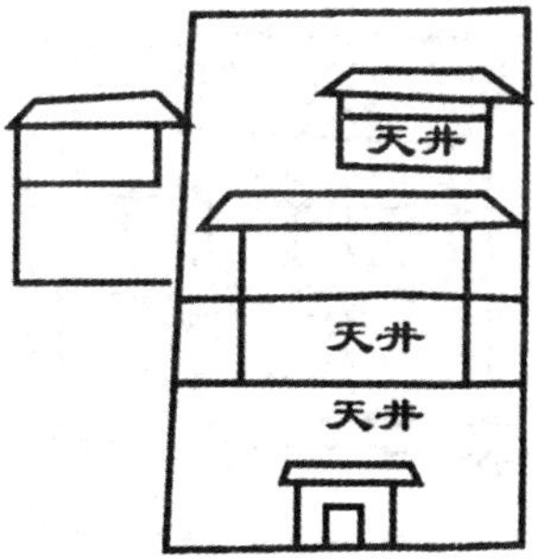

败气格：
荡而不整，冷退萧索，
单传一子，
家多疾患人忤逆。

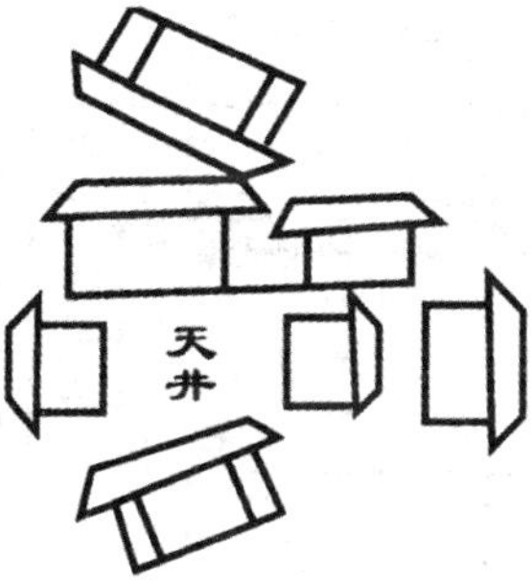

分离屋：
夫妻口舌，生离兄弟，
忤逆争斗，吵闹妒嫉，
主受凌辱，官非凶祸，
贫穷孤寡。

右寒肩屋：
右后凹缺难为次，
虽发财，少子息，
官非口舌不休。

左寒肩屋：

左后凹缺难为长，

小屋入怀，抱子接代，

财禄不久，忤逆嫉妒。

忤逆屋：

兄弟不和，

屋后人家两向，皆忤逆。

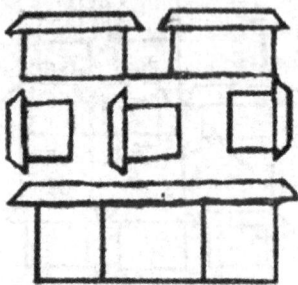

埋儿屋：

中间小屋，

埋儿扛尸，

妯娌寡妇，

常闻哭泣。

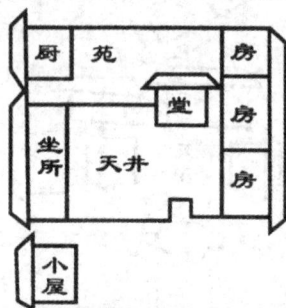

寡无后格：

左边纯房，右边无房，

无后代。右边屋欺堂，

夫主不寿。小屋不拆，

寡妇不良，官非口舌遭凶劫。

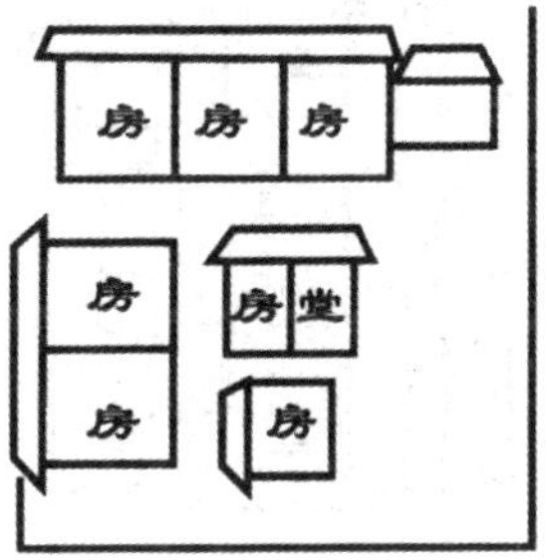

世代寡妇格：
右边纯房净阴宅，
谓之有右无左，
中年丧夫。

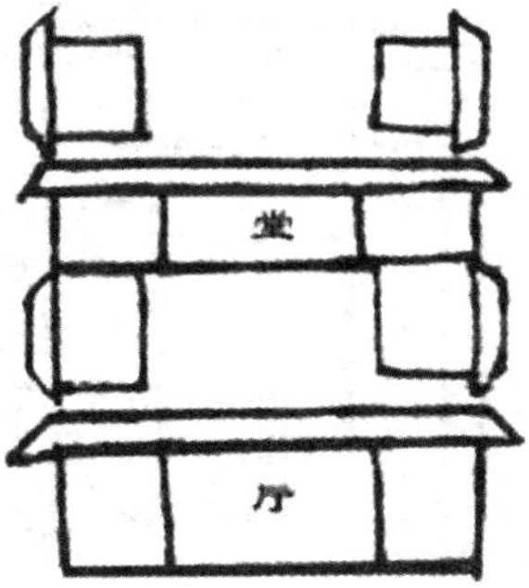

妇跛少亡格：
后有长屋，阴人手足残疾，
浮黄难产，退财损人，
后两厢房长过正房，二代绝。

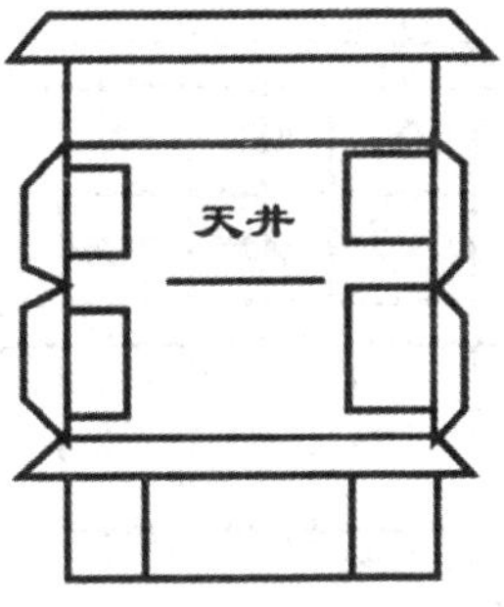

孤败屋：
子伶仃，财败耗，
丧妻遭难，
口舌官非损六畜。

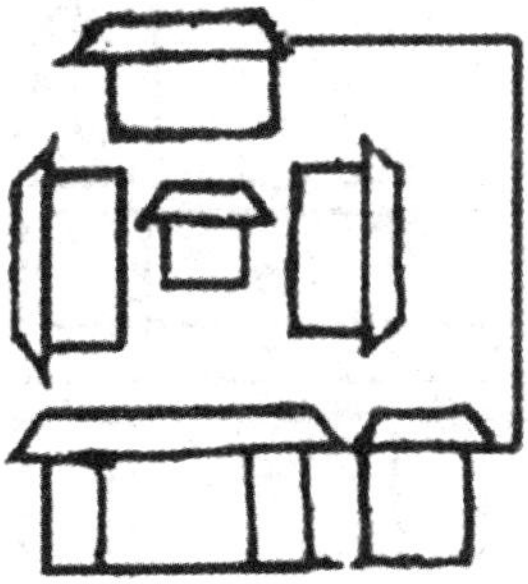

遗腹格：
不旺人丁，难为长房，
遗腹孤寡多官非，
遭人命牵扯，退败邪淫。

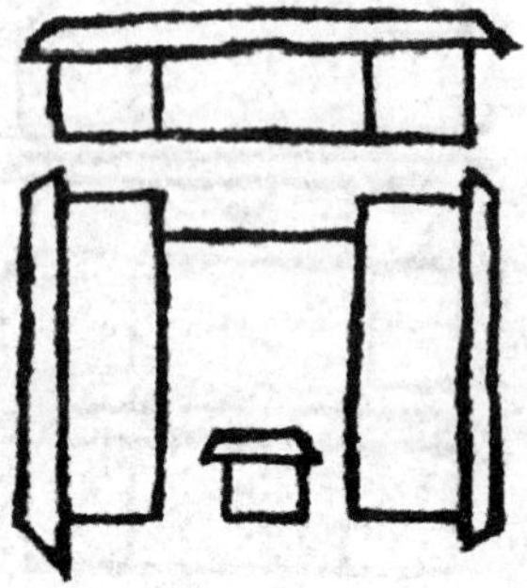

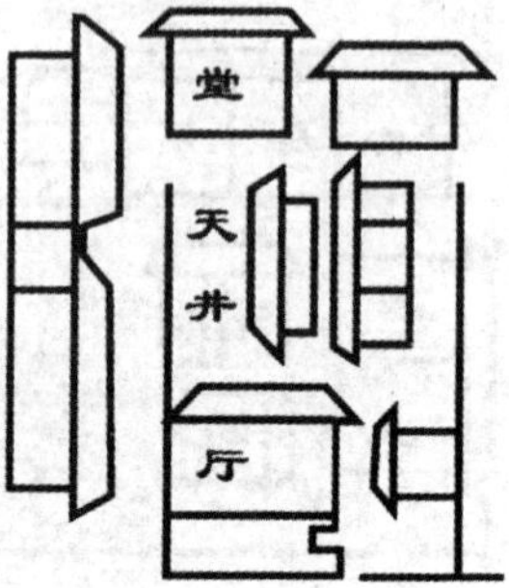

人亡财散格：
两厢太长，初主财退，
久必无人，克妻难产，
损畜遭凶。

反背屋：
父子夫妻不和，
奴仆无情，行事颠倒不顺，
立见萧索。

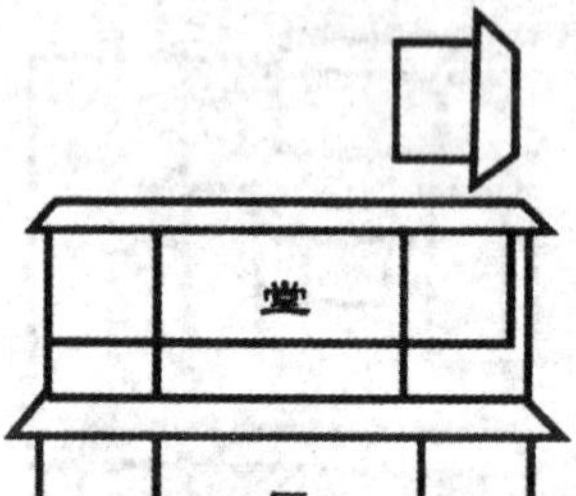

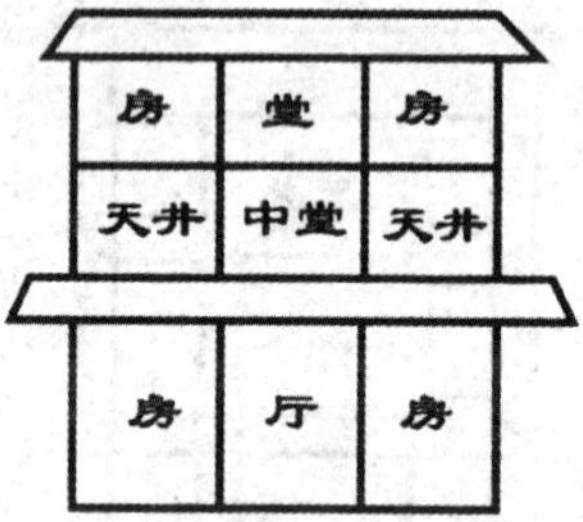

产难格：
房后有直屋作厨灶，
此房阴人多病，
产后两伤。

工字屋：
工字常闻啼哭，
丰年亦无余钱。

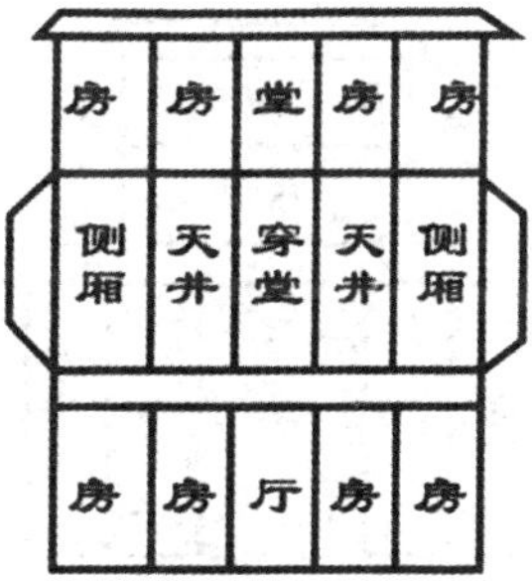

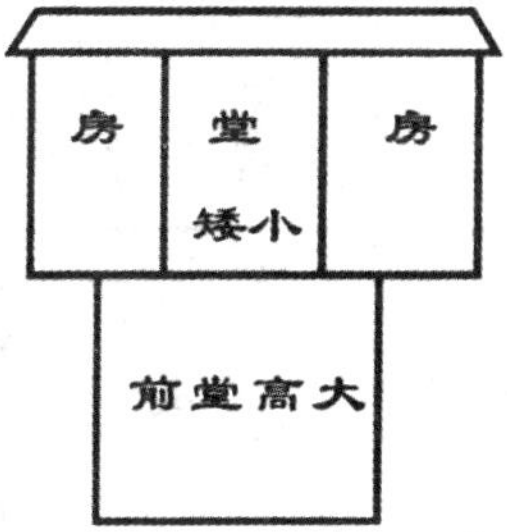

川字屋：
川字插胸，
囊里无钱，
堕胎损儿，
孤寡忧煎。

丁字屋：
丁字损人，
忤逆荡散，遭凶。

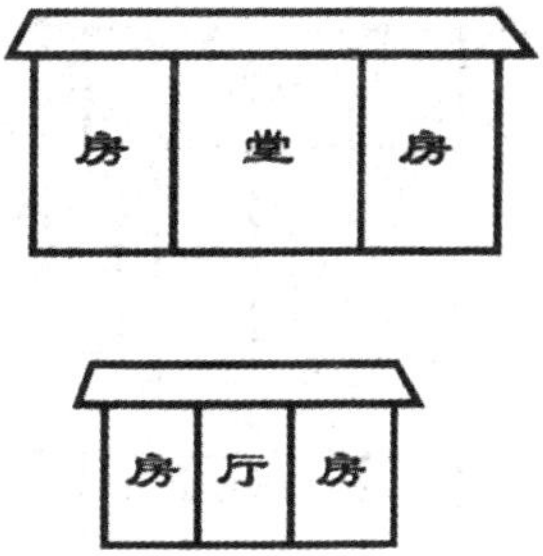

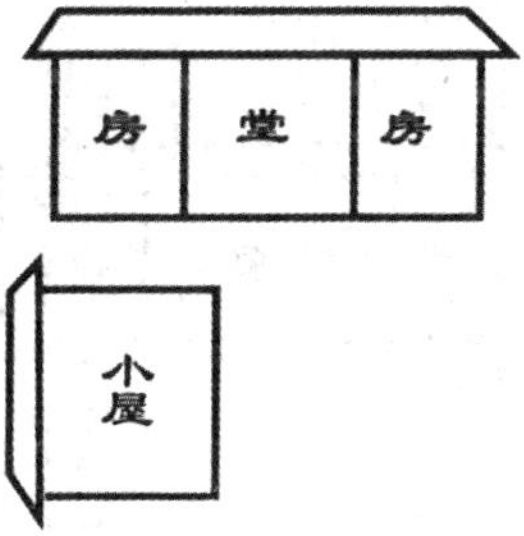

由赖屋：
前横一小屋，
由赖官司，
钱财耗散，
堕胎、女不良。

停丧屋：
小屋冲心唤停丧，
旧丧未出又重增。

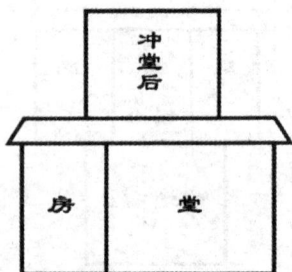

冲堂后

房　　堂

丁字屋：

后用丁字，

催人频死，

背痛血痨，

阴人损伤。

房　堂　房

风吹　天井　风吹

房　房　堂　房　房

寒肩屋：

屋造寒肩，

灾祸虚耗。

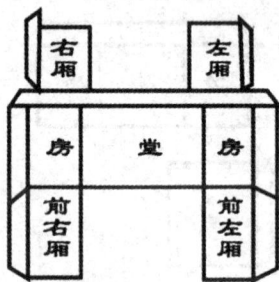

右厢　　　左厢

房　　堂　　房

前右厢　　　前左厢

抬轿屋：

前后四厢，

抬轿伶仃，

财宝难稳，

是非不宁。

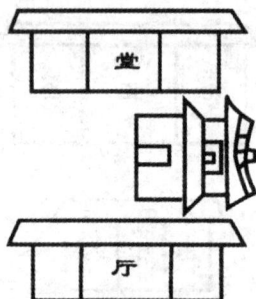

堂

厅

嫉主屋：

左厢独楼，

出寡母二三人，

一纪火光瘟疫，败常在。

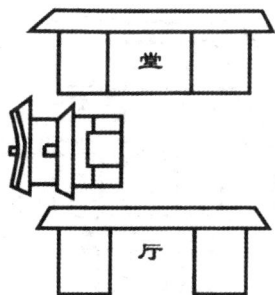

擎拳屋：
右厢独楼,忤逆、鳏,
阴人常病,自缢,
在上永遭凶祸。

夺权楼：
寡妻寡媳,
少年孀居,
招郎继赘,
病患忤逆。

背主房：
出寡损少年,
扛尸招冤枉。

左楼右小屋：
长房寡孀,少年瘟疫,
劳瘵外死,吐血伤小口,
克妻、心气痛。

驼腰格：
老少寡娘，
痢疾瘟疫，
腰驼足跛，
寡屋孤房。

排楼煞：
左楼损长，
少寡下堂，
右楼克妻，
岁临二三亡。

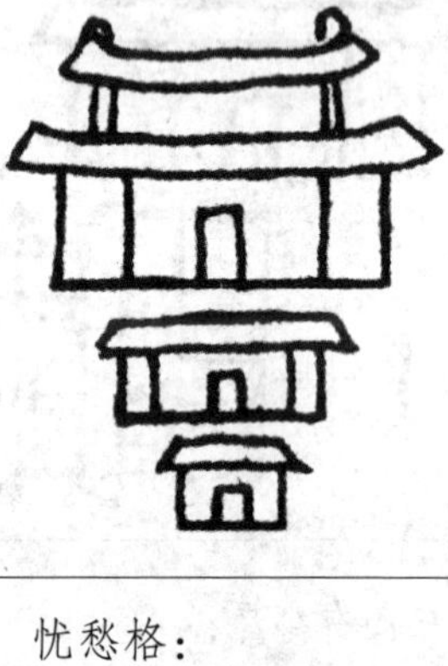

忧愁格：
楼房在后少年寡，
小屋在前多劳瘵，
患眼气疾，幼时鸲吼。

邪怪煞：
二树夹房，
邪怪入房，
刑劫瘟疫。

例1.丙午生,坎宅,门前丙方一屋山尖射于左,以此年年患目疾,丙为日故也。将火尖山两旁砌砖作墙成水浪形,取水克火之义,目火病俱止。

例2.癸山屋,围沟林外北半里当坎方坐后一高屋脊射背过屋岭上,谓之飞枪飞剑。坎为中男,不利仲子,子午生人受煞尤凶,余丁或生对口疮、背花疮,或生脑骨疽、破头疯。后筑高墙抵蔽,亦不能免是患。一迁他庐,诸病辄止。

例3.某宅,子山午向,六运造。(见下图)

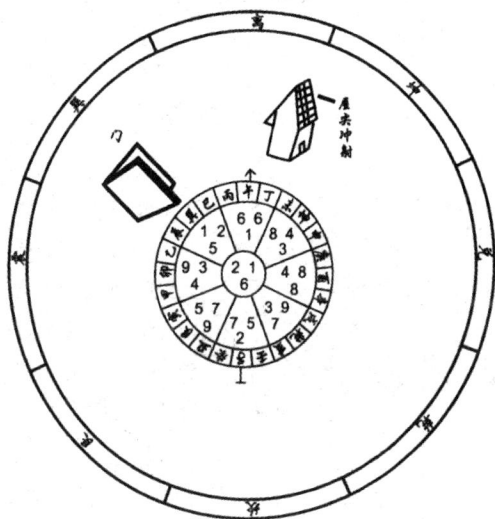

此宅对官有屋尖冲射,申子当家,因坎入中宫,坎为中男也。然屡被官府暗算,以虽属旺向,因有邻屋冲射,向上是六,六为官星故也。

按:屋尖冲射,官星高耸,故屡被官府暗算。向上旺神飞到对官高屋,犯上山,亦主耗财。六为长,长不得力,故主中子当家,取坎入中宫之验。

离方星曜两颗六白武曲,天盘星曜为一白贪,一白贪玄空五行属水,而六白玄空五行属金,两金生水,水自然强旺,而水属中子,故为申子当家。

官府暗算即犯官非,其因:

1.向方见屋尖相射;

2.向方的屋尖属火,克六白官星;

3.大门位于震巽两方,犯驳杂卦。而震方见三碧星,巽方见二黑星,三为蚩尤,紫白诀云:"蚩尤碧色,好勇斗狠之神。"

例4.方村不幸之寡妇聚居一宅。

宅　　相

戊	丁	丙	乙	甲

浙江上虞谢家塘镇方村,西首有浜头,坐子向午平房,九运宅,宅内多寡妇。该宅五开间一进,丑艮寅方三运起高楼,卯乙方二运起高楼。山星管丁口,卯方七上起高楼,时当上元三运,

六　三 八	一　八 四	八　一 六
七　二 七	五　四 九	三　六 二
二　七 三	九　九 五	四　五 一

克丁之祸,何能幸免?艮上高楼退气重,从无小补。兑流逢六,且食用艰难,孀妇辈一何不幸至此。诗曰:

木运原愁七上高,

震楼矗立利于刀。

多少丁男齐受克,

全家守寡暗悲号。

按:卯方地盘为震三,属木,高楼一起,逢山星七赤金克之,故伤丁。

例5.庄家两遭盗窃,失银近万。

上海南市施家弄乾元庄,子山午向兼壬丙,三开间一进,楼

下左厢为会客室,右厢为账房,客堂后为清账处,楼上为宿舍。宅之东首有余屋一所,前方为灶间,后方为柴间,前方小弄向西达坤口之花衣街,向东通巽口之老马路,东首贴邻屋宇特高,为本商会馆,障塞四运旺气,中元首运,全无希望,非迁不可。甲子以后,营业失利,丁卯年十月二十被盗,失送出款七千余元。是月二十五日又被盗,贼入内盗去二千余元,共损失九千六百元。周围环境中坎方有大码头水塔,兑方有救火会钟楼,坤方有探头

宅命飞星

八 五 一	三 一 六	一 三 八
九 四 九	七 六 二	五 八 四
五 九 五	二 二 七	六 七 三

丁卯年十月二十飞星

九 七 三	五 三 八	七 五 一
八 六 二	年月日 一 八 四	三 一 六
四 二 七	六 四 九	二 九 五

丁卯年十月二十五飞星

九 七 七	五 三 三	七 五 五
八 六 六	年月日 一 八 八	三 一 一
四 二 二	六 四 四	二 九 九

式之图书公司钟楼,离方有天主堂钟楼。灶间凶星为导线,坤兑离方尖耸之钟楼上所到凶星为恶伴窥伺。

按:离方向首山星三碧,月日皆为三碧,为蚩尤凶星;兑方飞星三一一水生木,助起三碧贼木,再加坤方七赤破军凶星;且在四运中均为退气和杀气,故有此劫。

例6.中元六运房,卯山酉向。

南投县竹山镇瑞竹里黄宅,三层楼房,小巷道由艮方大马路

引入,经坎乾至大门。后面是山,山下有南北向公路,公路下是聚落住宅,在三楼可望见由南向北流的清水溪和远山,正对面为邻屋围墙角、屋角,十分逼近,后面有一座南向北的平房直撞紧贴。屋主有四男三女,第三个女儿未出嫁,与男友乘车,出车祸死亡。次男生四个孙女,一个孙男(庚申、己丑、乙酉、丁亥四柱),孙男为白痴。

直屋撞背	三　七 五	八　三 一	一　五 三	小巷屋角小巷
	二　六 四	四　八 六	六　一 八	
	七　九 九	九　四 二	五　九 七	

七赤山星落于巷口,七即兑,为少女,故三女死亡。

按:原解此论牵强,依玄空飞星论,当运生旺之气为最吉之方,此宅正当六运,飞星六白到处为旺气,七赤到处为生气,今巷口挨星为七赤金,为生气,应主人丁强旺,何以能以损丁论? 惟此局犯上山下水,山上飞星六白临向为下水,主损丁破财,向酉即兑,兑即少女,屋宅以当门为要,今兑方既有上山之飞星,又受屋角、墙角之冲射,损少女必矣。若以向星论,一白水为先天兑,受屋角冲射,必凶,亦可。

背后屋脊撞来,山盘飞星二黑为病符,又与六会,《飞星赋》云:“乾(六)为寒,坤(二)为热,往来记忆。”震方为长男,故长孙高烧而致智能障碍。此形以气应,气以形验之意也。

二、砂煞

阳宅四周或山峰耸起,或山头环抱,或山石尖射,或山石丛乱等均为砂煞；山居之宅或市区阳宅有屋角尖射，屋尖高耸，众屋环抱，众屋杂乱等亦为砂煞。蒋大鸿在天元五歌之中说："矗矗高山名峤星，楼台屋宇一同评。或在身旁或遥应，能引八气到家庭。峤压旺方能受荫，峤压凶方鬼气侵。"大凡阳宅四周，有吉砂者，形家以太岁到方应吉，理气以生旺之气到方应吉。相反，砂凶之方，形家以太岁到方应凶，理气以衰死之气到方应凶。虽主张有异，但异曲同工，吉凶不变。青江子在《宅谱迩言》中对四周之砂分别叙述，且有图相配，别具一格，特介绍如下：

1. 宅前形气

面前砂水，最为关切，以显然对照，当面即见，故吉凶之应极速，趋避不可不先也。

朝耸秀峦，文武高官。前峙三台，富多英才。
金案木笔，中年官出。覆土金星，承差官厅。
前峰双起，双生科举。门面盘平，富贵声名。
敞唇圆乳，常进田土。唇无余气，子孙难贵。
前对空屋，儿女啼哭。篱墙转弯，富贵清闲。
钩曲向门，盗贼穿垣。篱墙破碎，家业冷退。
篱墙低绕，灾祸不少。面对破冢，抱奴为种。
地裂分丫，家乱如麻。门前直屋，家无余谷。
破屋在前，长病少年。敧邪石恶，瘟疾退落。
离方尖石，火常烧炙。抱尸交加，女被官拿。
小屋前横，闭经哽咽。前面绕烟，口舌喧天。
三台歪斜，白眼脚差。田塍摆出，分离淫泆。
神屋在前，盲聋病缠。前山斜飞，卖尽不归。
尖砂前钻，招劫强奸。前砂重翘，口舌官司。
土箭射门，人口不存。面前赤红，吐血朦胧。
前对笑山，穷病无颜。山脚摆斜，室女贪花。

黄土在前,瘟疫频缠。前山压身,常病损人。

案似长绳,绞项相承。前有冢堆,患目堕胎。

三脚歪田,是非缠绵。篱障射中,媳忤姑翁。

竿柱对门,孤寡遭冤。厕屋前立,牛马剥皮。

栏栈前安,眼昏产难。横对兽头,破财讼囚。

门前厕坑,病痰哑聋。前小茅屋,瘟火损犊。

破窑当面,吐红目眩。门对仓屋,灾祸哽阻。

大石当门,瞎跛气翻。磊石门前,主人狂颠。

石似牛头,孤独忧愁。石似龟嗔,毒药丧身。

门前卧石,久病床席。前有小墩,罗赖无根。

前墩怪形,疾病不宁。门外土墩,盲聋哑吞。

近案石堆,百怪常来。堆如药包,服毒尸抛。

破碎石起,遭瘟生痞。砂如拳耸,子多凶勇。

前山肿脚,黄肿退落。山如棺样,牢狱停丧。

山似死尸,外死扛尸。布袋向堂,日日寻粮。

山如木杓,斗讼剥削。

　　按:门前之处为明堂,诸书极重此处,《阳宅十书》更图文并茂,兹简介如下。

若见明堂似廉贞，
断定眼疾少光明。
家生气疾虚劳死，
将来致死满门庭。

明堂形似破军星，
不出军兮出匠真。
扛尸外死家退落，
孤寡临门二姓人。

文曲明堂在眼前，
男女风声此处生。
男少女多真不吉，
招郎纳婿过浮生。

前面凶砂若有此，
左火砂来兄必死。
右火冲身弟必亡，
当面尖射中此是。

若见鹅颈鸭颈前，
淫乱风声处处传。
孤寡少年不出屋，
男跛女跛不堪言。

明堂三尖并四尖，
断他致死祸淹淹。
定出气泪及患眼，
更兼脚疾甚难痊。

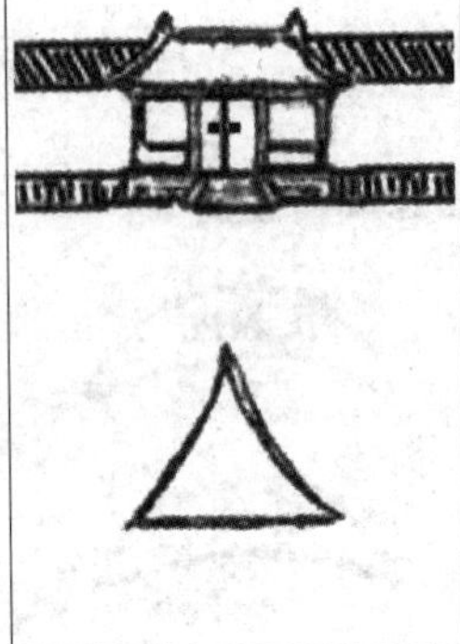

若见明堂三个角，
瞎眼儿孙因此苦。
单传人口多少亡，
气痛其家常不脱。

明堂反转似裙头，
家中淫乱不知羞。
孤寡少亡端的有，
瘟疫麻痘染时流。

孤峰如笠

独　树

独树孤峰如戴笠，
僧道尼姑从此出。
更出瘟疾眼无光，
忤逆争斗事不一。

面前退神插明堂，
代代儿孙主少亡。
顺水田园都卖尽，
家中纵好亦徒然。

面前一山如人舞，
家中定出风癫子。
时常妖怪入家门，
手足之灾定不虚。

此个山头在前面，
风瘫人出退田园。
献花淫欲多端事，
老子将来把火燃。

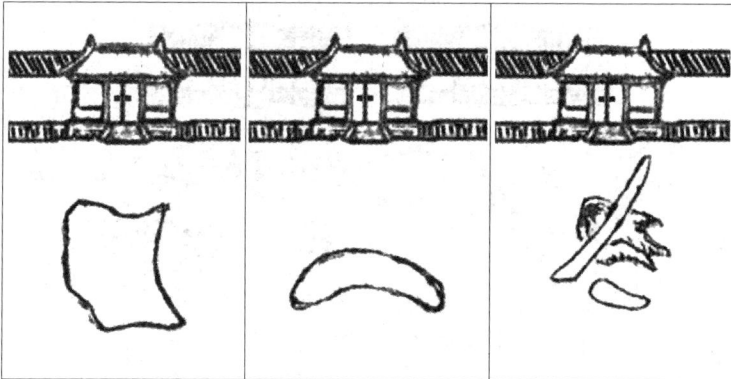

若见明堂似禄存， 三年两度定遭瘟。 蛇伤牛斗风伤事， 曲背驼腰聋哑人。	若见明堂以牛轭， 定断其家会作贼。 瘟疫疾病不离门， 少死人丁哭不绝。	拖尸之山如此样， 劝君仔细看形相。 缢颈之山白路行， 时师法术要消详。
若见明堂似蜒蚰， 黄肿随身出云游。 懒惰儿孙带脚疾， 儿孙产难尽遭忧。	面前若见生土堆， 堕胎患眼也难开。 寡妇少亡不出屋， 盲聋喑哑又生灾。	面前若见此尖砂， 投军作贼夜行家。 出人眼疾忤逆有， 兄弟分居饿死爷。

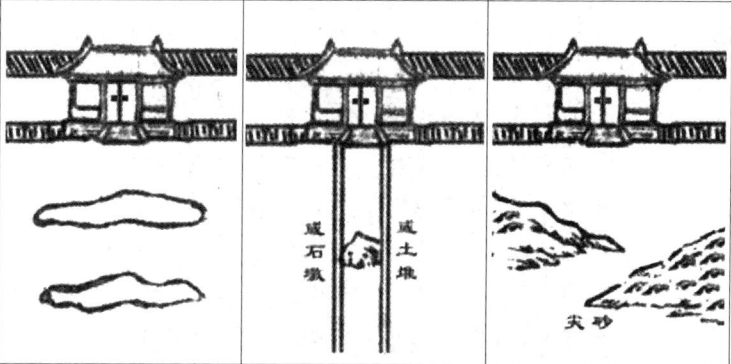

大城左右不朝坟， 镰钩反生样为凶。 孤寡徒流伤败事， 家中又见遭时瘟。	小石当门多磊落， 其家说鬼时时着。 小口惊吓不须言， 气绝聋哑人难觉。

2.宅后形气

平洋宅后渐高，山冈宅后渐低，皆不宜。然近身皆宜有座有脑，则化生育气分明矣。

后起高峰，禄享千钟。　　后山头高，子孙富豪。

后起三台，荐福如雷。　　后列平障，温饱兴旺。

红庙坐腰，贼劫火烧。　　沟从后来，宅母凶灾。

后水三叉，忤逆淫邪。　　流水冲背，人散败退。

后带牙刀，二家嘈嘈。　　后墙直冲，老妇重重。

后山射长，养女招郎。　　长沟射冲，贼劫来攻。

后墙向外，忤逆无赊。　　太阴照后，财发名就。

腰断水叉，忤逆抛家。　　座后拽尾，犯偷惹鬼。

山背山头，被贼来偷。　　后有池塘，克妻眼盲。

来脉深塘，孤寡少亡。　　沟流破背，尫疾寡配。

园中小屋，家常啼哭。　　后有直路，卖田续妻。

坟对后门，气疾追魂。　　后门大石，气痛伤膈。

后墙拖长,财劫人伤。后塘中墩,咳唠哽咽。

后有来路,频盗家财。

3.宅左形势

左属下水,最宜高长;若属上水,宜低不宜高,高则闭天门。来水不见,然近身左臂,自宜隈傍,以左边荫在男子,孟房系之。

左峰高抱,外贡财宝。左山磊落,富贵风采。

左路之玄,发贵英贤。社在上水,人财难恃。

左砂路过,绳颈家破。左砂五片,提篮觅醮。

左胁有缺,脚腿忽折。左砂拳头,长似横牛。

水割左胁,路死遭劫。左砂土崩,哽咽闷胸。

塘居屋左,长子摧挫。左头入水,贫穷委靡。

左胁连塘,残疾魔猖。左回风吹,长房早亏。

左尖投河,弟杀长哥。水射左胁,长无奕叶。

内逆摧钩,痰起疑忧。左绕青烟,子孙积钱。

反路三塘,忤逆悬梁。左砂随水,卖田迁徙。

左砂垂头,长子忧愁。左砂开指,田连百里。

数峰相连,广置庄田。左土崩红,自缢盲聋。

左砂破缺,欠债吐血。左口衔尸,妻伤长亏。

4.宅右形势

右属下水,喜高大,上水不喜太雄。然近身右砂宜隈藏,此边荫在女子,季房系之。

右砂昂昂,宜作屋场。太昂遭鬼,兴讼遭诽。

右带牙刀,甥衣锦袍。右砂直长,脚疾带伤。

右砂半月,科第朝阙。牛角右攒,女嫁高官。

右砂插指,赌博贪杯。右塘损妻,幼媚别缔。

右山压头,母子忧愁。直沟右射,劳肿喑哑。

右臂垂头,死人损牛。横射右胁;痢漏劫镊。

右臂社坛,下水则安。右胁稻场,女守空房。

直射右胁,常招盗劫。昂头张口,阴人早走。

右首吐烟,官事连绵。右出刀枪,官事克娘。

水割右胁;疯肿痿怯。右砂插水,妻儿空诔。

右砂脚眠,富贵眼前。右砂高昂,六畜遍方。

右砂高耸,投水惊恐。右胁深塘,必损次房。

右前头脱,家人外夺。昂头衔尸,伤肘克妻。

断头落水,小口溺死。上砂开指,赌钱无耻。

砂如暗箭,斩首破面。右尖随水,健讼奸诡。

右头入水,外亡溺死。右山高跷,口舌火烧。

砂如称钩,当被贼偷。右边破缺,血财消灭。

右胁深堰,田奴难返。新屋射宅,患眼遭厄。

一尖一圆,半富庄田。右首破屋,口舌怨毒。

右塘花连,私抱人眠。右拳锤胸,偿命遭凶。

右首行破,官非跌蹉。右直如枪,损妻灾殃。

右两尖长,军贼少亡。右砂驯服,家多福禄。

右土崩红,产难劳瘫。右边有仓,孤寡瘟疫。

右头冲中,家无老翁。两指右逼,自缢遭贼。

右首圆峰,宅母降翁。

5. 阳宅富砂

宅基之生旺方高耸,沐浴方无池塘,冠带方路从高而来朝,临官方高峙,或庙坛、森林,衰病死绝方低平无缺凹,墓方藏伏,胎养方洁净,是皆发福之根源。以脉山推看,极有准验。

四方平正,基合金斗。田园万顷,财官悠久。

篱墙回环,四无破陷。进益货财,放债支赚。

四畔高起,团圆之峰。富商纳凑,膺享素封。

园墙四畔,路皆回环。进财发富,金宝银山。

土星生方,回生穴场。珠玉堆积,千仓万箱。

进禄方起而朝拱,富享万钟;天宝星方高映,商贾效劳。

财帛方高而感应,百万无穷;太阴之方水朝,发富多仓廒。

极富之方拱揖,季氏胜周公;天财天马方高,行动发财。

地仓客商发财,天福金柜并峙,骤发横富。

人仓坐贾招财,行店艺术起家;财砂赶,官砂裹,巨富悠长。

横财拾宝方朝应,常掘窖;托砂后父为鬼,横财起家。

山向天恩运财方,本命天恩运财同其方,又必岁月天恩运财同到方位,修造拱映,主发横财,大富。

6.阳宅贵砂

天星下照乎地气,地气上应乎天星。太阳、太阴、中星、火星、二十八宿之经络,八卦干支之位分,观天象即可知地理宅基效验,与兆域同。

方如金屏,横如玉几,左史右史上卿;

天马贵人,当面朝拱,官入帝王之幕。

帐幕叠叠,台词之任;拥袍簇盖,郎宰之官。

太阳金水顺行,簪缨济济盈庭;呈诰贵人朝拱,为官宠锡三代。

父砂顾水口,封荫绵长;官砂把水口,世代尊显。

一字长横,三台品列,中书枢要之任。

一峰秀出一科甲,双峰兄弟翰林。

一鱼在兑,由千户增荣;两鱼兑乾,并侍朝宁。

左砂顿起大尖峰,世代荫封;金变水而火镕旁,执掌朝纲。

楼台殿阁,万石名臣;玉带冕旒,钓翁为师。

城上星峰卓卓,宪台乌府;面前龙阜垒垒,五马黄堂。

排衙挂榜,官居台谏;官又见财,高爵厚禄。

砂形侧似飞剑,非御史则提刑;楼台三五中心起,刺史通议监司。

官赶财裹,大贵悠长;笔印端严,显官不替。

小鱼在大鱼后，世代高官不休致；
上水游鱼头带珠，京城大半朝内。

马前马后，贵有声名；四鱼成群，弟兄大贵。

席帽模糊，二乙得位，杀曜短缩，水朝旺方者，由科名而入朝廊；
脉团骨肉，爪平不张，陪表冲霄，案无头面者，由科名而历司道。

蛾眉诰轴，傍右隈左，少阴带禄，巽位陈圭者，因贵戚而署都抚；
砂如续判，左有印囊，席帽依马，文不耸库不起者，因刀笔出仕。

天地楼阁，日月旌旗，霞裳羽葆，玉兔金阳，因国戚而宰执朝纲；
云母五雷，龙楼凤阁，粉黛胭花，金水出势，因后妃而贵压千官。

父星为约束，根基厚世代簪缨，上封下荫，配享庙食；
子星为约束，发年少威名远播，州县府道，藩臬督抚。

财星为约束，纳奏功名；官星为约束，将相公侯。

四畔弯弓势，银带罗衣；财父作官砂，九卿世袭。

四团鼓角，五团梅花，知州刺史；左右臂外，曜势俊俏，权要显赫。

胎养周正，生浴开张，冠带平坦，官旺轩昂，一门数百高官；
衰病遮拦，死绝周密，墓库藏聚，官禄抄插，世代爵崇禄厚。

极见晕而端凝，晕见极而低宿，龙章凤诰，紫阁丹墀。

极居乐托，或为屏幛之尊，三公三孤不止五六七代；
晕列官禽，或作排衙之状，总督经略不止一二弟兄。

太阴金星排列四方，刑名三法司官。

前朝后障耸三台，父子祖孙师保。

穴生案，案近为感，生少年发达，官居清要；
案生穴，案特为应，生世代官贵，爵禄丰隆。

两边财裹穴场，财旺生官，金带玉带紫绶垒若；
朝山排列财官，富贵双美，文衡铨衡三公福寿。

土星高大，户部仓场总督；土星低小，牧民爵位。

前山如莲花之样，叠叠向上，赴辟举而入朝堂。

旗尾遮流水之口,由知州而府道司院。

左旗右鼓,武将总戎而威震边陲,晋升侯爵公衔。

六团四团之鼓角排列在前者,武官坐镇有威权。

午山天马高耸,少年武艺高强,掌兵权而荫公侯。

一砂尖抱为牙刀,两砂尖抱为交剑,阃外威权赫赫。

展旗、合旗、凤旗,正都总领,升大将而挂印边陲。

剑横甲露,驰驫展功劳,庙食不朽。

7.小疵之砂

阳宅砂与阴宅同。大而臂帐,小而堆堑,形有巨细,理无二致。彼莽苍之士,遇粗大高显犹能指点,其孰为金,孰为土;至细小卑微,辄谓此不过琐屑事。庸讵知天下之物,莫不有理,金木水火,其大无外,其小无内,大者应之,小者遗之,造化不若是之疏耳。独不闻,寸木片砖,亦关休咎耶。即曰大者应大,小者应小,自气化观之初,未尝有大小之分,聊举数图,试比较以说明。(见第217面至第219面图)

分飞格:	尖砂相斗格:	凶砂尖射格:
左右两脚飞,	忤逆瞎跛,	左尖兄死.
退田人忤逆,	投军作贼,	右尖弟亡,
兄弟两分离,	兄弟分离,	中尖仲损,
争打各东西。	饿死爹娘。	败劫抄洗。

尖砂带煞格： 左随水， 卖田写契笔； 右随水， 光棍词讼笔。	离砂格： 明堂见大砂角， 瞎眼跛跛， 离乡外死， 奸淫丑败。	献花格： 内外通淫， 疯瘫退田， 公媳乱伦。
镰钩格： 镰钩反生， 忤逆遭瘟， 孤寡徒流伤败。	鹅头鸭颈格： 男跂女跛， 孤寡少年， 不出门风声远。	跌凹形： 左首跌三凹， 孕儿腹内叫， 周年不肯降， 降下发声笑。

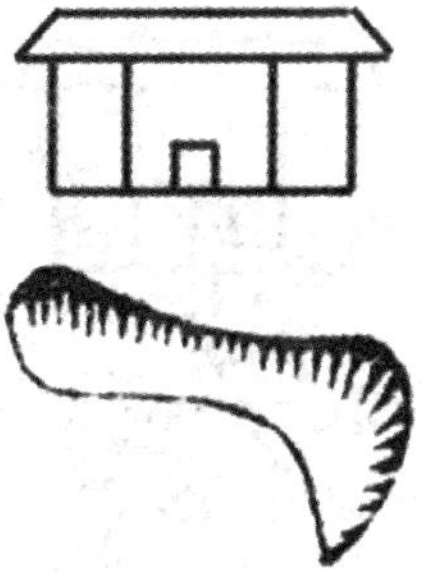

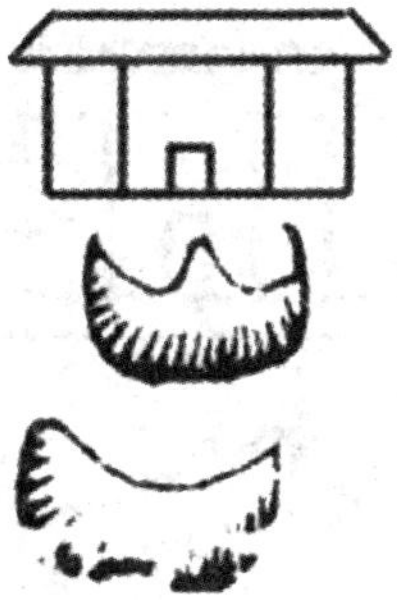

火焰形：	怪胎格：	反摆形：
前山如火焰， 生儿无屎窟， 缺唇疤疮瘤， 更遭鬼惊骇。	前似虾墓， 年年怀鬼孕， 水命水蛰， 产下一堆蛇。	田塍反摆出， 离乡闹分张， 弯弯似反弓， 口舌又贫穷。

8.大凶之砂

丧祸凶砂，阳宅与阴地并忌；暴尸露骨，朝内与向外各殊。死有明暗，当看属阴属阳；罪有重轻，细辨何方何位。误伤毋认为故杀，威逼岂等于交锋。在己在人，头有逆顺之相反；是金是水，形落兑坎之宜分。掘平手脚，永无灾咎；变作文星，偏获休征。

按：门前或房四周若有凶砂，可修改使其形变吉，或玉凤，或覆釜，或旗或鼓或印，随形而为，不能修改者，则不宜居。(见下图)

尸内斜外： 定主牢狱， 常招诬赖罗网。	尸外斜格： 干证拖累， 或土石压击伤。	拖尸格： 缢颈人命， 缧绁刑狱问绞。
尸头垂水格： 落水人命，在水 方应水年，脚入 水主过水沉没。	尸朝内格： 主招外人打死 或扛尸入屋。	尸朝外格： 打死外人偿命， 或死在外乡。

窜尸格： 尸窜明堂里， 远人来死。	尸居水口形： 尸落下水口， 路死扛尸。	枭首格： 枯木断头， 斫斩大辟， 或饿殍骷髅。
凌迟形： 朽木破碎， 分裂细割， 或病死野路烂尸。	孕尸格： 腹胞脚缩， 胞腹双命， 或冻死道旁。	屈尸格： 尸曲左旁， 因气伤生， 或私自吊缢。

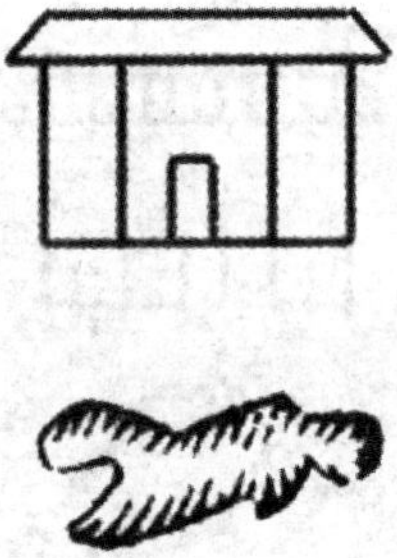

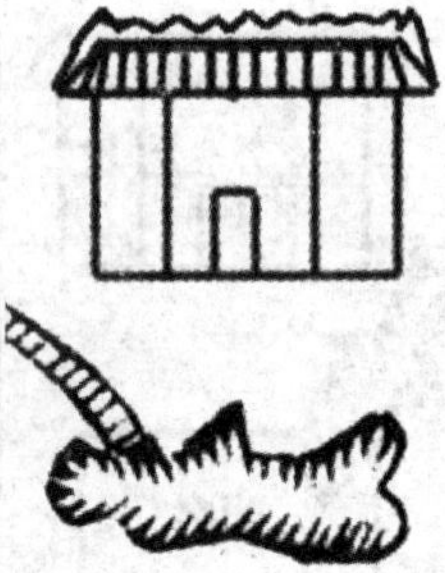

飞伤格：
尸山头高，
枪箭火药伤生
或威逼人命。

扬尸格：
尸生右侧，
斗殴伤命，
或匿尸，或弃尸。

毒谋格：
身有包坑，
服毒人命；
头有水射，
药酒致伤。

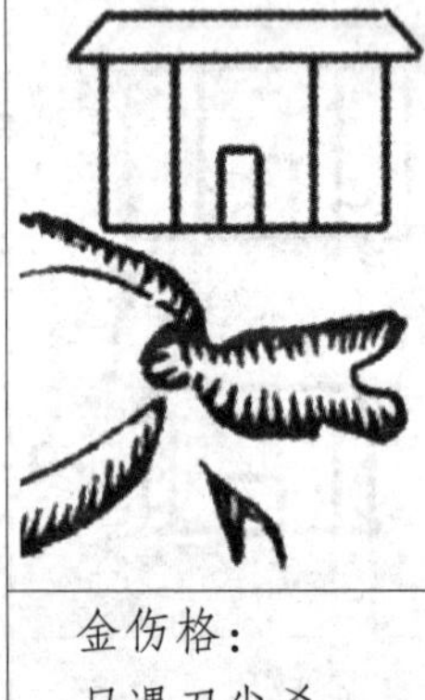

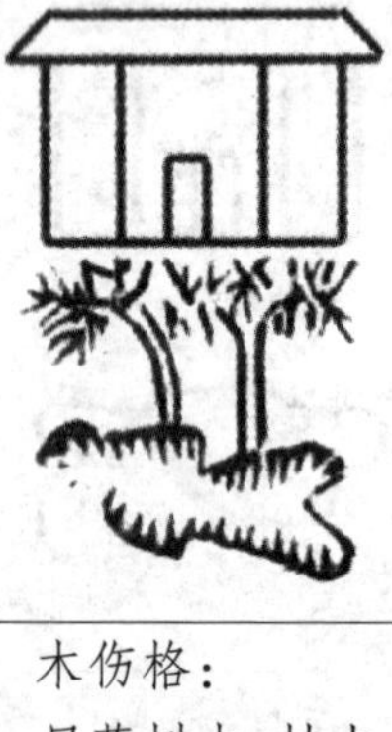

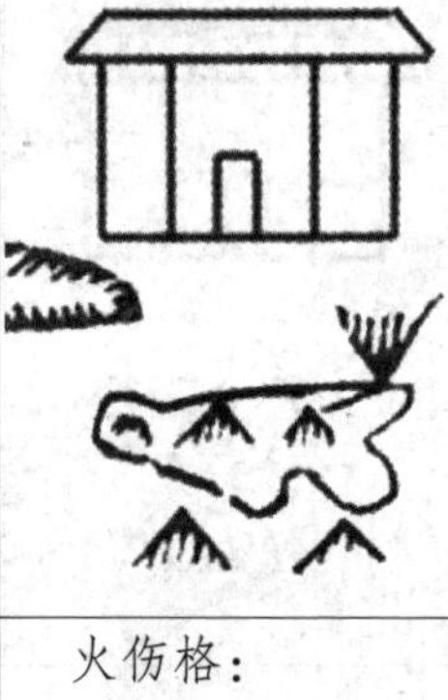

金伤格：
尸遇刀尖杀，
伤人命在金方，
应金年。项有刀，
持刀自刎。

木伤格：
尸藏树木，杖击
人命，在木方，
应木年。头有
树主悬树自缢。

火伤格：
尸罹火尖，
焚烧人命在火方，
火年应。身有
火主火化骨灰。

谋伤格：	阴杀格：
尸杀头低， 跌仆致死， 或牛马恶物伤害。	尸丧宅后， 刺于贼手， 或潜尸，或偷尸。

例1.尹姓，宅向巽，长、中女皆聋，少女年聘，耳脓水不干，余见前有恶石当门，主耳聋，令其搬去。岁余，大姑耳渐闻声，以石在巽，巽为长女，巽方之恶石即去长女之耳病，癸为耳，巽与癸三合。而次少两姑终不稍愈，抑又何故？乃其姥墓坎山离向，右树根从兑方穿入右耳。据《易》，离为中女，兑为少女，此两姑聋不可救。必欲救之，非开扩去树根不可。后另烦地师启视，果然。抽出树根，耳皆渐通。中女不甚聋，少女全安矣。

例2.卢姓主妇。痞块腹痛几死，余诘生庚，云己未。据《易》坤为腹，未同坤，必未坤有损。又见宅向丁，一坑在未坤，内有大怪石；病起自癸卯，六月都天是己未，属阴人；六月壬戌刑未，坤为老母、主妇。择吉取七政恩曜照命度并照方位，修之即愈。

例3.庚戌夏夜坐晓亭，门外一瘫子匐匐至，云姓李。余断伊祖茔巳向，卯方有小土台。李云坟向东南，东首原是庙基，辛卯年倒毁，今只有台形。余曰："卯即震卦，震为苍筤竹，为篾匠，震为长男,为足,方台土星也,土星压卯上,计都冲岁星木也,主墙壁倒倾,打断足腿,应在长房卯生人。"李云:"我是长,己卯生命,辛卯年被墙倒压断两足,今只习得篾工。"

例4.庚午生,坎宅午向,门首塘中一土台,拖尖迤东,名罗喉冲心,疯疾难禁。左厢厨房,寅甲方开便门,寅宫箕好风,射入主疯疾缠身。甲为首,主头眩晕,甲又应足病。此龙堤铺南李弟妇邢氏四柱:庚午、己丑、戊子、癸亥,命宫庚辰。自三十三岁进丙火枭运,两脚鹅掌疯,左脚殊甚。三十七岁丁巳年,劫杀在寅,灾杀在卯,正月建寅,十二日跌仆,左足痛疼。寅甲门在左旁,故左腿伤重。六月甲寅劫杀到寅甲方,十五日壬申冲动,崩泄虚晕。八月戊午游都到寅甲门,癸丑白虎到午丁台,十八日中风寒。三合寅午戌,午刑午命,火旺水衰,肺金受克,声喑体弱。医治三年,犹然犯五黄之咎征。庚申夏过其宅,始知寅甲午丁两方气化所应。查命干主申觜四度三十五分,命支主午星初度三十五分,日干主戌奎五度,日支主子虚四度,命宫主辰角六度,命主月权星金,禄神水,天禄、赦文;日主月喜神金,权星水,福星禄元;命宫月权星金,印星水,禄元,贵元。择五月初二辛丑日修兑作房,巳月丑日酉方合金以生水也。卯时另开便门于乙方,巳时安门卯向;辰时塞甲门,午时泥封;酉时安碓寅方;兑房巳时砌墙泥壁,开窗于丁上。初四癸卯日巳时取生气方土填房内坤地;午时地位加高遍铺,亥时筑平。初十己酉日辰时夹壁,巳时修理,申时移房,戌时安床,亥时铺定,月拱照三主度,金拱照三主度,水行酉官,合拱三主度。闰六月二十六乙丑日,卯时行工掘平午丁台,填唇乳。七月合愈,出外行走。

例5.艮宅右首,自申太岁五鬼方,连庚血刃方,酉破败五鬼,正阴府阳刃方,总属兑金,堆积粪土,头阔尾尖,成燥火形。庚申五月,九紫加临,火克赤金,兑为口、为辅颊、为颈,又为耳,以先天坎为耳。午月紫火正旺,举家大小自耳下红肿至颐腮。择吉取水星躔照,掘除平净,合家即日悉愈。

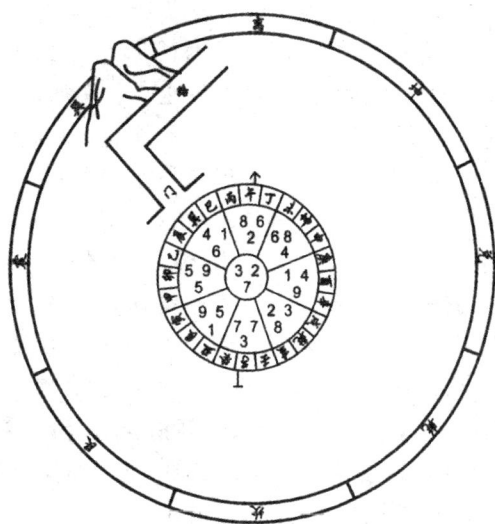

例6.张村丁宅,子午兼癸丁,七运造。(见上图)

此屋门开巽方,门首有直路阔大,从午方引入。

此屋向星上山,后无水,本主不吉。门开巽方本一四同宫,主发科名,因路气直冲,反为水木漂流之象,四为长女,故主妇人贪淫。路从午方引入直进到门,主外人进来,来者必一光头和尚。因向上之六在于离方,头被火烧(按:乾六为首),故主光头,入于四一之门于妇人交接也。且巽为僧,故主来者为和尚,然此门前必有抱肩砂,否则无此病也。

按:一四同宫,得令主功名,失令主淫乱,然与形态丑恶之砂水相值乃验。犹发科名之必须挨到秀峰、秀水方位。

例7.破耳损脚也关气数。（见下图）

厦门南普陀寺后方山顶，约自大殿至彼居二百二三十级，有个五六间房大之岩洞，夏凉而冬暖。转逢老和尚每日黎明及晚间均在洞口念佛，日间在洞中诵经礼佛或坐禅。遇山中雇工忙碌之日，每在赤日之下指挥工人，在万石屹立中开诸奇境。惟辛未年五黄临外口巽，芒种夏至期内，月五黄临离口，老人轻健如壮丁，此时起居宜注意，否则恐病魔扰。越数日，老和尚剃头时，耳被剃头人挖破，颇感痛楚。内外口三八四一主星，内口客星年一又到，一为坎，属耳；三八四绿木，属肢体，耳病既见，固非无因。但肢体关系，也要在此时留意。又越二三日，老和尚又于石级上，将脚趾踢破。奇哉气数，无可奈何。诗曰：

宅舍如衣服，因之适否生。即如岩洞里，一样有权衡。

口子中吉凶，当见人困亨。老僧伤耳足，公案又新成。

一八 三	五四 八	三六 一
二七 二	九九 四	七二 六
六三 七	四五 九	八一 五

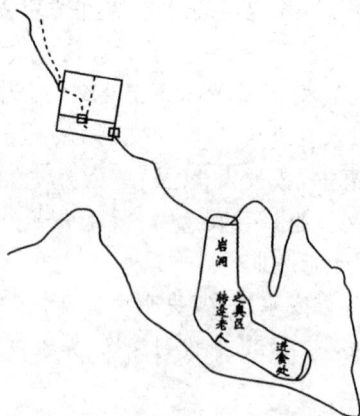

三、树煞

乡居宅基,以树木为衣毛。盖广陌局散,非林障不足以护生机;溪谷风重,非林障不足以御寒气。故乡野居址,树木兴则宅必发旺,树木败则宅必消乏。大栾林大兴,小栾林小兴。苟不栽植树木,如人无衣鸟无毛,裸身露体,其能保温暖者?书云:"门前净无遮蔽,宅后偏宜绿树,浓茂四时形不露,安居久远禄千钟。"惟其草茂木繁,则生气旺盛,护荫地脉,斯为富贵垣局。东种桃杨,南种梅枣,西种栀榆,北种李杏大吉。若东杏西桃,北枣南李,谓之淫邪树,亦形气感应,所关祸福不小也。

　　树木弯抱,清闲嗓嗓;门前桃柳,贪花酗酒。
　　门对垂杨,披发悬梁;独树当门,寡母孤孙。
　　排株向门,荫益后昆;门前突株,掏模穿窬。
　　嫩树搭枝,发财育儿;大树当门,六畜难存。
　　门树两般,畜凋人鳏;树当门口,气痛乱呕。
　　独树平秃,二姓不睦;枝斜向门,哭泣丧魂。
　　门对空树,咳嗽流注;大树古怪,气疼名败。
　　破树当门,杂病眼昏;古树堂中,寡母遭凶。
　　破树战堂,孤寡少亡;明堂荆榛,气痛伤娠。
　　古树繁多,家衰病拖;高树般齐,早步云梯。
　　独树枯朽,翁招寡母;高树戌方,火烧目盲。
　　树下肿根,聋盲病昏;有树空心,长病哑喑。
　　右畔牙树,忤逆无妇;大树枕旁,风声惊慌。
　　竹木回环,向宅前拱;家足衣禄,广进庄田;
　　左有大树,右边无树;吉少凶多,下手发富。
　　右树红花,娇媚荡家;左边树林,夹屋紧逼。
　　煞气充塞,妇女啾唧;屋低树大,崩破遭害。
　　隔墙树影,照入庭阶;神鬼惊吓,小儿骤呆。

树枝藤缠，悬颈翻船；绿树宽隈，长发大财。

巷口藤缠，缢头被牵；树损下边，烂脚灾缠。

大树排后，正屋离远；家有余钱，孝和委婉。

屋顶枯树，鬼呼寡妇；大树挤前，压门遮大。

中年男女，羽化登仙；独树冲天，妻命难延。

大树遮压，少生男女；眼目昏迷，功名难许。

树头有窟，应生疮毒；果树披左，杂病痰火。

小小独树，园中平秃；少年孀居，终有福禄。

一树二树，出尖上枝；少年妻殒，再娶多儿。

树倒沟里，旁生横枝；指着人家，必损孩儿。

枯树当门，罗赖覆盆；独树当门，枉死新婚。

厨房山头，独树高耸；姑媳二人，口舌繁冗。

园中椿树，长大如斗；家从此衰，主人不久。

枯枝指门，牙疼难容；老树压屋，病人损畜。

园中柏树，丛生一处；卖尽庄田，寡妇远去。

柏蜡二树，周围重密；财富不久，壮年多疾。

屋后有榆，百鬼远趋；前树忽死，主病难起。

后园独树，现高长根；孤寡劳疾，夜尚私奔。

午上枝篡，驹喘病患；下尽发烧，眼花几瓣。

坎上树死，妇亡夫痔；前竹开花，防贼来家。

树头向外，必遭徒配；瞎眼蛇腰，家财冷退。

树头垂水，必招人溺；昏顿头脑，龟头沥沥。

前枣成桃，生子灰谐；门前桃柳，贪花酗酒。

父子姑媳，吵闹如麻；树丛枝梗，如刀似牙。

秀木耸左，长房安妥；屋小树压，子孙消乏。

两树夹屋，瘟疫颠仆；奸淫不和，定伤骨肉。

半头大树，怪倚鬼附；小儿惊痫，阴人病愈。

枯树罩前,孤寡少年;树罩屋荫,抱养相寻。

右有树株,形似伏牛,孀居怪病,吐血忧愁。

左边古树,三五大株;男克妻子,妇克丈夫。

前树低头,兄弟怨尤;前有蕉树,气疼寡妇。

后见一树,鱼尾上支;重妻纳妾,庶可生儿。

枯树空心,中烂眼穿;乳花痔疮,怪疾下缠。

蕉树前摆,血疾浸奶;椿大出寡,应人聋哑。

东柳西桑,进益牛羊;椒树巍巍,心痛惹非。

前林中耸,两头渐低;清秀童子,金榜题名。

树尾交加,尽指大门,官非横事,吵闹皆之。

门前破株,惹火烧须;足疾眼患,肾卵肿涔。

冬青斗大,退财生癫;门首有槐,荣贵丰财。

右矮左高,末房富豪;左矮右高,长衣锦袍。

前高后低,家无孩提;后高前低,夫妇眉齐。

后边树木,重叠围护;发秀发财,家多贤妇。

旁树转弯,财富清闲;四围树齐,田遍东西。

边树反飞,孤田无依;曲桑钓井,目不见影。

左树弯转,两排拱迎;考选前列,富贵芳名。

右畔树林,叠叠障起;六畜繁兴,富贵两美。

下水树木,偏不回头;贫穷孤寡,常年失牛。

左右树木,两直长拖;单传一代,别种田禾。

桑树烂穿,主坏眼眩;竹木斜指,财劫官累。

宅内多蕉,经水不调;血疾伤目,惹祟招妖。

枯树半荣,边死边生;卧病不起,风气伤悍。

竹木乍黄,举家惊慌;竹屋伶仃,飘摇不宁。

四围树遮,阴气寒冷;有女无男,愚人不醒。

树木临塘,枝梢蘸水;应人眼疾,泪湿不止。

前似挂衣,外死不归;树木藤牵,官讼疯颠。

左右两廊,各栽一树;寡妇守门,痰火流注。

前有死树,失财倒路;前忽高耸,上水退田。

左边大树,斜立门前;乘煞入门,贼偷讼牵。

右边大树,近遮门前;孤儿寡妇,退尽庄田。

后门曲桑,老母眼昏泪汪汪。左树直长,摇曳宅外长离乡。

壬子癸丑方宜桑柘树,寅甲卯乙方宜松柏树,丙午丁未方宜杨柳树,申庚酉辛方宜石榴树。辰巽巳方宜大林,戌乾亥方宜平林。东方宜榆柳,西方宜柞柏,南方宜枣杏,北方宜槐檀,得位荣华享世祚。

树亦以形应人。树之枝叶稀疏尖耸者为阳,繁浓宽厚者属阴。独阳出头者克妻,孤阴出头者伤夫。树生于地,莫不有金木水火之气,以成金木之形,气与形具,理亦寓焉。人与物气原相通耳,彼五行不合其体者,偏倚驳杂之气胜;五行不得其位者,刑冲战克之气胜。故凡圆、直、屈、棱,千态万状,无非金木水火之参差者也。宅内之人,宅外之树,亦如是气;树有是形,人亦如是形,其感召无二理也。(见第231至第233面图)

例1.王姓,宅向南,西方有空心大树,当四尺高之处烂穿一眼,内有虫蛀。康熙六十一年壬寅春,余见之谓主耳病,速宜锯之,主人弗信。次年二月,家中酉生少姑,卯生二男俱先生聤耳,随发毒疮;三月耳出脓血,四月痛甚忽聋。主人复询余:"果是树应乎?"余训之:"酉属先天坎,伏羲画也;坎为耳,此孔圣传也。酉树虫蛀,酉命耳亦虫蚀。今癸卯年,太岁在卯,灾杀在酉,此本尧舜历日,今《时宪法》年神方位之图,刻在篇首者,独未见欤?酉卯相冲,冲太岁,冲卯命,卯岁之灾杀在酉,即卯命之灾杀在耳也;故以前不应,至卯岁始应。二月建卯,则酉为破。岁卯冲酉,月卯又冲酉,冲酉即冲耳,击战之乡,正逢击战之时,应发毒疮。

三月建辰,辰与酉合;四月建巳,巳酉三合,煞固结而莫解,所以
独钟酉卯生人。酉属兑,兑为少女;酉属坎,坎为中男。兑金冲克,
男子较胜。"主云:"次子先聋。若果系树,归即锯之,但不知可解
斯疾否?"余曰:"非吉日锯之,不能遽解。"幸耳疾尚未久,余择
吉扶命,取金星照度日除之。有是弊,则有是病,无是弊则无是
病。后果渐愈。

　　例2.罗姓,长男,胸脯嘈杂。坎宅,巳方古树空心;坤方池坑,
砖砾堆内;丑方厕窟,亥方便门受风兼有沟射。余曰:"亥为胸,
巳为脾;丑为腹,亦为脾。坤为腹属长,亥巳亦属孟,宅长乙丑生,
丑正系本命,今四方有弊,医难断根。乞余择吉改整,病即消除,
长此平安清洁矣。"

痈肿树:	缠藤树:	戴笠树:
肿树在门前,	缠藤树牵连,	独树孤蜂如戴笠,
二房喑哑不能言,	官事至攀扯,	僧道尼姑人忤逆,
出入鳏寡跛疾,	相争遭缧绁,	更主眼无光,
招瘟动火事忧煎。	财盗绞缢是。	争斗事不一。

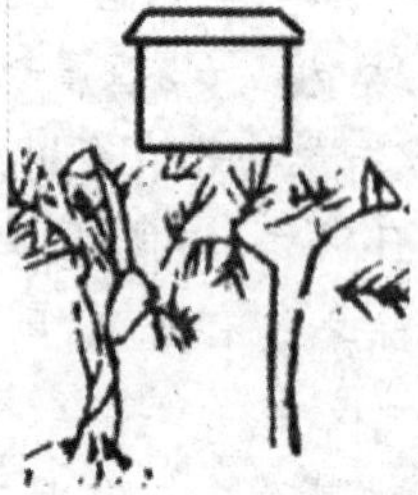

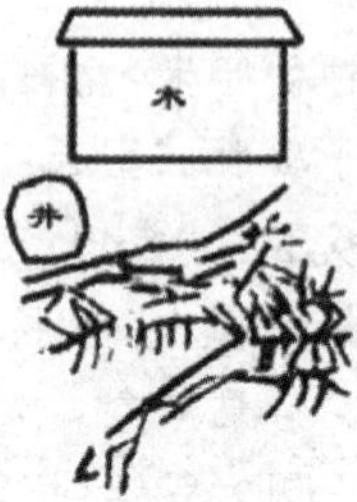

烂眼树：
树干烂眼，
乳痈奶花，
株本烂眼，
气卯痔疮。

两等树：
门前双树，
二姓同居，
大富之家遭二妻，
孤寡泪连损六畜。

井坑树：
井坑树连堆，
大姨小姨入门来，
又见木中木，
寡母常啼哭。

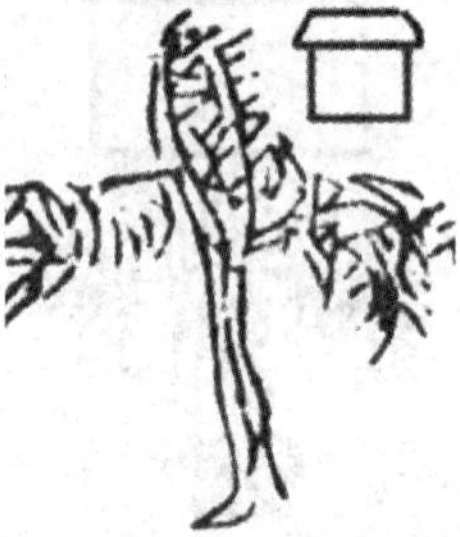

附庙树：
树庙并立前，
少死官非牵，
瘟火祸来磨，
岁到事又多。

醉颠树：
竹木垂倒落水边，
小儿落水死，
瘟火发酒颠。

向外树：
树头向外人离乡，
瞎眼落水主外亡，
曲背驼腰多劳瘵，
常招小鬼惊作害。

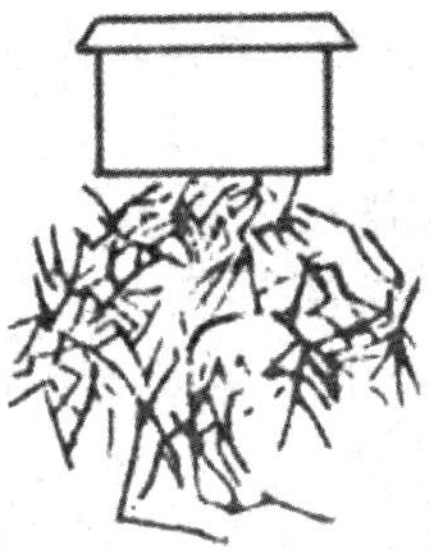

破肿树：
鬼怪之树痈肿前，
盲聋喑哑劳病绵，
妇人惹怪来入宅，
惊鸡弄犬使人颠。

萝绞树：
树长被藤缠，
缢颈入黄泉，
妇人口舌滥亲邻，
瘟火事相干。

头腰俱肿树：
怪树肿头又肿腰，
疾病劳瘵不曾饶，
猫鼠猪鸡并作怪，
奸邪内乱小儿号。

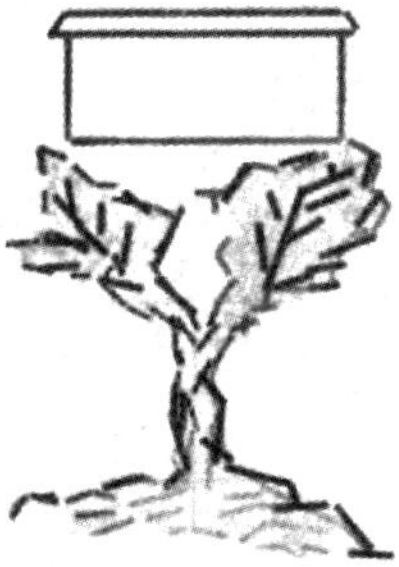

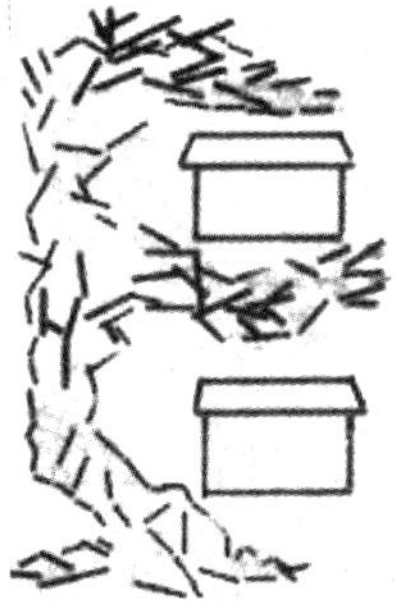

分叉树：
独树两枝冲上天，
牵连官事惹忧煎，
断他年月无移改，
坐向官主细难言。

屋顶树：
此屋若在大树下，
孤寡人丁断不差，
招郎乞子家中有，
瘟疫怪物定加交。

　　例3.苏姓,小肚疗疮,十年不治,余断坤方或有损。及相祖茔,坤申方破树兼刺丛坑坎,令除之,不一月即愈。由择吉扶命、祛病解厄之星到度也。

　　例4.坎宅,巽方土地坛大树藤缠。己未都天,已巳到方,四月丁丑、乙酉岁破、岁刑、丧门、凶煞会合都天吊客方,巽为长女,其家长妇丁丑生命,以绳系母鸡数日,未与食水,鸡将重毙。夫以槌击妇股肱受伤,妇入房闭门绞颈,破门进观,舌已掉出,抱上解吊,以鹅唤气,一更方苏。巽为鸡、为绳、为悬吊、为槌尺、为更点、为股肱,一一皆巽气所应。令除藤根,移坛去树,伤乃愈。

　　例5.坎宅,长妇生乳痈,以巽方一树,距地三尺,高处烂穿眼,虫蛀空,又粪坑在彼,蛆满缸,故应是病。巽为长女,亦即长妇,巽为乳,故乳应是病。择吉扶命,改除即愈。

　　例6.会稽任宅,子午兼壬丙,七运造。(见下图)

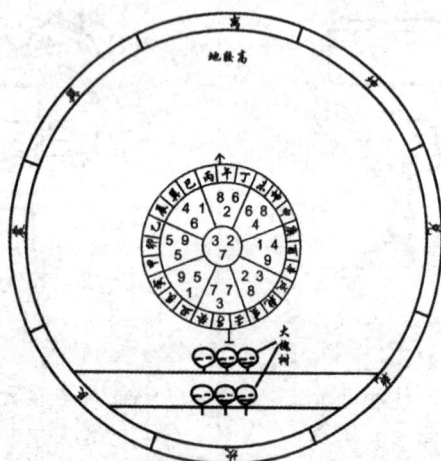

　　此宅关键在坐后见水,而高大槐树可作山星的依靠。

　　此宅前面地高,后有大河,乾坎艮方均现水光,后有大槐照水,一片绿色,屋内多阴暗。住此屋者,财丁两旺,因双七到后,后有大河故也。然屋内有身穿绿衣之女鬼,至申时出。因双七到坎,七为兑,为少女也。二黑到乾,二为坤母,五黄到艮为廉贞,即九离为中女,五黄又为五鬼,此三方皆有大河水放光,合坐下之七,即"阴神满地成群",故主出女鬼。于申时出现者,以坎为阴卦,申乃阴时也。穿禄衣者,因槐映水作绿色也。且屋阴暗,故鬼栖焉。八运初,钱韫岩于未方开一门,至今鬼不现矣。因未方得八白旺星,艮方变为二黑,五鬼已死,故无鬼也。此乃一贵当权,众邪并服之谓耳。

例7.中元六运,午山子向。

这是一家合伙开办的竹艺工厂,办事处为一层平顶建筑,在正向两旁的亥、丑之方各植一株尖形的龙柏,高与屋齐。亥方山盘为九紫火,龙柏之形为尖,亦属火,形与气两种火合起来克制运星及坐山六白金;而丑方山盘飞星为七赤金,地盘九紫火,七赤亦属先天火,其龙柏形尖又是火,亦克制运星及坐山六白金。经云:"赤连碧紫,聪明亦刻薄之萌。"丑为艮,亥属乾,先天亦为艮,艮为少男,所以,此厂的股东中年龄最小的一位必是奸诈刻薄之人。果此厂股东中年纪最小的人非常奸诈,说话尖酸,经常吵闹,且作假账,致使公司亏损。后将两株龙柏移走,并将大门与一些办公桌作了调整,不久,那位爱闹事的股东自己撤股退出,小厂业务蒸蒸日上。

三 一 五	六 六 一	四 八 三
三 九 四	一 二 六	八 四 八
七 五 九	五 七 二	九 三 七

丑 ↓ 亥
龙柏　龙柏

四、诸般形煞

反光煞:太阳通过水面、玻璃、镜子等,把光线反射到住宅内,特别是卧室之中,会使人精神不集中,反应迟钝。久而久之,就会发生碰撞之伤或血光之灾。

镰刀煞:住房在山中由砂形成,在城中由天桥形成,其状如镰刀者是。平地中则是由道路的反背而形成,有招致血光之灾的危险。

孤峰煞:一座楼房孤立独耸,四周都没有靠山或高楼作为靠山者是。经云:"风吹头,子孙愁。"犯此煞者,无朋友扶助,子女忤逆或远离他乡。

白虎煞:楼房右方有楼房兴建或拆卸,因宅右为白虎方,就是犯了白虎煞,轻者疾病破财,重者会致人伤亡。

天堑煞:从屋宅望外,前方有两座大厦离得很近,中间一隙犹如斧劈刀斩而一分为二者是,主疾病或血光之灾。

穿心煞:建在各种通路隧道之上的住宅是。若为高楼,只影响下面两层。轻者破财、疾病,重者易生血光之灾。

天桥煞:天桥出入口斜反而去者是,主破财,或经营不善而使财物走失。

炮台煞:四周建有炮台,亦有作假炮以镇煞者,凡对着真炮或假炮口之方的房屋都犯了此煞,会使人脾气暴躁,因财失义。

开口煞:电梯门正好对准自家大门,像老虎开口噬人般,主疾病、破财、口舌、是非。玄空飞星学则认为,电梯门对自家大门,若在死绝休囚之运,主破财伤丁,血光之灾。若在生旺之方,反而大吉,得官进财,诸事顺利。

冲煞:四周有电杆、灯柱、屋脊、尖角等冲射者是,主多疾病,不利健康。

孤阳煞:住宅毗邻电力房,锅炉房,加油站等是,主脾气暴躁,易生是非。

孤阴煞:住宅邻厕所,垃圾站,排污坑等是,主疾病,退财。

尖射煞：山居者有尖砂，城居者有屋角、假山等直冲房屋四周是，轻主家庭不宁、疾病，重主血光之灾。

除以上之煞外，还有桥煞、庙煞、路煞、声煞、刺面煞等，本文云"六煞"者，是言阳宅外六事之煞，并非只有六种形煞。

花粉煞日

【原文】以夫妇年天干看之。

甲乙生辰丑未日，丙丁卯酉实堪伤。

戊己巳申须大忌，庚辛最怕虎猪强。

壬癸辰戌是花粉，男嫁女婚犯须亡。

【注解】甲乙之年生人丑未之日结婚，丙丁之年生人卯酉之日结婚，戊己之年生人巳申之日结婚，庚辛之年生人寅亥之日结婚，壬癸之年生人辰戌之日结婚，是犯花粉煞。

大凡神煞起例，均有理可据。非以五行生克制化、冲合刑害、生旺死绝之理，必以天星照度，照方之义，如此则义理明白，方有征验。花粉煞日却无义理，若以五行生克论，我克者为妻财，甲乙年命见丑未，丙丁年命见酉金，庚辛年命见寅木，都是妻财得旺之时，男命婚期得之最宜。又云克我者为官，女命以官杀为夫星，癸年见辰戌日，是夫星得旺之时，也是女命结婚的最佳日期，而花粉煞日反以为凶，此其一。若以五行生旺死绝论，丙丁日见卯为印绶生身，戊日见巳为得禄，己日见巳为帝旺，戊己日见申为长生，生旺之方，何等吉庆，花粉煞又何以言凶？此其二。若以天星论，甲命见丑未日，丙丁命见酉日，庚辛命见寅日，己命见申日，都是天乙贵人当值之日，天乙贵人为天上最吉庆之星，且戊命见巳为德禄，均为吉神，花粉煞日何言之以凶？是均无义理，所以不应拘泥，举例以说明。

女命，庚戌年七月十八日酉时生，四柱是：

庚戌		03、丙戌
丁亥	大运	13、乙酉
庚子		23、甲申
乙酉		33、癸未

此胡小姐命造。此造于戊寅年，乙丑月、丙寅日办领结婚手续；于己卯年、丁卯月、丙寅日举行婚礼。依花粉煞日论，此女领结婚证日及举行婚礼之日都是犯了花粉煞日，主不吉。然此女婚后，夫妇工作一帆风顺，夫妻感情始终如初，何以此煞不验？此造年干见比，时支藏刃，戌土偏印生身，身强。丁火官星仅有戌土库中一点火为微根，乙木之财又被日元合去，不能生官，官星不旺是夫星较弱，所以虽有对象，而父亲不同意，故婚事一拖再拖。29岁戊寅年，寅木合亥化木生官，丙寅日财旺官强，故办证结婚均为寅日。此是命理择吉补用神之法，非花粉煞日可比也。

男命，壬子年七月十三日亥时生，四柱是：

壬子		09、壬子
辛亥	大运	19、癸丑
癸丑		29、甲寅
癸亥		39、乙卯

河南宜阳陈先生命造。此造于己卯年、乙丑月、丙戌日结婚，也是犯了花粉煞日，主夫妻不利。然此造庚辰年即生一子，夫妻感情非常和谐，何也？此造四柱皆水，水以火为财，以木为财之根。己卯年卯亥合而化木，泄水之气，丁丑月、丙戌日财星得根，故有红鸾之喜。

作灶忌绝烟火日

【原文】主冷退。

正五九月丁卯日，二六十月甲子日，

三七十一月癸酉日，四八十二月庚午日。

又忌丙丁两干，为灶的命煞。戊己为灶土皇煞。更忌六壬死运日。

【注解】绝烟火日是取五行三合局的败处，并以天干所属五行配支。寅午戌月三合火局，火生在寅，败在卯，天干丁属火，所以正五九月见丁卯日是。亥卯未三合木局,木生在亥,败在子,天干甲属木,所以二六十月见甲子日是。申子辰三合水局,水生在申,败在酉,天干癸属水,所以三、七、十一月见癸酉日是。巳酉丑三合金局,金生在巳,败在午,天干庚属金,所以四、八、十二月见庚午日是。

初视此义,似觉有理,细思亦非。败亦生处,何以言败? 此理本就不明,更何况戌月见卯,辰月见酉,均属六合,若冠以绝字,实属无稽,故亦不必拘泥。

【原文】分居绝烟火煞(分居忌日)。

> 正七分居辰戌防,二八猪蛇不可当,
> 三九切忌游子午,四十又怕犯牛羊,
> 五十一月寅申忌,六十二月卯酉殃,
> 世人不怕绝烟火,十人犯着九人亡。

【注解】正月七月分居于辰日戌日,二月八月分居于亥日巳日,三月九月分居于子日午日,四月十月分居于丑日未日,五月十一月分居于寅日申日,六月十二月分居于卯日酉日是此煞。思此煞理,均无义理。二月建卯,遇亥日三合;正月建寅,遇戌日三合;七月建申,与辰日三合;三月建辰,遇子日三合;九月建戌,遇午日三合;六月建未,遇卯日三合;十二月建丑,遇酉三合。合则有情,因何反绝烟火? 实无此理。所以《象吉通书》将此煞起名为"误人歌",言"是例非也"。

九　　星

【原文】贪、巨、禄、文、廉、武、破、辅、弼。

【注解】贪是贪狼星,巨是巨门星,禄是禄存星,文是文曲星,廉是廉贞星,武是武曲星,破是破军星,辅是左辅星,弼是右弼星。

九星之说,源自北斗七星和辅、弼二星,因派系不同,九星吉凶所属亦有异。大游年变卦是以贪狼为生气木,巨门为天医土,禄存为祸害土,文曲为六煞水,廉贞为五鬼火,武曲为延年金,破军为绝命金,辅弼为伏位。其方位也是根据宅向不同而变化。以八卦而论,左辅和右弼同宫。以九宫论,则贪狼为一白属水,巨门为二黑属土,禄存为三碧、文曲为四禄、均属木,廉贞为五黄属土,武曲为六白、破军为七赤俱属金,左辅为八白属土,右弼为九紫属火。地理家是以龙形而论,贪狼属木体,巨门、禄存、左辅属土体,文曲属水体,廉贞属火体,武曲、破军、右弼为金体(语出杨筠松《撼龙经》)。所以,九星要根据风水派系具体使用。

【原文】四吉星方。生气贪狼木,宜屋高,安门床并灶口向之,四吉方切忌安坑。天医巨门土,宜屋高,开门安此,坐东而会凶。延年武曲金,宜屋高,来路、安门、床、灶向,居西而获吉。伏位辅弼无专主,宜安房床只生女。

【注解】天医巨门属土,东方属木,门亦为木,若巨门居东方,在此安门,方位之木与门之木形气结合而克天医土,故云"坐东而会凶"。

【原文】四凶星方。破军绝命金,犯之不吉,震巽离相克。六煞文曲水,犯之凶,坤艮巽皆不吉。五鬼廉贞火,犯之不吉,坎乾兑亦非宜。祸害禄存土,犯之凶。

本命之四凶方宜安灶座、坑厕、井、碓、磨等压之。

【注解】震巽方属木,金克木;离方属火,火克金,均与绝命、破军相克,故云犯之不吉。文曲属水,坤艮属土,土克水;巽属木,盗水之气,且"一四"主淫荡,故云犯之凶。坎方属水,水克火,乾兑属金,火克金,故五鬼居此几方亦凶。这是以八卦方位所属五行与九星五行论生克,似与风水之理不符。如前生气属木,至离方火为泄气,至乾兑方金为受克,至坤艮方又为克方,仅有坎方与震巽方为吉。那么,若离乾兑艮坤几方见生气是以吉论还是以凶论?又如天医巨门土,至乾兑金方为泄气,至震巽木方为受克,是论吉? 还是论凶? 再如延年武曲金,至离方为受克,至巽震方为克方,至坎方为泄气,是以大游年论吉? 还是依八卦五行与九星五行论生克? 均自相矛盾,难以成理。

宜高宜低是以该方吉凶而论之。如值四吉方,其方房屋则宜高大;若值绝命、祸害、五鬼、六煞四凶方,则其方房屋宜低矮。如坎宅,坎离震巽四吉方宜高,乾艮坤兑四凶方宜低矮,如此则坎北房惟独高而乾艮均低;又如震宅,震巽坎离四吉方宜高耸,乾坤艮兑四凶方宜低伏,如此则东房震方与巽方高而艮方低。且不说此法与风水关系如何,依中国建筑理论来说,当以对称朝拱为美,即座山一方略高,其它三方略低拱主,从未见一座四合院此高彼低,起伏无序,参差不齐。以最讲风水布局的北京紫禁城而论,三大殿与后三宫高耸,其余四方如众星拱月,整齐均衡地列于四周,未见震巽高而乾兑伏之象,是古人不以东四、西四之吉凶为法也。

作灶求财法

【原文】灶座压东西命之杀方,火门向本命之生气、延年、天医等星吉方,取气为佳。

元命合灶日吉向,可以求财。合生气方大富,生气属木星,应在亥卯未年月。合天医亦吉,系巨门土星,应在申子辰年月。合延年武曲金星,应在巳酉丑年月。合伏位、辅弼木星有小财,亦应在亥卯未年月。

【注解】生气、辅弼皆木,木旺在亥卯未年月,是得其旺气而得财;延年属金,金旺在巳酉丑年月,是得三合旺气而得财;天医属土,土四季月各旺十八日,理应在辰戌丑未土旺之年月得财,而申子辰三合水局为土之衰气,何以反得财? 若能得财,因何生气不取辰戌丑未年月,延年不取亥卯未年月? 是一义二法,政令不一,不能圆说。

　　阳宅风水,诸书均有求财之法,但均以修方为主。当然,作灶也是修方的一种,但其法都是以天星与本宅的生旺之气为主。吴鼐在《阳宅撮要》中说:"凡修财要看本宅之旺方,合着青龙、黄道、金匮,以年月日时设成四课,有方修方,无方开泽取土作灶,十有九验。"胡晖在《选择求真》中说:"凡人家财禄不旺者,多因财帛、田宅二星失陷,又或修造有犯大耗故也。宜修流财方而带月财、金匮、火星、极富、谷将、青龙、天富等星,并合本命禄马、甲财二星及太阳、乙丙丁奇,休生开门共到其方修之,必主骤发。"青江子在《宅谱修方》一书中有"救贫"一节,更是详细,特摘于下:

　　凡修方催财,取天富、月财、三仓、三德及运财星同本命财星、禄马、恩曜并临其方,关照命度,兴工动作,自得横财。若救冷退,兼取荧惑、九紫,制化修之,则孳生繁茂矣。诸家只重奇门,窃思开即六白乾金,休即一白坎水,生即八白艮土,景即九紫离火;宫克星则财来,星克宫则财去;宫生星财损耗,星生宫财进益;宫星比和,财利快意。欲知得财日期,生宫卦气可定;欲知破财日期,克宫卦气可定。至出行营谋求财,宫卦宜乘旺时,畸星宜生宫卦。乾震主动,行则大获;坤艮主静,动必有阻;巽宜舟行,离宜陆往,坎防失脱,兑怕纷争。若得宫卦逢时,畸星生和,修方召福,百谋百遂。倘年月日时六白不到兑乾坎离,一白不到坎艮震巽坤,八白不到艮震巽坤兑乾,九紫不到离坤艮,或犯岁君、岁破、三煞、金神、都天等杀,并命度照曜仇难,虽得奇门克泄宫位,福未至而祸先遭矣。

　　例1.昔胡公为周氏修乾亥方,壬山丙向,用己亥年、辛未月、甲辰日、辛未时,本年独火在乾,六月月财在亥,流财壬在丙,壬戌主命,禄在亥,修后至次年,果遇横财致富。

　　按:壬属坎为东四宅,修乾亥为六煞方,依八宅论修之主凶,此却大富,说明八宅催财法不能圆说。

　　例2.亥卯未局,宅居甲向,乙方安门,宋开宝八年(975),上元乙亥岁、己卯月、乙亥日、己卯时,陈图南为洛阳程氏乙未生修造。二月运财星到甲,本年卯方遁己卯土,甲木克之为财,岁禄在卯。月德在甲为木德,月建己卯,月德合在中宫,为赦德、仁德、和德,遁辛巳天德合到庚山,为运德、合德、禄德、仁德、和德、金德;丙戌到向,卯戌合化,太阳躔亥,合照卯向,天富、天财、天星、禄马、贵人同到其方。惊蛰下局,四宫起甲子戊,顺遁甲戌己中五,逆遁乙奇三震,己卯时系甲戌之旬,以旬首甲戌五坤顺遁己卯到一坎,以死加坎,顺挨甲乙方得开门之奇,四柱两干不杂,建禄、归禄,地支亥卯与未命宅主合全木局,木旺于春,当权得令,兴工修造,大发财富。

按:甲向庚山,属兑宅,修震方为绝命,八宅修方最凶之处反而大发财富,再说明八宅催财法不能圆说。

例3.见本书上册第231面所举"乾道二年修艮宅"例。

例4.见本书上册第74面所举"淳熙六年造丙向屋"例。

按:壬山丙向为东四,修乾方为六煞方,依八宅修方论为凶,此却大吉,八宅修方催财不能圆说矣。

例5.见本书上册第143面所举"壬申生修午未方"例。

按:天金神在午未,不用丙丁干克,以金入南方已受火克为财矣。

例6.见本书上册第177面所举"宣德十年修乾方"例。

例7.壬子年择辛亥月、甲寅日、己巳时修坎方别墅,压虚日宿以制邻煞。本年遁壬子在坎,壬禄辛亥,食甲禄之寅,寅为文昌,己巳又为甲日文昌、文星。立冬中局,九宫甲子,逆遁己巳到巽,乙奇到坎,生门在坎;月入中顺遁,命马丁亥,岁贵、岁马辛亥同在中宫,天德乙巳到中,为赦德、仁德、官德,天德合庚戌在坎为印德、合德、恩德、月德,值日甲寅在艮山,己巳在中宫,丁巳年,己巳时,乙酉命,三合金局在一白方,金白水清,水旺于冬,由辛亥而进,壬子水当令,旺相有气,能制一切火星,修后生贵子,发大富。

例8.见本书上册第231面所举"癸未生修卯方"例。

玄空飞星催财之法,则以向上飞星生气、旺气方为主。在此开门、立灶、安床、办公均可召财。如下例:

例9.移步换形,化凶为吉。

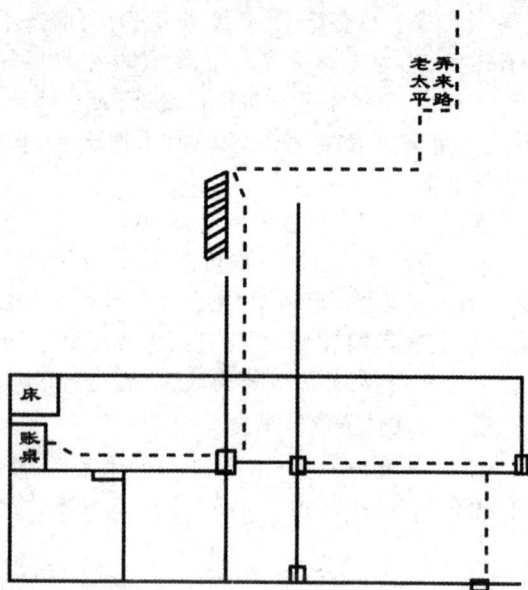

上海南市老太平弄聚源城楼上,王君桂山寓,四运壬山丙向,宅原定坐位庚向甲,来路退气,杀气冲克,甚为不吉。改壬山坐位,来路迎向首旺气,休囚之气掩藏不动,于丁卯十二月二十四亥时改动,可许本年冬季及戊辰年内,一路顺利。

诗曰:来方退气向星克,好事难成空费力。

改造门风天地惊,戊丁年内多受益。

按:门为宅之气口,若当生旺之处,会给本宅带来生旺之机,故宅以门为最要。此宅先是坐庚向甲，门上挨星七赤金，即克四运木宅，又为退气，故甚为不吉。一改壬山丙向，门上飞星为当运旺星，吉凶有天地之别。飞星演数如下，以供参考。

庚山甲向四运图
来　路

七三 三	二七 八	九五 一
八四 二	六二 四	四九 六
三八 七	一六 九	五一 五

壬山丙向四运图
来↑路

八九 三	四四 八	六二 一
七一 二	九八 四	二六 六
三五 七	五三 九	一七 五

⊥

例10.建造失时，名山空占招祸咎；斡旋气运，所争在一出入间。

福建德化县城内，雪山下许宅，位于申脉侧落之凹间，坐庚向甲，地位绝佳。惜于上元三运庚戌年建造，有违天运。二十年来，家运衰败，常在厄境，主人求法以解救，便照行出宅重入之法。命壬申十二月出宅，癸酉二月十一日未时进宅，演数如下。

此宅得地位，失天时，二十年来受了不少挫折。山上三四子孙星被溪水冲激，人口不利。向上禄存财星上山，入宅以后十年中，已招不少损失。癸亥年甲子以后，壬上一六生扶艮四，财禄由信用上、名誉上来者，为数可观。惟坤上溪流，忌星得势，大有得不偿失之苦。此名山上天星下水，水里天星上山，家运之颠颠倒倒，在所不免。况山星八宫犯伏吟，全家多是非口舌，难得和谐幸福，该宅癸酉年内尚有小小磨折。嘱其出宅一两月重新迁进，改造宅命，自癸酉年起，改行甲路，可以当年立致胜福。

诗曰：造化无心，名山失驭。建造背时，廿年颠连。

　　　　向救济方，原有线路。一转移间，春回旦暮。

　　按：庚戌年是1910年，属三运。壬申年是1932年，属四运，故一进一出，一改路线，宅运就由三运换为四运，旺星到向，开门行路，皆由凶变吉。细审两运飞星图，即可明白其中玄妙。

庚山甲向三运飞星图　　　　　　庚山甲向四运飞星图

四 九 二	九 五 七	二 七 九
三 八 一	五 一 三	七 三 五
八 四 六	一 六 八	六 二 四

七 三 三	二 七 八	九 五 一
八 四 二	六 二 四	四 九 六
三 八 七	一 六 九	五 一 五

　　例11.拆旧合天机，忽来意外两千金。

```
┌─────────┬──────────┬──────────┐
│  厨  四 │    四     │      四   平│
│     运  │    运     │      运   房│
│     造  │    造     │      造     │
├─────────┼──────────┼──────────┤
│         天          井           │
├─────────┬──────────┬──────────┤
│  三     │          三│     四   平│
│  运     │    厅    运│     运   房│
│  造     │          造│     造     │
│         ├────┬─────┼──────────┤
│         │天   井│     天   井     │
│  三     │    房 │          三   楼│
│  运     │      │      房  运   房│
│  造     │    ┌─┤          造     │
│         │天   井│                 │
│  四     │      │          四     │
│  运     │      │          运     │
│  造     │      │          造     │
└─────────┴──────┴──────────────┘
```

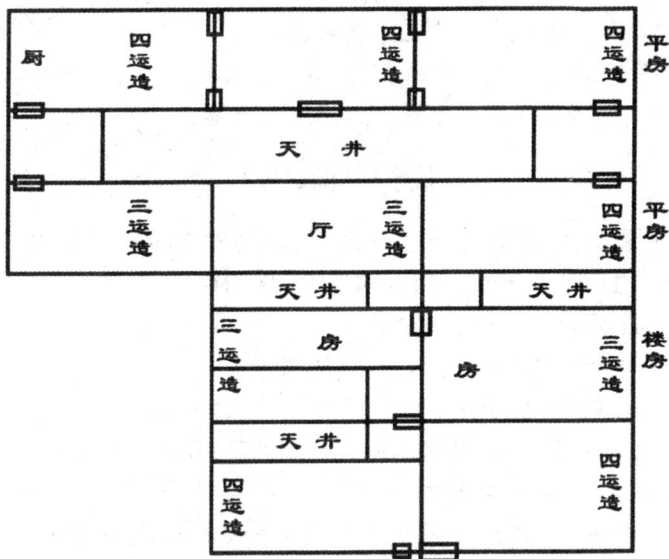

无锡陈君住宅,中段三运翻造,前后均四运翻造,第三带楼房,系坐子向午局,虽门改丙向,因统宅坐子向午,当以午向推算。

七　八 二	三　三 七	五　一 九
六　九 一	八　七 三	一　五 五
二　四 六	四　二 八	九　六 四

当乙丑年三入中,九月六入中拆卸第一进。正欲翻造时,遇一好机会,陈君手中若干橡树股分,适逢橡乳工厂力图发展,尽量收买橡乳原料,橡胶价格,步步提高,影响及于橡树股份,沪市有人竞买,弄成邪市。达到最高度时,陈君在乡得信,立即驰函,托戴姓友人代为脱让。刚脱手而橡胶价跌落,陈君意外盈二千余元。其宅气口木星当权,年星克入,月

星一白到，化克入为重重生入，时恰在此方动作，居然得到千载一时之巧机，亦是年月天星中珍闻也。

诗曰：克入已佳变生入，此方动作福来集。

不先不后益千金，识破天机随手拾。

催子法（催财法）

【原文】以灶座、十臭水、毛厕等类压本命之凶方，其灶火门向本命之生气吉星方，主周年生贵子，百事吉祥。

【注解】催子之法，有以移床取之，有以作灶催之，有以修方催之，均云其神验无比。胡晖在《选择求真》一书中介绍三法：

一、修天嗣求子法

凡家人丁不旺，必因本命天嗣方失陷，又值龙气克泄之故。宜择本年天嗣方、金匮方、红鸾天喜方，并取青龙生气、火星、胜光、传送、神后、功曹及太阳、太阴而带本命天嗣，男女禄马贵人，再合奇门贵同到其方修之，必有应验。

二、移床求子法

或换别房，或就旧房，以床所坐之方位与男女二命所得卦宫合生气、延年、天医等吉星，然后查取男女命天嗣星、红鸾天喜、真禄、真贵人、太阳、天月德、太岁禄贵、飞宫天月德到方，惟太阳到向亦宜。课要男命官星，女命子星透显生照拱合命宫天喜、天嗣、禄贵诸吉格，切不可与二命相刑冲，亦不可冲胎元。宜天喜、生气、金匮、天月德、麒麟、凤凰、三合、六合、二德合及开、成、危、定等日，忌建、破、平、收、闭及死气、伏断等日。

三、作灶催丁

作灶以向为主，法要得男女命天嗣星、天喜、红鸾、禄贵及岁禄贵、太阳、天月德到向，再将男女生年值卦配灶向，卦得生气、延年、天医吉，向本年太阳方亦吉。课要官星生旺，子星有气，四柱扶助用神,不犯刑冲,又不可冲胎元。宜天喜、麒麟、凤凰、天月德、金匮、生气及开、成、危、定等吉日,忌建、破、闭、收、死气、废绝、旬空、伏断、天克地冲之日。

青江子则认为,修方催丁当以太阳和天嗣星为主,择要介绍如下:

一、因何生-命关乎居室?

人禀天地之气所生,不能出乎五行之外。穴土之窑居,浮家之渔户,虽非屋宇,而五行无处不有,无时不然。人曰:戴天履地,行立坐眠,皆有归宿。下乘地气,上纳天气,五行生和,气之旺相,俾得生生不已,莫非造化感应。圣人仰观俯察,本图书配合。人之生命,各禀四方之气,分阴分阳,吉凶判焉。凡男女生命,循环不过六十甲子,先圣则取洛书、衍洪范、推九畴三元顺逆,绘成阴阳六图,以前民用。乾兑从老阳来,坤艮从老阴来,老宜配老,四卦相合在西者多属阴。坎巽从少阳来,离震从少阴来,少宜配少,四卦相合在东者多属阳。男女命在阳宫,在宅安床宜于阳宫,惟灶宜作阴宫,而灶门却宜向阳方,房门亦宜安在阳位,以纳阳方之气。男女命在阴宫,住宅安床宜于阴宫,惟灶宜作阳宫,而灶门又宜向阴方,房门亦必就在阴位,以纳阴方之气贯入闺内,吸吉生育。倘夫命在阳宫,妇命在阴宫;或夫命在阴宫,妇命在阳宫,不特家宅、床第、门户、井灶不能相合而犯岔,且阴阳暌隔,夫妇鲜能和谐到老。再如住宅、房床、灶门,阴命犯阳,阳命犯阴,主家业渐剥。二三世俱犯,必有覆宗灭嗣之祸。故凡男女同居阴宫者大吉,同居阳宫者大吉。坎离震巽为阳宫,艮兑坤乾为阴宫。中五阴土,带在二坤宫。男起三元,一四七逆行;女起三元,五二八顺行,上中下三元循环。结婚娶阳配阳,阴配阴。嫁娶男以女为室,女以男为家,是男为一家之主。设女命合而男命不合,则改移大门以合男命;设男命合而女命不合,则改移房门以合女命,催孕必以女命为准,女为一室之主。如男阳女阴,择四阴宫作房、安床、开门;男阴女阳,择四阳宫作房、安床、开门,再或宫分万难改移,且就当年白星、生方、太阳、麟德位上安床。女命一九三四宫者,将房门就在巽坎离震之方;女命二五六七八宫者,将房门就在乾兑坤艮之方,皆主生育全吉。倘逢恩曜躔命度,照方向,催孕贵子,家门兴旺,福禄寿考,子孙繁衍,富贵发族矣。若遇七政中之仇星、难星躔命度,照方位,不但孕男不准,即生亦不育。

世有妻妾数房,竟不受胎,男遍肆欲反滞涩子宫,犹天之霪雨不休,致地之草木伤湿,虽欲开花结实,而有所不能。故行洗之先一日及正当行洗,血尚未净之时,轻举妄动,塞闭不通,下部寒,子宫冷,男妇均耗无益。必须择吉扶命,安置生和宫位,选火旺等吉到方,自蒸热疏通,方可受孕。

二、因何修白星、太阳,立生贵子?

或床在白方,或门在白方,主生子。床与门俱在白方,而两白方相生,主生男无疑。若更得当年太阳星同临白方,更主生贵命男子。如乾隆六年(1741)辛酉岁,天喜在坎,太阳在戌,寅午戌三方合照成吉,午方安床,戌方开门;或戌方安床,午方开门,立主受孕生子。但要夫妻命主度得七政恩星躔照方验。

三、何以催生必修太阳方,其子始贵?

太阳即岁君之太子也,修方遇贵,定生贵命男儿。如乙亥生,甲子年十二月修丑方,以月建丁丑入中,调庚辰到艮丑。本年岁贵在丑,子与丑合,冬季丑土当令,庚辰天月二德到,先天震为纳德,艮宫为仁德、贵德,庚临贵人,艮寅宫分又是乙命岁德、催官,谓之岁命诸吉聚会,贵德当权。乙亥以月建并丑为福星贵人,天嗣星、生气、天富吉神,初旬动作,次年春遇贵扶助,登第选馆,发福旺财。丑月丑日生贵命男子,后居大位。

四、修方旺丁。

主星所生为子孙,如坐金度,得一水度一子,二水度二子。如坐水度,得一木度一子,三木度三子。如坐木度,得四火度四子,五火度五子。如坐火度,得一土度一子,二土度二子。如坐土度,得四金度四子,六金度六子。若受克则有伤,用事日干克主命,子孙凋零。大抵生一度加一子,克一度减一子。煞太重,多则少,少则孤,流星有子而受克,虽多亦必损伤。如生金度土宿众多,又主印旺无子息,即修催亦不生有,故必取水度为子。然有坐金无水,坐水无木而亦生子者何也?必得日干气化方有子而不孤生,主干比主干,依主星以定子数,相生者多加,如克减半。子度不受煞而得相生之气,催生有准。太阳、木、火、土正照、对照,生子极速;合照、拱照,三年生男,命相悉可预券。修期日禄归时格,子命亦必日禄归时。催期时上贵人格,子命亦必时上贵人多带。父母日时干支,仿此类推,概可推己子之相。看父母命主星,禽长则高,禽短则矮,宿清则清,宿浊则浊,禽善则心慈,禽恶则心毒,以禽象推之。逢蛇蚓蝠鼠,身小不英雄;遇獬牛虎豹,貌胖有威风。仿此例推。

五、六十年太阳修方生子详示。

甲子年求子,先修太阳丑方,以中宫报之,安床受孕,巳酉丑三方为的。丑方全吉,酉方次之,巳方母多灾,孕不育,正、四、七、八、十、十二月叶吉生男,别月非女难养。中宫大利始修,季月忌之。戊辰都天日不用,凶方辰巽巳子申离,忌正、三、五、十一月。飞黄上离、中乾、下震。

乙丑年生子,先修太阳寅方,以巳方报之,安床受孕寅午戌三方为的,戌方全吉,寅午次之。正、二、五、七、九、十一月叶吉生男,别月非女难养。己卯都天日忌用,凶方癸丑卯乙巳酉,忌正、三、五、七、九月。飞黄上坎、中兑、下巽。

丙寅年求子先修卯方,以未方报之,安床受孕亥卯未三方为的,卯全吉,亥次之,未又次之。二、三、六、九、十、十二月叶吉生男,别月非女难养。戊戌都天日忌用,凶方戌乾寅午申,忌正、三、五、九月。飞黄上坤、中艮、下中五。

丁卯年求子,先修乙辰方,以庚申方报之,安床受孕申子辰三方为的,辰方全吉,子申方次之。正、三、四、七、十、十一月叶吉生男,别月非女难养。己酉都天日忌用,凶方坤卯亥未庚酉,忌三、九月。飞黄上震、中离、下乾。

戊辰年求子,先修巽巳方,以亥方报之,安床受孕,巳酉丑三方为的,丑方全吉,巳方次之,酉方恐临产有惊多病。二、四、六、八、十、十二月叶吉生男,别月非女难养。戊午都天日忌用,凶方午丁辰戌申子,忌三、五、十一月。飞黄上巽、中坎、下兑。

己巳年求子,先修午方,以酉方报之,安床受孕寅午戌三方为的,午戌方全吉,寅方临产有惊,母小病。正、三、五、六、九、十二月叶吉生男,别月非女难养。己巳都天日忌用,凶方巽巳酉丑亥,忌正、三、四、九月。飞黄上中五、中坤、下艮。

庚午年求子,先修未方,以艮亥方报之,安床受孕亥卯未三方为的,未方吉,卯方临产有灾,亥方不利。正、二、四、六、七、十月叶吉生男,别月非女难养。戊寅都天日忌用,凶方卯乙甲癸寅戌子午,忌正、三、五、七、十月。飞黄上乾、中震、下离。

辛未年求子,先修申方,以兑方报之,安床受孕申子辰三方为的,辰方全吉,申子方次之。二、三、五、七、八、十一月叶吉生男,别月非女难养。己亥都天日忌用,凶方乾亥未卯坎,忌三、六、十、十二月。飞黄上兑、中巽、下坎。

壬申年求子先修酉方,以乾方报之,安床受孕巳酉丑三方为的,酉方全吉,丑方次之,巳方又次之。三、四、六、八、九、十二月叶吉生男,别月非女难养。戊申都天日忌用,凶方坤申子辰艮寅,忌正、三、五、七月。飞黄上艮、中中五、下坤。

癸酉年求子先修戌方,以中宫报之,安床受孕寅午戌三方为的,戌方全吉,寅次之,午又次之。正、四、五、七、九、十月叶吉生男,别月非女难养。中宫季月忌修,己未都天日忌用,凶方巳午酉卯丑乾,忌三、五、八、十月。飞黄上离、中乾、下震。

甲戌年求子,先修亥方,以子方报之,安床受孕亥卯未三方为的,亥未全吉,卯方次之。二、五、六、八、十、十一月叶吉生男,别月非女难养。戊辰都天日忌用,凶方辰巽巳戌午寅,忌三、四、九、十月。飞黄上坎、中兑、下巽。

乙亥年求子,先修子方,以辰卯报之,安床受孕申子辰三方为的,申子方虽有劫煞戌都,吉多不妨,辰方不利。三、六、七、九、十、十二月叶吉生男,别月非女难养。己卯都天日忌用,凶方乙艮甲癸乾亥巳未丑,忌正、三、十一月。飞黄上坤、中艮、下中五。

丙子年求子,先修癸丑方并中宫,以巳酉方报之,安床受孕巳酉丑三方为的,丑酉方全吉,但有妨婢妾之祸,巳方母有灾。正、四、七、八、十、十一月叶吉生男,别月非女难养。中宫生气为旁都四绿所制,不利单修。戊戌都天日忌用,凶方戌乾子午申辰,忌正、三、五、九、十一月。飞黄上震、中离、下乾。

丁丑年求子先修寅方,以戌方报之,安床受孕寅午戌三方为的,戌方全吉,午方次之,寅方又次之。正、三、五、七、九、十一月叶吉生男,别月非女难养。己酉都天日忌用,凶方酉丑乾亥未巽巳庚申坤,忌正、四、五、七、十月。飞黄上巽、中坎、下兑。

戊寅年求子先修卯方,以亥方报之,安床受孕亥卯未三方为的,卯方全吉,未方次之,亥又次之。二、三、六、九、十、十一月叶吉生男,别月非女难养。戊午都天日忌用,凶方丙丁戌寅申,忌正、五、十一月。飞黄上中五、中坤、下艮。

己卯年求子先修乙辰方,以坤申方报之,安床受孕申子辰三方为的，辰子方吉，申方欠利。三、六、七、九、十一、十二月叶吉生男，别月非女难养。己巳都天日忌用，凶方巽巳卯未亥酉，忌三、五、九月。飞黄上乾、中震、下离。

　　庚辰年求子先修巳方，以坎亥未方报之，安床受孕巳酉丑三方为的，但受孕后迁房为妙。二、四、五、八、十、十一、十二月叶吉生男，别月未必。戊寅都天日忌用，凶方甲寅辰午申戌，忌三、五月。飞黄上兑、中巽、下坎。

　　辛巳年求子先修午方，以子寅方报之，安床受孕寅午戌三方为的，午方全吉，戌方母常有病，寅方临产有惊。正、三、五、六、九、十二月叶吉生男，别月非。己亥都天日忌用，凶方乾亥酉丑，忌三、四、九、十月。飞黄上艮、中中五、下坤。

　　壬午年求子，先修未方，以亥方报之，安床受孕，亥卯未三方为的，未方全吉，亥方临产有惊或房中奇祸，卯方母当小灾。正、四、八、十二月叶吉生男，别月非女难养。戊申都天日忌用，凶方坤辰申午戌寅子，忌正、五、七月。飞黄上离、中乾、下震。

　　癸未年求子先修申方，以壬子方报之，安床受孕申子辰三方为的，辰方全吉，申方次之，子方母有病。二、三、四、五、七、十一月叶吉生男，别月非。己未都天日忌用，凶方坤午戌，忌三、五、七月。飞黄上坎、中兑、下巽。

　　甲申年求子先修酉方，以卯方报之，安床受孕巳酉丑三方为的，酉全吉，丑次之，巳方母常小疾或孕不实。三、四、六、八、九、十二月叶吉生男，别月非。戊辰都天日忌用，凶方巽辰午申子寅，忌三、五、七、十一月。飞黄上坤、中艮、下中五。

　　乙酉年求子先修戌方，此方不必报，安床受孕寅午戌三方为的，午戌上吉，寅方恐孕不久或伤母。正、四、五、七、九、十月叶吉生男，别月非。己卯都天日忌用，凶方乙卯丑申癸巳酉，忌五、六、七月。飞黄上震、中离、下乾。

　　丙戌年求子先修亥方，以巽子方报之，安床受孕亥卯未三方为的，亥方临产有惊，未方口舌，卯方啾唧。二、四、六、七、十、十一月叶吉生男，别月非。戊戌都天日忌用，凶方戌乾辰巽午寅，忌三、五月。飞黄上巽、中坎、下兑。

　　丁亥年求子先修子方，以丑卯方报之，安床受孕申子辰三方为的，子全吉，辰次之，申有凶变，不利产母。三、六、七、九、十一、十二月叶吉生男，余月非。己酉都天日忌用，凶方酉亥巳未申，忌正、三、七、九月。飞黄上中五、中坤、下艮。

　　戊子年求子先修丑方，以中宫报之，安床受孕巳酉丑三方为的，丑酉大吉，巳方受孕不迁吉方恐难育，伤母。正、二、七、八，十、十一月叶吉生男，余月非。中宫忌季月，戊午都天日忌用，凶方午丁子辰申，忌正、三、七、九月。飞黄上中五、中坤、下艮。

　　己丑年求子先修寅方，以巳方报之，安床受孕寅午戌三方为的，戌方全吉，午次之，寅又次之。三、五、八、九、十一、十二月叶吉生男，余月非。己巳都天日忌用，凶方巽巳丑未酉卯，忌正、二、六、十二月。飞黄上兑、中巽、下坎。

　　庚寅年求子先修卯方，以未方报之，安床受孕亥卯未三方为的，卯未方有煞，许受孕不十分平稳，宜酌之。二、三、六、九、十、十二月叶吉生男，余月非。戊寅都天日忌用，凶方乙甲癸艮庚寅子午辰巽申戌，忌正、三、七、十一月。飞黄上艮、中中五、下坤。

　　辛卯年求子先修辰方，以坤方报之，安床受孕申子辰三方为的，子辰全吉，申方临产有惊，母常病。正、三、四、七、十二月生男，余月非。己亥都天日忌用，凶方乾亥卯未酉，忌三、五、八、十一月。飞黄上离、中乾、下震。

　　壬辰年求子先修巳方，以亥方报之，安床受孕巳酉丑三方为的，丑方全吉，巳次之，酉又次之。二、四、五、八、十二月生男，余月非。戊申都天日忌用，凶方坤申庚辰寅戌子，忌正、三、七月。

飞黄上坎、中兑、下巽。

癸巳年求子先修午方，以酉方报之，安床受孕寅午戌三方为的。但三方有煞，非母病即儿难养，或伤婢女可代。正、三、五、六、九、十二月叶吉生男，余月非。己未都天日忌用，凶方午丁巳亥酉丑，忌三、五、九、十一月。飞黄上坤、中艮、下中五。

甲午年求子先修未方，以艮丑方报之，安床受孕亥卯未三方为的，未卯全吉，亥方临产有惊。正、二、四、六、九、十月叶吉生男，别月非。戊辰都天日忌用，凶方辰巽午戌子寅，忌三、五、九、十一月。飞黄上震、中离、下乾。

乙未年求子先修申方，以酉子方报之，安床受孕申子辰三方为的，申方吉，子辰方母常病。二、三、五、七、八、十一月叶吉生男，余月非。己卯都天日忌用，凶方乙甲癸卯丑未乾亥，忌三、七、九、十、十二月。飞黄上巽、中坎、下兑。

丙申年求子先修酉方，以寅方报之，安床受孕巳酉丑三方为的，酉方吉，丑方小病或伤婢女，巳方吉多不忌，临产有惊。三、四、六、八、九、十二月叶吉生男，余月非。戊戌都天日忌用，凶方乾戌坤申子辰寅，忌三、五、九月。飞黄上中五、中坤、下艮。

丁酉年求子先修辛戌方，以中宫、亥方报之，安床受孕寅午戌三方为的，午戌方全吉，定生贵子，寅方母病，临产有惊。正、四、五、七、九、十月叶吉生男，余月非。中宫季月忌修，己酉都天日忌用，凶方坤庚酉未卯丑巳，忌二、三、八、九月。飞黄上乾、中震、下离。

戊戌年求子先修亥方，以子方报之，安床受孕亥卯未三方为的，未卯只受孕，次年生吉（按：卯月受孕，到年底十一个月，次年生则逾年，与理有违）。亥方母病。二、五、六、八、十、十一月叶吉生男，余月非。戊午都天日忌用，凶方午丁戌辰寅，忌正、五、九、十月。飞黄上兑、中巽、下坎。

己亥年求子先修子方,丑方报之,安床受孕申子辰三方为的,子方吉,申辰方俱受孕,母有病。三、六、七、九、十、十二月叶吉生子,余月非。己巳都天日忌用,凶方巽巳亥卯未,忌三、四、十月。飞黄上艮、中中五、下坤。

庚子年求子先修丑方,以中宫、卯方报之。安床受孕巳酉丑三方为的,酉方吉,丑方次之,巳有煞,恐婢女有变,否则常病或不育。正、四、七、八、十、十一月叶吉生男,别月非。中宫忌单修,戊寅都天日忌用,凶方乙甲子壬辰申午,忌三、五、九、十一月。飞黄上离、中乾、下震。

辛丑年求子先修寅方,以巽巳方报之。安床受孕寅午戌三方为的,寅戌虽有煞,吉多不忌,午方不利,母有灾。正、二、五、八、九、十一月叶吉生男,余月非。己亥都天日忌用,凶方乙乾亥丑未巳酉,忌正、六、十、十二月。飞黄上坎、中兑、下巽。

壬寅年求子先修卯方,以巳未方报之,安床受孕亥卯未三方为的,卯未全吉,亥方母多病,临产有惊。三、六、九、十、十二月叶吉生男,余月非。戊申都天日忌用,凶方坤申庚寅午戌子中,忌正、三、七、十一月。飞黄上坤、中艮、下中五。

癸卯年求子先修辰方,以坤酉方报之,安床受孕申子辰三方为的,子辰吉,申方母灾,非房中闭气即不育,正、三、四、七、十、十一月叶吉生男,余月非。己未都天日忌用,凶方午丁卯酉未亥,忌四、五、十月。飞黄上震、中离、下乾。

甲辰年求子先修巳方,以亥子方报之,安床受孕巳酉丑三方为的,丑吉,巳平,酉方母灾。二、四、五、八、十、十二月叶吉生男,余月非。戊辰都天日忌用,凶方巽辰戌申子,忌三、九月。飞黄上巽、中坎、下兑。

乙巳年求子先修未方,以申酉方报之,安床受孕寅午戌三方为的,午戌全吉,寅方母灾不育。正、三、五、六、九、十一月叶吉生男，余月非。己卯都天日忌用，凶方乙甲癸丑酉乾亥中，忌正、三、四、七、十月。飞黄上中五、中坤、下艮。

丙午年求子先修未方，以酉亥方报之，安床受孕亥卯未三方为的，未方吉，定生贵子，卯方房中有口舌，婢女变，亥方母灾不育。正、二、四、六、七、十月叶吉生男，余月非。戊戌都天日忌用，凶方乾戌午寅子，忌正、五、九月。飞黄上乾、中震、下离。

丁未年求子先修申方，以酉方报之，安床受孕申子辰三方为的，辰方吉，子次之，申又次之。二、三、五、七、八、十一月叶吉生男，余月非。己酉都天日忌用，凶方未坤庚酉丑亥坎卯巳，忌三、四、六、八、十月。飞黄上兑、中巽、下坎。

戊申年求子先修酉方，以乾亥方报之，安床受孕巳酉丑三方为的，酉方全吉，丑次之，巳又次之。正、四、五、七、九、十月叶吉生子，余月非。戊午都天日忌用，凶方寅申巳午丁未壬辰，忌正、五、七、十一月。飞黄上艮、中中五、下坤。

己酉年求子先修戌方，以辛午方报之，安床受孕寅午戌三方为的，戌方全吉，午次之，寅又次之。正、四、五、七、九、十月叶吉生男，余月非。己巳都天日忌用，凶方巳卯酉癸，忌正、七、九月。飞黄上离、中乾、下震。

庚戌年求子先修亥方，以壬巳报之，安床受孕亥卯未三方为的，未全吉，亥次卯不利。三、五、六、八、十、十一月叶吉生子，余月非。戊寅都天日忌用，凶方乙甲癸辰寅午子，忌三、五、八、十月。飞黄上坎、中兑、下巽。

辛亥年求子先修子方，以卯方报之，安床受孕申子辰三方为的，子方全吉，辰次之，申方母小灾。正、二、七、八、九月叶吉生子，余月非。己亥都天日忌用，凶方乾卯亥巽巳，忌正、二、七、八、九月。飞黄上坤、中艮、下中五。

壬子年求子先修丑方，以中宫卯方报之，安床受孕巳酉丑三方为的，丑方全吉，巳次之，酉不利。正、四、七、八、十、十二月叶吉生男，余月非。中宫季月忌修，戊申都天日忌用，凶方坤申酉戌乾子辰午，忌正、四、七、十月。飞黄上震、中离、下乾。

癸丑年求子先修寅方，以巽方报之，安床受孕寅午戌三方为的，寅戌方全吉，午方不利。正、二、五、八、九、十月叶吉生子，余月非。己未都天日忌用，凶方午丁未酉丑，忌二、三、五、八、九月。飞黄上巽、中坎、下兑。

甲寅年求子先修卯方，以丁方报之，安床受孕亥卯未三方为的，卯方吉、亥平、未次之。二、三、六、九、十、十一月叶吉生子，余月非。戊辰都天日勿用，凶方巽巳艮寅申戌，忌正、三、四、五、七月。飞黄上中五、中坤、下艮。

乙卯年求子先修辰方，以坤方报之，安床受孕申子辰三方为的，辰吉，子次之，申方母病，临产有惊。正、三、四、七、十月叶吉生子，余月非。此年凶煞散乱各方，宜酌之。己卯都天勿用，凶方乙甲癸卯乾亥未酉，忌正、三、七、十一月。飞黄上乾、中震、下离。

丙辰年求子先修巳方，以坎方报之，安床受孕巳酉丑三方为的，丑酉全吉，巳不利，难育。正、四、七、八、十、十二月叶吉生男，余月非女难养。戊戌都天日勿用，凶方乾亥辰戌申子，忌正、五、七、八、九月。飞黄上兑、中巽、下坎。

丁巳年求子先修午方，以庚方报之，安床受孕寅午戌三方为的，午吉，寅戌方受孕后迁吉方好。正、二、五、六、九、十一月叶吉生子，余月非。己酉都天日勿用，凶方坤申庚巳酉亥卯，忌正、三、四、七、八月。飞黄上艮、中中五、下坤。

戊午年求子先修未方，以辛艮方报之，安床受孕亥卯未三方为的，未全吉，卯次，亥又次之。正、二、四、六、七、十月叶吉生男，别月非。戊午都天日勿用，凶方午丁子寅戌，忌正、五、九、十一月。飞黄上离、中乾、下震。

己未年求子先修申方,以壬兑方报之,安床受孕申子辰三方为的,申吉,子辰平。二、三、五、七、八、十一月叶吉生子,余月非女不久。己巳都天日勿用,凶方巽巳未丑卯亥,忌正、二、三、四、六、十月。飞黄上坎、中兑、下巽。

庚申年求子先修酉方,以乾方报之。安床受孕巳酉丑三方为的,酉全吉,巳丑次之,三、四、六、八、九、十一月叶吉生男,余月非女不久。戊寅都天勿用,凶方辰乙甲寅癸子坤申,忌正、三、五、七、九月。飞黄上坤、中艮、下中五。

辛酉年求子先修戌方,以月太阳方报之,安床受孕寅午戌三方为的,戌吉,午寅平。正、四、五、七、九、十月叶吉生子,别月非女不育。己亥都天日勿用,凶方乾亥卯酉,忌三、五、八、十一月。飞黄上震、中离、下乾。

壬戌年求子先修亥方,以壬巽方报之,安床受孕亥卯未三方为的,亥方吉,未次卯又次。二、五、六、八、十一月叶吉生男,别月非女不久。戊申都天日忌用,凶方坤申庚戌辰午兑,忌正、七月。飞黄上巽、中坎、下兑。

癸亥年求子先修子方,以卯丑方报之,安床受孕申子辰三方为的,子方吉,申次辰又次。三、六、七、九、十一、十二月叶吉生子,别月非女不久。己未都天日忌用,凶方申酉亥巳,忌六、十、十一月。飞黄上中五、中坤、下艮。

以上凶方,不分三元,以六十年一转,若重游、都天、五鬼、飞刃、太岁、白虎、金神、岁破、阳刃等煞在方为害最切,诸方俱难于动造、栽植、修葺、穿掘等事。若忌月犯之,主伤人口,一年横事、官非、火盗。五黄按当年岁月畴星定论之。

例1.甲子生,于甲午年四月修兑方,以己巳月建入中顺行,辛未到兑,本年麟星,本月天德俱是辛未,辛禄在酉,此为年命贵德麟星还宫,在本甲之内,恩力极大,修造兑宫高楼,为一宅之主星。造后至八月，庚月德还宫，宅主甲子，喜辰酉为催官星，又是益后、天仓、生气、金章，聚会一处于兑宫坐镇福德天官，催官等贵人辰酉相合，又与八月月德合，乙亥到兑，合德、冲德、仁德，选寅日卯时将柱梁起动，并脊瓦拆换重盖粉饰，此即修方。四月动造，八月报功，发福发贵最速。是日按律隔八相生，取辛未即林钟、贵德、麟星、太簇寅日，寅生南吕兑，南吕酉生庚辰姑洗、月德，得生合不息之道，卯日正日出，逐刻上升，太阳对照酉宫为趋福之主，甲命天干禄在寅日，旺在卯方，加临坐镇诸贵，麟德辰酉作合，卯为庚德胞胎，又是子命天嗣星、红鸾，所以取酉卯冲动，众星得令。自报功后，本月受胎，当年科举，连捷生子。

例2.见本书中册第555面所举"甲寅生修方催生"例。

例3.见本书上册第168面所举"吴姓五十三岁无子"例。

例4.豪林癸山，宅主马仲卿，丙午生，妇乙巳生，三十七岁无子。康熙辛巳冬，择吉扶命，移厅左房定床，预券三年生子，写存期单照验。时庚子月，天德在巽，戊申到巽辰，申子辰三合，申与巳命化合，癸丑替巽巳，巳丑暗合一酉，当应申年申月酉日时上贵人格。因下部寒冷，先安帝旺火方，候壬午年天喜到方，则寒冷可除，癸未年红罗到方则燠热必疏。一遇亥月辛未到，宅主丙与辛合，午与未合，壬申替到巽方，壬水生宅母乙命干，申支合宅母巳命支，故主叶吉受孕。至甲申年、壬申月，己酉日，壬申时生一男，合进神时上贵人格。

例5.官仓左伯子夫妇，年四十未曾生育。癸未秋，余见伊高曾祖父四代墓俱乙向，巳向，住宅又是辛山反局，断伊代代长房无出，果然应验。其人自言有生来每遇推算风鉴，皆谓无子。青江与之改扦一丙向阳宅，算吉时先课定丙戌年辰月寅日时生一子，合丙向所出象体。乙酉十月，左老母争论，冬腊月生娩，余诀明年辰月。老母云："纵是明年，亦不出正月。"后多怀三月生，辛如课不爽。

例6.应城庠张朝仪,字揆楷,生壬子年,壬子月,十四己酉日,壬申时,五十三岁无子。雍正二年十月初一,厚币重聘,延余催丁,许一子,因物议群阻,其妻有疾,令之纳妾,许连生两子。择吉扶命,取七政恩星照主度并人道方,遁岁命禄贵到山方,天月德合日,天德庚向,甲辰、丁丑、乙酉、丁丑,许课执照:红马赶青骢,自犬吠白龙,日干克岁支对冲,时干克岁月相同,年月日支克金课,时同母日秀财丰。又:羊望灯光,猴卧城墙,碧兔几夥,羊赤犊子触羊,年对日时,日对日时,同月时母贵,阳庚与之合成金局,报亲凤诰荷龙章。后果生两子,一丙午五月甲午初九庚戌日,庚辰时,系妾甲申年命,庚辰日主所出。一丁未七月戊申初一乙卯日丁丑时,系娶癸酉、辛酉、庚寅、辛巳命所出。前物议者皆赧愧羞沮焉。

例7.戊戌、乙丑、癸丑、壬戌,命宫戊午,娶丁酉正月初二巳时生。选戊午年十二月乙丑,十二庚寅日、辛巳时作圹坤方,房门迎艮,寅午合戌,巳丑合酉,日逢天月德乙庚合化金,大寒之次日,日行癸牛初,拱戌命,对丁命,月行毕觜,巳初一刻八分行未坤,拱戌命金,晨见顺行斗二十一度五十分,拱戌命合酉命,对未坤,水行牛六度五十分,对丁命为喜神,木升殿夕见顺行毕一度四十二分,回映丁酉命主度。二十一己亥日、甲戌时铺床,戊戌以己亥,丁酉以甲戌各为太阳、天喜,日行癸女一度十九分,对丁酉主度,月行巳翼十三度十四分至轸九度,合丁酉金,晨见丑北行斗十七度三十分,拱戌合酉,水行斗二十二度二十分,拱戌合酉,木夕见行奎四度五十分,正照戊戌,订一年生子,黄羊赤牛、黑羊黑狗之命,果于己未年丁丑月初主丁未日,庚戌时生一男。

例8.龙会山胡天勒,辛巳生,住坎宅,娶周氏,丁亥、壬寅、癸亥、己未,己土夫星冠带在未,纳音属火,人元中又有丁火,柱上之丁火透露于年干,月令寅宫之丙火又为己土夫星之正印。从来女命以夫星为主,己土之夫得火生扶则本身才有力。但日主癸水当春初,犹然冰霜寒冷,必须东风解冻,得丙午丁巳之火而始温暖,草木萌动,勃然发生,固一定之理。然金能生水,水资金生,方源远而流长。今四柱三元并无一金,则水无源头,不但水虽六重而不能奔,且非若原泉,混混为有本者可同观也。然则正月之癸水,不依然从弱处而论乎!太过者宜剥削,不及者喜生扶,亟当取天上金星躔照命度并方位,则己土得以见金子,金不旺于辛酉乎。

按:此例以妇命生辰八字强弱为主,分析极佳,取其用神之日以扶命,甚为合理,宜细玩味。

例9.戊午年,丁巳月,十四丁酉日,丙午时,辛戌方金柜、黄道、独火、帝旺到戌乾,白旗一癸巳生,取甲午生命主、日主、命宫主,吉神恩曜同到天德辛戌方,修后己未年生一子,后连生二子,从此入丁大旺。原以巳月将实沈加岁支午上顺挨,未大梁,申降娄,酉娵訾,至戌元枵到山,鹑火到向,太阳躔庚,今历癸左拱辛山,天德在辛吉。

例10.见本书上册第251面所举"戊午生五十无子"例。

【原文】催财法。以十臭水,灶座,毛厕压住本命之六煞方位,灶火门向本命之延年吉方,主一月内得小财,三月得中财,一年得大财。

【注解】原书催财法与催子法是并列的两节,今为方便,合成一节,特说明。

重要忌日

【原文】安床造床忌用日。心、昂、奎、娄、箕、尾等星宿值日,是日忌之。

【注解】本节标题"重要忌日"为整理者所加,特说明。

心是心月狐,二十八宿之一。其逢日吉凶云:

> 心星造作大为凶,更遭刑讼狱囚中。
> 忤逆官非田宅退,埋葬卒暴死相从。
> 婚姻若是逢此日,子死儿亡泪满襟。
> 三年之内连遭祸,教君事事无所终。

昴是昴日鸡,二十八宿之一,其逢日吉凶云:

> 昴星造作进田牛,埋葬官灾不得休。
> 重丧二日三人死,卖尽田园不记丘。
> 开门放水招灾祸,三岁孩儿白了头。
> 婚姻不可逢此日,死别生离实可愁。

奎是奎木狼,二十八宿之一,其逢日吉凶云:

> 奎星造作得祯祥,家下荣和大吉昌。
> 若是埋葬阴卒死,当年定主两三丧。
> 看看军令刑伤到,重重官事主瘟疫。
> 开门放水招灾祸,三年两次损儿郎。

娄是娄金狗,二十八宿之一,值日吉凶云:

> 娄星竖造起门庭,财旺家和事事兴。
> 外境钱财连日进,一家兄弟播声名。
> 婚姻进益生贵子,玉帛金银厢满盈。
> 放水开门皆吉利,男荣女贵寿康宁。

箕是箕水豹,二十八宿之一,其值日吉凶云:

> 箕星造作主高强,岁岁年年大吉昌。
> 埋葬修坟大吉利,田产牛马遍山冈。
> 开门放水招财谷,筐满金银谷满仓。
> 福荫高官加禄位,六亲丰禄足安康。

尾是尾火虎,二十八宿之一,其值日吉凶云:

尾星造作得天恩,富贵荣华福寿增。

招财进宝增田地,和合婚姻贵子孙。

埋葬若能依此日,女男正清子孙兴。

开门放水招田宅,代代公侯远播名。

从二十八宿选择看,以上六宿除心月孤不宜造作外,余五宿造作均大吉大利,并无凶险,不必忌之。何以本书云忌,细思之,奎娄昴三宿为西方之宿,金有克木之患;心尾箕三宿为东方之宿,木旺不宜。但此说无据,且奎星为木,虽居金方,但西方亦有参天之木,又何以云克?故不合义理,不宜拘之。

【原文】罗天大忌日(忌修造)。

初一休问子,初三莫逢羊。初五马上坐,初九问鸡乡。

十一休逢兔,十三虎在旁。十七牛眠地,廿一鼠偷粮。

廿五怕犬吠,廿七遭兔伤。廿九猴作耍,日退最难当。

【注解】罗天,有罗天大进年月,罗天大进日时,在天宜起造,

方位　月 年	正	二	三	四	五	六	七	八	九	十	十一	十二
子年	天	天	巽	震	坤	坎	离	艮	兑	乾	中	天
丑年	天	天	天	巽	震	坤	坎	离	艮	兑	乾	中
寅年	中	天	天	天	巽	震	坤	坎	离	艮	兑	乾
卯年	乾	中	天	天	天	巽	震	坤	坎	离	艮	兑
辰年	兑	乾	中	天	天	天	巽	震	坤	坎	离	艮
巳年	艮	兑	乾	中	天	天	天	巽	震	坤	坎	离
午年	离	艮	兑	乾	中	天	天	天	巽	震	坤	坎
未年	坎	离	艮	兑	乾	中	天	天	天	巽	震	坤
申年	坤	坎	离	艮	兑	乾	中	天	天	天	巽	震
酉年	震	坤	坎	离	艮	兑	乾	中	天	天	天	巽
戌年	巽	震	坤	坎	离	艮	兑	乾	中	天	天	天
亥年	天	巽	震	坤	坎	离	艮	兑	乾	中	天	天

在地宜安葬,在方宜修作,大吉。罗天大退则有罗天大退年月,罗天大退日时,罗天大退在天忌起造,在地忌安葬,在方忌修作。

罗天大退年月凶方定局见上面的表。

罗天大退日即本文所云罗天大忌,其法用四季星宿,春箕、夏轸、秋参、冬壁。亦有罗天大退时,诗曰:"甲己蛇,乙庚猴,丙辛宰猪丁壬牛,戊癸二日共寅山,事若逢之件件休。"

【原文】修造忌晦气煞日。

　　　　丙子命忌辛丑日,丙申命忌辛巳日。

　　　　甲子命忌己丑日,甲戌命忌己卯日。

　　　　乙亥命忌庚寅日,丁亥命忌壬寅日。

　　　　戊寅命忌癸亥日,丁丑命忌壬子日。

【注解】丙子与辛丑,天干丙与辛合,地支子与丑合,且辛金为丙火正财;丙申与辛巳,天干丙与辛合,地支申与巳合,且辛金为丙火正财;甲子与己丑,天干甲与己合,地支子与丑合,且己土为天干甲木正财,丑土为甲木贵人;甲戌与己卯,天干甲与己合,地支卯与戌合,且己土为甲木之正财;乙亥与庚寅,天干乙与庚合,地支亥与寅合,且庚金为乙木之正官;丁亥与壬寅,天干丁与壬合,地支亥与寅合,且壬水为丁火之正官;戊寅与癸亥,天干戊与癸合,地支寅与亥合,且癸水为戊土之正财;丁丑与壬子,天干丁与壬合,地支子与丑合,且壬水为丁火之正官。从以上十六日来看,所忌之日不仅与本命天地相合,且非本命正财,即为本命正官,乃选择造命,催官催财的最吉时间,命理中叫作天地德合,均云吉庆,绝无晦气之理。但命理中亦有执干支相合为"晦气"一说。《三命通会》曰:"晦气者,乃不明之象,昏昧之道也,即甲己、乙庚之例,以合则晦也。日干与时干不宜与太岁天元合,合则名为晦气。又要分日干合太岁,太岁合日干之例。如甲日己年与己日甲年之类是。甲合己灾重,己合甲灾轻。岁位近者灾重,远者灾轻。如岁在日前五辰而遇合,谓之'太岁入宅','晦气临门',主灾厄。"《神白经》曰:"论晦气,日轻时重。更看人元旺,则主门户眷属之灾;死绝并冲,主身灾。若在地支六合,谓之'鸳鸯合',主好事相近。若干支俱合,主添进人口,得吉神同位,士人宜见官、奏荐,文书之喜。"从以上两论可以看出,古人对晦气之说亦有异议。选择之说不分青红皂白,便将此说引入,是不知选择以五合、三合、六合为重,而补脉、扶山、相主均以合为美,所以《钦定协纪辨方书·论相主》中说:"曾文辿为壬午修主,杨筠松葬壬午亡命,皆取四丁未。盖丁与壬合财格也,又午与未合,天地合格也。今人以支干合命者为晦气煞,何其谬欤。"由此,古人已辨,故不必拘泥。

【原文】神嗷鬼哭日(百事忌用)。

正月壬戌日,二月癸亥日,三月丙子日,四月丁丑日,

五月甲寅日,六月乙卯日,七月壬辰日,八月癸巳日,

九月甲午日,十月乙未日,十一月甲申日,十二月乙酉日。

(闰月同前)

【注解】诸通书中均有"神号鬼哭日",但仅限忌立坛建庙,并未言及其它诸事禁忌,其煞与本书亦略有不同,见下表。

年支	子	丑	寅	卯	辰	巳	午	未	申	酉	戌	亥
神	戌	亥	子	丑	寅	卯	辰	巳	午	未	申	酉
煞	未	戌	辰	寅	午	子	酉	申	巳	亥	丑	卯

细析本书起例:正月建寅,煞在戌,寅戌三合;二月建卯,煞在亥,亥卯三合;三月建辰,煞在子,子辰三合;四月建巳,煞在丑,巳丑三合;五月建午,煞在寅,寅午三合;六月建未,煞在卯,卯未三合;七月建申,煞在辰,申辰三合;八月建酉,煞在巳,巳酉三合;九月建戌,煞在午,午戌三合;十月建亥,煞在未,亥未三合;十一月建子,煞在申,申子三合;十二月建丑,煞在酉,丑酉三

合。选时造命以三合为吉,此煞反以为凶,是违背五行冲合义理,故不必拘泥。再将此煞与诸通书比较,是本书将煞以年误为月,全部往后推移两位,以致反成三合,特此订正。

【原文】斩草破土忌用物。初一、初八、十五,并不用鸡祀为要。

【注解】斩草破土,古时建造坟墓,第一下挖土叫作斩草破土。而修造阳宅的第一下挖土叫作“动土”,两者虽意义相同,但叫法各异,千万不能混淆。

斩草破土,忌讳甚多,如岁禁方、太岁方、三煞方、年命座方、月命座方、重丧土禁,四时大墓等,惟未提及此三日忌用鸡祀。因本书以阳宅为主,斩草破土属阴宅,故不详注,特说明。

【原文】戊己都天。甲己年辰巳,乙庚年寅卯,丙辛年戌亥,丁壬年申酉,戊癸年午未。

阳年支重戊都,阴年支重己都。

【注解】戊己都天:请参阅《璇玑经·都天镇天煞第二十五》。

古人认为,戊己都天为最凶之神,修造犯之大凶,安葬则不甚忌。详见本册前“三元命卦配灶卦诀”注。

八卦方位东西所属

【原文】八卦方位:乾、坎、艮、震、巽、离、坤、兑。

此即后天八卦方位。一卦管三山,戌亥属乾,壬癸属坎,丑寅属艮,甲乙属震,辰巳属巽,丙丁属离,庚辛属兑,未申属坤。共二十四山,统命八宅。

【注解】四卦位、八天干和十二地支组成二十四方位,阴阳家叫作二十四山。言山则向必在其中,如子山必午向,午山必子向;壬山必丙向,丙山必壬向之类是。八卦惟用四隅而不用四正者以四正卦正当地支子午卯酉之位,故不用卦而用支,用支即是用卦。八卦即定,四正则以八干辅之,甲乙夹震,丙丁夹离,庚辛夹兑,壬癸夹坎。四隅则以八支辅之,戌亥夹乾,丑寅夹艮,辰巳夹巽,未申夹坤,合四维、八干、十二支,共二十四山。不用戊己者,戊己为中央土,无定位也。二十四山分属八卦,故云:"一卦管三山。"

　　古人既将一周分为二十四山,则每山必有其义,山山各有其用,决无"一卦管三山"之理。八宅论风水只论八个方位,二十四山只有立宅定向时用之,所以用一"管"字。如果用玄空飞星风水论宅,则一山与一山阴阳不同,起星顺逆也就不同。比如壬山属阳,山向飞星见一白水则顺排;癸山属阴,山向飞星见一白水则为逆排。两山山向盘截然不同,其吉凶也各有所主,若用一"管"字,则失其余二山之意。故应用一"统"字,则含义清晰,互不相碍。

　　【原文】八宅东西:乾坤艮兑为西四宅,坎离震巽为东四宅。

　　【注解】万物一太极,太极初生两仪,两仪即阴阳。阳气动荡而出,得全体纯阳者为乾,得二阳一阴者为兑;阴气动荡而出,得全体纯阴者为坤,得二阴一阳者为艮。是乾兑坤艮四卦原系阴阳两仪中前出之气,卦列于上,必先右旋而成位于西,西者,阴方也,故并为西阴。阳仪中阳气又复动荡而出,得阳七阴三之气,内阴外阳者离,一阳二阴者为震。阴仪中阴气又复动荡而出,得阴七阳三之气,内阳外阴者为坎,二阳一阴者为巽,是离震巽坎四卦原系阴阳两仪中后出之气,卦列于下,后必左旋而成位于东,东者阳方也,故并为东阳。此意从先天八卦中来。

【原文】八卦所属:乾为父,属金;坎为中男,属水;艮为少男,属土;震为长男,属木;并为阳。

巽为长女,属木;离为中女,属火;坤为母,属土;兑为少女,属金;并为阴。

九星五行

【原文】生气贪狼木,阳木上吉。天医巨门土,阳土次吉。

延年武曲金,阳金次吉。五鬼廉贞火,独火凶。

绝命破军金,阴金大凶。六煞文曲水,淫水次凶。

祸害禄存土,阴土次凶。左辅古弼,随门而化。

【原文】三元九星。

体为地盘		
巽　四绿	离　九紫	坤　二黑
震　三碧	中　五黄	兑　七赤
艮　八白	坎　一白	乾　六白

用为天盘		
巽四	中五	乾六
震三		兑七
坤二		艮八
坎一		离九

【注解】以上详见前注。

总　论

【**原文**】黄时鸣云:"凡京省府县,其基阔大,正盘已作衙门矣。民居与衙门相近者,不吉,秀气已尽钟故也。"

【**注解**】古人认为,一山一水,独钟一地。京省府县衙门,必居正穴,故云秀气尽钟。另古人还认为,衙门为治民之处,自有一股煞气,近衙门亦为近煞气,故云不吉。

【**原文**】《发微》云:神前庙后乃香火之地,一块阴气所注,必无旺气在内。逼促深巷,茅坑拉脚,滞气所占,阳气不舒,俱无富贵之宅。屠宰场边,一团秽气;尼庵娼妓之旁,一团邪气,亦无富贵之宅。祭坛古墓,桥梁牌坊,一团敛杀之气;四边旷野,总无人烟,一块荡气;空山僻坞独家村,一派阴霾之气;近山近塔,一片廉贞火象,亦无吉宅。

【**注解**】寺庙、塔、桥梁等,均属外六事,对阳宅影响也非常重要,故予一一说明。

一、寺庙

古时庙宇,多是飞檐尖脊,在峦头风水中称其为火形。同时,庙宇多红色,也属火,所以有相当重的煞气,故距神佛寺庙,宜远不宜近,最忌开门便见。据说住在庙宇前后左右的人家,或终身不娶,或娶而无子,最终多绝嗣。身体方面也多病多灾,或白痴,或患癌症,或出飞横之祸等等,灾咎不断。但也有认为,有些寺庙并无凶验。寺庙中神佛为吉神者,如观音菩萨、妈祖庙等则无凶灾。若是城隍庙、土地庙、阎王殿等,则必会有灾。《王公断》一书中有数处论及庙宇,甚合地理,特介绍如下,可知端倪。

1.有杨姓住宅,西是书房,申方有三官庙。王公曰:"此乃天地人三方之庙,居申方而冲动寅方生人之星,主人旺,以人生于寅也。"

2.书房前有观音堂近逼,主学生心慈,以观音慈悲之神也。由是观之凡近之庙者,亦视乎神之邪正耳!如观音主慈,关帝必主刚正。

3.又见一宅,巳地有一座小观音堂,王公断曰:"其家中女,好斋僧道。"

4.杨村欲东头建庙,王公曰:"不可,住街南则庙在东北,东头两三家不吉;住街北则庙在辰方,犯曜,主人命之凶。"

由此可见,庙宇忌凶神之庙,忌在煞曜、黄泉、绝命之凶方,详见下表:

宅位	坎	艮	震	巽	离	坤	兑	乾
坐山	壬子癸	丑艮寅	甲卯乙	辰巽巳	丙午丁	未坤申	庚酉辛	戌乾亥
黄泉方	巽巽坤坤	丁坤坤庚	坤坤乾乾	壬乾乾辛	艮乾艮乾	癸艮艮甲	艮艮巽巽	乙巽巽丙
煞曜方	辰戌	寅	申	酉	亥	卯	巳	午
绝命方	未坤申	辰巽巳	庚酉辛	丑艮寅	戌乾亥	壬子癸	甲卯乙	丙午丁

玄空飞星派则认为,庙宇如果在本宅的生旺之方,其形尖锐,可做文笔、牙笏等贵砂用,反会带来吉庆之事。如果庙在本宅的关煞、死退之方,必有凶灾。

四 二	八 六	六 四
一	六	八
五 三	三 一	一 八
九	二	四
九 七	七 五	二 九
五	七	三

例1.上元二运建宅,乾山巽向。

此宅夫妇均乙巳年生,男为五黄命,女为一白命。初建时旺山旺向,父为中医师,治病济人,子承父业。但因三运山上飞星三入中,山管人丁,叫作丁星入囚,仅于癸亥年生一女,无男丁。

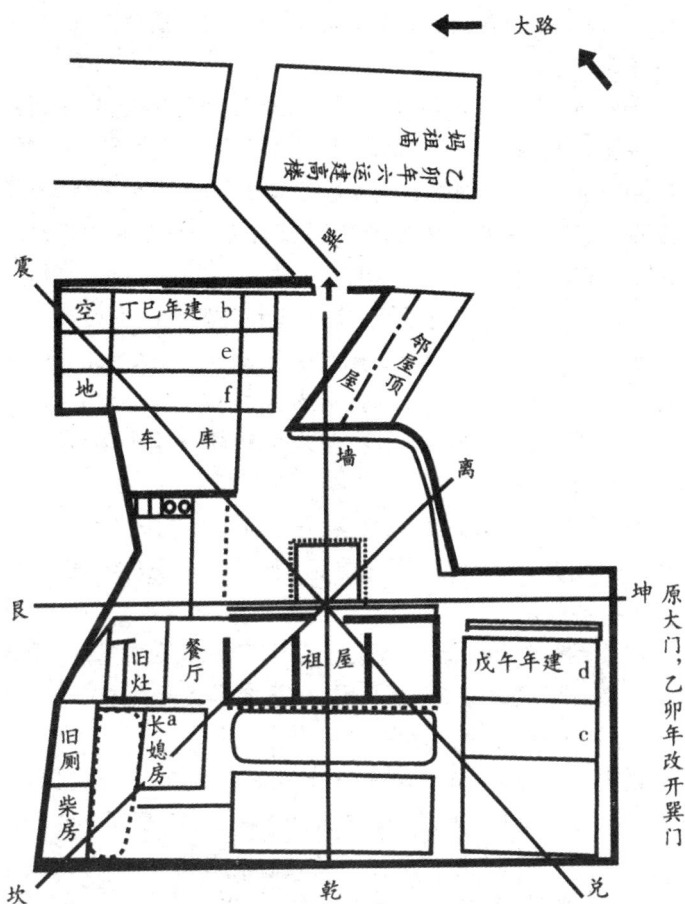

交四运领养一男(庚申年生),以后连续生育。乙丑年生次女。庚午生次男(亲生长男),该年七赤入中,四绿旺星到坤门,八白到山,六白到向故。癸酉年生三女,乙亥年生三男,丁丑年生四男,戊寅年生五男,辛巳年生六男。此因向上山星为四,四运当旺故也。

五运中,因囤积黑糖而破财。此因向上二黑为死气,坤方大门四绿为退气故。

交六运,离方为大路,坤方大门,兼收六运旺气,众子因经营农林事业大发,富甲一方。但山上六白落于坤门为下水,主损丁。乙卯年三碧入中,九紫火到坤,克制六白金,六白为长男,长子患脑溢血死,乙巳主妇脑血管阻塞,半身不遂。此后将大门改至巽方,迄今未变。

正在七运,己巳年农历十二月二十三日卯时主妇死亡。该年二黑入中,克一白水命,五黄飞临丑艮寅火土方故。癸酉年,农历三月,巽方邻屋翻修,年星七赤入中,六白临巽,克四绿木;月星六白入中,五黄临巽,住在此房中甲申命人从楼梯上跌下,摔断腿骨,巽为股也。

按:此宅巽方路口为妈祖庙,居于正向,并未对本宅造成多大凶咎。倒是飞星吉凶,历历有证,所以古人论庙宇吉凶之说,并不见得有验。

例2.百五十天内长男、老父连亡,环境气数全在宅运中体现。

海南岛儋县赵某,青年从军,己巳年秋死于军中,老父思子心切,含泪北上,又病死途中。

该宅位于那大市西部前门沿大街之商铺大兴隆。坐巽向乾兼亥巳六度,单开间两进,后方低,一九二八年三月进宅。西首左侧为神庙一所,在宅之兑方。前进为二层楼房,中为披屋作灶间,后进为平屋,平屋后方为小天井,水道自南首向后山冲泻过直至震方。水路四九先天金,联合冲克三碧四绿木。神庙方面九七后天火,联合克制六白金,六白于卦为乾,六亲中乾属老父;三碧于卦为震,六亲中震为长男,此宅不利于长男老父。兼数过度,山星适用替卦,演数如次:

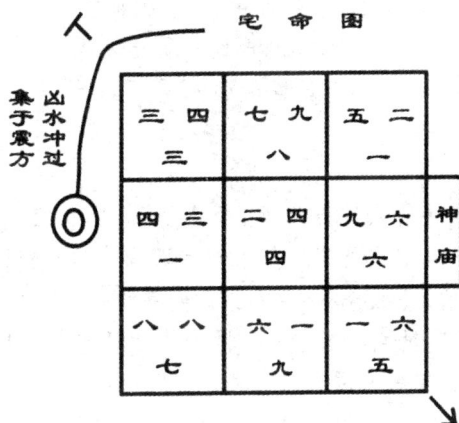

宅命图

凶水冲过
集于震方

神庙

己巳年十月初,尚属九月霜降节气,年八月三入中,年月先天二七火到后山,焚毁三碧子星。此凶杀之气,且由后路导入宅中,致大祸临门,长子遭灾,死于庚午年二三月之交。是年三月初七,方交清明节,初七以前尚属二月节气。是年惊蛰、春分二月节气内,为老父难关,不意老人竟于彼时因收爱子骸骨归葬故里,悲痛伤心,病殁途中。

六	二	四
五	七	九
一	三	八

试看年月两个九紫火星,不约而同飞到兑方神庙所在,助彼处原有九七后天火星之威,克一孤立无援之乾六老父。己巳年太岁,冲破亥方,进宅时三月戊辰,月建又冲破戌方,戌乾亥均在乾卦老父范围,入宅年月于老父不幸,暗里有此定数。庚午年春,老人卒于旅途,以入宅立命时本宫冲破,不克寿终正寝。住宅兑方神庙方面主星九七火,年月客星九九火,炎炎烈火,大发其火

炼孤金之淫威,迹象显现,岂非异数。神庙本无吉凶,吉凶由本宅宅命中定数生出,无心巧合,成此一种恶因缘。

按:庚午年及该年二月皆七赤入中,飞星于下,依此则神庙左右之吉凶见矣。

二、桥梁

桥梁是车辆行人往来之所,朝夕常动,风水上称之为动气,对宅的吉凶影响比较迅速。如果住宅四周有桥,断其吉凶,要根据其方向、形状、高低合参,古人具体判断如下:

1.比房子高的桥为山,如乡村中的拱桥等是。比房子低的则视为水,当作路气来看。

2.桥为直形,作为路气往来之所看,此类桥若直冲门、宅,如果正当生旺之处,会使人很快发达。若在死败之处,则凶祸来得亦非常快速。

3.横桥可界气,与本宅吉凶关系不太大,桥两头叫气口。

4.高桥逼近住宅者,谓之"形煞",房子与其相对的部分有被来气阻断,或环形路割断,或直桥冲断之患。这样的桥如果在死败之方,灾祸绝不可免。若在生旺之方,反可催丁、催贵或催财。

5.有些桥非常高,上面有尖形建筑装饰者,可当作风水中的"峤星"使用,但必须在生旺之方。

6.桥形圆者为金,呈波浪形为水,直形为木,有尖形装饰建筑者为火。金形主富,木、火、水形主秀、贵。

蒋大鸿在《阳宅指南》一书中说:"桥梁街市最喧闹,若在旺方反不嫌,能知避煞迎吉法,转殃为祥反掌间。"他在《天元五歌》中也说:"冲桥冲路莫轻猜,须与元龙一例排。冲起旺宫无价宝,冲起凶宫化作灰。"所以,桥在生旺方可受荫,落衰死方则招殃。石桥力大,木桥力轻。

例1.天台东乡无敌对血案之一瞥。

三六五	八二一	一四三
二五四	运年月 四七六	六九八
七一九	九三二	五八七

此事开衅已多年，至庚午年谷雨期内，此镇上戴姓歃血为盟，遂成为大规模之械斗，甚至军警不敢排解，杀伤无数。

以其地形势言之，小镇西首有大石桥，桥下急流系自北而南一道冲至之涧水。河面宽畅，水流白亮，来势径直，不作迂曲，并由此北而南一路冲至之陆路，每日千百人往来甚繁。时年七月六管事，七六入中飞布八宫，年三碧，月二黑相会于北方水道与陆路上，镇北河道上一叠叠冲至之波澜，与镇北公路中一个个行客脚下带来之惊风与尘沙，尽属一阵阵杀气。何以见之？盖三碧与二黑相会为斗牛煞。紫白星断验有"斗牛煞起惹官刑"之句，此方水陆两路冲动非凡，故发生此不可收拾之局面。

按：要析此事根源，先排运、年、月之飞星如上（正当四运）。

飞星年三月二，飞临坎方不时有之，为什么事独发于此年？君不知，三二虽为斗牛煞，然大运九紫火飞到坎为反吟，冲起北方煞水，亦为主因。且年七月六入中宫，七六为交剑煞，镇中主事之人本身就有斗意。同时，西方桥上飞星六九八皆为四运煞气和死气，被桥路冲起，也是主要因素。

例2.开业合时宜，冷铺（棺木铺）生意偏热闹。见本书中册第448面所举"江苏无锡北乡秦巷镇俞根记木工场"例。

按：此宅离方有桥，且直冲二宅，但该桥在六八吉方，与向首旺星紧邻，是冲起生旺之吉气，故此桥为吉。

三、塔

塔属于高耸之物，风水中称其为峤星。因其尖耸为之形煞，所以古人多以凶论，宅前最忌见之。邻近塔者，亦多不吉。殊不知塔有尖形,亦为文笔峰。若居文昌之方,反主发文魁,出贤才。若居生旺之方,亦主发贵、发家、发丁。如果居于关煞与死绝之方,方主发灾有凶。蒋大鸿在《天元五歌》中说:"矗矗高山名峤星,楼台殿宇一同评。或在身边或遥应,能引八气到家庭。峤压旺方能受阴,峤压凶方鬼气侵。"沈竹初在《阳宅三十则·二十八》论塔一节中说:"塔呈挺秀之形名文笔。在飞星一四、一六方,当运主科名,失运亦主文秀。若在飞星之七九、二五方,主兴灾作祸。克煞同断,阴宅亦然。"

　　　　　　八宅文昌方位图表:

八　宅	坎 壬子癸	艮 丑艮寅	震 甲卯乙	巽 辰巽巳	离 丙午丁	坤 未坤申	兑 庚酉辛	乾 戌乾亥
一白方	中宫	庚酉辛	甲卯乙	未坤申	戌乾亥	辰巽巳	丑艮寅	丙午丁
四绿方	丑艮寅	壬子癸	戌乾亥	中宫	丙午丁	庚酉辛	未坤申	甲卯乙

　　按:此以八宅方九星入中论,活法则以山向飞星论。

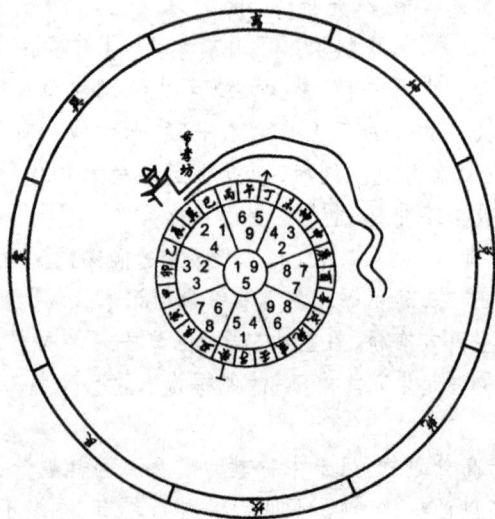

例1.尹姓祖墓,癸山丁向,五运扦。(图见上面)

此地巽方溪水来,从离横过,至庚酉辛屈曲消出,巽方有节孝坊。

仲山曰:"此地葬后,大发财丁,惟无读书人。六运平,七运又发财,然多口舌官讼。"

此地巽方本一四同宫(四为地盘),惜见山星克一白向星。

沈注:大发财丁者,因旺星到山到向,向上又有水故也。

巽方本一四同宫,又有节孝坊高起,主发科名。因山星二克向星一,故不出读书人。六运平平,艮方无水故也。

七运大发,因水屈曲出兑方也。七运多官讼者,七为兑,为口舌。又运盘到巽是六,六为官事,巽方节孝坊高起故也。

按:此节孝坊为凶者,失运故也。

例2.邹状元祖墓,卯山酉向,九运扦。

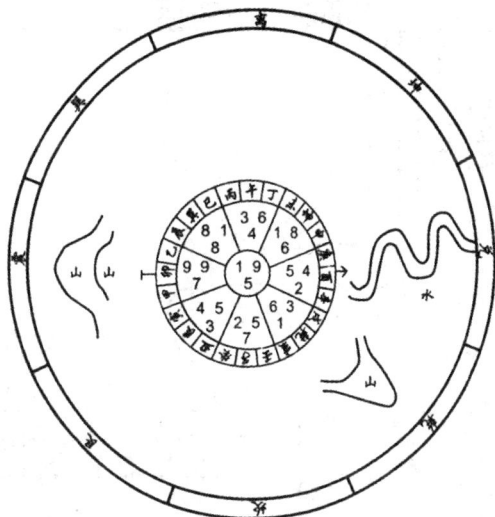

此地卯方高山尖顶落脉,缩细又耸尖顶,仍落脉生石钳,钳前生土墩,紧靠墩葬,严如圈椅,上降软砂数层作内衬,乾峰远出

十余里,堂气宽大,兑方河水十余里,屈曲来朝。

仲山曰:"独取乾峰发贵,向上之水,坐下之山,形局虽甚美,恐财丁不大旺,此不得时之故也。"

沈注:"有此美地,使得运得局,定当大发,惜不得其时,但取乾峰发贵而已。可见单讲恋头者,如不得时,吉地大减力量。乾方一六共宗,又三碧木亦主名,故三运内发鼎甲也。"

按:秀峰主贵,发在何运,例须从山上飞星断,然有时亦可就向上飞星推也。是局独取乾峰发贵,向星三碧到乾,本主功名。而三运客星四飞乾,与运盘合成四一,实为催贵之征,故交三运,便发鼎甲。

又按:此高峰得运为吉故也。

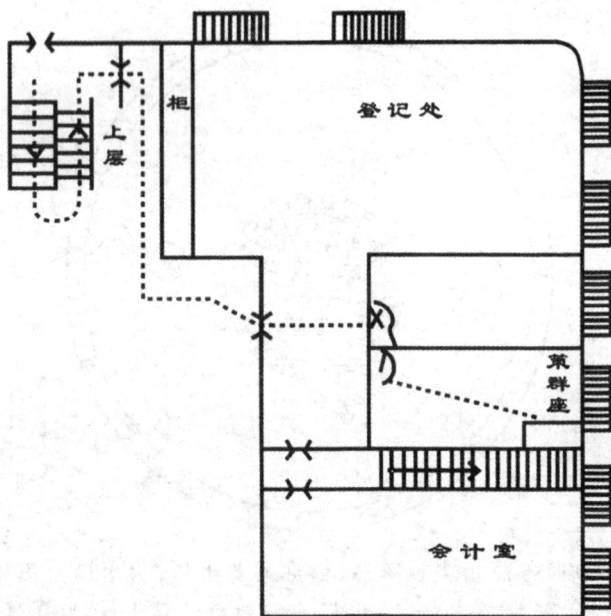

例3.四个魁星两枝笔。(图见上面)

戊辰六月初一日下午五时一刻,笔者接到某编辑聘书。此时治事室气口,得到年月日时四个一白魁星,而乾方宅外并有天主堂钟楼,新开河水塔之双笔,高插云表,人事与化工会逢其适,亦以足资参考之境界。

按:戊辰年是1928年,中元,该年九紫入中,六月初一卯时,均是九紫入中,一白到乾,而乾方正有两个水塔为文笔。同时,1928年为三运,四绿文昌亦到乾,四为三运中生气,一四同宫,故有此应。

例4.松江西门外大街之大火灾。

松江西门外之大街,光绪癸卯年立夏节后之大火,凡有天干地支符号之屋,悉被焚毁。该街兑震二宫两大宝塔,矗立云表。癸卯七赤值年,九紫火星到兑塔上;立夏小满五黄值月,七赤又到兑塔,九七二火星会于兑塔,兑塔逼近遇火之区,情势严重,当时遭此火劫,适逢其会,甚矣,火星到处之忌见冲射矣。

例5.绑票恶缘之造成。

上海新开河民国路面粉交易所之西南方,有小世界尖峰,正西方有大世界尖峰,每至入夜,电灯照耀,宛然火塔。丁卯流年,

丁卯年九月飞星图

九　八	五　四	七　六
八　七	年　月 一　九	三　二
四　三	六　五	二　一

年飞星七赤到西南方,三碧到正西方。八月下旬交进白露,月飞星七赤三碧又到该两方,故此时节发生绑票,因误绑故回。至十月初五上午巳刻,潘瑞阶被绑,是时霜降未脱,立冬未交,尚属九月节气。九月月飞星六白到西南方,与年飞星七赤相遇,成交剑杀。古云"交剑杀气兴劫掠",又月飞星七赤破军星到正东卯上太岁所在之方,恰于是日,修马路人在本所东西破土,大兴工作,恶星到处,会逢其适,亦属异事。诗曰:

> 七三高耸已堪忧,动土又临太岁头。
> 月令破军齐发作,绑票被劫起要求。

形　势

【原文】凡阳宅,须基方正,入眼好看方吉。如太高、太阔、太卑小或东扯西拉,东盈西缩,定损财丁。经云:屋形端肃,气象豪雄,护从整齐,贵宅也。墙垣周密,四壁光明,天井明洁,规矩翕聚,富贵宅也。南北皆堂,东西易向,势如争竞,左右雄昂,忤逆宅也。屋小而高,孤立无依,四边无护,孤寒宅也。东倒西倾,栋折梁斜,风吹雨泼,病痛宅也。屋宇黑暗,太阔太深,妖怪房也。屋宇不整,四壁破碎,椽头露齿,伶仃房也。基地太高,屋前深后陷,四水不聚,荡无收拾,贫穷宅也。屋高地窄者人财两退,地阔屋矮者一代发福。

【注解】宅未立而基先定,所以选宅基实为阳宅第一要义,宅基一定,吉凶即定矣。选基之法,大者龙、穴、砂、水,小者阔、狭、方、圆,各有其法。千言万语,无非是"我得其用"四字。即龙穴

砂水,皆为我用;方圆阔狭,皆与我有情。《阳基》一书论之甚详,特介绍下:

一、阳基总论

夫阳基之与阴地,大段无异,其有不同者,则龙必欲其长,穴必欲其阔,水必欲其大合局、大弯曲,砂必欲其大交结、远朝拱。盖宅基力量大于阴也,故必山水大聚会处,然后可结。聚会愈多,则局势愈阔;局势愈阔,则结作愈尤。上者为京畿省城,次者为郡,又次者为州邑,又次者为市井乡村,基址莫不各以聚之大小以别优劣。廖氏云"建都山水必大聚,中聚为城市;坟宅宜居小聚中,消息夺神功"是也。畿甸省镇郡邑,今不暇论,特以小聚之基,切于民居者论之。却有平支,山谷之不同。其大要平支则以得水为美,山谷则以藏风为佳,此阳基之大法矣。

二、论阳基龙穴砂水大概

夫观阳基之龙,其起祖出身,行度过峡,枝脚桡棹,穿落传变以及入首等法,与阴地龙格无异。其所不同者,特长短远近耳。盖阴地虽数节,龙亦有结作,阳基非大龙旺盛长远者不能。廖氏云"干龙住处分远近,千里为大郡;二三百里可为郡,遇此可建府;百里只可为县治,下此为镇市"是也。至于穴法,则与阴地不同。阴穴虽千里来龙,入首结作不过寻丈之地。阳穴大者为省城,必周数百里;次者为郡县,亦二三十里;又次者亦十数里,再小者为乡村市井,亦不下数里。故其铺展愈阔,则力量愈大。然铺展之阔,非干龙长盛者乌能。若是此阳基,所以必龙力大者方能结耳。若夫砂法,其朝迎、护从、水口等山,亦须放眼宽大,察之则可,不与阴地取近穴之砂为得用者同也。盖宅地之用,恒故成其体,而可以享用长久;葬地之用,暂故成其用,而专以取效一时也。大抵案山要宽大,且要朝对拱揖,下关环抱有力为上。经云"要知居址何为贵? 水抱山环必有气;忽然陡泻朝对倾,破碎斜飞非吉地。下手回环朝揖正,卫主端严无反柄,纵然不大也安和,住得百年家业盛"是也。其水则以数源数溪,相合会而朝曲绕抱,弯转大汇聚为美。故凡郡邑,未有不近大河大溪者。虽小邑市井,亦必可通舟楫,此可见水之会处,方结阳基。亦有两水夹送入首,翻身逆朝一水而结穴者;有两水夹送交会,就顺水而作穴者;有一边大河绕抱,一边小水相合而结穴者;有四面皆水者,虽数等不同,然皆以得水为贵。此阳基结作与阴地龙穴砂水不同之大概也。

三、山谷阳基(按:此节与下节摘自青江子《宅谱指要》一书)

百里数十里来脉,大顿大跌,大起大断,穿田渡水,列帐布罗,到头束咽如果蒂,如器孔,起身铺落,迎掌宽平,乘势受局,食水张朝,会同源流,关锁织结,始能住千万家,载大富贵于其上。但山谷之盘旋,不能盖求宽大,亦有结作短小,四势团聚,界清局紧而铺落平坦逆水迎朝者,易于速发富贵,但人烟不能广载耳。又其次者到头单薄,人烟必难发族;拥卫平常,官贵不能显达,惟取逆砂逆关则发福绵久不替。故凡山谷中一枝脉结一阳居,后坐高峰前堂案,则脉之精气尽聚于此,主丁财寿贵。若得脉而不对堂案,止发人丁;若向局得水而坐不得脉,止发财禄;若前基太低,脉未止,水不聚,虽有丁而必乏财。大要以落窝为正盘,后栋宜得脉,前栋宜得局。四围包藏,最忌凹风,风吹气散,居不兴旺。左凹伤长,右凹伤少,当面吹入则伤中房,所当急避也。凡地先败于砂不收之处,难存于通风无蔽之间,喜脉旺而低藏,宜水深而环聚。空亡见于穴后,中房孤寡;水路冲到唇前,家长不利。砂破碎贫贱驳杂,水号泣官讼少亡。生旺方喜尖圆秀耸,死退方嫌高大粗形。关方风缺而人绝,煞风路射而祸生。山谷阳基,避凶趋吉者此也。

四、平地阳基

平坡后连山,前临水,铺毡开局而不远去者也。平冈高山卸脉,垄带支体冈阜继续而成局者也。平原如北方之沃野,旷邈绵延,千百里一望无际,而微高者也。平洋去山已远,其脉实土,其旁杂砂,穿田渡水,间起冈山或壅墩凸,水洋洋流动环绕者也。平田音,高山撒落而下,或一枝脉,或三四枝脉,藕断丝连,阡陌沃土而气到则高起者也。平湖者,隐隐隆隆,铺气分界,临湖受局,不见有山,只见有水者也。此等阳基,自有高有低,有分有合。四势八方,环卫照应,不怕风吹,惟爱得水。其干脉全力所结,基址必阔数十里;其干中枝所结,枝中枝所结,基址必阔三五里。旁分亦为市镇,为世族。枝中叶为乡村,为庄舍。盖脉之形势铺展愈阔,则力量愈大。但平地浩旷中,基以独高为贵,独高者,占气所钟也。平洋得水为先,须要水势弯环绕抱及朝入,或界坐后邀住地脉,我得其用斯为美矣。所喜者,逆朝之水;所忌者,顺走之砂。逆局逼窄,发贵而胸多鄙陋;顺局散漫,耗财而人又逃亡。纷争反目,只因砂反水飞;口舌喧天,多为堂破砂碎。水不吉者,峻急无情;昼夜声响,主人丁不旺,财禄不长。

五、阳基作用

山地观脉,脉气重于水;平地观水,水神旺于脉。一兴一替,固脉气之流行;一旺一衰,任水神之反复。易过于发足之所,耐于气尽之间。脉大势大而气之大者,千年之祥;一砂一水而气之小者,一纪之祚。故作用以脉气为本,砂水为用,气局两全,才为福地。有局无气,人丁不旺;有气无局,财禄难存。脉向合局,水口得位,弗招异姓同居;枝脚而分,上下钩搭,多属各家传合。倘或嫌其狭小,掘凿伤残,必生祸患;又或多做房屋,填塞界沟,讵保久长?至于开池堆土,各有方位所宜;种树围墙,不拘远近皆吉。阳宅乘势,须防界水临弦;星宇几层,勿令前后异向。开门放水砌阴沟,最宜合法;隔屋空廒宽路巷,可免火灾。补缺辟余,非吉人安能创业尽善;续修接运必发嗣,乃克循旧无忘。

　　扦基先以罗经格入首细脉,取清纯之气,一线牵到正盘作堂房。次用经尺扦向分金,划度分经,长牵一线,尽合居界,限步量中宫所在之处,定一高桩,然后长牵一线,析定二十四方位,用扁桩写本方字样钉之逐一清楚,以便排层间、天井、开门、放水。合法之处,一一准定,方得照局式而起造。

　　阳基定好之后,再定其体。太低宜方正阔平,忌狭小缺斜。蒋大鸿在《阳宅指南》中说:"第一要诀看宅命,动处来虚实处静,空边引气实边受,命以来气天然定。第二要诀看宅体,端正周方斯为美,前后修长离气专,若然扁阔非途轨。"《阳宅十书》也把宅体之形放在第一要义,并以图说明。

  吉宅	 凶宅	 吉宅
此宅左短右边长, 君子居之大吉昌。 家内钱财丰盛富, 只因次后少儿郎。	右短左长不堪居, 生财不旺人口虚。 住宅必定子孙愚, 先有田蚕后也无。	昔日周公相此宅, 丑寅空缺聚钱赀。 家豪富贵长保守, 不遇仙人怎得知。

吉宅	吉宅	吉宅
辰巳不足却为良， 居之家豪大吉昌。 若是安庄终有利， 子孙兴旺足牛羊。	仰目之地出贤人， 庶人居之又不贫。 子孙印绶封官职， 光显门庭共九卿。	中央高大号圆丘， 修宅安坟在上头。 人口赀财多富贵， 二千食禄任公侯。
吉凶先后 道道	凶宅	狭宅前吉
坎兑两边道路横， 定主先吉后有凶。 人口赀财初一胜， 不过十年一时空。	此宅修在涯水头， 主定其地不堪修。 牛羊尽死人逃去， 造宅修茔见祸由。	前狭后宽居之稳， 富贵平安旺子孙。 资产广有人口吉， 金珠财宝满家门。

前宽 凶　宅	丘 吉 宅	凶 宅 丘
前宽后狭似棺形， 住宅四时不安宁。 赀财破尽人口死， 悲啼呻吟有叹声。	西南坤地有坟丘， 此宅居之渐之荣。 若是安庄并造屋， 儿孙辈辈主兴隆。	此宅卯地有坟丘， 后来居之定灭门。 愚师不辨吉凶理， 年久坟前缺子孙。
凶 宅 丘	丘 半 吉 宅 丘	吉 宅 丘
此房正北有坟丘， 明师安庄定有名。 君子居之官出禄， 庶人居之家道荣。	前后有丘不喜欢， 安庄修造数余年。 此宅常招凶与吉， 得时富贵失时嫌。	此居乾地有丘陵， 修宅安庄渐渐兴。 女人入宫为妃后， 儿孙以后作公卿。

沙 **吉 宅** 沙	下 **吉 宅** 高平	**吉 宅** 平 平
此宅前后有高沙， 居之依师不为差。 田财广有人多喜， 处处渐扬道富家。	西高东下向北阳， 正好修工兴盖庄。 后代资财石崇富， 满宅家眷六畜强。	此宅方圆四面平， 地理观此好兴工。 不论官商角徵羽， 家豪富贵旺人丁。
山 水 **吉 宅** 沙 山	水 **吉 宅** 水	水 **凶 宅**
前后高山两相宜， 左右两边有沙池。 家豪富贵多年代， 寿命延年彭祖齐。	此宅左右水长渠， 久后儿孙福禄齐。 禾麦钱财常富贵， 儿孙聪俊胜祖基。	左边水来射午宫， 先初富贵后贫穷。 明师断尽吉凶事， 左边大富右边穷。

凶宅　　池	凶宅　　水池	吉宅　山
此宅西边有水池， 人若居之最不宜。 牛羊不旺人不吉， 先富后贫少人知。	西北乾方有水池， 安身甚是不相宜。 不逢喜事多悲泣， 初虽富时终残疾。	后边有山可安庄， 家财茂盛人最强。 若居此地人丁旺， 子孙万代有余粮。
山 凶宅	吉宅　岗	桑　　桑 凶宅 桑　　桑
前有大山不足论， 不可安宅立坟茔。 试问明师凶与吉， 若居此地定灭门。	此宅后边有高冈， 南下居之第一强。 子孙兴旺田蚕胜， 岁岁年年有陈粮。	此宅四角有林桑， 祸起之时不可当。 若遇明师重改造， 免教后辈受恓惶。

林坟林 凶宅 林坟林	坟　凶宅	吉宅
此宅前后有坟林， 凡事未通不称心。 家财破败终无吉， 常有非灾后又侵。	左边孤坟莫施工， 此地安庄甚是凶。 疾病缠身终不吉， 家中常被鬼贼侵。	此宅右短左边长， 假令左短又何妨。 后边齐整方圆吉， 庶人居之出贤良。
吉宅 丘	吉宅	山　凶宅
东北坟丘在艮方， 成家立计有何妨。 修造安庄终迪吉， 富贵荣华世世昌。	左短右长却安然， 后面夹稍前面宽。 此地修造人口吉， 子孙兴旺盛田蚕。	此宅东边有大山， 又孤又寡又贫寒。 频遭口舌多遭难， 百事先成后来难。

山 凶宅 山	高 高　吉宅　高 高	水 凶宅 坎
此地观之有如何， 前山后山不堪居。 家贫孤寡出贼子， 六畜死尽祸有余。	中央正面四面高， 修盖中宅富有余。 牛羊六畜多兴旺， 家道富贵出英豪。	宅前有水后有丘， 十人遇此九人忧。 家财初有终耗散， 牛羊倒死祸无休。

水 吉宅	林　　　　林 吉宅 岗　　丘埠	丘陵 慢 下　吉宅 岗
此宅安居正可求， 西南水向东北流。 虽然重妻别无事， 三公九相近王侯。	宅前林木在两旁， 乾有丘埠艮有冈。 若居此地家豪富， 后代儿孙贵显扬。	前有丘陵后有冈， 西边稳抱水朝阳。 东行慢下过一里， 此宅安居甚是强。

河　　　　　　河	池	
水　　吉宅　　水	长坂　　吉宅	长坂　　吉宅　　长坂
高　　　　　　高	丘陵　　　　　高	

西来有水向东流，
东显长河九曲沟。
后高绵远儿孙胜，
禾谷田蚕岁岁收。

后高有陵前近池，
西北瞻仰显高危。
天赐富贵仓粮足，
辈辈儿孙著紫衣。

西有长波汇远冈，
东有河水鹅鸭昌。
若居此地多吉庆，
代代儿孙福禄强。

池	平　　　　　　岗	高　　　　　　平
吉宅	吉宅	吉宅
岗　　　　　　丘	高　　高　　高	平　　　　　　高

住宅西南有水池，
西北丘势更相宜。
艮地有冈多富贵，
子孙天赐著罗衣。

乾坤艮坎土冈高，
前平地势有相绕。
立宅居之人口旺，
儿孙出众又英豪。

西北仰高数里强，
东南巽地有重冈。
坤艮若平家富贵，
田蚕万倍足牛羊。

南北长河又宽平，
东岭西冈三两层。
左右宅前来相顾，
儿孙定出武官人。

东西宽大两头尖，
岭上安坟不足看。
此地若无前后势，
家中男女众人嫌。

艮地孤坟一墓安，
莫教百步内中间。
久后痴聋并喑哑，
令人有病治难痊。

林中不得去安居，
田宅莫把作丘坟。
田蚕岁岁多耗散，
宅内惊忧鬼成精。

宅东南北有长河，
乾坤丘墓近大坡。
此地若居大富贵，
更兼后代子孙多。

两边低下后边高，
妇人守寡受勤劳。
多招接脚并义子，
年深犹自出贫消。

| 乾地林木妇女淫，沟河重见死佳人。坤地水流妨老母，子孙后代受孤贫。 | 庚辛壬癸有坎林，可取千株郁郁林。正对宅舍六十步，儿孙改换旧家门。 | 北有大道正冲怀，多招盗贼破钱财。男人有病常常害，贫穷不和闹有乖。 |

例1.昙花一现的言论机关，失时也遭挫折。

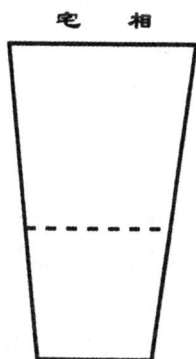

印尼棉兰市棉兰大街侨兴公司左边邻近宗楼房一所，一九二九年中为南洋日报社租用。宅是寅山申向兼甲庚五度，适用变卦，查《青囊奥语》中替卦定则，是向为变而不变之局，仍照原星推算。两层楼房，楼下门面为发行所，后方为印刷部及机器间，宅形前宽而后窄，楼上为编辑室。即在当年因文字惹祸，受殖民政府之干涉而闭歇。演数如次：

四运入宅，四禄令星到向，应当发达，奈何闭歇？又奈何连遭重大挫折？出资人被驱逐出境，其故因宅相成火星拖尾式。又尖形属火，运星、向星飞到后方者为七赤先天火，己巳年年星八入

六 二 三	二 六 八	四 四 一
五 三 二	七 一 四	九 八 六
一 七 七	三 五 九	八 九 五

七 六 二	二 二 七	九 四 九
八 五 一	六 七 三	四 九 五
三 一 六	一 三 八	五 八 四

中,二到后方,二七相遇,土不成土,金不成金,化合成先火联星。是年夏初立夏小满期内,月星又八入中二到后方,后方宅命中原有运七向七,与年客星二,月客星二化合成两个二七,机器又在此发动,机轮每秒钟若干回转,每一回转仿佛实写出二七二七火星,消铄宅命中四绿木元之真气。主笔先生喜见日光空气,取楼上沿街作奥区。排字人送稿校阅,及仆役等奉命往反之楼梯升降口,又位于编辑室之后方,则各人脚下带进之无数飞尘,无形中皆化为二七符号作成致命伤。且向首同时有年五黄、月五黄两个恶狠狠而又挟有浩大威力之廉贞火守在门口,形势之严重有如是。

诗曰:前宽后窄名倾倒,如此宅形不可当。

旺星值向也无济,年星翻动致重伤。

按,此宅虽令星当向,为玄空飞星风水中最吉格局,但因其宅形前宽后宅,倾倒泄出,亦主灾咎。故大凡相宅,形气必须结合,失一则不合义理。

例2.善为新客办理入境事项,成旅社中响牌。(见下面的图)

泰国曼谷耀华叻街道生栈,为办理华侨入境事项有名旅社团中之一员。开业于上元三运初年,宅向坐丑向未兼癸丁五度,其宅相口窄而腹部及后部甚宽大,类乎稳瓶式。前方为二层楼,

后方为三层楼,生意旺盛,有头二三等客房百数

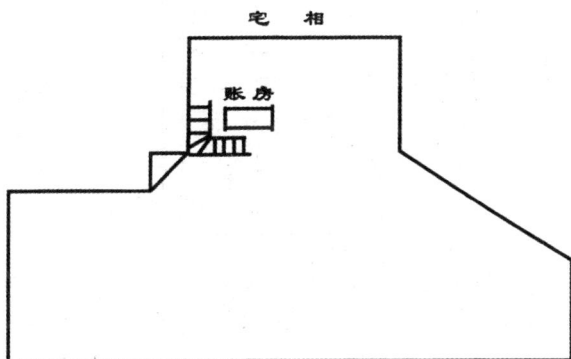

十间,常常住满,其水陆两路均呈宾至如归之盛况。演数如次。
兼数过度,适用替卦,向星得丙,以破军庚替之。

　　泰国华侨以潮州人占多数,全泰商界多在华人手中。华侨
商界多经营食品和日用百货,颇受当地居民欢迎。华侨对泰国
的开发和经济发展作出了重大贡献,道生旅社则在其中起了积
极的作用。

　　按:宅相前窄后宽本吉,再加生气临向,形气均吉,故三四运
中兴旺不衰。

　　例3.破头吐舌之信成银行。(见下图)

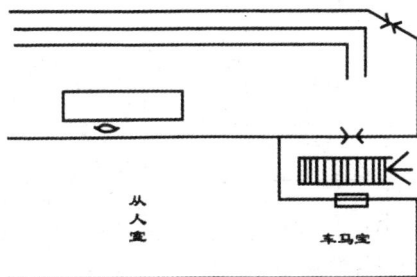

前口

四　九〈br〉二	九　五〈br〉七	二　七〈br〉九
三　八〈br〉一	五　一〈br〉三	七　三〈br〉五
八　四〈br〉六	一　六〈br〉八	六　二〈br〉四

后口　后路

←

　　上海南市新码头信成银行,三运庚山甲向,宅相成开口吐舌状,前后气口吸收七九衰死之气,本运忌见七金,该行有此凶宅,宜其一败涂地。戊申、己酉为该行营业胜利时代,庚戌、辛亥暗里走动,竟为致命之伤。辛亥之金钱流出,闻于第一次革命事业尽力接济,厥功非小,当时政府成立后,传闻拨到现款三百万。但信成根本早已动摇,未易重振,遂另开途经,故有中华银行脱胎换骨之一举。查信成于戊己庚辛四年中所发生之得失现状,其气口星辰与年星发生之关系,大有足资研究价值。约演数如次:

　　按:其宅相成开口吐舌状,形已不吉,又逢年月飞星生出、克出,故有此大败。

戊申年飞星

克入吉

一	六	八
九	二	四
五	七	三

生入吉　比和吉

己酉年飞星

比和吉

九	五	七
八	一	三
四	六	二

比和吉　比和吉

庚戌年飞星

八	四	六
七	九	二
三	五	一

左侧：生出凶　右侧：比和吉　克出凶

辛亥年飞星

七	三	五
六	八	一
二	四	九

左侧：克出凶　右侧：生入吉　生入吉

护从：龙脉一路行来，两边砂从水送为之护从。护从在龙脉中起着保护龙脉，使其不孤寒，不被风吹散的作用。故《发挥》云："贵龙全在护从多。"龙经云："真龙身上多护卫，山山有情来拱揖。"又云："只有真龙坐局内，乱小却在外为缠。"但砂之侍从，水之护送，其情必须向主脉，即砂要回头朝揖，水要弯环相抱，如果外山走窜，缠水斜反，虽有护从也是无情。古人把真龙行走比作大贵人出入，必前呼后拥，观者环睹，而护从之砂水，就如大贵人之随从，这样的龙脉才是真龙。经云："住宅一排六七，缩者为尊。"缩者即为内，为尊，出者则为外、为护，亦此理也。

墙垣周密：阳宅中把一道墙视为一重山，四周墙多气聚，气必厚实。但其墙的形状，高低长短，新旧却有吉有凶，并非见墙就以吉论。墙如弓抱，进田掘窖；墙路抱来，常足钱财。墙似曲尺，朝内发迹；围墙回环，进宝安然。前墙包阁，丁蕃家肥。下水墙富而昌，上水墙缺税粮。墙横冲与直冲，出入外死遭凶。独脚照壁，孤寡忧戚。墙作燕尾，忤逆诽谤。天井中作照壁，损儿孙。堂前墙壁高压，妇掌权，丁财乏。砖墙剥落，土墙疮癞，更加瘟疫。看墙过高，逼遮嗷嗷；看墙两窗，被贼偷香。墙卷龙头，妖怪悲愁；宅壁穿隙，妇人毒螫。看墙包过座屋，耗财失奴仆。两堂对向中

隔壁,弟兄妯娌常冲击。墙射中宫家无主。东墙缺露气,人财渐
菲。蓠墙冲屋,口舌枵腹。墙头冲门,常被人论;土墙向外,财散
人害。墙路头垂,仆逃人欺。墙冲屋角,刀兵之凶;小射小伤,大
射大凶。墙头砖破,事事坎坷;对墙尖角,公差来捉。墙头开指,
弟兄口齿。墙射右,妇女凶;墙射左,男子空。墙角射后妨宅母,
对口疮毒主不久。墙角射前,目病连年,心如火烘,主寿难延。
墙逢中来,损促退财。射左损长郎,射右小儿当。门前张手墙,
忤逆财物伤。左右横冲,小口婢凶。

【原文】黄时鸣云:"住宅与衙门不同。衙门喜阔大壮观,住宅
必翕聚始获福。"

【注解】衙门为旧时官员治事之所,有镇压一方之威权,故宜
阔大壮观。古人认为,紫微星居于天之北方,故天下衙门均坐北
向南。且北方为水,南方为火、为文明,坐北向南取以文明化成
天下,水火既济,以阳和宣治万邦之意。因其治属有大小、文武
之别,故衙署形状亦略有异。文衙端庄、清丽,武衙则宜轩昂带
煞,方能雄镇一方。住宅则以治家为本,忠孝为先,故其气宜敛
不宜散。诸书富贵之格,均以翕聚为的。(见第301至第302面图)

【原文】卧房与外面客厅不同,厅前可以阔大,卧房之前阔大
则气散。凡屋以天井为财禄,以面前屋为案山。天井阔狭得中聚
财,前屋不高不矮,宾主相称获福。前屋太高者,主受欺;太低者,
宾不称。太近者逼,太远者旷。前檐近则宜矮,前檐稍远则略高
可也。住屋吉凶,全在此处。

【注解】卧房是人休息的主要地方,每一个人在卧房活动的
时间,平均占人生的三分之一以上。蒋大鸿在《天元五歌·第四》
中说:"夫妇内房尤特重,阴阳配合宅根源。"所以卧房不仅是一个
人结束一天疲劳,养精蓄锐的重要处所,且是人感情生活的重要
场所。因此,卧房与一个人的心理、生理、健康、感情有着非常密

横 财 格	进 财 格
堂 天井 厅	墙 田

金斗宅，金斗堂，
金斗天井金斗房，
金斗门前仓板朝。
发横财，名显杨，
右有秀枣与嫩槐，
神童才子占魁元。

腰带田三层，
发富有声名，
墙畔更回环，
名曰进田山。

田 财 格	金 斗 路 式
	堂 天井 德方

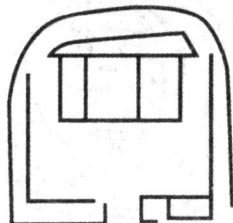

墙如曲尺，
常进田契，
下水略出，
家中和气。

四方平正名金斗，
富贵田园有；
万亩篱墙无破陷，
进财添人口。

火土相生格

地形后方宽，前尖窄，
沿边栽树得位，
四方一转水沟，
宅势如方印，主发横财。

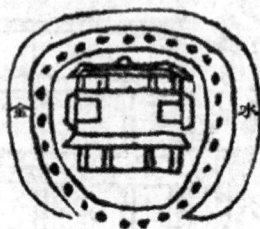

暴发富宅

扬箕地、金斗屋，
贵子多福禄；
横案横水仓板朝，
主骤富。

堆金宅

金水相生，禾堆前迎，
仓箱巨富，积玉堆金。

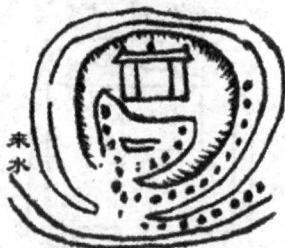

迎财格

逆水下砂能救贫，
向着财头发万金。

切的关系。所以阳宅内外的风水吉凶对卧室有着直接的关系，现将各派对卧室的看法简述于下：

一、形法的看法

1.房前宽大，气散不吉；门面方正、气聚安逸。

2.卧房窗前正中，对着直屋檐滴水，称为"流泪煞"，主哭泣。

3.上手的屋脊、高墙、牌坊逼压卧房，主不育，绝嗣。

4.房前与房后忌作厨灶。房前起青烟，眼目昏花；房后起青烟，妇女绝经。

5.卧房内开天窗，瞀目更多殃。

6.房前种芭蕉，主血症，久而引鬼。古词云：是谁多事种芭蕉？早也潇潇，晚也潇潇；斜风细雨打芭蕉，勾起人愁绪多少。

7.房门对柱子，主孤寡。

8.房门前有破碎损坏的器物，非生子缺唇即损子孙。

9.卧房两边门一高一低，名蝴蝶门，主孤寡；两门平正者，主双生。

10.楼下为仓廪（尤其是谷仓），楼上作卧房，主寡妇，怯症。

11.忌卧房在祖祠或祖先香火之后或下面。

12.卧房之门不可对厨房、灶门、储藏室及厕门。

13.卧房内忌开太多门窗，气散。

14.卧房内不宜安设楼梯，楼梯也不宜对房门。楼梯不可压床铺，楼梯角也不宜冲房门。

二、八宅派看卧房法

东四命属阳，凡男女命星属坎一、离九、震三、巽四者，卧房宜设在正南、正北、正东和东南四方，卧房门也宜开在此四方。西四命属阴，凡男女命星是坤二、乾六、艮八、兑七和中五者，卧房宜设在西北、西南、正西和东北四方，卧房门也宜开在此四方。若男女命不同，则男以大门为主，女以房门为主。若反此选择卧

辰巽巳 阳	丙午丁 阳	未坤申 阴
甲卯乙 阳	中 五	庚酉辛 阴
寅艮丑 阴	癸子壬 阳	亥乾戌 阴

房或开门,则凶咎。法见左图。

如:癸巳年生男,二黑命,属阴。甲午年生女,四绿命,属阳。男阴命,宜住乾、坤、艮、兑方及开门房。女阳命,宜居坎、离、震、巽方和开房门。如此则大门依男,房门依女。

如例:杨姓宅,壬山丙向,宅主,床位安在西南坤方,依八宅论,是安在绝命之方,是东四命住在西四位,故宅主乙亥年11月患膀胱癌,丙子年8月病逝。

三、玄空飞星是以元运为地盘,以坐山朝向起飞星,山管人丁水管财,所以主卧室宜设在本宅坐山的旺气方。儿童为新一代,为新生力量,其房间宜设在本宅坐山的生气方。父母退隐,为辅佐,所以,老人房宜设在本宅坐山的进气方或辅佐方。

如巽山乾向,七运宅。

五 七 六	辅佐方 三 二	三 五 四
四 六 五	山向 六 八 七	生气方 八 一 九
进气方 九 二 一	二 四 三	旺方 七 九 八

从此宅的山盘飞星来看,当运旺星七赤金飞到乾方,故主卧室宜设在乾方。而九和八均为生气方,飞星以一三六八为阳,二四七九为阴,故男孩宜住八白方,女孩宜住九紫方。一白辅佐星飞临离方,老人房当宜设此。飞星派还认为,如果卧房设在死气、煞气或五黄煞(四五运为吉)方,则必凶无疑。

例1.中国毛巾王办事机关之得地。

上海引翔港三友实业社总工厂,制造事业逐步拓展。其工

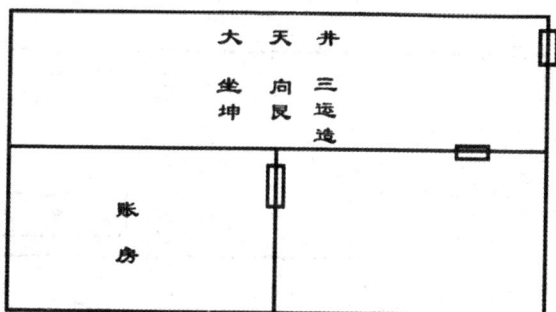

厂范围扩大在百亩以上,仍嫌不敷。所出产品风行一时,人尽欢迎,处理一切,井井有条。而厂内总账房得到相宜地位,宜乎日进无疆也。演数如次。诗曰:

一　五	五　一	三　三
二	七	九
二　四	九　六	七　八
一	三	五
六　九	四　二	八　七
六	八	四

随意兴工筑厂基,
当年规划合天机。
人间到处堪开发,
门路安排在得宜。

按:此图账房设在坐山之后,当运山向旺星皆三碧飞临,是本运中最旺之方,故有此吉。

例2.沈祥兴之平和进展。

上海南市竹行弄南首吉星里口向南第二家,沈祥兴羊毛行,坐庚向甲,三运入宅。单开间,三层楼房,账桌承生气,岁有盈余。后路吸收旺气,交四运后,后路化退气,能少开为佳。前门生气化旺气,依然得利。惟丙寅年太岁与流年五黄冲账桌首,夏气口二五相逢,司账得病甚剧,回里养疴,幸保无事。但一病经年,元气未即回复,可见五黄二黑之累人也。《紫白秘旨》云:"二五交

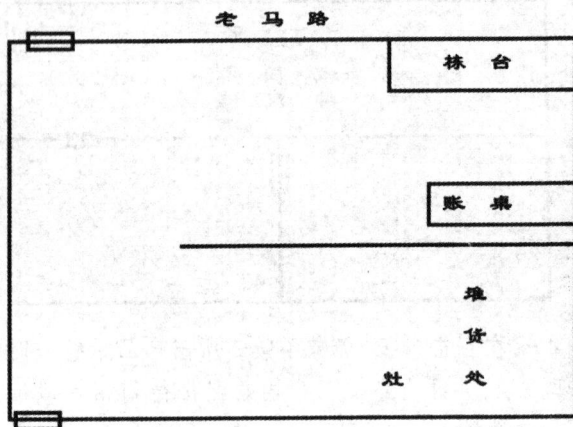

加,非损主亦必重病。"谨本此意,以成一诗。诗曰:

　　一案得宜万事成,门承瑞气旺自生。

　　卅年进展称稀有,巧合天机家道盈。

　　但是顺中还有逆,流年凶煞莫抗衡。

　　黄黑加临多疾厄,能迁避者重移轻。

庚山甲向,三运飞星图。

四　九 二	九　五 七	二　七 九
三　八 一	五　一 三	七　三 五
八　四 六	一　六 八	六　二 四

按:以此宅图论,水里星辰上山,山上星辰下水,山颠水倒,理应伤丁破财。然后方有路,仍属水,前方有高楼,亦为山,故不犯此病。账房桌设在艮方,艮方向上飞星为四绿,三运为生气,四运为旺气。丙寅年二入中,五黄至艮方,太岁寅木亦在艮方,故司账患疾。

例3. 张宅因合时受福。

无锡东大街张宅,坐丙向壬,三运将过去时建筑,四运初进

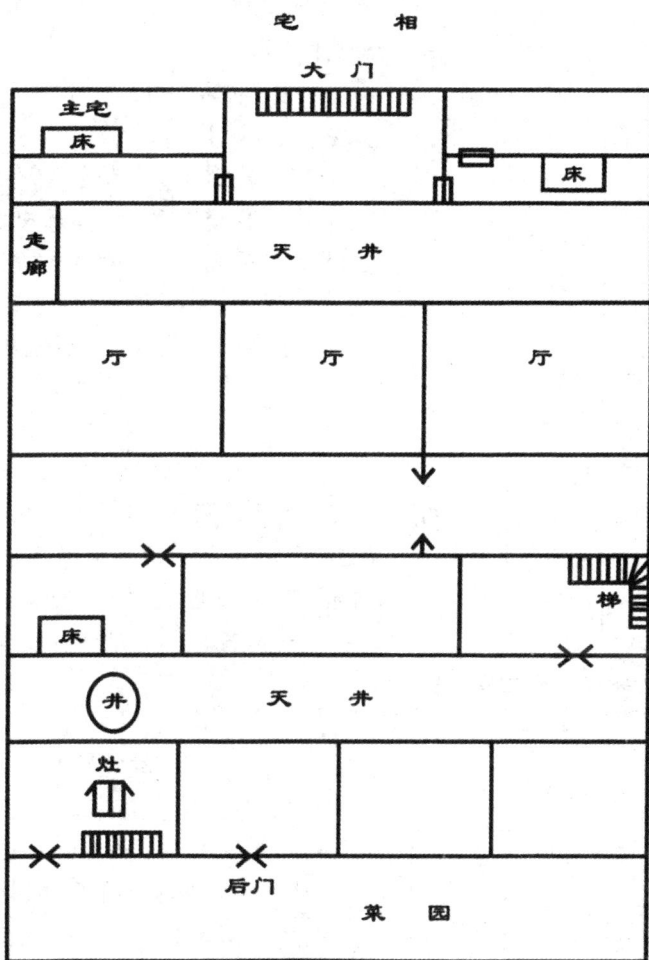

宅 相

大 门

主宅

床

走廊

天 井

厅　　　　厅　　　　厅

床

梯

床

井　　天 井

灶

后门

菜 园

庙屋高楼

宅,进益殊佳,年年顺遂。惟丁卯年五黄到离,十一月月二黑又
到离,是宅宅主卧房在西北隅,恰在灶位及走廊之直北二五交

丁

九八 三	四四 八	二六 一
一七 二	八九 四	六二 六
五三 七	三五 九	七一 五

↓

九六	五二	七四
八五	年月 一七	三九
四一	六三	二八

之应,并非东四住四之验。

↑

七八 二	三三 七	五一 九
六九 一	八七 三	一五 五
二四 六	四二 八	九六 四

加方动作,骤受疾厄,劝移住,暂停炊,才解救。

按:丁卯年一入中,十一月七入中,飞星如下:

年五黄到山,虽为生气,但犯了克出。再逢二黑到,二五交加,主人卧房之南为灶,为动气,故有此应。同时,主人居乾方,地盘为五黄,丁卯年二黑飞到,十一月八白土又到,增加二五土之力量,亦属病证。

又按:此宅丙山壬向,属东四宅,主人居乾西北,是居西四位,以八宅大游年论为凶。但以玄空飞星论,双星会坐,生气到向,仅是吉宅,故进殊甚益。丁卯年病乃二五

例4.半身不遂之原因。

上海县西某宅,三运子山午向,由后方出入,宅主卧房在东厢楼。主人是上元丁卯生,四绿木命,木受乾金之克。楼梯在二黑病符方行动,患病已二三年,丙寅起始严重,丁卯九秋半身不遂。惟灶在山星四绿之方,育有四子。令其迁住楼之西南角,或

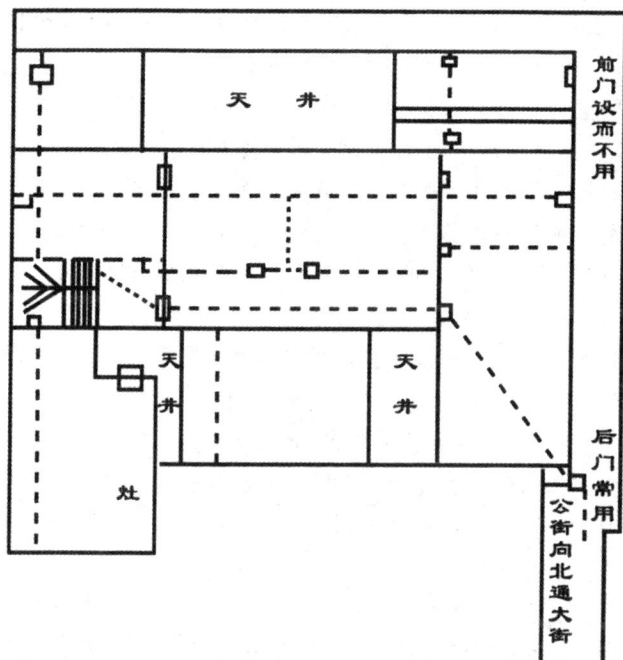

宅 相 图

客堂楼西首一向为胜,并改由前门出入。如后户难禁仆从出进,可用水星化之。此宅若走前门,半身不遂之病可免,将宅命及宅相图对照自知。

按:本宅宅主为巽四命,属东四命,居子山屋,属生气宅;门开子房,属生气门路;卧室在正东,属巽四命之延年位,坎宅之天医位。依八宅论,无一不合法度,但偏有此恶疾。而移于坤方可解者,是东四命宅住西四屋,与八宅之法不合明矣。

【原文】至于外之大厅又不同。以大厅之天井为小明堂,而前厅乃第一重案也。以前厅之外,大门之内为中明堂,而大门乃第二重案也。以前门之场为大明堂,而朝山乃第三重案也。小堂宜团聚,中堂略阔而亦要方正,大堂宜阔大亦忌旷野。

【注解】大厅:一屋之主厅,多设在宅之正中,亦有叫作正厅或正堂者。大厅正屋为本人、为本身,两旁厢房为手足、为从仆,厅前明堂为用事之所。故厅要与明堂厢房皆相配,主次分明者吉,若次强主弱者凶。古人对此有论:堂前两廊高过堂,金星卷翘退田粮。堂角小屋斜插,出叛仆。廊堂脱离不连墙,退散田财因此殃。前后左右拖长廊,中间庭小子栖惶。厢高冲射正,奴仆违主令。左右房高耸,损伤人懵懂。前后四廊出鳌头,号为乘轿主漂流。造厢不造厅,争闹却难当。厅前壁般大,男女无灾害,右大损妻房,左大寡母当。两厅两间堂,要子重妻房;三厅两门堂,男女一齐亡;三厅四间堂,哽病主悬梁;一厅两间堂,少子缺衣粮;两厅一间堂,父子重妻房;四厅四间堂,孤寡损妻房;四厅三间堂,三年宅主亡;五厅三间堂,痴邪即遭殃。前楼后是厅,损夫寡人丁;两房地高中厅低,窝低犹可栖;厅地忽高房地低,覆掌人晕迷。正厅高朗人聪颖,低暗子顽梗。

明堂:何谓明堂,此为古士者之制,认为明堂者,天子之堂,向明而治,百官考绩之所,聚天下朝献之所归也。阴宅以穴前之地而借其名,取山聚水归之意。亦有大中小三种,以圆晕之下为小明堂,龙虎抱处为中明堂,案山之内为大明堂。阳宅借取其意,以天井为小明堂,庭院为中明堂,门前为大明堂。明堂为阴阳二宅气聚之处,其正斜、大小均与宅穴吉凶紧密相连,所以阴宅有专论明堂和明堂证穴之说,阳宅对明堂也有非常严格的要求,明堂吉则宅吉,凶则宅凶。其要如下:

明堂虽有千百形状,总不外乎五行生克以应祸福。大抵宜聚不宜散,宜正不宜斜,喜向生宅穴之体。如宅穴为金体,喜土堂;宅穴为木体,喜水堂等。堂如掌心,积玉堆金;堂方似印,才名大震。明堂四正,功名早盛。堂前渐高,富贵英豪;堂前落低,家业渐渐。堂前直长，缺衣少粮；头大头小，瞎瘫不少。中小边大，孤寡白带；边小中大，长房无奈。弯似反弓，忤逆贫穷；簸箕倾泻，填房入舍。堂反向外，离乡受害。堂合土星，富贵安宁；堂合木星，执笏朝廷；堂合金星，富贵芳馨；堂似火星，瞎跛遭刑；堂似水星，富贵不正。堂去似飞，无食无衣；堂方似斗，富贵长久。堂有兜唇，富贵骈臻；左缺右缺，梦遗呕血。明堂团圆，家多粮钱；堂如卷帘，孤寡惹嫌。水星涌浪，女自招郎；退神入堂，子在胎亡。堂高堂低，财散入迷；水直去堂，有子克娘。堂聚田窝，富足田禾；四边水来，内外发财。内高过外，田尽狼狈。宅小堂大，因财命害；宅大堂小，衣禄渐少。堂水四飞，赀散人稀；堂阔不藏，退败游方。水石相穿，头落石鞭；边狭边宽，懒惰瘫残。大溪为堂，大屋始强；屋影倒堂，带煞难当。

又云：堂前出阶檐，世代产英贤；后檐鱼尾驰，瘟病损小儿。界水不朝堂，黄肿人卧房；鸡栖若朝堂，疮病疾患当。堂内中间低，必定有跷蹊；一窝一包肿，卖田损阴人。堂地结青光，余钱进田庄；堂内地崩破，灾耗多杂驳。堂前作卷篷，疾病产难逢；堂后积水坑，背花疮毒生。宅正堂向斜，凶败人惊讶。正堂内深奥，光毫无虚耗；堂内浅而阔，不久怨饥渴。正堂暗枧装，怪病在里藏；枧槽倒射堂，仆谋主人亡。堂作九间住，三井方发富。对面圆门照上堂，淫寡无儿郎；堂柱九根厅柱七，门庭五柱吉。

案：案山，宅穴前低小之山者是，取贵人据案之义。其山宜低小，其形或如玉几，如横琴，如眠弓，如横带，如倒笏，如按剑，如娥媚，如席帽，如三台，如天马，如旌节，如龟蛇，如书台，如金箱，如玉印，如笔架等形而横遮外阳，只要端正、圆巧、秀媚、光彩、平正、齐整、环抱，有情则吉。若顺水飞走，或向宅穴却尖射，或臃肿、粗大、破碎、巉岩、丑恶、走窜、反背、高逼，皆为无情，主凶。所以阳宅中前庭、大门均不宜高过正屋，门前案山，或邻屋均不宜高大。如果远者,案山略高无妨。

【原文】经云:"屋少人多,为人克宅,吉;宅多人少,为宅胜人,凶。"

【注解】古时阳宅风水有忌三空之说,抬头见天为天空,前高后低为地空,宅多人稀为人空,皆为凶宅,不可居,此居天地人三才之论。大凡阳宅之气,以人气为重,人多则气聚,人少则气散,故宅多人少者为凶。

【原文】又云:两新夹故,死须不住;两故夹新,光显宗亲;新故相半,陈粟朽贯。宅材鼎新,人旺千春;屋主半住,人散无主。间架成双,典尽衣粮;屋柱弯曲,子孙不睦。虫蛀木空,目盲耳聋;柱若悬空,家主命促。梁敧栋斜,是非反复;接栋接梁,三年一哭。

【注解】大凡宅形,方正平净,屋合吉星,金水斗堂者生和旺相;太高太阔,卑小蹻促,地不相称者丁财不足。富贵吉祥之家门多气概,贫贱忧愁之屋路必斜飞。屋若太旧,气必休囚;屋若破烂,气必破散。所以太旧之宅、破宅均为凶宅。魏青江在《宅谱迩言》中有"信服灵验宅形"一节,特摘其要如下:

家造四字屋,发秀食天禄;屋造金字平,家贵人丁亨。
屋造八字样,孤寡多瘟恙;屋造火字形,痰火久闭经。
屋作木星长,克妻主少亡;屋作金星塌,孤寡眼邋遢。
屋作土星方,富贵名显扬;水星多参差,忤逆无立锥。
火星三角形,口舌眼生钉;屋大梁柱小,体弱不经老。
屋小梁柱大,臃肿非安态;梁小柱粗大,奴欺主母败。
梁大柱细小,常被人压倒;屋大不藏风,财散人丁空。
进屋见有坑,孤寡少人丁;前高后屋低,损子并克妻。
后高前屋低,老少多昏迷;中高前后低,夫妻眉不齐。
中高左右低,口舌各东西;栋折斜树撑,炒闹家业倾。

斜雨泼烂壁,痢泻频频沥;檐到水射房,岁到主杀伤。

射外外人死,射内内人亡;壁脚多崩破,财散受灾磨。

墙崩如锯齿,穿窬不能止;前壁势若倒,家中乱草草。

墙檐若折倒,官事惹烦恼;左缺男儿伤,右缺女儿亡。

枋柱虫蛀空,牙痛出耳聋;破屋在门前,口舌官事连。

边高边矮破参差,损财疾病多。偏斜宅舍不平正,长短口角病。

屋势倾倒,赌博贪花;梁栋偏斜,是非参差。

屋破不盖,人畜灾害;瓦移栋折,贪淫口舌。

左房穿破伤儿,右房穿破伤妻。

【原文】凡宅基最忌贪多,至有盈缺。诀云:乾宅屋基若缺离,中房有女瞎无疑。坎宅屋基若缺巽,长房多死少年人。艮宅基址若缺坤,长房无子谁人问?震宅基址若缺乾,长房遗腹不须言。巽宅基址若缺震,长房一定夭无人。离宅基址若缺乾,长房无子不待言。坤宅基址若缺艮,中房夭死少年人。兑宅基址缺无穷,诸房消灭一场空。

又云:坎宅基址若盈乾,老翁花酒不须言。

【注解】宅基最宜平正、方正或成四字形、国字形最吉。最忌各方凹缺坑陷。因其宅上所纳之气,含蓄氤氲,一有凹缺,则贼风射入,吹散宅气,其凶必至。二十四山,方方宜满,如有空缺,各有应验:

寅风梦遗,赤砂淋症;虎咬犬伤,筋骨多病。

甲凹风来,秃头削腮;病癫癣痢,大麻倾颓。

震风受惊,雷火丧身;瘟疫折腿,妇女风声。

乙凹风来,继赘仍回;小房自缢,家败如灰。

辰风难产,多烂眼弦;损妻克子,好拜佛前。

巽风血疝,不怀胎孕;白蚁臭虫,家如悬磬。

巳风近视,水晶眼睛;五伦混乱,仆逃家倾。

丙方低凹，长女不孕；水去风来，火盗蹭蹬。

离风蹩跛，痔漏疮生；外瞅红烂，坏眼昏眼。

丁方空缺，少女悲切；风射心痛，饮食哽咽。

未凹风吹，鳏寡泪垂；忤逆凶横，厮打别离。

坤风中风，小房先败；怪胎怪脸，口唇缺坏。

申风虚劳，梦遗鹤膝；嫖赌军贼，肆害乡邻。

兑风淫欲，劳病疾火；子孙缺唇，阴人茹鞹。

辛凹风狂，少长齐亡；二姓念佛，寡母下堂。

戌方凹缺，飘风烈烈；心不安宁，口鼻出血。

乾风吹来，白蚁徘徊；疮癫疾劳，嫖赌无孩。

亥风淋溢，长房立俉；痨病疮痔，女亦无出。

壬风痔疾，喑哑无室；糟鼻赤红，肾卵肿溢。

子风蛇鼠，鳏寡同处；残疾怪病，须发黄灰。

丑凹风吹，性横无儿；持斋念佛，为僧为尼。

艮凹风送，白蚁满洞；忤逆分离，少男鼻瓮。

　大凡阳宅，上纳天气，下承地气，四方平整，无凹无缺，无坑无陷，则天地之气得以融聚，精灵得以保全，则运祚悠久，荣昌吉祥。若有凹缺坑陷，则天气不纳，地气凿泄，必招不祥。二十四山坑凹，亦各有所主。

坤方低凹，老母多病；眼患腹疾，女子婚硬。

离方坑凹，六畜不旺；奸盗犯官，肚疾目眚。

巽官低凹，陷却学堂；瘦弱丑拙，书读不长。

震坑孟厄，游荡忤逆；军贼犯刑，抄家没籍。

艮方坑凹，义子掌家；黄肿痨病，手癫疯麻。

坎坑积水，背花伤髓；痔疮聋跛，壮年亡齿。

乾方坑凹，患眼头疯；少男夭寿，老父疲癃。

兑方低凹，不发财富；孤苦缺唇，妇女嫉妒。

巳向凹低,长房重妻;女不生子,田无人犁。

寅申巳亥,一有凹缺;梦遗痔疮,怪疾破裂。

子午卯酉,凹缺风来;贪淫火盗,二房损孩。

辰戌丑未,四墓凹缺;弱症虚劳,季子离别。

甲庚丙壬,凹缺风来;中房瘘病,疯眼难开。

乙辛丁癸,三二方缺;少男耗财,终自凶灭。

例1.吴姓,庚午生,住乾宅,南坡崩缺(右首)当离方先天乾位(乾为首),辛丑年都天镇乾亥(亥为头,与寅合,与卯三合)。十月己亥,钓庚子到方,犯金神,与庚午正对冲,乃兴工砌砖台于堂后。至癸卯年,白虎镇乾亥,五月钓己土都天加临,未隶坤,坤为母(亥与未三合),亥隶乾,乾为父,因堂上口舌被击,破伤头颅。卯年太阴犯午,五月午刑午,午为乾杀,其家饮甲方水,卯年病符值寅甲,岁破加临(戊午入中,辛酉到艮,酉为卯年岁破),寅合午,吊客加于甲,甲亦为首,故应午命头左太阳穴下,窨砖击穿血迸流。以己未天上火,火色红赤,午火九紫血沉紫色,火烧土砖类是,午为太阳,五月戊午属阳,故伤左太阳。

按:此虽以天星断,以砌砖引起,但南方崩缺为导火索。若非南方崩缺,岂有砌砖哉。

例2.袁姓,行二,乾宅,卯方挖断冈,癸方凿深坑。卯,震也。为足,震伤足跛;癸亦为足,隶于坎,坎为中男,卯属仲,故应二房左足,亦弊在宅左也。袁生一子,亦有足疾,卯方不能改,令移宅,以后平安,永无是患。

楼

【原文】楼上为天,楼下为地。天克地,主卑小不吉,如上七下三是也。上下两向,主忤逆招盗;上高过下,自缢服毒。

凡正堂之上,不可安楼,厅堂亦忌,惟后堂可以安之。楼独高于众,四面风吹,住楼下人不吉。屋边有高楼压本屋,左压左凶,右压右凶。

【注解】古时建宅,讲究高低均衡,不宜忽高忽低。如果正宅是楼,左右厢房亦应是楼,前厅也须高大相称。或在高山深谷,或在市镇乡间,四围要有辅翼卫护,众楼团聚方可。如果孤露窄耸,宾主不配,必惹灾谷。楼之间的间架层数,门、堂、房相生者吉。如走马楼属土,甲卯乙山富而远,因我克为财也。若壬子癸山人命凶,因坐山为元辰,屋克山虽美不久长。惟山生屋富贵悠久。

楼上高于下者,是指每一层的高低。如楼下层七尺高,楼上层八尺高者是。故古人有"上七下八"之说,是楼上七尺高,楼下八尺,上不高过下也。

古时造楼,层数较低,多者不过三层。如今楼房,高达数十层,其本身看法,虽重坐山朝向,大门仍很重要,但其气全聚在电梯之升降口上,其方为全楼之动气方,尤为重要。

例1.酉山卯向,壬申年七运建造入宅。

此楼高十五层,当运旺星到山到向,大门开在正东,向上七赤旺星,理应是发达吉庆之楼。

一 六 六	五 一 二	三 八 四
二 七 五	九 五 七	七 三 九
六 二 一	四 九 三	八 四 八

但其电梯设在正中,向星五黄土为退气,为五黄大煞,且泄山星九紫火气。一楼中进进出出之人,脚下均带着泄气入楼,故开业后生意一直不好。直撑到壬午年,该年七赤入中,虽为旺星,但又泄向星五黄之气,且运盘伏吟,旺星入中为入囚。至十一月,又逢七赤入中,泄气太甚,不得已低价拍卖。此说明楼房当以气口为主。

例2.不易站脚之屋。(见下图)

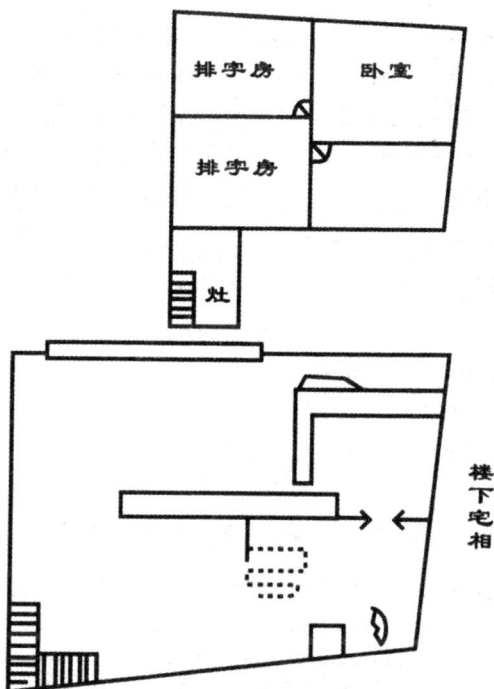

楼下宅相

上海北石路点春堂纸号，甲庚兼寅申三度，三楼下售纸张，楼上设排字间，宅形及宅命演数如下，可作宅形不规则及兼向不适当之法戒。

向上虽吉，进口不吉，楼梯动处不利，灶位亦凶，口舌多。戊辰年二黑到向多病，三、六、十二月均有疾厄，令以五金物

三 七 三	七 二 八	五 九 一
四 八 二	二 六 四	九 四 六
八 三 七	六 一 九	一 五 五

解之。前此诸店皆不久即休退,目前补救法,使将柜台桌面漆黑,内账房账桌照虚线搬移。己巳新春,嘱将柜台移至右边,许其占一年胜利。查庚午年星,决有赔累,嘱及早选择吉宅,庚午年内勿再用。从前此宅开业者,皆不久即闭歇。上届歇业者是一小药铺,开张于丁卯年三月初二,停歇转让于丁卯八月十七,其寿命不足六个月,其毛病亦在口子上。年月日九七后天火,泄向上四绿木星之气,后方楼梯动处,原有七赤先天火,再加年月日火星,将前后方山向木星烧个精光,成油干灯草尽之恶境,门路不合,其恶如此。

诗曰:九宫合十,要算吉宅。

奈动处凶,难望发迹。

横生是非,得寸失尺。

盗泄元神,权移紫赤。

按:此宅山向均旺星当权,理为吉宅。惜楼梯设在巽方,飞星七赤金为本运杀气,吉反为凶,此即观楼房之要法。

例3.养病病未脱,只为病魔穿寄址。(见下图)

七	三	二	七	九	五
	三		八		一
八	四	六	二	四	九
	二		四		六
三	八	一	六	五	一
	七		九		五

三	四	八	九	一	二
二	三	年 月	四 五	六	七
七	八	九	一	五	六

素君患水肿,某记者患脚部风湿,因医药费用多,就海口市海南书局楼上之刘景春先生卧室寄住。宅为中四建造,庚山甲向,演数如上。

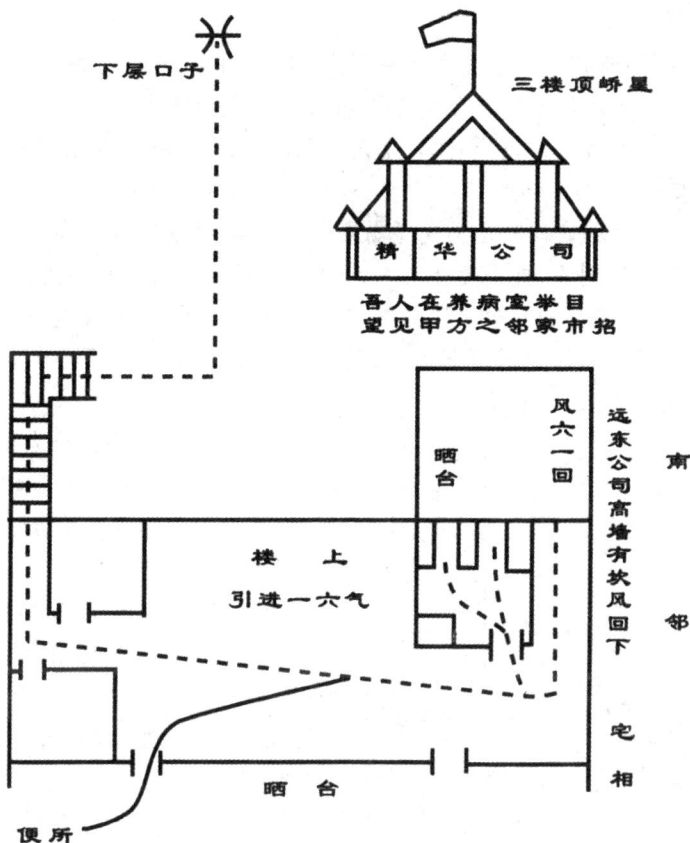

下层口子

三楼顶峤星

精华公司

吾人在养病室举目
望见甲方之邻家市招

远东公司高墙有坎风回下宅相

南邻

风六一回

晒台

楼　上
引进一六气

晒台

便所

　　一为刘先生榻，二为记者榻，三为素君榻。楼口年二黑到，
晒台、便所坤方动路上月二黑到，精华三楼峤星上年二黑到。初
年素君好些，记者转剧。屈指计芒种节，尚隔三四天，届时脱却
月黄势力，当常健复，并拟乘彼较佳月份另移合用之处，当更有
良效。惟在此小小寄室中，文思清晰而且旺，一星期内整理积件，
成就不少文稿。因楼上升降口得宅命中一六联星活动，而远来
高墙上回下坎风皆夹带一六联星之瑞气，大足为研究玄空学之

资料。

按：年四入中者是中元甲子年，即1924年，月五入中者是四月。一六联星者是本楼之坎方，山星一向星六是也。

例4.天生人事巧安排，令人莫测高深，苦乐得失由无形之气数实写出。

上海小南门外水神阁孟勤泰号古物店，为仲明居士所经营，由其先君创设，开业于上元一运初。单开间二层楼房，一进深，坐河浜，宅是子午兼癸丁六度，兼数逾规则，适用《青囊奥语》变卦推算。幸天元例得兼人元，又天人元两卦气相通，不生问题。演数如次：

三叉口	五六 九 (一)	一一 五 (五)	三八 七 (三)
	四七 八 (二)	六五 一 (九)	八三 三 (七)
	九二 四 (六)	二九 六 (四)	七四 二 (八)

该宅前方是小南门外大街，自西向东，直达黄浦江边。巽方三叉道，自北而南为南仓街，境内居住人众，往来冲繁。此三叉口距孟宅仅丈余，日夜嚣尘，由无数行人脚下随风送至，动力特著，故将城门一卦加入宅命中（按：城门巽，地盘飞星九，故以九入中），推算历来发生关系，无不符合，值得研究。

九宫合十（按：指向上飞星与元旦盘相加为十），向承旺气，家人和顺，主从融洽，顾客倾心，皆与此合十发生关系。向星六到三叉口，一白旺星值河，自外生来名生入，人来风上合天机，生意之热闹，利益之丰厚，可以概见。惜坐山九紫离星到，水上天星不帮忙，在经济上得七失三，不能收圆满之效果。一六到巽宫三叉，三叉又与向首六一生入，一六逆生三八，向星二到艮，一到离，艮为吴淞口，离为南黄浦，水源活动有力，在上元一运中一路顺利。惜所操者为将本求利中之小范围生意，未有惊人之成绩。

交进二运，向星一白虽为已退之气，但东北方吴淞口四十里来水，与黄浦江苏州河合襟成三叉，照神有力，所以二运生意仍不恶。凭主人十二分之眼力，时有巧货吸入，助进生源。一交三运，衰退之气袭来，生意渐趋冷淡，支持遂感不易。未几城河填为平地，内埋水管，使水脉不断。其填平新地，建筑房屋，增进市街繁荣。孟家亦于此时在屋后余地上添筑一椽，与后方屋宇相接，出其余力，将后邻屋宇吸收入自家范围，楼下出赁，楼上作儿妇新房，因此一动，而宅运又一转变。演数如次：

六 八 二 (一)	二 三 七 (六)	四 一 九 (八)
五 九 一 (九)	七 七 三 (二)	九 五 五 (四)
一 四 六 (五)	三 二 八 (七)	八 六 四 (三)

九宫仍合十，不犯反伏吟，甚吉利。上届三叉口与向星一六作合，本届则三八作合，天机巧合，暗里玉成，先后均有声望，动后生意仍佳。向四到艮水三叉上，生活源头，依旧不涸。

甲子年，交进中元四运，因时势关系，上海地方人口激增，市政府以旧街道狭窄，妨碍交通，一律收进若干尺以阔街道。但居民因屋窄人口多而难以改变。孟家于四运初年，随大家翻造三层以后，下层仍开设店面，二层为儿妇新房，三层为老人家栖息用，升降口楼梯位于宅之后方。演数如次：

一 六 三 (三)	五 二 八 (七)	三 四 一 (五)
二 五 二 (四)	九 七 四 (二)	七 九 六 (九)
六 一 七 (八)	四 三 九 (六)	八 八 五 (一)

辛亥年以来，政争不息，军伐此起彼落，兵匪殃民，百业衰败，上海市场萧条。孟家自后方新近置业翻造之后，余蓄无多，今限造此三楼，自然要负债凑数。加之新宅命不若昔日之得力，主人精神上之苦痛不言自喻。因困境相逼，促人

觉悟,主人仲明居士,年来崇奉佛化,知为解决人生,驱除精神上无限苦痛之妙方。故上海各处举行讲经法会时,均从百忙中抽出时间赴会听讲,风雨无阻,领教法益。庚午年九秋,六十四岁之孟仲明居士听经归家途中而遇车祸,一时不省人事,全身破损。此一跌而中疯偏瘫,下床行动困难,一病四个月。因居士念佛摄心,心境恬静,道友告以默念"往生咒",忏悔夙业,未几,生理逐渐得益,病体转健,能自下榻,缓步下楼。其因何而遭灾?

且看第三期新宅命,较之第一、二期宅命,相差甚远。向星向首二黑土星到,二土于中元四运为死气;三叉口六白金星于四运为零神,泄向上土星之气,犯生出之嫌,成退败之局。该宅兼数过度,城门一诀,亦用变卦之替数演算,卯三替星为二阴,三叉口三到,为城门上占了退气。盖中元四运,三已失元,如退职之贵人,无权为本宅造福。城门要口既为退气,则经济上有损失无进益。城门一星七到向,克三叉三碧木为克出,为劳动惹事之象。又在中元四运中,向星二到向上,三到坐山,二为四运之死气,三为四运退败之气。水上星辰,仅东首黄浦江过水得到四五,成了资益微小,损失数多之象。主人深受佛化,能放下一切,在困境中寻出自在,大因艮上水路三叉,与巽上陆路三叉,得到一六八吉星调剂之力不小。又该宅山上、向上得到二五八、三六九两个三般卦巧数,在苦中作乐,绝处逢生上,仍有不少因缘。然则一旦发生此大苦恼事,究属何故?曰:先以分层之得失衡之,次以内部升降口居动处冲之,得失显然。

首以分层法衡量得失:

底层,山星属一白水,以地盘方位论。间数属洪范五行之一,曰水,指该宅单开间论。四运旺星为四绿木,庚午流年年星为七赤金,七九相见,化后天火,日时二黑到,化先天火。出事之月,月星为九紫火,如上所述之底层现象,为主星水生客星木,客星木替生年月客星火,犯了重重生出。主人于此时不幸遭意外危险,受大痛楚,生理上失其常度,行动不得,发语不便,店务乏人主持而宣告停歇,重重生出之应有如是。

二层,山星属二黑土,由底上一白间上楼梯,数至二楼,故属二黑管事,与底层相较,还算成功。间数属洪范五行之二,曰火。四运运星由第一间到第二间,为五黄进气土;庚午流年七赤管事,挨到第二间为八白土;出事之日,月星九紫管事,挨到第二间为一白水。以二层现象论,土见土为旺盛,土见火为受恩,本元强健而见滴水,化为财喜,住此者宜乎育儿繁盛,事多吉庆。

三层,山星属三碧木,由下而上逐屋递数得之,间数属洪范五行之三,曰木。四运运星挨至为六白金。庚午年七赤管事,挨得三楼为九紫火。出事之月,月星九紫管事,挨到三楼为二黑土。以三层现象论,三碧木于四运为退气之木,见金而伤及肢体,遇火而危及命元,二黑土遇日时五黄管事,七赤到间,二七化先天火,与九紫相遇,皆能致衰木于死命。

次以宅内升降口剧动处所得之星与向首主星间衡量得失。后山向星三碧,因升降口冲繁有力,进逼向上二黑土星;出事之时,月令中宫客星九,与向上客星四,泄向上二黑土之元气;庚午流年七赤及月五黄瘟神又到升降口剧动处,而来此无妄之灾。再者,升降口木星健动,逼向上二黑土星,即如向上飞到八白土,亦受唇亡齿寒之苦。八于卦属艮,于躯体属背,八受动木逼,于月五黄到时而背部受重伤。二黑于卦属坤,坤为地,厚德载物,于象舆,升降口剧动处三木逼二土,成自后方冲来之翻车险状,待月黄一到而发难。又新宅命中中宫、兑宫、离宫及年月星中宫、震宫、七赤星到处均犯火金相逼;宅命中离宫五黄,年月中震宫五黄,虽非九紫火星之比,但五黄一离中央土之本位,任到何方,其性爆烈若火,名为廉贞火,故亦当作火星论。七于卦属兑,于躯体为口,七金位位受火克,主人受难而唇舌失其常度,诚异数哉!

按:该宅于四运中,若封巽方门路,改行坤方门路,四木旺星到门路,可化凶为吉,重兴家业。此断将楼上下各层及楼梯口均详细述及,可作论楼吉凶之参考。

间　　数

【原文】每逢间架,宜用单数,不宜双数。三间吉,四间凶,五间定有一间空,七间定有两间空,试之奇验。

【注解】阳宅当以阳气重为吉。一、三、五、七、九单数为阳数,所以房宅间数宜阳数。《鲁班经》略有异议,认为"一间凶,二间自如,三间吉,四间凶,五间吉,六间凶,七间吉,八间凶,九间吉"。其中一间凶者,孤阳也。经曰:"孤阳不育。"二间自如者,阴阳和谐也。

古时建宅,间数也有严格的规定。九为阳数中最大之数,故九间屋只有皇家建筑可用,如北京故宫保和殿,面阔九间是。王公大臣,只准盖七间,后依官职大小而增减。同时,古时建宅高低、阔狭、进深及门路、庭院之尺寸也有严格的要求。读者有兴趣,可参考《鲁班经》一书。

门　　路

【原文】门有五种:大门、中门、总门、便门、房门是也。大门者,合宅之外大门也,最为紧要,宜开本宅之上吉方。中门者,在大门之内,厅之外,即仪门是也,关系略轻,除震巽乾兑不宜开直门外,其余从厅直出可也。若无两重门,则中门即大门,又必要上吉方。总门者,在厅之内,各栋卧房外之总门路也。盖屋小则专论大门之吉凶,则各房之去大门既远,吉凶亦不甚验也。其法单论各栋之出路,左吉则闭右而走左,右吉则闭左而走右,吉凶立验。便门者,合宅之通柴水左右之小便门也,亦宜三吉方,以助宅之吉。便门又名穿宫,书云"穿天门",非也,还是穿本宅耳。

大门吉,便门又吉,乃为全吉。房门者,各房之前后户也,宜三吉方。

不论何门,自二扇以上,大小一律吉,左大换妻,右大孤寡。基窄屋小,则大门重而以便门与灶相助吉;基阔屋多,则大门远而不验,又以房之总门、便门为重,而以房门与灶相助吉。

大门吉,合宅皆吉矣;总门吉,则此一栋吉矣;房门吉,则此一房皆吉矣。

宅无吉凶,以门路为吉凶。盖在坐山及宅主本命之生、天、延三吉方,则吉气入宅,而人之出入,步步去路自然获福矣。倘与人共居,门不能闭,而左右俱有门路,则气散而宅弱,祸福俱不应矣,此等屋惟灶在吉方者吉。或大门在凶方,限于基地而不能改动,当于吉方另开一房门以收吉气,稍补于宅;或将客厅仍向前,卧房倒向后房,前吉、门吉、路亦吉。倒向则房后宜闭塞,房前要天井,宅之后墙不宜正中开门泄气,故便门必在两角上择三吉方开之。

凡开腰门,必将罗经格定,量准丈尺方可开。法自后栋之后檐量至前栋之前檐,如得六十丈,则于三十丈下罗经,取吉方开门。开门宜在地支上,所谓"门向地中行"是也。

门不宜多开,多开则散气;路不宜多歧,多歧则宅弱矣。

屋门对衙门、仓门、庙门、城门者凶;街道直冲门者凶;街反出如弓背者凶。

宅门三重莫相对,宜相退让。

【注解】郭璞在《葬书》中说"葬乘生气",仅四字就全部函盖了阴宅风水的一切要义。阳宅风水也是以"乘生气"三字为切要。就其外形言,龙之起为生气之来,龙之止为生气之聚;生气来有水导之,生气止有水界之;生气聚有砂卫之,无风散之,就此建宅,是得生气。然生气在外,如何使其流入宅内? 则开门以纳之,行路以导之,故门路为一宅之气口,开于生气之方,则纳生气入宅,必合宅吉祥;开于凶杀气之方,则引凶气入宅,定合宅灾咎,故门路为内六事之首。经云"宁与人家造十坟,不与人家修一门",即言造门之要,开门之难。古人对门吉凶的看法,也分三种,详述于下:

一、以形论吉凶

门高大者多生女,光明要与屋相称。门板两扇要一样,左大换妻,右大孤寡。大砖洞门,牢狱之灾。前有墙壁射来者主损女子,若笔直当堂门射来者主人命或被人打死。经云:

堂阶品字门,才子占魁元。内低门外高,积谷发英豪。

厢门对堂开,和睦进钱财。门差左边角,男女口相啄。

门差右边角,贫穷更龌龊。阃内埋大石,堕胎足多疾。

内高外弦低,财耗人昏迷。枋唇一般厚,进财双发秀。

下唇塌地安,富贵人丁繁。门额平屋檐,荣贵出孝廉。

出门不见天,昏迷瘟病缠。露胁不抱门,口舌卖田园。

屋造两门平,荣华有美名。门扇厚二指,富贵陡然起。

宅户重相对,家财渐冷退。栗闩止盗来,保无虚耗财。

三门若紧对,口舌财如溃。大门对小门,小门被其吞。

门高过屋檐,房只可住阉。门壁两边均,忌开大小门。

家有两向门,二姓共晨昏。两门多冤屈,大小自相拂。

怪石拦门庭,冷胎久闭经。厅房门对堂,隔角悲瘟疫。

门壁不端正,家中多疾病。门阶有怪石,足目病带赤。

青石层拦门,飘流绝子孙。白石斜在门,病眼又伤肾。

门上壁二尺,家中多蓄积。门上壁五尺,虚耗多瘦脊。

门路不端正,欹斜多病症。厅门柱对堂,心痛乏衣粮。

门路右之玄,福禄寿长绵。　门路左之玄,常年进产田。
门壁破砖砌,眼病防自缢。　凸阈两头低,无儿休怪妻。
门高过于壁,少亡多忧戚。　门壁若太逼,家内常啾唧。
门着井水边,招鬼出邪癫。　虫蛀门上枋,患眼病生疮。
扫粪堆门前,风颠胡喷涎。　梁柱当门中,损人出盲聋。
大门用八档,家富人丁旺。　门若用七档,招非主破相。
屋小门高大,衣食终无赖。　屋大门太小,财多儿子少。
一家开两门,父子没些恩。　门板多穿破,口舌受灾磨。
并排开两门,口角覆冤盆。　旧屋安新门,鎏黝免疠痕。
门上大下小,难产莫非晓。　门上小下大,漏胎兼白带。

二、依理气天星断

此法亦分两种。一是依本书之法,门宜安在本命和本宅的生气、天医、延年三吉方,忌安在本命和本宅的绝命、祸害、五鬼、六煞四凶方。

二是以天星论断,宜天德、月德、满日、成日、开日及门光星吉日安门。忌犯天牢黑道、天火、独火、九宫、死气、大小耗、天贼、地贼、天瘟、受死、冰消瓦解、阴阳错、天地转杀、四耗、四废、九丑、九土鬼、离窠、四忌、四穷、灸退、三煞、六甲胎神、红嘴朱雀、九良星、债木星、太岁、戊己都天等煞。

三、大玄空飞星法

蒋大鸿在《天元五歌》之四中说:

宅龙论地水神裁,尤重三门八卦排。
只取三元生旺气,引他入室是胞胎。
一门乘旺两门囚,略有嘉祥难久留。
两门交庆一门休,大事欢欣小事愁。
若能门门都吉庆,全家福禄永无忧。
三门先把正门量,后门房门一样装。

　　别有旁门并侧户，一通外气即分张。

　　设若便门无好位，一门独出始为强。

　　周氏注曰："阳宅之龙，惟以水神为主，所重者在门。门有三门：前门、后门、房门也。其门要排八卦，只取三元生旺之气，引入宅内是真机。三门之中，一个门好，两个门不吉，就有好处亦不能久。三门之中以大门为主，后门房门一样要吉。倘若旁门及横屋之门不合吉而收外来之凶气，即不能合家获福而有更张。故便门不合吉者宜以一个吉门独出为妙。"这就告诉我们，玄空飞星开门，是宜开在向上飞星的旺气、生气之方，不宜开在煞气，死气和退气之方。门开生旺之方者吉，开死退之方者凶。

　　例1.一商场，坐西北，向东南，八宅游年各方如图。

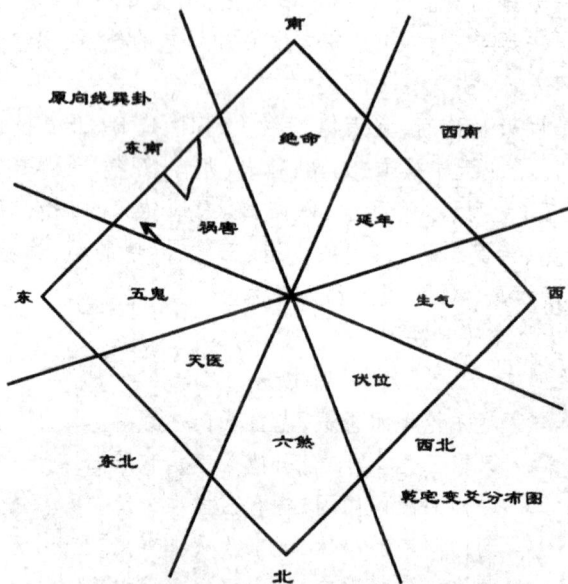

乾宅变爻分布图

　　此商场门开东南，是本宅的祸害方，门前侧是一条大马路，祸害之气源源不绝,故生意连连失手。后经风水家利用抽爻换象之法,把大门由正出改为斜出,使其朝向正南,如此,则宅位便由坐乾向巽变为坐坎朝离。东南方为坎宅的生气,此门便由祸害方变为生气方。据原书载,此法极验。但对此法不以为然者大有人在。《宅法举隅》说:"每见庸人,粗知元运,遇大门不得令,辄即改移,因欲避衰就旺,以致门首歪斜,街边门屋都成尖角斜飞之势。毋论此得彼失,福未至而祸已来,而形状不复端正,譬之人品一歪成何相貌?岂不可笑,可恶?杨曾相传至今,并未有此作法,切宜戒之!"

按:宅法首先以形为主,故宜四方平正。门吉凶亦先以形为主,宜端正灿烂,若门一倾斜,其形已败,即令旺星生气到方,亦不能为吉,故此法不合宅法之理。

例2.凶门犯重重生出,一冬两次入狱。

无锡鸦片土贩某君住宅,上元三运建筑,坐丁向癸兼午子五度。向承旺气,操黑业生涯,四乡嗜吸鸦片者甚众,故获利丰厚。惜该宅西首背弄中开眼门,泄向星之气。丁卯以后,因事故发生迁避地方,事后从新入宅,无形中已换新宅命。分别演数如下,以资比较。

三运宅命图

八 八 二	三 四 七	一 六 九	
九 九 一	七 七 三	五 二 五	腰门
四 三 六	二 五 八	六 一 四	

四运宅命图

八 一 三	四 五 八	六 三 一	
七 二 二	九 九 四	二 七 六	腰门
三 六 七	五 四 九	一 八 五	

已巳年冬,统宅主人两次被捕入狱,因政府严厉禁烟之令颁布,对于土贩处置尤厉害。有平素所索不遂而怀恨之烟客出首告发,彼烟贩遂被捕。贩之家人想方设法,竟安然出狱。未几又有其他仇家向之寻事,土贩某又被捕再入狱,家人大挥其晦气钱,安然还家度岁。查是冬两罹法网,损失多金者,因年星一白到腰门口,泄主星七赤金之气。十月、十一月月客星四绿、三碧到兑方腰门口,重重生出,致连生事故,招大损失。该宅平时常出入腰门,背弄暗黑,吸鸦片人都鬼鬼祟祟,喜走便门,腰门既如此冲繁,其权特重,故凶应即由此发生。

例3.见本书上册第332面所举"小范围中大生意"例。

例4.向吉门凶,年月死人倒账,不幸事接踵而至。

二 八 三	六 三 八	四 一
三 九 二	一 七 四	八 五 六
七 四 七	五 二 九	九 六 五

正门

便门

厦门鼓浪屿为闽省厦门商埠西南隅一小岛,在外人经营之下,不受政潮变化之影响,称为宁静之市街。胡寓在鼓浪屿中路,自置房产,为三层洋楼。下层供杂用,其二、三层光气俱佳。宅是中元四运,申山寅向兼坤艮二度,乙丑年入宅。丙寅年冬,主人胡君先病殁于三楼升降口一小小奥区中。此后家人以此间房为不祥,长年锁闭,不知已有若干吉祥之月日无形消失。戊辰年内被人倒账,仿佛宝库中物化为乌有。主母苏倩女士问:"因何连遭不幸?"答曰:"查宅命图便知。"

丙寅年,值年二黑土入中央,其余八星随之流转,年五黄临寅向。是年正、十月寅向堆黄,四月寅向年黄月黑会合,是宅二三层楼升降口均位于寅方,此年此三时期,宅内发病人多,至

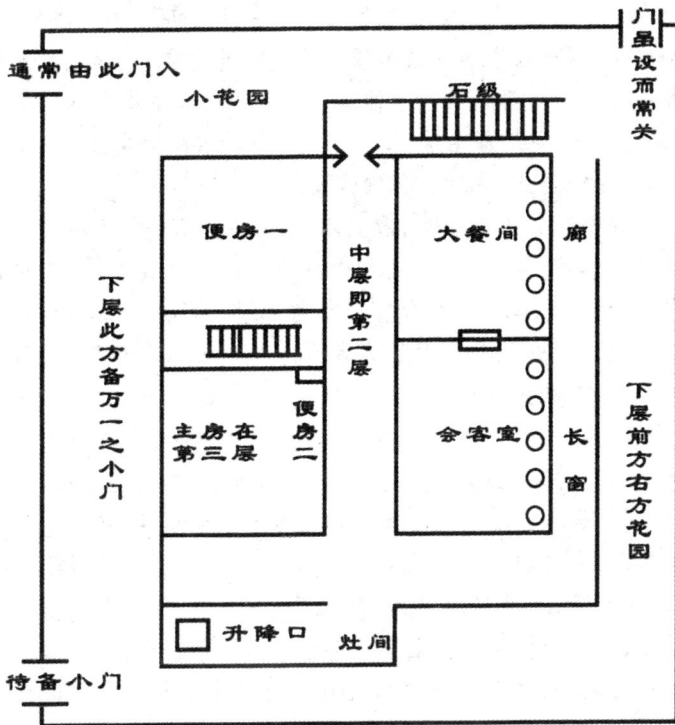

通常由此门入　小花园　石级　门虽设而常关

便房一　大餐间　廊

中层即第二层

下层此方备万一之一个门

下层前方右方花园

会客室　长窗

主房在第正三层　便房二

升降口　灶间

待备个门

　孟冬由宅主当灾耳。升降口为内口,其外口则为下层左侧之便门及右侧之正门,犯二五先后天火星,泄向上四绿木星之气。宅向虽吉,安门不取正向吉位,而取左侧右侧泄气之凶方,已成退数之局。向星管财禄,向四泄于外口先天二火,后天九火,故入宅未及,却使经济上变化成危机。倘改用左边之后方兑位出入,财禄上当有不少挽回之机会。

　按:兑方向星五黄土,为四运之生气。

　己巳白露秋分期间,年星九紫,月星四绿入中宫,艮上年月二七火星到,泄向星四绿木;坎上左侧便门外口上,年月四九金星到,泄二黑土之气,位位犯生出。一主星向年月客星团生出,尤为危险,倒账赔累等大破财事岂能免?此宅在丙寅年、乙亥年均有疾厄死亡之事。已巳年仲秋,戊寅年仲秋,均有非常严重之破财事情。若便门移在后侧,则损失自能减轻或避免。

例5.掷万金改造,门风如响之应声。

上海外滩新永安街口,利昌泰报关行,三运造,壬丙兼子午三度。三层楼,九开间大洋楼,中央为大天井和转盘楼,气口在巽宫,楼梯及升降口亦在巽宫。巽角为三叉道,每日车马奔驰,来往于此者不知凡几。对面为太古洋行总公司办事机构,屋顶尖锐之状,重叠罗列眼前。

利泰昌报关行,在最近若干年内,是非横生,营业上损失亦甚巨,主客间情谊上非常涣散。此宅欲求发展,非改造门风不可,若再因循,恐有一蹶不振之忧。楼上号家多北客帮,在桂山处得此消息,相率要求报关行旧经理设法改造。旧经理以历年无精采,愧对董事,此改革之举,不敢向董事会提议。楼上北方房客以不遂所求,纷纷迁出。至庚午年十一月换新经理,新经理为有胆敢作为之人,将改造门风之计划一再提出于董事会。因该洋房是三角钢骨及水泥造成,房屋为太古洋行产业,西人对于改造门风之事莫名其妙,即使想方设法,使房主就范,亦须耗资万金,改造工程方克进行。集议多次,新经理坚持一月之久,由董事会通过,一面举代表向外人疏通,一面准备此项工程经费,即于庚午年底进行此事。该宅宅命演数如下:

检视宅命图,知旧有巽方气口冲路及升降机之不吉,此等动机都在巽宫,武曲金星为主星之方,于中四上三皆为背时不吉之星,生旺全未收得,令其营业衰败,日就窘境。

自庚午冬间,采用出入总门移至坤宫;重楼升降用钢梯,移至乾方,共用去改造费万余金。岁暮工峻,依照所选取时日,封却巽宫旧门、旧升降口,改辟坤宫新门及乾宫新升降口。利泰昌报关行账房及经理座位,在全宅之艮方,收定新辟坤口四绿旺气。艮宫本位得一白水星,又经合一六先天水星,向首化合四九金星,成自外生入。辛未正月,因北方冰冻封河,客商不装货无交易。一交二月,东风解冻,商品活动,利泰昌改用新门,正当其时。月星四入中,一到口生入,生意旺盛,开向所未有之局面。在全部报关业中,吸收安东、北京、天津、大连各码头商品,

↑

九　六 二	四　二 七	二　四 九
一　五 一	八　七 三	六　九 五
五　一 六	三　三 八	七　八 四

上

成一家占却一半之势力。报关业同行大为震惊,千方百计抵抗而无效。因客帮自动倾向利泰昌,并非受何人之运动,所谓气数关系,无可抗争。昔日利泰昌楼上有在住客帮数十家,陆续迁去,只留三分之一,抽股迁出无法防止。今则气象万千,非但在住者不思迁出,新号纷纷迁进。每天晚间,利泰昌报关行经理室,群众聚集,热闹非凡。昔日冷淡惊忧,今日热闹欢喜,一门移转之为有如此变化,在上海繁盛都市少见。此例可供研究者参考。

路有内路和外路之分。外路是指门外之巷路街道,阳宅风水中将其视为虚水,与水同论,门屋之外,以此最重。屋内之路,由门出入,为导气之水,与全宅吉凶亦紧密相连。故阳宅风水中非常重视路的形势及来去方向,把路作为断阳宅吉凶的重要依据。如《聊斋志异》的作者蒲松龄一生命运不济,怀才不遇,就是因门前道路反弓的原因,特细析于下:

蒲松龄故居地理示意图

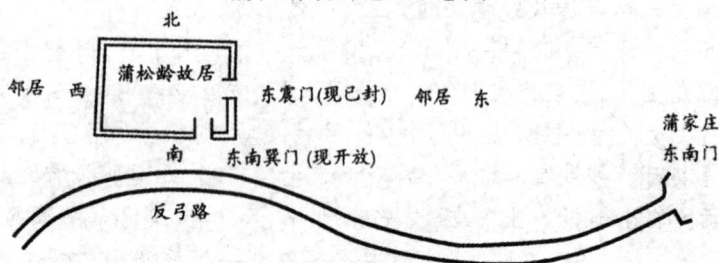

a) 蒲松龄故居门前的反弓路

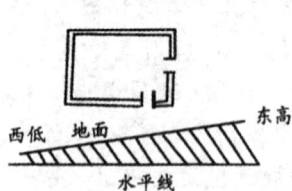

b) 蒲松龄故居地势南视断面图(东高西低)   c) 蒲松龄故居东视断面图 (南高北低)

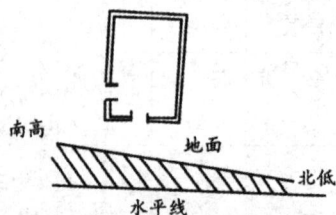

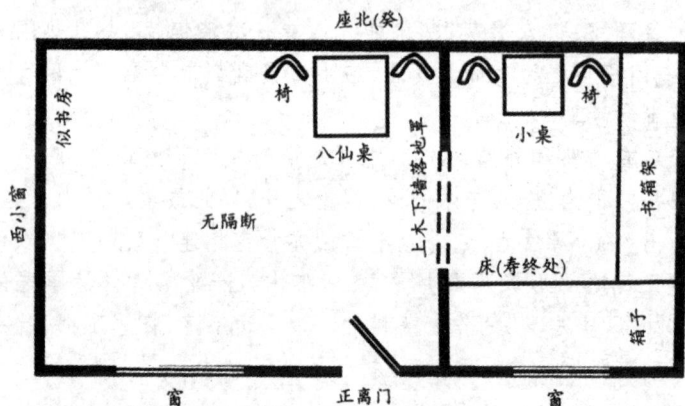

蒲松龄故居在山东淄川的蒲家庄,该庄的路径呈S形状,其

路屈曲,可防止整个村庄直泻散气。可惜此路经过蒲松龄故居时,正是上路形"反弓",其气不仅不聚,反而被泄散。所以其高祖蒲世广,虽才冠一时,终了只为"廪生";曾祖蒲继芳,才华出众,终为"庠生";祖父蒲生汭,虽才亦堪称,但终生默默无闻;父亲蒲槃,虽才识渊博,但终困"童子业";蒲松龄虽才华横溢,但终于刀笔,以致自叹"天之亡我"。(见第334面图)

古时对路的看法,亦有三种方法,细析于下:

一、路以形断吉凶

阳宅最忌讳的是狭窄且直长的巷路,如果直冲门前,就形成"风煞",宅当之而休囚,人感之而灾危。人住穷巷,孤苦横撞。门外自作长巷,一代家财渐降。巷长阴气重,终劳碌而无钱用;横巷旁泄气,妻子方安慰。斜冲与直冲,外亡离祖宗;左冲与右冲,疾病孤孀重。有巷直如枪,冲门出少亡;直枪又开脚,外死贪淫乐。巷路八字,两边分飞;子忤父母,遍处萎菲。巷门砂水,斜飞散去;主人外亡,逃移多处。门巷斜飞水去长,扛尸图赖,屡犯官方,妻子刑克,灾病祸殃,贪淫缢溺,出祖过房。头大头小,巷似刀枪,多遭贼劫,岁到杀伤。大头向内被人杀伤,小头向内杀人命当。人家直巷,冲向正堂,心气胃痛,口舌昏盲,出外枉死,孤寡离乡。

> 巷长冲屋,孤孀劳碌。义子入门,乖逆反复。
> 面前直木,小小一巷。头起官非,尾绝招撞。
> 巷路死水,恰似尸形。打人抵命,屡犯官刑。
> 小巷四边,路来直射。干戈扰攘,日晚听骂。
> 左右前后,穿巷通行。凶丧离徙,寄死寄生。
> 巷路内阔,至外紧窄。克妻少亡,家业萧索。
> 头大尾尖,巷路倒行。直出离徙,伶仃败倾。
> 巷道弯曲,数重关锁。衣禄清闲,老幼安妥。

宅前巷路,直似绳牵。深巷住尾,财丁不全。

巷路尖斜,隘狭无遮。刻薄颠沛,遭凶带枷。

冲口之处,宅不可居。财禄消耗,丈夫必虚。

人字巷口,尖遭人命。十字巷口,官非火病。

巷口牵缠,少米少钱。中间住宅,人始安然。

门前巷路,逢中两断。左右分流,荒淫家散。

生别死离,忤逆习悍。门前曲尺,巷路斜冲。

冲某一房,某位大凶。生子愚蠢,眼盲膈壅。

幼女无媒,自嫁老侬。

以上言巷,以下言路。

横路眠弓腰带绕,发财官贵多寿考。

水星火星向门斜,人口田财水流沙。

斜木火尖去不回,因商卖买败家财。

三曲三弯路对向,家中富贵大兴旺。

前路一斜一直叉,卖田好吃爱贪花。

抱门环绕多财路,反背斜飞忤逆族。

水路前冲后冲,三年不见主东。路前折断伤命,逃亡在外改姓。

面前两路损财,二姓同居囚谢。刃方路带直枪,堑基斜射刀伤。

包巾路成头角,妇到门前解镯。两路横一路直,斗煞中少子息。

家中路横行过,父死子亡母饿。人家路入中宅,阴盛阳失财帛。

反弓路欠人钱,夫妻隔不同眠。路直长前两分,妻不顾败夫君。

右双塘双路临,女自缢妇逐淫。右高路拖过左,起斗争带枷锁。

右基闻竹林抱,弯绕水掘金宝。

路如牛角抱,百里进珠宝。前路绕三曲,人财多义仆。

路绕似金城,堆金发贵人。路如一字过,清吉无灾祸。

前路斜摆出,抛尸被回禄。

水路左冲,长房祸凶。直檬右冲,少产如缝。

左右抱枪,遭劫缢亡。山头指长,军贼难当。
前路丫叉,弟兄天涯。路绕左足,合门羞辱。
右带长索,绞项被掠。前路交叉,左寡遭拿。
前路十字,口舌官事。右路开叉,男女贪花。
右路缠绕,女缢讼牵。后路射中,招劫杀公。
右路反张,有树投河。同乡共里,背逆不和。
左路反张,有树投河。兄弟争讼,常动干戈。
两路当面,一短一长。长枪短剑,房迎者伤。
路斗开口,是非日有。伤损人财,媳骂姑舅。
后有路冲,车马震动。功名蹭蹬,妻子堪恸。
行路渐大,人口安泰。路如丁字,损人当地。
曲尺之路,大发财富。路若斜倒,家财如扫。
路似立幡,口舌遭冤。路多崩陷,官讼被谗。
破碎路多,家受灾磨。路反不顾,弟兄嫉妒。
路塍向下,兄弟离罢。路塍向里,家多贤子。
直路冲门,是非日喧。路如竹简,六畜不产。
路如反弓,孤寡淫风。两路夹宅,人财萧索。
交路夹门,人口难存。

《阳宅十书》和我社已出版的《鲁班经》对门前路之吉凶论断,图文并茂,有兴趣的读者可参阅。

二、以八宅飞星论吉凶

来路宜在本命或本宅的生气、延年、天医、伏位四吉方,是动起吉气;若来路在本命或本宅的绝命、祸害、五鬼、六煞四凶方,是动起凶气,主凶。《阳宅撮要》据此总结出"二十四山门路定局",摘兹介绍如下:

丙门右路莫近东,后门寅甲癸宫逢。
午向兼丁路左边,兼丙右路理同前。

丁向后门壬亥好，路走东边莫犯坤。

未向宜从左边出，后门坎亥方为吉。

坤向午丙路相宜，后门坎亥始为奇。

申向西向愁犯未，后门子癸同一例。

庚向右行左莫通，后门乙癸可相容。

酉向兼庚路走辛，门居乙上吉星临。

兼辛路左庚方出，后门甲上方为吉。

辛向路宜在左旁，后门卯甲甚安康。

戌向路宜在左边，辰卯后门各自然。

乾向路走亥兼乾，后门好向卯辰前。

亥向坎路宜左边，后门丁午福方全。

壬向走亥莫犯乾，后门丁巳得安全。

子向兼壬宜右行，兼癸左路要分明。

癸向左边路合宜，后门丁午福方齐。

丑向左行无限好，后门丁午多财宝。

艮向右路后凶星，后门申午值千金。

寅门右路走甲方，后门庚上得安康。

甲门右路是真踪，后门申位福兴隆。

卯门兼乙甲方行，兼乙走乙理分明。

乙门走左路从甲，后门庚申财必发。

辰门行路要左边，后门癸上福安全。

巽门巳路右边行，后门亥上福方真。

巳向宜从右路通，后门癸甲福应隆。

三、玄空飞星论路吉凶

蒋大鸿在《天元五歌·第四》中说：

门为宅骨路为筋，筋骨交连血脉均。

若是吉门兼恶路，酸浆入酪不堪斟。

内路常兼外路看,宅深内路抵门关。

外路迎神并界气,迎风界水两重关。

他在《阳宅指南》中说:

第五开门引路诀,正卦装门莫偏泄。

入门之卦宅元神,元神衰旺此中别。

一门正卦煞无破,前后门通两卦接。

更有旁门破卦身,纵然旺气非清洁。

既有门时即有路,内路外路须兼顾。

路在生方致百祥,煞方引路多灾祸。

重重门路入卧房,澄清生旺保安康。

由此可知,玄空飞星法认为,不论是外路,还是内路,不论是大门之路还是房门之路,不仅要形吉,还要引在本宅的生气、旺气二处方吉。如果引在本宅的煞气、死气、退气之方,即使路形再吉,也会引来凶祸。

例1.汤宅,艮山坤向。(见上面的图)

汤先生巽四命,其妻离九命,其子坤二命,寅方有路冲向房后,汇于午方而去。寅木为艮方之煞曜,1992年壬申年,申金冲动寅路,该年汤父过世。

按:依八宅论,艮宅艮方为伏位吉方,寅方亦隶艮方,然有路直冲,虽吉位亦主凶。同时,宅主夫妇均为东四命,寅艮为西四方,为凶方,故有此咎。可惜不知汤父生命,无法以分房论断,不能说明艮方对该父之吉凶。

例2.张宅,辰山戌向,夫妇均癸卯年生,其子辛未年生。

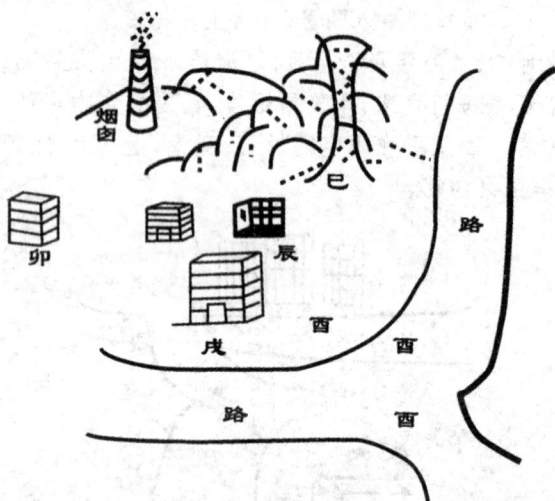

宅主与子为东四命人,主妇为西四命人。该宅西方有路直冲,至房边分叉而去,卯方有屋角冲射。癸酉年,太岁临路冲屋,其子跌跤摔断了手臂。

按:其子属东四命,路在西四凶方冲射。酉即辛,其子辛未生,故应其子。

例3.己酉生,住坎宅,后围屋中间一巷子风射入。乙卯年岁刑子方,子刑岁支,乙木克己土命,卯酉相冲,酉命逢岁破灾煞,二月己卯都天占中,酉命背疼。三月乙酉到坎,酉刑酉命,应腰痛、胁痛。以坎为背,为腰,巷门相冲,故背腰受病。先天坎,八月建酉,病符到坎,卧床不起。聘余修方,择吉扶命,改巷移门,悉取七政恩曜躔照命度并临方位。至交冬稍愈,次年全安,永无患矣。

例4.丙午舟过汉镇,忽一人追上舟,求相冢,赘刺蒋。观相已知祖茔是艮山坤向,坟后有车路当丑艮各半之间,易曰"艮为手",丑亦属艮,为少男。先天艮在震,为长男。又艮维隶孟,丑支隶季,车辗艮右片,长子右手颤;车辗丑左片,季子左手战。蒋曰:"我行三,左手不便。家大兄癸丑生,自己丑年折伤右手。"强余上岸,视之果然。改路绕前,后蒋三手不颤矣。伊大兄未痊,以病深日久,不可复矣。

例5.胡宅,甲山庚向,七运造。

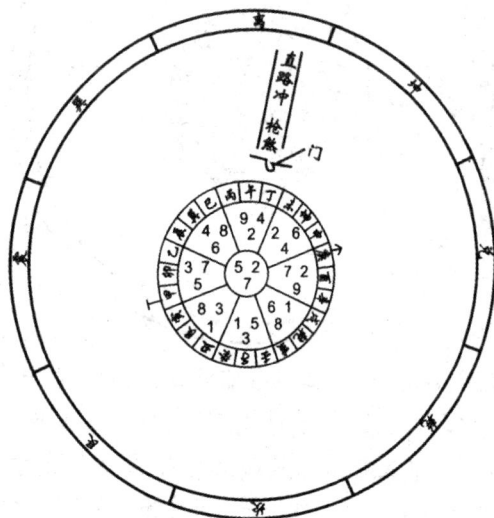

　　此屋丁方有一条直路而进,山颠水倒,本主不吉。且离方门前有直路冲进,又是二四同官,定主姑媳不睦。书云:"风行地而直硬难当,定有欺姑之妇。"姑受气不至气结而死者,以门上有九到,火能生土故也。

　　按:玄空五行之吉凶,必与实地形峦相凑合,其验乃神。风行地上,气也;硬直难当,形也。形气交会,自有悍妇欺姑之应。是屋门开二四方,苟无路气直冲,其验亦微。然是屋本犯山颠水倒,若就震方得辟便门,亦足以资补救。今辟离门,纵无凌长犯上之应,亦全无生气入门,衰可知矣。

　　例6.许宅,子午兼癸丁,七运造。

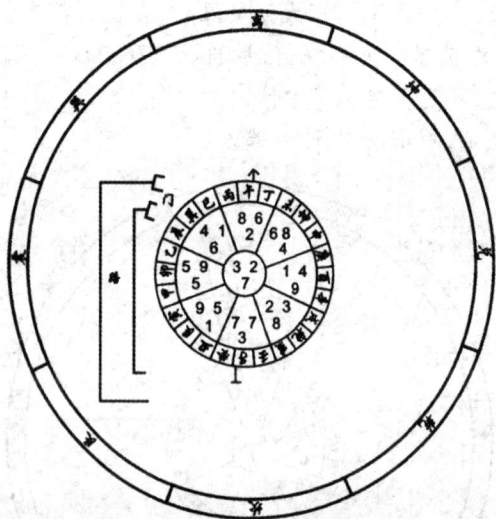

　　屋后有河,巽方开门,路从艮至震至巽,引入门中。

　　此屋住后,财丁两旺,因旺星到后,后有河水故也。门开巽方,乃一四同官,准发科名。且向上是六,巽方运盘亦是六,六为首,且六与四合十,又一与六同官,当为案首。故孟仲二人均考案首而入泮。

道光七年丁亥，二入中，一白到巽，二房考一等案首。

道光十五年乙未，三碧入中，二黑太岁到巽，长房考起补廪，皆巽门之力也。进气艮震两方均犯九五同宫，故出瞽目之人。

按，进气方两犯九五，遂主出瞽，可见阳宅以门为骨，以路为筋，吉门恶路，故有"酸浆入酪"之喻。

例7.代理业之小往大来。

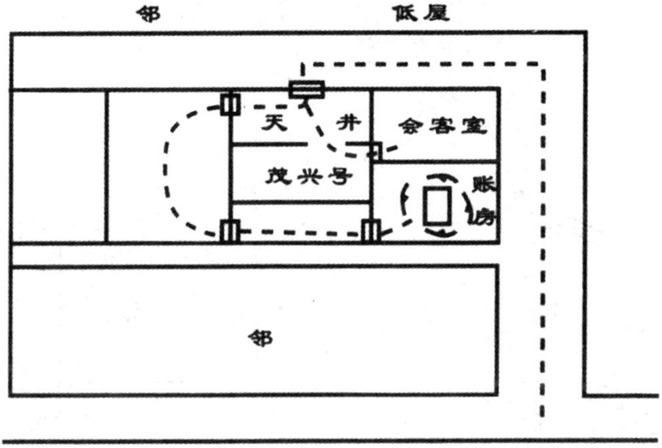

四运宅命图

八 三 三	四 七 八	六 五 一
七 四 二	九 二 四	二 九 六
三 八 七	五 六 九	一 一 五

乙丑年及八月飞星图

二 六	七 二	九 四
一 五	年 月 三 四	五 九
六 一	八 三	四 八

上海南市老马路诚善里内茂兴号,继聚源成而起,四运坐庚向甲,且账房路线成螺纹式,绕抱有情,且极暗藏,前面低空,吸收旺气;三叉气口,吸收生气,可称前途无限。乙丑年八月内,七入中,一到艮,重重生出;外口五生四九金亦生出,吃倒账二万多金,未几即恢复,大获盈余。演数如此:

内路八、六、一活动相生,亦属奇格。

诗曰:气收生旺合天心,转瞬已盈巨万金。

乙丑年中虽损失,无伤大局众人钦。

例8.纺织业健者名震一时之宅舍。

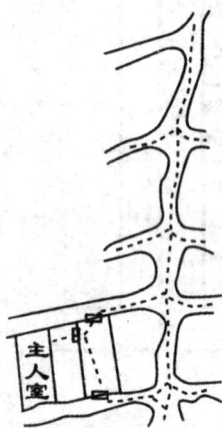

三 一二	八 六七	一 八九
二 九一	四 二三	六 四五
七 五六	九 七八	五 三四

上海提篮桥桃源坊后带之穆君初创德大纱厂时暂寄之发宅。三运丁卯年迁入,宅坐乾向巽兼亥巳三度,总门在右,承收离宫六白吉气。后路吸收四绿生气,活动之方,得到四吉,八六一四,辗转资生,流年又八六一到,宜乎事业勃兴,名震一时也。

例9.简某父子遭灾。

上海赫德路简某住宅,亦名南园。三运建筑,丙山壬向,汽车出入口设在西北乾宫,向承死气,入宅未几,连伤要人,顿出两

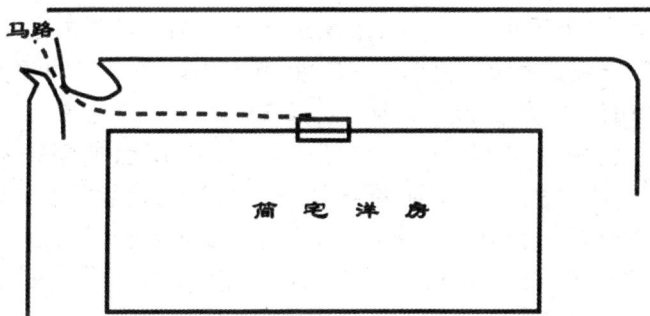

代寡妇,演数如下。

六　九 二	二　四 七	四　二 九
五　一 一	七　八 三	九　六 五
一　五 六	三　三 八	八　七 四

诗曰:气口金星化作刃,
　　　要人两损祸连遭。
　　　庄严宅舍难消受,
　　　说破天机警我曹。

按:此宅山上飞星三碧木临向,为山上星辰下水,本主伤丁。再加大路设在乾方,乾上向星为七金,是三运之杀星,汽车往来剧动,冲起杀星,流年月令再逢凶星,三碧木何能承受,故连伤要人。

例10.日进斗金之倪氏,得风得水,全城生意第一。

浙江诸暨县城,县府西首大街中一小弄内,有发迹之倪氏南北货商号,坐危月燕三度,向星日马八度(按:坐壬向丙),小弄约五六丈进深。此貌不扬众,开门不见山之弄底商店,竟为四乡无数民众所欣赏。他们不辞路程遥远,曲折寻来,争相惠顾。每日自早至晚,柜前顾客拥挤不堪,同行忌之。弄口邻家不知听信谁某主张,在外面放野火,谓倪氏未出场地钱,不能借用他家尺寸网罗其利,若不及早理会,必堵塞弄口,使一切顾客不能越雷池一步。未几此语传入倪氏店主耳中,竟中彼计,托人从中说情,愿纳月租。磋商后,地主谓至少纳租银一元,此空前未有之敲吸法,倪氏竟就范,如数交纳。但倪氏事业日益扩大,市场日益拓展,新商品之添置亦日就美备,莫不令人满意。地主拥其所有权,每日不劳而获,得到现金一元。为倪氏方面设身处地想,来日方长,人欲无厌,为儿孙计,为久远计,终嫌不妥。遂托中间人为之磋商,将此弄买收。彼地主竟硬挺到底,终难遂其心愿。地主愈刁难,倪氏愈恐怖,愈迫切,率以二万金充卖路钱,将此一线生路买下。

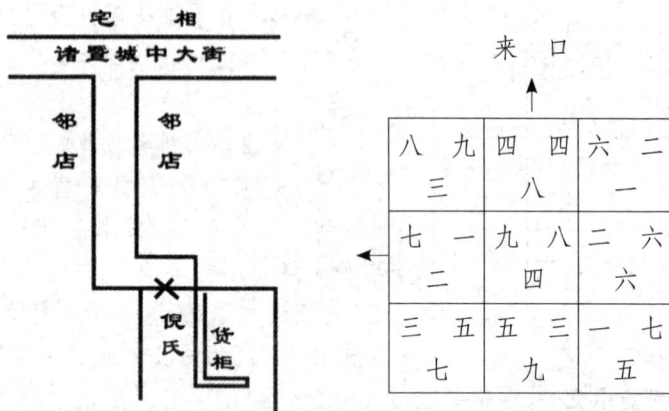

八 九 三	四 四 八	六 二 一
七 一 二	九 八 四	二 六 六
三 五 七	五 三 九	一 七 五

　　按,壬山丙向四运飞星如上:查此宅命图,当运旺星双双到向,门路皆称旺气,故有此吉。巷路愈深,其气愈足。故路逢生旺,不怕深窄。

　　例11.一方之健者因得地故,来路斜故横发黑财。

　　京沪线洛社附近之金舍村,出了一个彪形大汉,为人狡诈,在上海市某帮中占得一部分黑势力,年来大发黑财。演数如次:

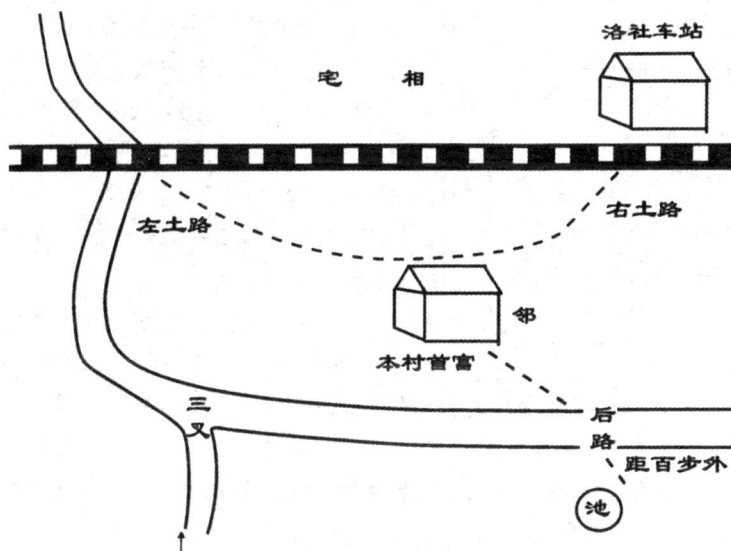

宅是壬丙兼子午四度,适用替卦算,四运新翻,观宅命及宅相图,坤方车站得山星之四,乾方低过之上脉得山星之八,巽方高过铁路桥得山星之六,手下有人,后起亦有人。

巽方曲水得向星八,乾方照水得向星之六,艮三叉得向星之四,山向各得三吉卦,最近若干年内,黑财横发。其来源虽旺,却名誉不正,当因左方斜路故。

例12.某宅,寅山申向兼甲庚,六运入宅。

此宅巽方有一道路由高而低,斜冲至离,从坤方出。另有一条小巷道与巽方路相接,经门前而过,路呈"人"字形。申方有小土地祠贴近,祠之屋角近逼射门。

一　三 五	五　七 一	三　五 三
二　四 四	九　二 六	七　九 八
六　八 九	四　六 二	八　一 七

此宅"人"字形路交于离方。离为九紫火，为中女，其方挨星为七五。《飞星赋》云："紫黄毒药，邻宫兑口莫尝。"九紫是烈火，五黄是毒药，七兑为口，为毒药入口之状，故此宅主有中年妇人服毒死亡。

来路巽方飞星为三，为杀气；去路坤方飞星为五，为凶星；申方小土地祠屋角侵射，飞星三五，也是凶煞之气，故为凶屋。

丁巳年，五黄值年入中，二黑飞到坤方，"二五交加，罹死亡并生疾病"；九紫到离，九五七合局，坤为宅母，离为中女，家庭主妇，服毒自杀丧亡。

【原文】凡门楼不可高压正堂，主招讼，损小口。若有牌坊欺压本堂者，克妻子，口舌官非被劾。在上堂之中者尤甚。

凡耳门在侧者宜相生。如癸山，大门在丁，耳门在巳，巳属火被癸克，主中男目疾。以正门属长，耳之左属中，而坎又为中男也。

【注解】门楼如人之首体，大门如人之口。首体吉者口多吉，首体歪斜者口亦多不正，故看门楼吉凶尤为重要。其看法如下：

门楼忽涂白石灰，当时口舌入门来。

门楼小柱两边张，土墙挑手应寡孀。

门楼孤耸不吉祥，孤寡堕胎产难亡。

门楼高大太轩昂，口舌官非主外亡。

门楼中弹两头斜，产难死牛猪无头。

门楼披水八字形，口舌哭泣病不停。

门楼夹下两开口，财帛进来应难守。

门楼高似正，欺压主人病。门楼两角飚，内乱鼹盈床。
门楼耸煞方，人命抄家囊。门楼似令牌，老少哭丧哀。
门楼重叠重，痀病主盲聋。门楼上破碎，昏迷病相连。
门楼左右墙，太矮主刑伤。门楼墙缺折，昼夜来盗贼。
门楼头压重，宅主必头痛。门楼门卧进，太深主混沌。
门楼门上前，太浅遭恶言。门楼角四分，人命遭官非。
门楼四柱，共承一栋。财谷丰盈，生员举贡。
门楼偏左，长寡防火。门楼偏右，小房多咎。
门楼太窄，人财难获。门楼歪斜，口舌如麻。

修门楼古例，诸书少见，仅有一例。虽为修方择吉之误，亦可参考。

午命坎宅，上元庚寅年九月十五丙寅日，强修离方门楼。不知丙火生寅旺午，正宅坐子向午，大门午向，丙戌月太岁到午方值午向，宅主命支是午，午来刑午，午方、午向、午日又相刑，岂不犯旺处自刑？离属火，色红赤，味苦焦，为毒药，主命与年月日时三合火局。离为中女，属阴，先天乾方，乾为父，冬月阴人以毒药毒宅主，门楼火焚。原以寅午戌旺火有炎炎之势，此本命方犯太岁一星，合中带煞所致。余丁多火病亡。

此外，本书中册第542面也谈到了门路，可参阅。

定游星法

【原文】先从座上起游星到门上，后从门上起游星还本位，飞得吉星到本位，忌开后门、后窗以泄气。坐后不忌天井，但天井之后必有墙垣，上不宜开门与窗耳。凶门飞得凶星到本位，反宜开后门、后窗以泄之，则减凶。如一宅有高房，即从高房起游星，数至门上，系何星飞，如新造之宅，从坐宫数至门也。

屋高四五尺以上者，即以高屋作主。如止高二三尺，仍从门上论星。

如坐坎开巽门，坎上有高房为主星，轮至巽方为生气，大利。若艮方有高方，便从艮起星，巽变为绝命矣。星克宫已凶，况寄土宫乎？余例推。

闵海门云：生气木星之房必多子，即乾兑宫亦然，不忌宫克星。

【注解】《阳宅撮要》对此论还有注解，云："木入坎宫，凤池身贵；金居乾兑，班为奇才。然合式而无科第者，座后开门，泄去吉气故也。"又云："宅要件件合法，一家壬山丙向，坎宅巽门已吉矣。又止四栋，头栋天医土，二栋延年金，三栋文曲水，四栋生气木。又每栋三间，木数也，木星气全，果一父生五子，第二代即兄弟翰林。又巽方有高城作文笔峰，故卯未年贵而发大魁也。"

大凡术数，或六壬奇门，或推命卜筮，均执一法，风水亦同。不论阳宅，或是阴宅，峦头者以形论吉凶，玄空者以三元九运旺衰论吉凶，三合者以坐山的生旺死绝论吉凶，也均执一法。唯八宅派忽而以本命起游年，忽而以坐山起游年，忽而以大门起游年，忽而又以高房起游年，此吉彼凶，或此凶彼吉，令人无法适从。如震山兑向，门开兑方，以坐山起游年，兑门为绝命门；以兑门起游年，震方又为绝命。若于震方开后门，开窗，是泄凶气？还是泄吉气？是纳凶气？还是纳吉气？自相矛盾，此书最甚。故青江子云"以游年八星论门分房者，执滞不通"，所以为大多数人弃之。

天　井

【原文】天井乃一宅之要，财禄攸关。须端方平正，不可深陷落槽，不可潮湿污秽。大厅两旁有衡，二墙门常闭，以养气也。凡富贵天井，自然均齐方正；其次小康之家，亦有藏蓄之意。大门在生气，天井有旺方，自然阴阳虞节，不必一直贯准，两边必有辅弼。

诀曰："不高不陷,不长不偏,堆金积玉,财禄绵绵。左畔若缺男先亡,右边崩缺女先伤。"

【注解】天井也称作明堂,作用在于聚气和通气。其形也有五行之分:四围高,中间平坦略凹者,是水形天井;中间有凸起而阔者,是金形天井;形状方正,中间无凸起者是土形天井;以上三形为吉祥天井。形状直长,与台阶下四面均平者,是木形天井;中间有石桥如虎眼,或其形尖者,为火形天井,此两种天井多有凶咎。除此以外,天井还有许多具体看法:

天井一字样,不旺人丁,木克土,不孕男也。一字天井,上起楼层,闭塞天门,主军配。天井太深,财不聚,人多险厄。太长人不生财,多暗消。惟如棋盘样,桌面样,方而浅者为佳。天井不宜左右太多,正屋两边有小天井,反正天井,前宽后窄者不利奴仆;若坐黄泉上,主人丁稀少。天井深者阴,主孤寡淫佚。长而又深者退败人口。有址地高不合,而天井又深者,主子妇败家。故四方阔而浅者为上,深亦不过一尺五寸,四围阳沟再深一二寸即可矣。凡前屋有楼,后屋无楼,而一字天井者,主遭人命。天井内有乱石或假山之类,主瞎眼堕胎,心痛咳嗽,哽咽气疼。天井内栽植亦堕胎目疾。天井如满月主富,缺折口舌败家。方匀圆净被正堂克者,主发财。天井中有小屋者曰埋儿煞,主小儿难育。宅后天井太敞,泄气耗散,奴仆不利。

横九直七步,田地发无数。横七直五步,金玉满仓库。
横五直三步,清闲颇安富。天井斜角横,儿媳痨病生。
倾泄水相斗,枉死主短寿。一凸又一坑,阴人小口倾。
一高一头低,财发少孩提。四处一般平,富贵家荣昌。
中凸去水低,堕胎自患翳。放水冲卯方,黄肿损胎亡。
水沟深突暝,妇人怀鬼孕。明堂砌直路,内外多恼怒。
天井分成双,患眼主少亡。天井着栏杆,眼病风声欢。

天井太狭小，痴迷更子少。　栽木气疼痛，眼脚灾祸众。
中庭若栽种，财散家声壅。　停聚水无出，漏红肠风疾。
天井卷帘形，孤寡闹哓哓。　砌路屈曲行，蛇形必绝丁。
屋大天井小，财发男儿少。　屋小天井大，财散不安泰。
天井前收扰，横财来涌涌。　左缺右一缺，梦遗多灾厄。

　　天井中心，块石砌埋。　经闭眼痛，孕亦空怀。
　　天井口阔，外元包藏。　气散财耗，儿寿不长。
　　天井大石，浑似棺材。　家长早殒，常多病灾。
　　屋高廊顿，天井如窟。　掩口遮阳，财帛消没。
　　天井窄狭，阴气太盛。　三座四座，中间多病。
　　平梁五间，分作三井。　人财不兴，鳏寡多哽。
　　天井中高，如工字样。　两边分水，眼瞎儿丧。
　　天井坦方，奴仆成双。　方深九寸，人旺财盛。

　　例1.刘叟艮宅，天井砖面破碎，间杂怪石。余见令撤净或补满，易云"坤为腹"，不整平恐小儿多腹疾。此时家无一孩，怠缓不改。后孙子个个肚疼，妇因产后血冲，瘀块满腹，诸医无效。余择吉扶命，严促修理，不一月母子成安。自此清吉康壮，永无腹恙。

　　例2.卯山，屋前地面铺石板，破碎尖斜。后天兑为舌、为唇、为声、为辅烦。其家女多缺唇，二子腮颐残破，少女音哑，小儿跌仆伤唇齿流血，常招阴人口舌。前作小横屋压，故应少女哑口，令拆去，少女稍出声，改整免患。

　　例3.沪东兰路某花行，始创于戊午七月，收歇于丙寅十二月朔日冬至节内，此八年又四月之过去时期中，以戊午至壬戌为旺盛时期，职员之多，生意之旺，盈余之丰，均称无比。迨癸亥秋，买卖稀少，因冒险而招失败，历年公积及存款，与一切往来信誉，均付东流。甲子至丙寅，勉打精神，再图进取。但大势已去，连年短折,常呈萧条气象。丁卯秋,改组德兴花行。

　　某花行三运申山寅向,气口在震方,坤方有大天井作晒场,并有三楼洋房耸立坤宫,故人口繁,财产旺。账房后有楼梯行动,季经理入款特丰。临死之前年,大兴土木,造住宅于家庭工业社之邻右,季经理癸亥四月初一死。演数如下。

三运申山寅向飞星图

一五 二	五一 七	三三 九　天井
气口　二四 一	九六 三	七八 五
六九 六	四二 八	八七 四

癸亥年及四月飞星图

四七	九三	二五
三六	年　月 五　八	七一
八二	一四	六九

丙寅年及十一月飞星图

一九	六五	八七
九八	年　月 二　一	四三
五四	七六	三二

　　按:此宅三运天井在坤方,山向俱临旺气,财丁兼收,再加大门临生气,故生意极盛。癸亥年五入中,二黑病符飞到坤宫,伏吟退气,且犯克出;四月八入中,五黄煞又飞临坤方天井巨动处,二五同宫,故有季经理死亡之祸。丙寅年天井之方双三已退气失权,再加气口重重生出,故有此祸。

床

【原文】安床不宜担梁,后担金属阴,主梦魇压镇;担前金属阳,主有唉气疾。

安床在生气方,不可稍偏。如巽门坎宅,盖屋四栋,又四栋独高,是木得生方,上吉。安床须在当中一间,方乘生气。偏东便是绝命,偏西便是祸害,不利。若两旁有厢房,不必拘此。

安床总以房门为主,坐煞向生,自然发财生子;背凶迎吉,自然化难生恩。

床向宜明不宜暗,暗则主哭。如房不便开门见阳光,可将床安向前面近阳光可也。

床怕房门相冲,以一屏风抵之乃佳。

阳宅诸事,惟床最易,宜合命之吉方,宜合分房之吉方,宜合坐山之吉方,则生子发财,易如反掌。

【注解】古人很重视安床,除本书所述外,还有以下忌讳:

1.安床不仅忌在担梁下,骑梁下亦忌,有压迫感,易生心理病,梦寐不安。

2.谷仓在床后,隔壁贴床,对女人和小孩不利。女人易患怯症。

3.床前有柱对冲,堕胎、流产、难产。

4.井在床后,易患中风血症。

5.床在香火后面,中风血症。楼上安香火,炉下安床亦同。

6.桌两头不靠墙,名申字床,主损儿郎。

7.床头边开门,一气冲头脑。

8.卧床悬空,全不著壁,谓"太阳不著星,多女少男丁"。

9.床四周忌挂虎图,忌摆钢琴、电视等物。

10.卧房不可冲对房门、浴厕门和镜子。

11.楼梯压床,名"剑锋杀",三年丧一人,九年丧三人。

12.卧床下有暗沟、污水管,主妇人易患妇女病。

13.玄空飞星则认为床宜安在本宅生旺之方,忌在死气、退气及二黑五黄之方。

本书云,安床总以房门为主。床与门宜相生比和,忌相克。

亦有认为乾坎艮震四卦为阳,为夫;巽离坤兑四卦为阴为妻,床与门阴阳相配,五行相生者吉,相克者凶。须要注意的是床坐四阳卦,则以床为夫,以门为妻论;反之,若床坐四阴卦,则以床为妻,门为夫论。《阳宅奥密》一书举有二十四山八卦床门相配例,但该书原文只有坎离二卦,今据其义补全于下:

坎床(壬子癸)配八门吉凶

巽 九 火 死	离 五 关 杀	坤 七 金 生
震 八 土 杀	中 一 水	兑 三 木 泄
艮 四 木 泄	坎 六 金 生 床	乾 二 土 杀

坎门:冲床头,伤夫。

坤门:未、坤土克坎水,伤夫。申门乃坎水之长生,飞星七赤金亦生水,妻荫夫,大吉。

震门:飞星八白土,克水,为煞方,伤夫,宜六白、七赤命住。

巽门:飞星九紫,火受水克,为死气方。妻患火症,下元克妻。辰门乃八煞方位,克夫。巽门水木相生,发科名。巳门克妻、产难、血症。

乾门:中男老父不配,飞星二黑土克坎水,乾金泄二黑土,老母虚弱。

兑门:兑金生坎水,飞星三碧木泄坎水,吉凶各半。

艮门:飞星四绿木克艮土,坎水生四绿木,夫虚弱,妻安康。

离门:关方,对冲不用,伤夫。

坤床(未坤申)配八门吉凶

巽 一 水 死	离 六 金 泄	坤 八 土 旺 床
震 九 火 生	中 二 土	兑 四 木 杀
艮 五 关 煞	坎 七 金 泄	乾 三 木 杀

坎门:坤土克坎水,但飞星七赤金可泄坤土而生坎水,妻有权而能荫生。

坤门:冲床头,伤老母。

震门:飞星九紫火生坤土,九紫火受震木之生,夫荫妻。卯门为八煞位,凶。甲、乙方宜九紫火命人。

巽门:坤土克飞星一白水中男,巽木泄一白水,妻有权,伤夫。

乾门:飞星三碧木克坤土,乾金泄坤土,伤老母。

兑门:飞星四绿木克坤土,兑金克四绿木泄坤土,纯阴不生,孀寡孤独。

艮门:关方对冲,不用,伤妻。

离门:坤土生六白金,但离火克六白金,妻有权而荫夫,宜二、五、八土命之夫。

震床(甲卯乙)配八门吉凶

巽 二 土 死	离 七 金 煞	坤 九 火 泄
床 震 一 水 生	中 三 木	兑 五 关 煞
艮 六 金 杀	坎 八 土 死	乾 四 木 旺

坎门:坎水生震木,飞星八白土克坎水,纯阳不生,夫有权而孤独。

坤门:震木克坤土,但飞星九紫火泄震木生坤土,吉凶各半。申门是八煞方位,克夫。

震门:冲床头,伤夫。

巽门:震巽二木比和,但飞星二黑土被克,不利老母。

乾门:戌门土被震木及飞星四绿木克,夫虚弱。乾门金克震木及四绿木,夫妻皆伤。亥门水生木,又为木之长生,夫荫妻。

兑门:关方,对冲不用,伤夫。

艮门:震木克艮土,飞星六白金克震木,泄艮土,纯阳不生,孤独。

离门:震木生离火,飞星七赤金克震木,夫虚弱,妻夺夫权。

坎门:坎水生巽木,飞星九紫火泄木又被坎水克,夫荫妻,妻有权。

坤门:飞星一白水生巽木,夫生妻,妻受夫荫而获福。

震门:飞星二黑土被震巽木克,不利老母。

巽床（辰巽巳）配八门吉凶

巽 三 床 木 旺	离 八 土 死	坤 一 水 生
震 二 土 死	中 四 木	兑 六 金 杀
艮 七 金 杀	坎 九 火 泄	乾 五 关 煞

巽门：冲床头，伤妻。

乾门：关方，对冲不用，伤妻。

兑门：飞星六白金及兑金克巽木，克妻；酉门为"八煞"方位，大凶。

艮门：飞星七赤金被艮土生，克四绿木，妾夺妻权。

离门：飞星八白土被离火生，但被巽木克，长女克少男之夫。午为木之死位，又为巳之咸池桃花，不吉。

乾床（戌乾亥）配八门吉凶

巽 五 关 煞	离 一 水 泄	坤 三 木 死
震 四 木 死	中 六 金	兑 八 土 生
艮 九 火 杀	坎 二 土 生	乾 七 金 旺 床

坎门：飞星二黑土生乾金，妻荫夫。

坤门：飞星三碧木被金克，木又克坤土，夫妻婆媳不和。

震门：飞星四绿木被金克，伤妻。

巽门：关方，对冲不用，伤夫。

乾门：冲床头，老夫少妻俱伤。

兑门：八白土生乾金，又生兑金，夫妻皆吉。

艮门：飞星九紫火克乾金，生艮土，中女克老夫，喜少男。

离门：飞星一白水泄乾金，离火克乾金，夫虚弱，妻夺夫权。午门为"八煞"方位，大凶。又飞星一白水克离火，夫妻反目。

坎门：飞星三碧木被兑金克，少女克长男，但兑金生坎水，坎水生三碧木，凶中有吉。

坤门：飞星四绿木克坤土，又被兑金克；巽四、坤二、兑七皆妻之属，纯阴之象，妻有威权。

震门：关方，对冲不用，伤妻。

兑床（庚酉辛）配八门吉凶

巽 六 金 旺	离 二 土 生	坤 四 木 死
震 五 关 煞	中 七 金	兑 九　床 火 杀
艮 一 水 泄	坎 三 木 死	乾 八 土 生

艮土克一白水生兑金，妻荫夫。

离门：飞星二黑土生兑金，离火生二黑土，坤二、离九、兑七皆妻之属，纯阴，妻有权威，夫无主权。

艮床（丑艮寅）配八门吉凶

巽 七 金 泄	离 三 木 杀	坤 五 关 杀
震 六 金 泄	中 八 土	兑 一 水 死
床　艮 二 土 旺	坎 四 木 杀	乾 九 火 生

少男少女正配，夫妻恩爱。但巽木克艮土，夫虚弱，宜火命人及巳门。

乾门：艮土生乾金泄出，但飞星九紫火生艮土，主夫受妻荫而获福。

兑门：飞星一白水受兑金生，艮土生兑金，夫妻相助相荫。

艮门：冲床头，不用，寅为"八煞"方位，尤凶。

离门：火门生土床，妻生夫。飞星三碧木生离火，主妻受夫荫，妻比夫强。

巽门：六白金与兑金比和，克巽木，一、二、三、四及五运前十年可用，以后用之克妻。巳门为"八煞"方位，大凶。

乾门：飞星八白土生兑、乾二金，大吉。

兑门：冲床头，伤妻。

艮门：飞星一白水泄兑金，

坎门：飞星四绿木受坎水之生以克艮土少男之夫，主夫虚弱，妻安康。

坤门：关杀，对冲不用，夫妻俱伤。

震门：飞星六白金泄艮土，克震木，纯阳不生，夫有权而孤独。

巽门：艮土生飞星七赤金，

离床（丙午丁）配八门吉凶

艮 八 土 泄	床 离 四 木 生	坤 六 金 死
震 七 金 死	中 九 火	兑 二 土 泄
艮 三 木 生	坎 五 关 煞	乾 一 水 杀

坎门：关煞，对冲不用，伤妻。

坤门：飞星六白金受未坤土生，但被九紫火克，中女克夫。申门为火之病位，更不吉。

震门：飞星七金克震木，妻夺夫权，卯门为火之沐浴，妻犯桃花。

巽门：飞星八白土为少男、为夫，离火之妻生夫，主夫受妻荫而获福。辰冠带，巳临官，俱吉。

乾门：飞星一白水受乾金之生而克离中女；戌土克一白水泄离火，亥为"八煞"方位，皆不用。

兑门：飞星二黑土泄火生金，二、七、九皆妻之属，主妻权威。

艮门：飞星三碧木生离火妻，主妻得夫荫而获福。寅木为火之长生，大吉；丑土泄火，不用。

离门：冲床头，伤妻。飞星四绿木生离火，妻有权威。

如果由于局宅所限，床与房门的配置不能合以上之法，则把罗经放在床沿中央，把房门与卧枕方相配，相生比和则吉，相克则凶。其法与上同。

例1.脏疾伤生之有故。

上海老马路吉星里弄底公寓，三开间石库门，壬山丙向，三运戊申秋入宅。是年十一月底，老母下元丁未六白命，在右厢后方患脏胀病辞世。演数如次：

山星六白金飞到兑宫，六白金命病榻适位于全宅兑方金受克之地，中宫二七先天火，九七后天火更得三八木助威，又有前后约二百数十英尺进深，震方年月九七火星，火气特旺，年五到后户及左间灶位，月五到右间后方灶位，土逢旺火相生，土强则水弱,水不归水道而成臌胀,病势凶限,药石无灵,遂成终天之憾。

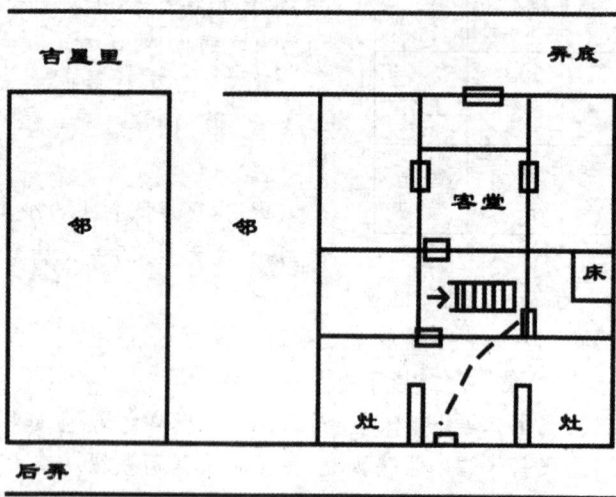

按:老母六白命,住兑方,依八宅之理为生气方,应吉,此偏大凶,八宅之不合理又一例。

例2.苏州前庙巷叶家旧宅,子山午向兼壬丙六度,三运翻

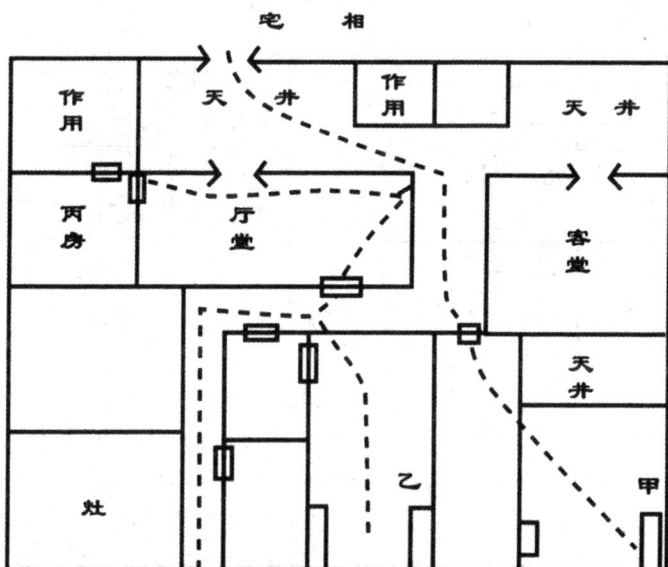

修，四运迁入，于辛未春移居于此，通常后门出入最繁，前方亦常出进。宅主孟仲二人，用甲乙两间为卧室。甲房多疾厄，白露后甲方一小孩患痢甚剧，时年六月七入中，前口年五黄到，后口及灶间月五黄到，故病势甚剧。大雪后甲房男女两小儿发痧症，医治未得手，病势变重，劝迁丙房可保险，如法迁住，到底转危为安。因甲房前口年五黄冲进，大雪后月星四绿入中，二黑到后口及灶间，二五交加，故病甚剧。丙房则西口西路移动，年八月六又为纯吉之星，故一迁住即脱险。

乙房女孩，戊辰年十一月初八日戌时生，于辛未年十一月望日前发病，医治不得法且未迁避，竟于十一月二十五日死。此女戊辰年、甲子月、癸巳日、壬戌时生，水旺过多，水气占全部八分之三以上，四岁逆行运，初运癸亥，此儿命中喜火土，怕金水，乃新交水运，一值金年与水旺月日，而致一病不起，亦一异事。

一八 三	五三 八	三一 一
二九 二	九七 四	七五 六
六四 七	四二 九	八六 五

× 五三	一八	三一
× 四二	年月 六四	八六
九七	二九	七五

例3.杨小姐,庚寅年二月二十二日辰时生,三十一岁尚未婚配。原来杨小姐的床前是一个大梳妆台,床铺的情景全照在镜面里。据古人对床之断,这样不仅会使人梦魇不安,时间一长,会影响到婚姻,使夫妻失和。杨小姐果然有多次作恶梦的经历。后杨小姐把梳妆台移到房外,不到半年即喜结良缘。

灶

【原文】灶在乾宫是灭门(离宅忌之),
　　　　亥壬二位损儿郎(坤宅忌之)。
　　　　寅中午财辰卯富(宜于坎宅离宅),
　　　　艮乙失火即瘟瘟。
　　　　子癸坤宫家贫困(坤宅忌之),
　　　　丑伤六畜孕难存(乾宅忌之)。
　　　　巳丙益蚕庚大吉(震宅喜之),
　　　　如逢午位旺儿孙。
　　　　辛酉丁方为病厄(坎宅忌之),
　　　　甲巽申戌不为殃。

一人于壬山丙向第三进作乾灶,数月即损宅主。癸山丁向,作灶乾方,长子患疾。兑宅作乾灶,亦损长子。

凡灶门忌门路冲之,窗光射之,主病。

灶座宜坐煞方,火门宜向宅主本命三吉方。

【注解】壬山丙向,癸山丁向,均属坎宅,以八宅大游年论,乾方属六煞凶方,在凶煞方立灶,正是八宅大游年之法宝,何以又损宅长,长子病?实难自圆其说。

灶之吉凶,前已详注,这里仅举《宅运新案》中数例以说明安灶于生旺方之要:

例1.灶位当机,连年产生不少英俊儿。(见下图)

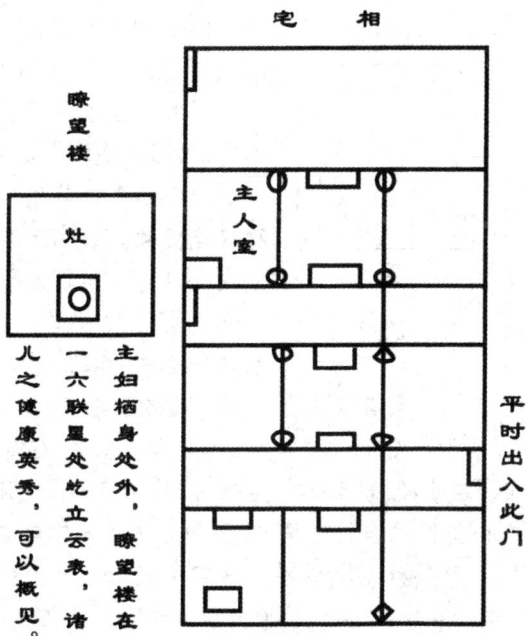

宅相

七　三 三	二　七 八	九　五 一
八　四 二	六　二 四	四　九 六
三　八 七	一　六 九	五　一 五

海南岛某地孟家,庚山甲向兼酉卯三度,四运丙寅年建造。其环境为坤脉转兑侧落,坎脉与坤脉交会,艮方开面成三五折,成依恋不舍状,然后徐徐消出。水由离方来,侧向震方行过作后面掩护状,入艮曲折消去。作家以震有叠案,认为兑局,立此庚山甲向宅,致坤脉艮流,天然形势,失其效用,致在住者不易飞腾云路,成为憾事。但就该宅原局而论,灶位得所,昆仲间丁口极盛,已有雏凤六七位之多,演数如上。

按:此灶在坎方,飞星一六化水,生宅运四绿木,且门为生气故。

例2.灶位在子孙星方,增高热度,聪明儿绕膝。

七　三 三	二　七 八	九　五 一
八　四 二	六　二 四	四　九灶 六
三　八 七	一　六 九	五　一 五

海南岛海口某先生住宅,可称仅能容膝。该先生名望大大,享用小小,待朋侪优厚再优厚,待自己简单复简单。平日为一切调停说法,无日不如姬公之一餐饭食三吐脯,为一切奔走成全,社会声誉有口皆碑,故遇难呈祥,逢凶化吉,膝下儿女成群,不求自至。该宅坐庚向甲,在宅后方左厢小屋中取出下层小间,划为膳室、会客室、宿舍三部分。演数如上。

灶位在山星四绿当元旺星上,子孙星所在地忌走破,忌去水冲破,喜静止,喜得灶令其温暖。该宅不犯所忌而得所宜,故一群雏凤,皆非常清秀,非常活泼而健全。该先生夫妇以家庭教师自认,注重德性训育,前途无可限量。

例3、灶不利于子星,膝下儿虚,斡旋仍从灶着手。

　　文昌张宅,乾山巽向兼戌辰一度,三运造,灶间在左边余屋中,主人婚娶有年,尚未得子,演数如下。(见下图)

三 一 二	八 六 七	一 八 九
二 九 一	四 二 三	六 四 五
七 五 六	九 七 八	五 三 四

四 四 三	九 八 八	二 六 一
三 五 二	五 三 四	七 一 六
八 九 七	一 七 九	六 二 五

　　主人供职他乡,在家时少,主妇及一女童在家。主妇用甲间,后口得四,前口得一,名望好,家计裕。惟灶压山星七赤上,克制四绿子星,且子星入囚,八宫不现,得子奇艰,亦一原因。劝主人年内重新修整,于围墙外虚线添造小屋一间,作一新灶为催丁用。令主妇调入乙房,中间开中门,吸收旺气以裕经济,旧灶可拆去不用。

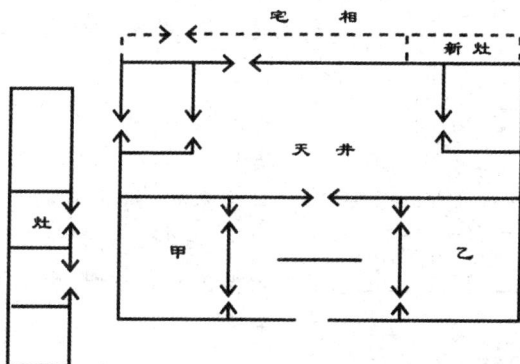

　　按:新灶居于屋首,飞星四绿木为当运旺星故。

例4.灶占凶位,累次添丁不育。(见下图)

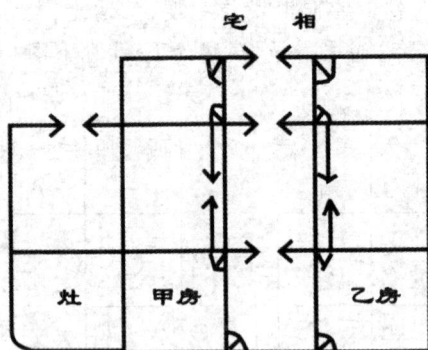

海南岛西部南丰市西南乌豆地村某宅,丑未兼艮坤五度,宅尚带几分新气象,为近二十年建筑物,演数如次。

兼数过度,适用替星推算,山替向未替。该宅财禄充裕,惟苦充丁,好男儿每到五六岁都夭折了,不知何故。有人依据当地地理先生虎头山伤人之说,以为此宅也望见虎头山,所以添丁不育,岂知无牙齿之老虎却在灶间。须造一新灶间,此方为甲乙两房山星之四所在,催丁甚速。新灶成速将旧灶拆去,以免损丁之患。

按:本图灶位,乃新造之位,居震,山上飞星四为当运生气。旧灶未标出,但古有"最怕金来刑克,右侧旋转乾坤"之说,故旧灶当在宅之右侧,山上飞星七赤金克木故。

五 六 二	一 二 七	三 四 九
四 五 一	六 七 三	八 九 五
九 一 六	二 三 八	七 八 四

例5.顾宅两年连伤三人之研究。(见下图)

上海东乔家浜顾宅,癸山丁向,三运癸丑入宅,乙丑年三月份,除去震方老树,说者谓是月三碧入中宫,震方动作,犯大月建。乙丑年年三杀在东方,又犯年三杀。是年四月初一,伤己未生九紫命之七岁男儿,十二月初三亡丁巳生七赤命六十九岁老太太,丙寅年三月十二日,伤丙辰生三碧命十一岁男儿,众意都归罪于伐树。演数如次。

七 八 二	三 三 七	五 一 九
六 九 一	八 七 三	一 五 五
二 四 六	四 二 八	九 六 四

乙丑中间最凶,年二黑到后口及巽灶,四月初一谷雨未脱作三月算,月二黑又到后口及巽灶,初一戊寅日日五黄到楼梯动处。

十二月月二黑及年二黑同到后口及巽灶,初三乙巳日日二黑到楼梯动处,己未生七岁男儿与丁巳生六十九岁老太太之死亡,仍归结到二五之犯命。

丙寅西间凶,年五黄到内气口及楼梯动处,三月月五黄到坎灶,丙辰生十一岁男丁之受克,亦应归结到二五犯命。

按:灶居巽方,巽方为辰巳,丙辰生男丁及丁巳生老太本命为辰巳,凶灶犯本命之方而亡,岂非异数。又按:所死三人系九紫、七赤、三碧命,东西命均有,是不以东西四宅分论也。

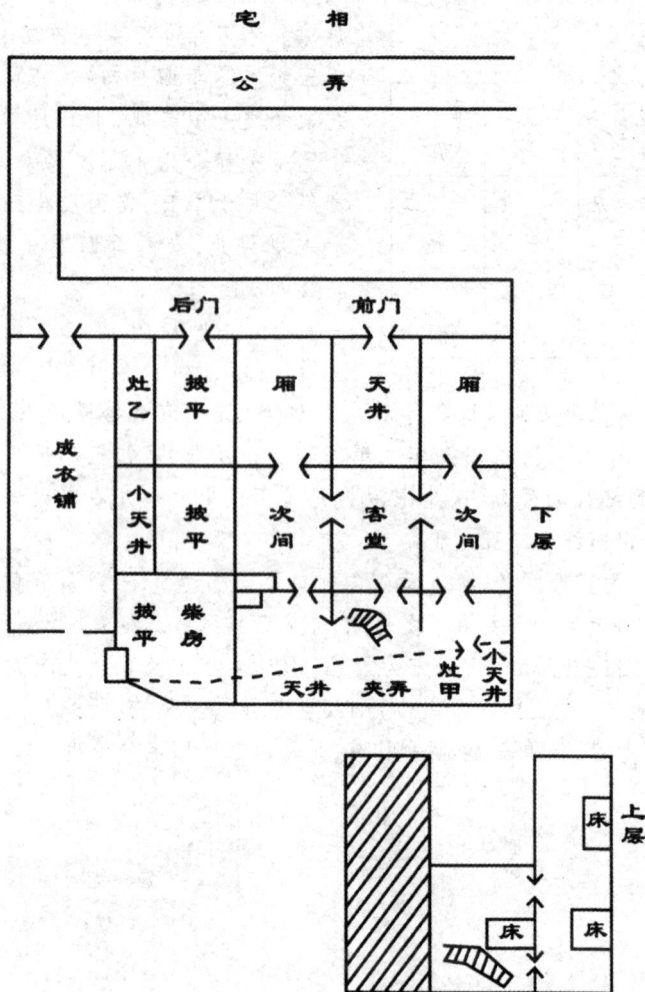

例6.戴宅主人手足疯麻之迷。(见下图)

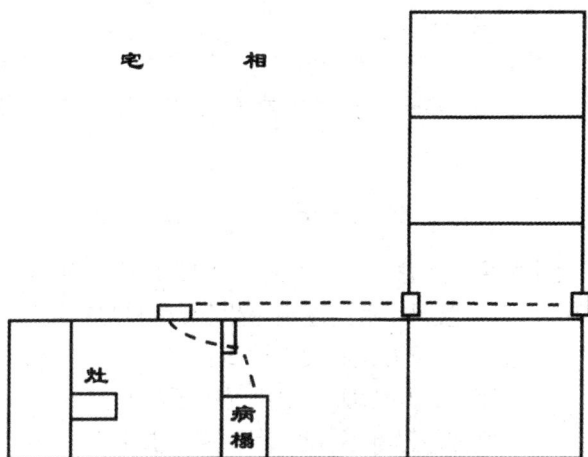

宅　相

灶

病榻

六 七 一	二 二 六	四 九 八
灶 五 八 九	七 六 二	九 四 四
一 三 五	三 一 七	八 五 三

九 一	五 六	七 八
八 九	年 月 一 二	三 四
四 五	六 七	二 三

嘉定戴宅,二运造壬山丙向,从右侧一运造甲山庚向沿街店屋僻路出入,以壬丙宅星为主体。四运丁卯年七月底,主人得手足疯麻病,绵延日久,动作甚艰,年底方愈。演数如次。

丁卯年五黄到病榻之内气口动处,土动制水,且土旺金强,坎宫之三碧木,坤宫之四绿木均入险境。加之灶位坐病榻震宫,灶生八五土星，年月六七金星到坎，七八土金到坤，更加年月三四木星飞到外口兑宫四九合金之处，三方金木相刑而得疯病，伤及肢体，非属偶然。

按：灶居震方，山星五黄为廉贞火，运星九紫火，真火与火气均泄三碧木气，震为足手，亦属病处。同时灶在床后，以形论亦属不宜。

井

【原文】凡井以来龙生气旺方开之，则人聪明长寿；若在来龙绝气方开之，而人愚顽。水倒左则左生气，在右则右生气。若水倒左，左边无水，则气又在上首矣。诀曰：

> 子上穿井出颠人，丑上兄弟不相亲。
> 寅卯辰巳都不吉，不利午戌地求津。
> 大凶未亥方开井，申酉先凶后吉论。
> 惟有乾宫应坏腿，甲庚壬丙透泉深。

井灶相看，男女淫乱。穿井不宜在兑方，兑为泽，为少女，水主淫，宜静不宜动。山上开井，须于龙之转身处开，若背上则无水。

【注解】开井之诀，俗传为唐袁天罡流传，诸通书中均载有，其中"寅卯辰巳方上宜"与本书之意正相反，故说明。在二十八宿分野中，井宿位于未方，所以古人认为，在未方打井，上应天宿，不仅水清澈而旺，且吉利，亦与本书云凶不同。

古时穿井之法甚多，且相互抵触。《八宅周书》的穿井方位见下面的表。

又流传有李淳风的《修井经》，每步为常尺三尺五寸。

乾甲金，生巳旺酉。乾山巽向，甲山庚向。东、艮上发龙得井巳酉，井清而洁。西、坤上发龙得井，若巳酉半吉半凶。南、巽上发龙得巳井佳，酉不利，主少亡。北、乾上发龙得巳井，若在酉

坐山	壬子癸丑艮寅							甲卯乙辰巽巳					
宜穿井方位	子	子	巳	子	巳	壬	寅 卯	寅	寅	庚	寅 子	申	寅 寅
	申	申	寅	酉	甲		辰	卯	辰	甲	寅	甲	卯
			甲		巳巳			辰	巳	卯	卯	卯	巳
			卯		午			巳	丙	辰	巳	巳	酉
			辰		辛			酉	亥	巳	申		午

坐山	丙午丁未坤申							庚酉辛戌乾亥					
宜穿井方位	酉	寅	寅	甲	巳	巳	卯	巳	子	甲	寅 巳	寅
	甲	辰	巳	庚	庚		乙	申	巳	卯	巳 丁	巳
	卯	巳	庚	酉	酉		坤	酉	丙	申	午	酉
	丙	申	酉				壬	丁	酉			
	午							申				

上利。乾甲山利中宫,八尺九尺之中有泉水。

坤乙土,生申旺子。坤山艮向、乙山辛向。东、艮上发龙得井在申子为本音生,利。西、坤上发龙得申井吉,子井不利。南、巽上发龙得申井吉,子井不利。北、乾上发龙得申井吉,子井不利。坤乙山西南大利,东北不利。八尺、九尺之中有泉水。

艮丙土,生申旺子。艮山坤向,丙山壬向。东、艮上发龙,得井在申子上有横财。西、坤上发龙得申井吉,子井不利。南、巽上发龙得子井吉,申井不利。北、乾上发龙得子井吉,申井不利。艮丙山利西南不利东北,八尺、九尺之中有泉水。

巽辛木,生亥旺卯。巽山乾向、辛山乙向。东、艮上发龙得卯井吉,旺儿孙,亥不利。西、坤上发龙得亥卯井大利,季月少泉。南、巽上发龙得亥井最佳,卯少亡失财。北、乾上发龙得卯井吉,亥不利,人忤逆。巽辛山利西南不利东北,八尺、九尺之中有泉水。

震庚亥未木,生亥旺卯。酉向、甲向、巳向、丑向。东、艮上发龙得卯井最好,旺儿孙,亥凶。西、坤上发龙得卯井水清洁。南、巽上发龙得卯井为佳,亥井不利。北、乾龙十二步得午井、卯井不利。震庚亥未山利东南不利西北，八尺、九尺之中有泉水。

离壬寅戌火，生寅旺午。子向、丙向、申向、辰向。东、艮龙十二步得寅最佳，午井平平。西、坤龙十二步得午井最佳，寅井不利。南、巽上发龙得午井为佳，寅不利。北、乾上发龙得寅井佳。离壬寅戌山利西南不利东北，八尺、九尺之中有泉水。

坎癸申辰水，生申旺子。午向、丁向、寅向、戌向。东、艮上发龙得申子井佳，辰亦吉。西、坤上发龙得申井吉。南、巽上发龙得子井吉。北、乾上发龙得辰井有横财。坎癸申辰山利东北不利西南，八尺、九尺之中有泉水。

兑丁巳丑金，生巳旺酉。卯向、癸向、亥向、未向。东、艮上发龙得井在巳酉清而洁。西、坤上发龙得井在酉最吉，巳上小平。南、巽上发龙得巳酉井俱小利。北、乾上发龙得辰井亦有横财。兑丁巳丑山利西不利北，得南井亦旺。

青江子《宅谱迩言》中亦有论井吉凶一章，简要介绍如下：

井水宜在生旺方，忌关煞方。吉方凿井而饮，生聪明俊秀之子；凶方凿井而饮，生愚拙痴蠢之人。天干位吉，地支位不宜。

按：因流年会犯太岁位故。

乾宫有井，孩无乳饮。头疯脚瘫，鳏寡吊颈。
亥方有井，目秀眉清。子孙大旺，人多聪明。
壬方有井，发财旺丁。糟鼻痔疮，怪疾频频。
坎方遭贼，耳聋腹疾。背花淋症，夜多梦遗。
癸方有井，黄金满簏。六指缺唇，应出双生。
丑宫有井，鳏寡不成。僧道裁缝，喑哑聋盲。
艮井发富，出人贤良。抱养义子，田地遍乡。
寅宫有井，火灾不轻。疯痨癫疾，淋症遗精。
甲宫有井，安富尊荣。产难瘤疾，疲足难行。
震宫有井，必起风声。长房虚劳，火病先倾。

乙井丹青，杂艺皆精。女子秀美，男儿聪明。
辰井投河，自缢家倾。堕胎难产，忤逆相争。
巽宫有井，财禄大亨。长房科第，男女聪明。
巳方有井，叔嫂风声。大富小贵，出人文明。
丙方有井，官禄轰轰。仁孝父子，友爱弟兄。
离宫有井，眼目不明。痰火出寡，不断风声。
丁方有井，大旺人丁。财禄兴发，世代豪英。
未宫有井，财富功名。田地广进，门第光荣。
坤宫有井，昏迷不清。寡母起家，财禄丰盈。
申宫有井，盗贼夜行。产难虚劳，养子难存。
庚井发福，出人峥嵘。英勇主强，福禄长亨。
兑宫造井，不旺人丁。拐指歪口，庖人善烹。
辛方有井，男女洁净。臂指怪病，瘦骨露睛。
戌方有井，九子疮生。火病少亡，寡妇风声。
井畔栽花，风声满家。少亡劳瘵，嫖财好奢。
水井当门，男人好淫。井内水影，照见树枝。
姑媳不和，夫妇参差。井屋对门，落孕劳盲。
井边塘墙，奴婢偷香。自缢落水，小口损伤。
房侧有井，堕胎乏丁。堂前穿井，口舌乖张。
子孙不旺，劳瘵少亡。房后穿井，人财俱损。
井连灶边，虚耗年年。井灶相看，男女内乱。
门外重井，冤屈难省。井畔栽桃，淫奔胶胶。
房前凿井，小儿生瘿。堂后开泉，劳病缠绵。
中宫有井，疾病长眠。神后穿井，痢毒最狠。
后院枯泉，眼疾连年。填塞井灶，通行安然。
宅北汲水，家多贼鬼。井南灶北，忤逆不宁。

另还有五音开井等法，均此言吉而彼言凶，彼言宜而此言忌,相互抵触,义理不明。甚至一书亦自相矛盾,吉凶大异,所以均实难为据。惟玄空飞星法以井位飞星生旺死绝判断吉凶,井在本宅的生气方、旺气方者吉;在死气、退气、煞气方则凶,其法合理。据说,北宋时著名的杨家将所居的"天波府"中有一口井,是在水龙旺气所钟之地,且临生旺之方,杨家的人饮用该井之水,均力大无穷。

例1.昆季发展迟早之定数。(见下图)

浙江石浦孙宅,二运坤艮兼申寅,乾上来涧水,气势凶健,水源旺盛,此宅中元五六运中大发,操酿造业,生意殊旺,演数如次。

巳上有井名为不见天,泉水清冽,来源极旺,有取之不尽,用之不竭之势。观宅相宅命,可知此宅先发长房,次发小房,后发二房。

韵言:有井题名不见天,一泓清水四时鲜。

大房先发三房继,福利下元仲子边。

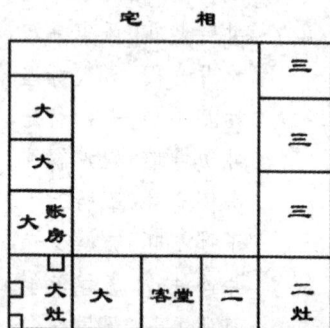

按:此宅为二运建,巽上飞星四木为生气,井临生气方,故吉。前皆言巳方有井为凶之论不可信。

例2.东溪周宅,酉卯山兼辛乙,八运造。

此宅座后辛方有井,作书房,于道光乙未、丙申两年,先生打死两学生,均头上受伤而死。

此屋向上旺星到山,本主不吉;向上运星之六入中,已泄中宫之土。乾六为首,为师长;巽四为木,为教令。向上三四同宫,故首上加木。中宫八六一同宫,故少男头上有血。

辛方之井双八到,八为少男,井在运盘之坎,坎为血。必待乙未、丙申年应者,乙未三碧入中,中宫首上加木也。五黄到井,五为火煞,书云"五黄到处不留情"。一白到向,一为坎,为血,向上是六,头已出血,故主打死。打死之月,必是二月(四入中,中宫头上木重也)。六白到井,头上见血;二黑到向,太岁临向也,所伤之人必肖虎者。丙申年四绿到井,二黑入中,太岁临中宫,四到井上,木克土也,然必是二月,一入中宫,头上见血,伤者必肖牛也。

按，此局水里龙神上山，但向方有井，反成山上龙神下水，是丁星落于井中，故主伤人。

坑

【原文】不论乡居、城市，若于来龙之要处开一坑，则伤宅主，小则官非人命。艮坑不发文才，坤兑坑老母、幼女多病，坎离坑主坏目，卯酉坑主孤寡，乾坑主老翁灾。诀云：坑作坤离，损丁伤妻；兑无财气，贫穷到底；乾犯禄存，目疾头晕；坎上开坑，夭亡子孙；若开艮位，痢疾瘟瘴。

【注解】坑即坑厕，前已有注，但均云坑厕为污秽之处，宜安凶方、休囚之方。飞星派也认为厕应安在退气或死气之方。但《宅案新运》中"小丫头三次下毒药，霹雳声里说破某西医主谋"一节的厕所之位却值得深思，兹介绍如下，以供研究参考。

杭州上天竺后方天竺路汪家祠斜对面，法华精舍坐乾向巽兼戌辰六度，辛未年上半年建造，三开间一进，地面左不足，右有余，造右厢两小间，前间堆柴，后间作灶。巷后高地有坑厕，位于一六贵人方，主招诽谤，嘱即移去。涧水从右后方冲来，山路从右侧前方冲来，水陆两路皆火星聚。壬申年年客星火星飞临离兑两方火星聚集之所，七、九两月尤为凶险，有两法可免。一是迁出此凶宅，另选相宜处用之；一闭却子门，改用寅方原有便门，将丁二灶位移于口处，并添开丑方之门，以资调解。西湖在震方，开通门有利。法主甲一房之卯门，嘱闭，多走后半间，日间可多在丙二处办公，许在壬申年内可捷得一切吉祥之事。

法华精舍主人新近出家，系福建人，薄有资财，以重价买此地，费二千金造此精舍，题名"草庐"，以避掠夺修行人产业者注目，并携一自幼雇用之丫头。该丫头向来安分守规，忠于主人。自随主人移住此寺之后，与邻近汪祠之看守人渐相熟识。守祠

宅　相

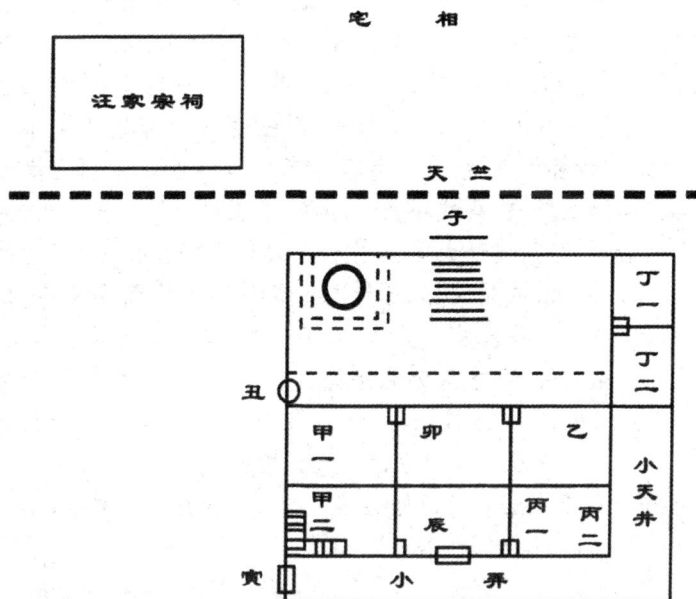

汪家家祠

天　兰
子

丁一
丁二

丑

甲一　卯　乙
甲二　辰　丙一　丙二

小天井

寅　小　巽

者有弟业西医,尚未婚娶,见丫头欲诱之为室人,嘱其嫂(即守祠者之妻)结交此丫头,丫头受其诱惑,欲背主人而逃。医生既骗得丫头,并欲谋取对面新造宅,因而献计丫头勿逃,平日向主人出言无状,事事反对,令其气愤而死,主人死后,房产即归丫头所有。丫头听其唆使,向主人反抗,但主人学佛道,修行仁慈,忍耐不与计较。越若干日,医生问丫头主人病否。答安,一健如故。医生忽生毒计说:"此间有药,投于饮食物中,即能杀人。"随出毒药粉一包给丫头。时在八月二十四晚间。二十五时晨起,主人令丫头做炒面,丫头下毒于面中,主人闻异样气味,不敢畅进,食少许,着口即吐。遂斥丫头说:"面中落下何物?令人作呕,予不欲用此,可速取去。"丫头说:"今日面甚好,或者老师太胃口不好,故作呕。"一会进白开水,见杯底有不净物,主人不敢畅饮,嗅之有异气味,近口即吐。又呼丫头至,说开水中有物,可取去向日光下观之为何,丫头狡应是屋上石灰屑落在杯中。中午午饭用毕,主人喜食锅焦,丫头再下药于锅焦上,嵌药于空隙中,令主人不易见。主人食之,着口欲呕,急吐去,未下咽。乃唤丫头至,责曰:"汝坏了良心,下了毒药,使我着口呕吐。"一同居之女居士亦怪异之,从旁告戒丫头,亏心事做不得。丫头发急,向天誓言:"若下毒药,愿遭天雷击。"于是大家默然。此日天气异常沉闷,午后天黑,电光闪烁,忽然电光直下如抽鞭,霹雳一声,令亏心人吓煞。丫头急跪于灶间,大声呼救,口中喃喃道出真相,说这是医生的主意,求天公饶恕罢。这样一喊,前后邻里,男男女女都走来看,一路宣传法华精舍丫头遭雷击,现跪在地上动也动不得了。此消息被灵隐寺前站岗巡警知晓,即带丫头到警局盘问,马上派警将汪家祠看守夫妇及其弟某西医一并拘捕。

四四三	九八八	二六一
三五二	五三四	七一六
八九七	一七九	六二五

五六八	一二四	三四六
四五七	年月日六七九	八九二
九一三	二三五	七八一

　　至于此新造宅中发生此事,有无原因在内?中印院华智法师约记者到彼察看。见法主住甲室中,大门、房门在其离方,向上三碧木为四运退气,口子七赤为死气,不吉不安,自不消说。年星一白到离,七金少女向外生出,与少女受感变心之事不谋而合。其丫头被捕,汪祠中人被捕,及主人三次得毒食而卒无事,

究竟以何因缘？试验年月日星观之。

灶间在主人房间之未方，为宅命中二五土星所在之地，年月三碧、四绿木星冲犯二五凶土，饮食物中下毒，一日三次，幸日辰六白金星化之而安。口子上年一日四，主人反因此而闻名。议者谓主人至诚格天，遇毒不受害，雷电惩凶，虽不报官而警察自至，捕凶犯法治，主人因此驰誉远近，未始非口子上四一同官成全之也。且丫头在灶间工作，后方便门通常出入较繁，由后口入灶间，其动机在灶之北方，是年八月，年二月三到北方，二三相遇名斗牛杀，主官非口舌，二十五日是五黄廉贞火到，五土性暴烈，俨然官吏出巡，遇不肖之人，大发雷霆，此日灶间出事，丫头闻声吐实，主致灾祸。其汪嗣右方公路，北角带斜，此路出入人众，此年此月此日，斗牛廉贞火活动，连累被捕，岂非奇事。

按：此局坑厕位于一六之方，一六化水，生助运星四绿木而克制暴土，亦属有用。

例2. 王姓住坎宅，右首粪窖，坤申庚方牛溲秽坑。宅主甲寅生命，至甲申年正月，岁杀到未坤，太岁到申庚，冲克寅命。寅命自寅月起病，寅刑巳，巳刑申，申刑寅，巳与申合而刑克此寅命，巳月嘈杂吐泄。寅午三合灾煞，在午月渐甚，食不能进。岁杀在未，未方有窟，未月痛极。甲寅以甲申为对冲，七月甲申太岁正旺冲刑，垂危。择吉扶命，取火星照命度，移床兑方，并取恩曜到兑，用神禄贵到方，不药而愈。人间草木汤剂，恐妨天曜，故凡修方，断不可服药，惟取七政福星救星照命方自痊。

例3. 壬山屋，围后牛卧积水坑二，宅主痔漏、肾卯、疯遗、淋症。宅母白带成崩（一白坎水），不受胎孕，约二十载。辛亥秋择吉扶命，刮出湿土，取生气方土填紧，不但痔疯崩带等疾尽痊，次年冬生男子。

黄泉诀

【原文】庚丁坤上是黄泉,坤向庚丁不可言。

乙丙须防巽水先,巽向乙丙祸亦然。

甲癸向中忧见艮,艮见甲癸凶百年。

辛壬水路怕当乾,乾向辛壬祸漫天。

黄泉方房,俱有不犯为妙。黄泉方有门对,或空缺,或明沟、暗沟、屋角、墙角、屋脊、牌楼、直路、旗杆等类,只待都天一到,祸尤速。

确能制煞,门路水港,如犯黄泉,宜对头打之,亦权制之法也。

门路沟水,不可犯黄泉字上。黄时鸣云:"四路反复黄泉,皆以向论,不论龙与坐山也,然惟八干四维有之。若十二地支向,则无黄泉也。"

看黄泉水,不论几重屋,俱于滴水下下盘格之;看黄泉门于厂厅下下盘格之,在何辰定大门;其余各房正中看之。看黄泉路以大门下盘,如乾巽向,前檐滴水下下盘,看路在乙辰方上,主绝一房。门犯黄泉,纵开福德亦凶。

黄泉吉凶,阴阳二宅同。

庚丁坤上是黄泉——庚向,坤来吉,坤去凶;丁向,坤去吉,坤来凶;出辰,丁来吉;出丁,坤来凶。

乙丙须防巽水先——丙向,巽来吉,巽去凶;乙向,巽去吉,巽来凶;出丑,乙来吉;出乙,巽来凶。

甲癸向中忧见艮——甲向,艮来吉,艮去凶;癸向,艮去吉,艮来凶;出戌,癸来吉;出癸,艮来凶。

辛壬水路怕当乾——壬向,乾来吉,乾去凶;辛向,乾去吉,乾来凶;出未,乾来吉;出辛,乾去凶。

【注解】原文诀虽有八句,却包含了两个概念。"庚丁坤上是黄泉,乙丙须防巽水先,甲癸向中忧见艮,辛壬水路怕当乾",此四句名"黄泉煞",或叫八路四路黄泉,八路是指八天干,四路是指艮巽乾坤四维。此四方最忌水流破,阳宅立门、行路亦凶。而"坤向庚丁不可言,巽向乙丙祸亦然,艮见甲癸凶百年,乾向辛壬祸漫天",四句则名"反复黄泉",即黄泉杀坐向之反逆是,二者不可一概而论为黄泉。

为什么庚丁以坤,乙丙以巽,甲癸以艮,辛壬以乾为黄泉,其法出自十干生旺死墓。十天干配生养十二名词表见本书上册第367面。

从那个表上可以看出,庚金与丁火同墓于丑,其黄泉煞在坤,坤中有未,丑未相冲;乙木与丙火同墓于戌,其黄泉煞在巽,巽中有辰,辰戌相冲;甲木与癸水同墓于未,其黄泉煞在艮,艮中有丑,未丑相冲;辛金与壬水同墓于辰,其黄泉煞在乾,乾中有戌,戌辰相冲。由此可见,黄泉煞即冲其墓之方,墓被冲开,当然凶险无比了。

就是这四路黄泉,还有"救人黄泉"和"杀人黄泉"之分。

救人黄泉:罗经二十四山以寅午戌乾甲壬申子辰坤乙癸十二字属阳;以亥卯未艮丙辛巳酉丑庚巽丁十二字属阴。如果人的住宅和坟墓若立阳向,得辰戌墓库水路来去,或开门放水;若立阴向,得丑未方墓库水路来去,或开门放水,谓之净阴净阳水法,叫作"救人黄泉",并可得其库中之财来致富。因辰向隶于坎卦(申子辰三合之说),得戌方水路来去,戌隶离卦(寅午戌三合之说),坎为水,离为火,是为财局。坎为中男,离为中女,合夫妇正配,坎一离九,得洛书合十之妙,后天之坎即先天之坤位,后天之离即先天之乾,又合先后天相见之意,格局辉煌伟大,出入当立居领导人物,位至公卿,皆此类格局。再如立酉兑方阴向,得丑未方墓库水路来去,丑隶兑卦(巳酉丑三合之说),是本身纳甲阴阳归元之水门路;未隶震卦(亥卯未三合之说),震后天三数,兑后天七数,洛书三七合十,互守日月出入之门,其贵显富厚,未可限量。又此局后天合十,无子之象,续弦可得贵子。举此二局为例,余可依卦例类推。

杀人黄泉:不论是住宅还是坟墓,若立阴向,见辰戌方水路来去及开门放水犯之;立阳向,丑未方水路来去及开门放水犯之是。因其阴阳混杂,故名"杀人黄泉",若人犯之,主不出百日内当有凶亡事件发生,并云"其验如神"。

纪大奎对黄泉之解却提出异议,他在《地理末学·黄泉水》中说:"旧说谓坐山墓煞者非也,何疑为向上冲墓之水?如乙丙墓戌,辰来冲之,然何不云须防辰水先耶?既云巽水,自当以巽求之,盖左水丙向,防中针之巽;右水乙向,防缝针之巽,余三局例推。即文曲水之大神失位,盖文曲属坎水,大神失位,皆天盘地支重浊之气,冲击死墓于坎水文曲中,为最凶,故以水之最凶者名之'黄泉'也。又此法举丙而丁与巳午未可知,举乙而甲与寅卯辰可知。左水丁亦以丙论,右水甲亦以乙论也。《玉尺》云:'八煞黄泉,虽云恶曜,若在生方,例难同断。'如巳宫之巽,乙向忌之,丙向则不但不忌,而且喜其来,故不与乙同断。凡寅申巳亥,皆可概之曰四生方,犹辰戌丑未皆可概之曰四库方也。不言乙不忌辰宫巽者,冠带之干维水(乙木冠带于辰),特不忌其来耳,未若临官之可喜也。然冠官之干维皆生长方盛之气,即均谓之生方,亦无不可也。或又以黄泉忌去水者,如丙向,右水流破巽巳,为阴火旺方,龙左旋从西转北落穴,则阳金龙多,又以巳为生方,流破龙局生方则大不利,故《天玉外传》云'长生位上黄泉是,干化之年定见刑'。如丙向流破巽巳,则乙庚化金之年见刑伤也。然此即八局向法之破旺者,亦玉尺所谓'交如不及,三十亡身'者,本不必多立诀名,且有丙无乙,有庚无丁,可见原非'黄泉'本义。《天玉外传》固非真本，或亦谓其可畏之甚，故附于黄泉以推广其义耳。后人于是又有'反复黄泉'，杀人救人之说，而不得其理。"

　　黄泉之理，实不可信。古有三合水法，喜水从墓库方流去，墓方流去尚且不忌，冲墓之方又何须忌之。又有十二支暗藏，乙藏于辰，辛藏于戌，癸藏于丑，丁藏于未，六壬法视其为本位，十干长生视其为冠带，均为吉方，又因何冠之以"黄泉"凶名？对此，清初地理名家蒋大鸿深恶痛绝，他在《平砂玉尺辨伪·黄泉禄马辨》中说："黄泉即四大水口，而强增名色者也。故又曰，四个黄泉能杀人，辰戌丑未为破军；四个黄泉能救人，辰戌丑未为巨门。故又文饰其名曰'救贫黄泉'。夫既重九星大玄空水法，则不当又论黄泉矣，何其自相矛盾，一至于此哉！或一高人自知其诬，而患无以解世人之惑，故别立名色，巧为宽譬，未可知也。且黄泉所忌，于彼所言净阴净阳，三合生旺墓水法皆不尽合。若论阴阳，则乙忌巽是矣，而丙则同为纯阴，何以亦忌？庚丁忌坤，甲癸忌艮，辛忌乾是矣，而壬则同为纯阳，何以亦忌？此于净阴净阳自相矛盾也。若论三合五行，则'乙水向见巽，丁木向见坤，辛火向见乾，癸金向见艮'，同为墓绝方，忌之是矣。'丙火向见巽，庚金向见坤，壬水向见乾，甲木向见艮'，皆临官方也，何以亦忌？此与三合双山自相矛盾也。我即彼之谬者，而以证其谬中之谬，虽有苏张之舌，亦无辞以复我矣。《玉尺》遂饰其说曰：'八杀黄泉，虽云恶曜，若在生方，例难同断。'此掩耳盗铃之术，既云恶曜矣，又焉得云生方；既云生方矣，又焉得云恶曜。孰知恶曜固不真，而生方皆假也。或者又为之词曰，黄泉忌水去而不忌来，或又曰忌水来而不忌去，纯属支离，茫无一实。我谓气运乘旺，虽黄泉而但见其福；运气当衰，虽非黄泉而立见祸。苟知其要，不辨自明，而我思思然论之不真知，以世人迷惑已久，如堕深坑，无力自脱，多方晓譬，庶以云救也。呜呼，当世有见余此心者耶！"

生　命

【原文】八宅之三吉方，开门走路宜致福应而反招祸者，生命不合也。故看宅必兼论生命方。

如木房木星，水命居之谓之化，金命居之谓之制，破军临巽克妻，若水命火房便不妨。

《斗灵经》云：凡定方向，止论家长年命，无弟男女姓及女命同起之理。若家长殁后以长子生命定之，其弟男子侄，各照生命东西定房。若止有主母当家，以母为主。

假如西四宅，妻是东命，夫是西命，其居法当何如？若住北房，夫居西间，妻居中间，盖中间即作坎位论矣。若住南房，夫居西间，妻居中间或东间，中与东即属巽离之位矣。若居东房，夫居北间，妻居中间或南间，中与南即属震巽之位矣。若居西房，则夫居中间，妻居正南或正北，南与北即可作坎离论矣。其安床大端，首向东南可耳。大抵夫妇生命不同，则当以夫为主，余仿此。

【注解】生命与八宅相配，前已详论，多不合理，且令夫妇分居，纯属臆语。再举一例以说明。

上海南市中华路大生弄内曹宅，三运壬山丙向，五开间一进，气口在东南角，由裁缝铺出入。房屋系两层楼，向首低空，丁衰财退。气口多星动，戊午年一入中，八月一入中，十六庚午日六入中，克戊子四绿木命男人。丁卯一入中，六月三入中，十一甲辰日五入中，克戊戌生三碧命男人，享年均三十岁左右。今劝其出宅若干月，再迁入以换宅命，并劝由后弄出入。

房间在楼上，楼梯都在北面，克丁之年，均一白入中，六白到北面木星所在之方；气口六白，本有克木星之嫌，一白年九紫到气口，重重内犯，故大凶。

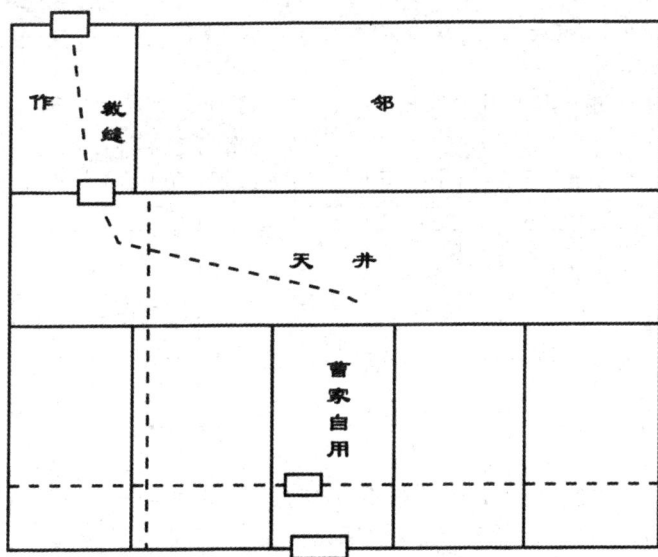

按:细析此宅,绝非如此,再看亡丁年月日飞星图:

三运宅命图　　　　　　　四运宅命图

气九 六 口 二	四 二 七	二 四 九
一 五 一	八 七 三	六 九 五
五 一 六	三 三 八	七 八 四

八 九 三	四 四 八	六 二 一
七 一 二	九 八 四	二 六 六
三 五 七	五 三 九	一 七 五

气口运盘为二,戊午年八月九紫重叠,再加日黄飞到,九紫

火生二五土,土凶可知矣。丁卯年亦九紫火到,月二黑到,四木助火生土,病符有力,故为大患。

	戊午年八月十六日	
九九五	五五一	七七三
八八四	年月日 一一六	三三八
四四九	六六二	二二七

	丁卯年六月十一日	
九二四	五七九	七九二
八一三	年月日 一三五	三五七
四六八	六八一	二四六

　　依生命与八宅论,四绿木与三碧木均属东四命,壬山丙向屋亦属东四宅,门开巽方,以坎宅论为生气门,以巽四命论为伏位门,以三碧命论为延年门,无一不合法度,但因年月日凶星飞临而大凶,是八宅大游年命之说不能圆说矣。

九星制伏

【原文】生气降五鬼,天医欺绝命。

　　　　延年压六煞,制伏安排定。

【注解】生气贪狼为木,五鬼廉贞属火,木能生火;天医巨门属土,绝命破军属金,土能生金;延年武曲属金,祸害六煞属水,金能生水;均以吉生凶,反助其凶势,何言为制? 与五行生克制化之义理不符。《阳宅撮要》中有"九星喜忌歌",则是以五行生克来论,反觉比本书之论合理,特摘于下:

　　　　贪狼不入兑乾宫,长子先亡后损翁。

　　　　田财产业无人管,寡妇中房独守空。

巨门不入震巽宫，先损家财后损人。
巨门到震长男死，禄存到震定伤阴。
文曲轮来坤艮宫，主伤男女别离淫。
艮克文曲伤长子，坤入文曲损女人。
巨门到坎中男死，中宫逢土入黄泉。
父母双全苦少死，房中寡妇守熬煎。
文到离宫主产亡，损妻克子两情伤。
只因水火交缠克，离祖淫风不可当。
贪狼到艮子孙稀，少男有险文曲归。
长中黄肿无休歇，儿孙终久受孤悽。
五鬼投河落水亡，或时游荡走他乡。
在家刀剑伤身死，兵死贼偷子息当。
贪入坤宫黄肿聋，辅弼同宫亦是空。
纵然当足钱财盛，产难劳伤母早终。
武逢离巽也生财，奴婢逃亡眼疾来。
到震父亡长癫病，房中寡妇泪盈腮。
此是五行穿宅法，九星生克配阴阳。
内克外合凶犹可，外克内合凶莫当。
外生内合发福速，内生外合家益昌。
星宫推测三元主，人财六畜细推详。

排山掌上起三元甲子歌

排山掌上起
一従貪狼例一位
二年隔一辰。子丑。
不用亥子丑。

上元甲子官逆　中元起巽下兑闆
上五中三下六女　男逆女順起根源

游年歌訣

八宅明鏡定起上　七

	坎	艮	震	巽	離	坤	兌		艮	震	巽	離	坤	兌	乾
乾	六	天	五	禍	延	生		坎	五	天	生	延	絕	禍	六
艮	六	絕	禍	生	天	五		巽	離	坤	兌	乾	坎	艮
離	禍	坤	兌	乾	坎	艮	震		震	延	生	禍	絕	五	天	六
巽	天	五	六	禍	絕	延		離	六	五	絕	延	禍	生	天
坤	天	延	絕	生	禍	五	六		乾	坎	以	震	巽	離	坤
								兌	生	禍	延	絕	六	五	天

| 星数吉凶 | 所属不定吉凶亦無定 |
|生氣貪狼星屬木上吉|延年武曲星屬金上吉|

本面书影整理文字见下册第42~46面。

卷　下

辰南戌北斜分一界之图

【原文】此阴阳东西,乃二十四位东西分阴阳也。阴阳卦即两仪所生之阴阳卦也,非游年东西之谓。巽离坤兑,四属阴卦,一卦管三山,故辰字起至辛字止,十二位为阴,在界南。戌字起至乙字止,乃乾坎艮震,四阳卦为阳,在界北。阳连阴断,一房一画,六爻成卦,而分东西之吉凶也。

【注解】辰南戌北分界图是根据后天八卦之意而分。邵康节说:"乾坤合而生六子,三男皆阳也,三女皆阴也。兑分一阳以与艮,坎分一阴以奉离,震巽以二相易,合而言之,阴阳各半,是以水火相生而相克,然后既成万物。"

先天八卦乾居离,坤居坎。后天八卦乾退居西北,坤退居西南。乾统震坎艮三男于东北，坤统巽离兑三女于西南。后天八卦图源于《周易》，《周易》首乾，因西伯侯当时居全国之西北，本图是根据他来命名的，所以就以乾为首卦。

　　风水中的阴阳分类甚多。东四、西四是据先天八卦而立。辰南戌北是据后天八卦而立。甲丙庚壬、寅申巳亥、乾坤艮巽属阳，乙丁辛癸、子午卯酉、辰戌丑未属阴，是据二十四山而立。净阴净阳是据先天卦配洛书而立。另还有洪范阴阳，三合阴阳等，均各据一说。然阳宅二十四山阴阳诸家用之甚少，唯玄空飞星立盘必以阴阳为主。所以阴阳宅阴阳之论，当以二十四山之阴阳为主，余皆可删之。

　　【原文】凡移居迁灶，各有来路。即出外赁房，客寓，上官，嫁娶，女往来母家，千里百里，丈基尺地，皆有所来之方，谓之来路。如旧居于街西，今移来街东居之，谓之震宅，是东四宅来路也，东四命居之吉。若西四命移此，凶，谓之来路无根，居一月后失财，百日后疾病口舌，半年后伤子退财。若西四命移居西方则吉，一月后得小财，一年后发大财，且有寿，若东四命移此又凶矣。灶座迁移之来路同断。若来路不吉，宜权借他灶食四十九日，合来路改之，方吉。盖来路吉凶，不论远近久暂，即隔壁近移尺地丈基，即有应验。其为祸福之源，宅法不可不慎也。

　　【注解】其说不合义理。如旧居于街西，移往街东，谓之震宅，如果迁徙之宅果坐东向西，尚合其理，若坐南向北，坐北向南或坐巽向乾，亦属东四宅范畴，也勉强可说合理。如果其宅为坐西向东，坐乾向巽，坐坤向艮，坐艮向坤，又何能仅以来路而言其为震宅？大凡迁徙，宅吉者则各方皆吉，宅凶者迁往各方皆凶，决非一来路可定矣。然迁徙安灶亦有吉凶，首先是要宅合法度，以玄空飞星论则要生旺之气到山到向，到门到灶。其次迁移之时宜选择吉方、吉日，决无以一来路定吉凶之理。特介绍《象吉通书》中"移徙居住"及"入宅归火"两节如下,以供参考。

一、移徙居住(与入宅归火同看)

宜驿马、月恩、月财、天德、月德、生气、四相、成日、开日。

忌朱雀、天牢、天贼、天瘟、地贼、河魁、火星、天火、独火、冰消瓦陷、往亡、建日、破日、平日、收日、阴阳差错、杨公忌、正四废、离窠、九丑、灭没、凶败、受死、归忌、月厌、荒芜、四离、绝日。

二、入宅归火

宜甲子、乙丑、丁卯、己巳、庚午、辛未、丁丑、癸未、庚寅、壬辰、乙未、庚子、癸卯、丙午、丁未、庚戌、癸丑、甲寅、乙卯诸日及天德、月德、天恩、明星、黄道、母仓、天德合、月德合,上吉。次吉为日财、月财。忌家主本命日、冲日、天空亡、冰消瓦陷、子午头杀、披麻杀、杨公忌、受死、归忌、天贼、正四废、天瘟、九丑、荒芜、灭没、大杀、白虎入中宫、红嘴朱雀入中宫、建日、破日、平日、收日、魁罡、勾绞、月厌、离窠、转杀、天火、独火、天地凶败、雷霆白虎入中宫、四忌、五穷、阴差阳错日、九土鬼、伏断、火星等杀到方。

最佳的方法是择扶命吉日,七政恩曜照命、照方,及玄空飞星的生旺之方。

例1.年黄到口病缠入,月黑又到病更历害。(见下图)

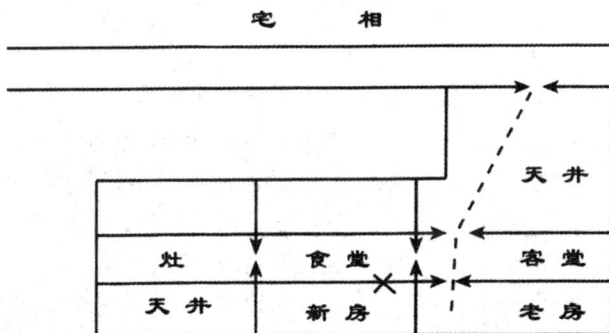

宅　相

五一	一六	三八
三	八	一
四九	六二	八四
二	四	六
九五	二七	七三
七	九	五

上海南市小南门外王家码头杀猪弄内吴宅，三开间一进，中元四运造成，坐辛向乙兼酉卯三度。入宅以来，数年间平安无事，近来疾病缠身，相续不已，甲病甫痊，乙又呻吟床席。辛未流年自上年十二月十八日立春以后，一向不安。至辛未年二月十九交进清明以后，疾厄尤甚，来势尤为历害，老人少年，都受病累，不堪其苦。一家惶惶，不知所措，全谓自从置新灶以后，引起病魔，岂知年月病魔光顾出入口所致也。策群曰："此宅辛未为磨难之年，小则患重病，重则损人口，三、九、十二月情况尤沉重，客堂最吉利，可作保险间，病人移住此，转瞬即康复。"

按：此宅坐辛向乙，气口在巽口，辛未年六入中，五黄大煞到巽口；三月、十一月三入中，二黑病符煞到巽口，故凶。客堂居离方，向上飞星六白金泄五黄之气，三月、十一月三入中，七赤金又到离，亦泄二五土气，故谓吉间。此咫尺之间，即有吉地。移床徙居，只以生旺为美，万莫被来路之论所误。

例2.改路易灶，肺病变为健康。（见下图）

文昌市北首邢宅，三开间三进；住第二右厢房，壬山丙向。因丙寅年避祸乱离宅外出，丁卯年重新入宅。一旦由外归来，厨下重新举炊，已换新宅命，演数如次。

午坡高，外巽来水。内水东首来，向西去，出乾口。通常行卯口，

八九	四四	六二
三	八	一
七一	九八	二六
二	四	六
三五	五三	一七
七	九	五

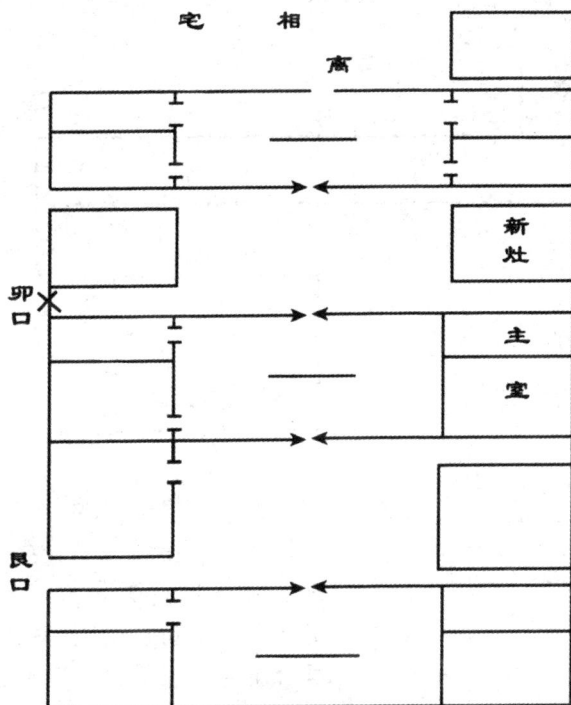

井在乙,灶在距宅数丈之辛方旧屋内,水之来去口皆凶,经济不旺,清风两袖,锻炼才德,为士林范。卯口二七作合化火克中央四九金,肺病为患,日久不愈。癸酉四入中,一九三二年二月二十七日交春分,年黑月黄到卯口动路上,正宅主为肺病所苦加剧之时,来问解救法。嘱将卯口暂时封闭,待到吉月再行,现改走离方,吸收旺气。辛方旧屋中灶,犯山星病符,嘱于前方水井内右廊中砌一方便灶。按:据图,新灶当在离坤之间,坤上山星为六金,泄二五凶土;离上山星为四木,当旺克制二黑五黄凶土。此移灶亦向吉方也。

例3.内外口皆吉,疯瘫重症不药而愈。(见下图)

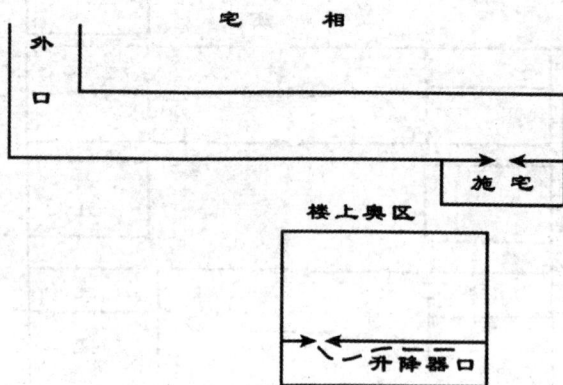

六　八 三	二　三 八	四　一 一
五　九 二	七　七 四	九　五 六
一　四 七	三　二 九	八　六 五

新加坡某先生,性情慷慨,见识超卓,长于诗文。该先生早年患过中疯症,晚年体胖,卸职返沪,以资休养。岁已巳,得朋友介绍,赁居于上海法租界法公园附近之大盛里四号宅内。该宅壬山丙向兼子午六度,入宅之初,该君新患疯疾,形势严重,行动不便。入宅以来,转眼两载,因近公园,不论晴雨,天天至公园呼吸新鲜空气并作日光浴,合乎天然治疗之原则。其夫人陈女士有才学而贤能,伉俪甚笃,调治有方,慰藉备至,讲学所得之资金,维持家用。以此地理上、家运上两重殊胜之因缘,竟将该君疯瘫症治愈。演数如次。

外口八与向星三作合先天木,奥区内口四为当元旺气,与向三比和,且内口独成一四七三般巧数,宜其得贤妇之助,内顾多慰,致还复健康。

按:此宅内口七一生四木,使旺星更旺,三般吉庆,故不药而愈。此迁房只看房之吉凶,不以来路为重之又一说明。

例4.叶宅化凶为吉之谜。(见下图)

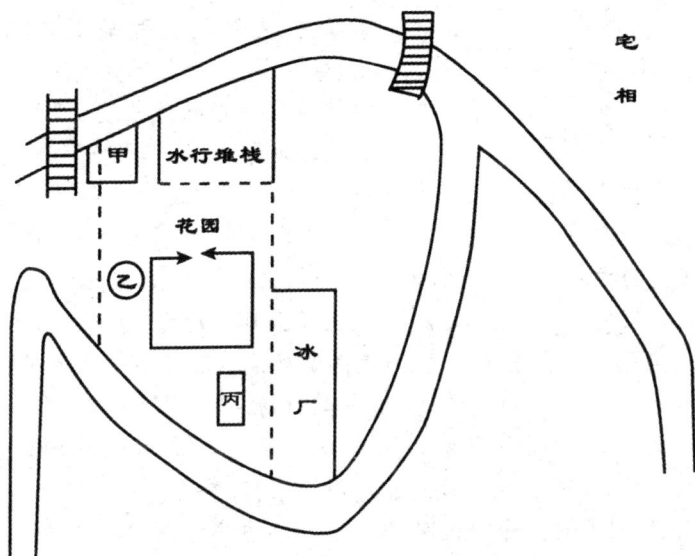

上海狄思威路叶宅,坐癸向丁,三运建筑,宅坐震脉,为中元福宅,四五六运中定然发福,并主出秀。甲为门房,乙为花房,丙为灶间,惟宅前花园内,矗立假山砖块,于住宅不合宜,阴气重而多疾病,多是非,以除去为宜。冰厂引擎间,九紫火星飞到,泄宅元木星之气,最好于全宅中部之屋顶上造一方星平台化之。宅主患气喘病,因本宅木星泄气所致。目前化解之法为:暂禁主人卧室后门路行动,前方安水星制伏凶星;再于宅之坤角余地堆土星,亦能化解冰厂之凶气。辛酉年十二月进宅,演数如次。

七 八 二	三 三 七	五 一 九
六 九 一	八 七 三	一 五 五
二 四 六	四 二 八	九 六 四

坤方卓立高大,文笔峰为该处救火会钟楼。向首亦有较低之钟楼,文笔峰为工部局医院中物。此宅发贵之年,当在癸酉、壬午、辛卯、庚子、己酉诸年之寒露、霜降期内,又逢丁丑、丙戌、乙未、甲辰、癸丑、壬戌之立夏、小满期内,倘坤方文笔峰他年拆去,便失却贵显之效力矣。

宅主上元乙亥生,八白土命。戊辰二月初十左右得病于西厢楼之前房内,楼梯升降口及灶间均在坎方,年五黄飞到,自然不安。房之艮震二方皆行动,艮方年月三八合先天木,克制八白土命。四月十六、七病又剧作,月五黄到艮方动处,月七赤到坎,二七合先天火生助年五黄,自然病势转剧。现迁住于楼下东厢房,能将东厢房后面楼梯及门路暂禁行动,就为保险间了。

按:东厢房山星飞星六白金,泄五黄之气,年月九紫七赤为先后天火,生八白土命故。此从西往东移,看吉方不看来路也。同时,此君八白土命为西四,依理住西四方应吉,住东四房为凶,然此君却住东四吉而住西四凶,八宅大游年之论不能圆说矣。

迁者来路玄空装卦诀

【原文】玄空装卦诀,带去二爻呼。

住宅为三象,气口返为初。

假如旧住在正东方,迁入正西方,是从阳入阴地,则正东为带去之来路,正西为新移之宅向矣。正东属震,在阴阳图斜分界之北,阳方也,即画一阳爻;正西属兑,在阴阳图斜分界之南,阴方也,即画一阴爻于前画阳爻 ⚏ 之上,第二爻即所谓带去二爻呼。

如新迁之宅是兑宅,即画☱兑卦三爻加于前画阴阳二爻上,即所谓住宅为三象也。再看新宅大门、灶门在何卦内(大门、灶门皆名气口),若开在南与西,在阴阳图斜分界之南,乃阴方也,即画一阴爻与前画五爻之下为初爻☵,即所谓气口返为初也。如此装成☵坎卦,为下卦三爻,根也;新迁兑宅所画兑卦☱,为上卦三爻,梢卦也,上下六爻配成"泽水困"卦。又命卦为身卦,配合根、身、梢三卦。今兑属金,坎属水,虽金水相生,奈兑为西四,坎为东四,系是变下一爻,为祸害禄存土星,主伤阴人小口,大凶。若更西四居之,立见凶败。如东四命人居此,其祸稍缓,盖身同道故也。若欲变凶为吉,则需急改大门、灶口于阴阳图斜分界之北阳方,即初爻气口亦变为阳象,换为纯兑☱,配出伏位,乾艮命人居之吉。以命卦与根梢卦配出生气、延年也。或再修宅之第三层,第六层,抽换成乾,为阴阳比和,合生气吉星,必有福应矣。余仿此。

新移居者,作灶必用此诀,若但改灶,则位宅为三象,而梢卦可不论,第以命卦配来路阴阳吉凶为要。总之,来路装卦为根卦,本命所属为身卦,本宅所属为梢卦,根身尤重。如坎宅灶,自西移东,而灶口朝巽,则本宅为坎☵卦,灶为巽卦,配出生气,东四命居之吉。

【注解】此段语意艰涩,解释模糊,试另解释如下:

其法是以乾坎艮震四方的房子为阳,即阳爻;以巽离坤兑四方的房子为阴,即阴爻。以原先所在之方为第一爻,所迁徙之方为第二爻,所迁之宅卦为第三、四、五爻,而后把大门及灶口所在方属阴还是属阳之爻装在此五爻最下面,这样六爻卦就画全了。如原居乾方,迁往艮方,其宅为震宅,大门及灶口在巽,则是原居乾为阳,先画一阳爻━,移往艮方属阳,便在原来阳爻之上再加一阳爻☰,其宅为震宅,再在二阳爻上加震卦☳,气口在巽为阴方,便再在五爻之下加一阴爻,成☶象,即雷风恒卦。

这是第一步。

　　根卦，即六爻之下卦；梢卦，即六爻之上卦；身卦，即本命之卦，如为九紫命，则为离卦。其断吉凶之法则以此三卦相配。如前䷟雷风恒卦，九紫命离卦之人居之，根卦巽与梢卦震互换为延年，九紫命亦属东四命人，所以此为吉卦，宜居住。若为西四命人，则不宜居住。此法取上下两卦阴阳相配为吉，若阳配阳，阴配阴，则不可用。

　　此法源自《黄石公竹节赋》，其吉凶并未说全，为使大家窥得全豹，特介绍原赋如下。

　　　　黄公祖师说宅元，一论分房二卦全。
　　　　三论来路真根本，四论五行生克篇。
　　　　五论爻象装成卦，初起一爻见的端。
　　　　先见一阳临阴二，一阴临二却是阳。
　　　　先房返卦初爻定，初阳返阴阴返阳。
　　　　次选门路四爻法，看成何卦细推详。
　　　　西四装东多不吉，东四装西也不祥。
　　　　震阳一宅须巽配，坎宅须配离家乡。
　　　　乾宅须配坤家主，艮宅须配兑家庄。
　　　　乾坤互见为延年，震巽互见为延年。
　　　　坎离互见为延年，艮兑互见为延年。
　　　　乾兑配成震巽卦，长男长女定遭殃。
　　　　震巽配成坤艮卦，少年老母在家丧。
　　　　坤艮装坎成三阳，中男灭绝不还乡。
　　　　中男命就离家火，夫妇先吉后还伤。
　　　　中女合成天泽卦，老公少女在家丧。
　　　　见某年限并何月，乾兑申酉克木方。
　　　　震巽旺相寅卯木，克了坤家少男亡。

坤艮四季伤申子，坎若克火子亥当。

离家巳午纯金怕，年限轮流见损伤。

阳多必定伤妇女，阴多必定损儿郎。

阴阳配合家富贵，不须广览乱乖张。

第一合成生气卦，青龙入宅旺田庄。

生财万倍兴人口，家家无事保安康。

第二合成天乙卦，黄蛇入宅是吉祥。

儿孙迁官并加禄，生财兴旺后人强。

（此段不在装卦内用，装卦爻诀内无天乙巨门之吉，盖凡天乙卦阳配阳，阴配阴也。）

第三合成延年卦，刺猬入宅喜吉祥。

不出三年家豪富，牛马成群进宝庄。

第四配合五鬼神，骡马倒死损财珍。

三岁三番贼端至，火光官事口舌频。

第五合成六煞方，阴必先死后伤人。

田蚕不旺遭官事，人口瘟疫久占床。

第六合成祸害中，一年半截损阴身。

疾病连年多损害，又出疯瘫聋哑人。

第七变成绝命卦，年年苦死小儿孙。

瞎疯疾病常生发，田蚕买卖尽绝根。

本书又云"或再修宅之第三层，第六层，抽换成乾"，是言将兑卦的第三爻、第六爻抽换，即由阴变为阳，兑卦便成为乾卦，这种方法叫"抽爻换象"，是八宅游年化凶为吉的灵法，即为最精深之学问。试以乾卦析之：

抽初爻变为天风姤，抽二爻变为天火同人，抽三爻变为天泽履，抽四爻变为风天小畜，抽五爻变为火天大有，抽六爻变为泽天夬。

　　以上诸法,为清以来诸多阳宅风水家所反对,魏青江首先痛下针砭:"邪术以游年起门卦者谬。竹节贯井从外生进者谬。更有二金二木相牵并数动静变化拘层,矫强称合贪巨武为吉,遇禄破文廉为凶者谬。又一术,抽爻换象,如离向,坎宅也,以一层房为纯离者谬。以二层房前层为离向,以后层为离宅,伏位亦为纯离宅者谬。三层房以第二层抽离,初爻换艮向者谬。四层房以第三层抽离卦中爻换巽向者谬。五层房以第四层抽离卦上爻换坎象者谬。六层以第五层复抽中爻换坤象者谬。七层房以第六层复抽中爻换兑象者谬。八层房以第七层复抽离上爻换乾象者谬。此皆穿凿牵强,凭人私意捏造者,最不通之甚也。不知游年卦例,肇于殷朝后王羽散、庞孙辈,引述甚详,独未见此鬼谷传乎,何以称黄石公所作?二不通也。二层止一卦,五六层方有四五卦,若无八层,则八卦终未全,三不通也。引之抽爻换象,自下而上,复自上而下,又复自下而上,既如是不又可复自上而下乎?何以至七层即止?四不通也。原本离火山方以坤土为子,以兑乾金为财,以坎水为官,以艮土为子,以震巽木为父,文六五绝祸方宜平伏,延生天方宜高起,若宜平伏者反高起,宜高起者反低陷,则应其方卦所属之人不利,惟宜高者崛起,宜低者平伏,则应其方卦所属主人大利。如乾金山方,以坎水为子,低则中男旺,高则中男游荡;以艮土为父,高起少男旺,低陷则少男多病;以震巽木为财,低伏长男长女平和,高起则长男女少子;以离火为煞,低伏中女安闲,高起则中女艰辛;以坤土为母,高起老母康宁,低陷则老母冷淡;以兑金为兄弟,高起少女尊荣,低陷则少女孤孀;此乾坤艮兑四阴亦犹震巽坎离四阳,各相扶持宜向之以决胜者也,今以为房床开门,五不通也。羲文画卦,自下而上,自内而外,今用层星,皆自卦变而起,乃数层星,又随卦变而出,徒泥贪巨九星定层次,十字木星名天机,于东阳西阴之四宅有何干涉？六不通也。汉《官室志》工部营造止论尺寸合白星，未闻以游年定九星论层间也。"

梅漪志人在《阳宅辟谬·辨九星》一节中云："八宅既分，于是又有抽爻换象之术。其法以本宫为伏位，兼主辅弼二星，因从上爻变起，一变为生气贪狼木，再变中爻为五鬼廉贞火，再变下爻为延年武曲金，又变中爻为六煞文曲水，又变上爻为祸害禄存土，又变中爻为天医巨门土，又变下爻为绝命破军金，八宫皆如此例。试问初变何以当为贪狼？再变何以当为廉贞？则其本源不可得而知也。斗为帝车，斟酌元气，辅弼二曜隐扶斗纲，生人系命皆在于此，故以九曜分配九宫，实与洛书相为表里。今将辅弼合并八星混配，与昔圣人画井分州之意先已刺谬，又焉知定卦审星无穷妙用乎？亦有用此术而忽然曲中者是，乃偶与时会，故巧相符合，而非其术之灵，世人切莫误会也。"

由此可见，易经画卦，自下而上，而此玄空装卦，则下卦为最后，与装卦之意不符；易经画卦，由内至外，而抽爻换象则由上至下，由外至内，与立卦之意不符；天有九星，立主九宫，而此法将辅弼混二为一，与九星之意不符；气口之爻，本文云看大门、灶门在何卦内，若两者在一方或阴阳相同尚可。若不在一方，且阴阳相反，是依大门？还是依灶门？或再加画一画而成七爻？与现实卦意皆不符，故不通也。

来路灶卦方向诀

【原文】灶座论方不论向，灶口论向不论方，若灶卦论方而又论向也。凡宅有动，即有卦应，而其用有三：一曰建宅，布爻画卦，顺逆造法，配卦也。二曰修宅，抽爻换象，三元进气，改卦也。三曰移灶，方向命卦配合来路，灶卦也。三者惟灶验尤速。方向来路之法，以地盘二十四字辰南戌北斜分一界，自辰巽顺行至辛属阴方,自戌乾顺行至乙,属阳方。假如西命人,旧灶在巽方,已不吉,今移往西北乾亥方去而从阴入阳,不论一尺地基,或百尺百丈,卦宜乾坤艮兑,灶口宜向西北。则盘根、元空二灶法俱合,西四命人用之则吉,半月得财,年余生子。若东四命移此凶,应半月失财,年余损子矣。

东四命人,旧灶在西北乾亥方,不吉(按:本书前云,灶座宜压凶方,向吉方,乾亥之方为东四命人之凶方,灶坐安于此向,正合其法,然又云不吉,前后自相矛盾矣)。今移往东南巽巳方,为从阳入阴,不论所移地基远近,卦宜坎离震巽,灶口宜向东南则盘根、元空二灶法俱合,东四命人用之吉,西四命人移此凶。

又灶所座之台基,即是烟通灶座也,人视为细事,不知宅之恶务也。安本命凶方则吉,压本命吉方则凶,屡试屡验。如压本命生气方,应主堕胎无子、被人谤诽、不招财、人口逃亡、田畜破败。如压天医方,应主久病卧床、体弱肌瘦、服药不效。压延年方,应主无财少寿、婚姻难成、夫妻不睦、人口病、田畜败。压伏位方,应主无财困苦、诸事不顺。压绝命方,应主康寿、添丁、生男易养、发财进人口。压六煞方,应主无讼有财、无火灾、不损人口。压祸害方,应主无讼无病、不退财。压五鬼方,应主永无火盗、招奴婢多人、忠心助主发财、无祸不病、田畜大旺。

【注解】烟道为脏污之处,古人认为,若居吉方,吉神被烟熏火燎,自顾不暇,不能施吉,反有凶灾。若居凶方,则凶神整天被烟熏火烤,也是自顾不暇,不能为凶,反主吉庆。这是臆断空想,并无义理。真正要诀是:灶安生旺之方,宅必吉庆;若安死绝杀方,必多灾祸,参前之例可知。

【原文】其看真空方位,须量屋之基地始真,不可揣度致误。宜以大纸一幅,将屋基层层量定丈尺,绘图纸上,每屋一丈,折纸一寸,以便折算。将开折分八股,连中九股均分,而知其位之间架分宫位。看灶居某方与宅长命合,灶居某方与宅长命不合,而吉凶分明矣。故宅法灶座论方,而灶口惟论向。如兑命人,灶口向兑则为伏位,百事如意;兑命人灶口向乾,则为生气灶,生财得子;兑命人灶口向坤,为天医灶,主无病,如有病易愈;兑命人灶口向艮,则为延年灶,主和合却病,增寿。此四灶口,与兑命一路,皆西四命、西四灶也。余所向则犯祸害、六煞、五鬼、绝命,而凶立应矣。

【注解】此重复东四命灶宜坐西四方灶口向东四方;西四命灶宜坐东四方向西四方之理。《阳宅十书》中有:"火庵歌"一节,对此作了详细总结,特介绍如下:

乾丙艮乙立火庵,(乾宫福德人,宜丙方绝命立火庵;艮宫福德人,宜乙方六煞立火庵。)

坤兑癸上是根源。(坤兑福德人,宜癸方绝命、祸害之方立火庵。)

震巽火庵庚上是,(震巽福德人,宜庚方绝命、六煞方立火庵。)

坎离甲上不虚传。(坎离福德人,宜东北甲字方五鬼、祸害方立火庵。)

按:避地支不用者,避太岁临灶位,或冲动灶位者不吉也。

【原文】若房门、房床、碓、厕之类,只论背座之方,不论向也。如东四命人,房床俱宜向东四一路(按:前刚言不论向,此又言宜向之,旋即反复),若反在西,急宜改房东方则吉,余可类推。

假如人有朝南屋一所,以左十数间为东房,如正一间房朝南,亦以房内左边为东方也。凡灶座、烟道、坑厕,但压得本命凶方,反致大福。若欲移过,必慎其所移之方,或误移凶方,或因移来路阴阳者,必有凶应,略过尺,其移动亦有应验。总之,分房、来路、灶向俱合吉方,便有吉应。来路阴阳宜看往来路,从阳入阴,或从阴入阳则吉。若阳移入阳界,阴移入阴界内则凶。重阴伤女,重阳伤男,三犯重入,破家绝嗣。

【注解】房门、床、厕吉凶,前已详注,惟碓之吉凶,尚未言及。其虽有吉凶之应,但绝非本书云压凶方之类。碓碾之类,城中已无,边远乡村,亦时有用,故略言之。

在宅后正中,忤逆损胎。在右首上,绞肠腹痛。在当向之处,主脏生;在胎养方,主产难。皇极数以碓磨碾之类属金,在宅外者喜居水口,在宅内者宜安金土之方,不宜安巳午方,金受克也。忌安宅主本命之方,主多灾病。碓宜顺向朝外舂,若倒舂、横舂,主阴人小口不利。煞方安碓磨,颠疯出呆子。碓磨安神后,盗贼主争斗。来脉在后碓安前,来脉在左安右边。来脉在右碓安右,舂撼震动母不寿。碓头向家神,破财多遭迍。碓居高处响声烈,宅主难安痛伤血。碓头打向房,房内不安康。右胁碾动,穷困胁痛。磙碾碓铠,太岁头上,一年忧愁,杂病腹肠。

例1.朱姓,家妇己未生,住癸山屋,未方一碓白,丑方便门,下置一大破碾石,余判应肠中痞症,胃腕气痛。其子曰:"吾母患斯病,一发数月不起,岁岁当然。遇丑未年月更甚,医莫止,奈何?"余曰:"坤方为腹,未隶坤,未亦为腹,为胃腕。丑为脾,亦为腹,故石在丑未坤,即在胃腕腹,坤为母,未系本命,丑对冲,或太岁、岁破三杀、都天等煞,有一临方,病发甚重。"选吉掘除,胃气止,痞即消,从此永安无恙。

例2.胡姓主妇,居长,左股疼痛,余询其生命,恙起于何年何月。胡云:"癸丑生命,己丑年六月痛起。医家疑暑天乘凉,贼风侵骨,服药多年,卒无一效。"余见宅向东南,左厢有碓声,用罗经定中分,系乾宅,丑艮方碓横舂。《易》曰,艮为手,今碓打艮即打手也,乌能不疼?艮隶丑,故应丑命人;艮维孟,故应长房;碓在左方,故病应左股,已丑年太岁在丑方,六月建未,冲太岁,冲本命，故恙起。丑年未月遇岁破，即发咎征。惟择期改碓乙方顺宅向，半载，股痛自愈。

验过吉凶八位总断

【原文】易有八卦，宅有八方之向，又分四吉四凶，乃人人有之者也。八方之内，第一吉星曰生气贪狼木星，凡合得此生气八卦，必有五子，催官出大富贵，人口大旺，百庆交集，至期月自得大财。第二吉星曰天医巨门土星，若夫妇合命得之，及来路房床灶向得天医方，生有三子，富有千金，家无疾病，人口田畜大旺，至期年得财。第三吉星曰延年武曲金星，凡男女生命合得延年卦，来路、房床、灶口向得之，主有四子，中富大寿，日日得财，夫妻和睦，早婚姻，人口六畜大旺，吉庆绵来。第四吉星曰伏位辅弼木星，得之小富中寿，日进小财，生女少男。然灶口火门向宅主之伏位方，天乙贵人到伏位，其年必得子又好养，最准。以上四吉方宜安床，开大门、房门，又宜合元运，安香火、土地、祖祠、店铺、栏仓等类，俱宜合四吉方，忌四凶方。

第一凶星曰绝命破军金星，宅内方向本命犯此，主绝子伤嗣，自无寿、疾病、退财，散田畜，伤人口。第二凶星曰五鬼廉贞火星，犯此主奴仆逃走，失贼五次，又见火灾患病，口舌退财，败田畜，损人口。第三凶星曰六煞文曲水星，犯之主失财口舌，败田畜，伤人口。第四凶星曰祸害禄存土星，犯之主有官非疾病，败财，伤人口。凡本命四凶星反宜安厕坑、粪缸、灶座、烟道、井碓、缸磨、柴房、客座、床桌，为空间之房。此数件压本命四凶方上，镇其凶神，不但无灾，反而致福也。有家者宜慎之、信之。

贪巨武文为阳星，禄破廉辅为阴星；乾坎艮震为阳宫，巽离坤兑为阴宫。

宫为内，星为外。内克外半凶，外克内全凶。阳星克阴官不利女,阴星克阳宫不利男。如禄存土星为阴星,临坎阳宫,主中男不利也。

【注解】星官相克吉凶之说,与九星吉凶之意不符。如贪狼生气木星为第一吉星,所到之处无不吉庆。若以星官生克论,生气木临乾宫、兑宫是内克外,半凶;生气木临坤宫、艮宫,是外克内,主全凶;以上之生气是以吉论还是以凶论?又如绝命破军金,临震、巽二宫,外克内,全凶,与实相符;若临离宫,是内克外,是以克制凶星论?还是以官克星论?若以克制凶星论是反凶为吉,绝命之义又不符矣。再如天医巨门土星,为第二吉星,所到之处,主富有千金,无病长寿。若临坎宫,是外克内,主全凶,是以富论?还是以穷困论?还是以夭折论?还是以长寿论?以下五星,皆有同病,其义相互抵触,实难自圆其说。

增三项

【原文】增灶口向。灶口者,乃锅下尺许之口,纳柴进炊之火门也。此口能速发吉凶,期月即验。如东命人灶口向东吉,向西凶;西命人朝西吉,东向凶;必须烧火之人背对吉方,面对大门是真吉向也。

【注解】本节标题"增三项"为整理者所加,特说明。

八宅大游年主张,大门宜开在四吉方,烧火之人背对吉方,面对大门是站吉面吉,与灶座安于凶方之意不符,故疑大门之"大"字应是"火"字之误,即背对吉方,面对火门之凶方,与八宅大游年立灶坐向之意符,特说明。

【原文】增分房。分房者,祖孙父子,叔侄兄弟所居房床方向也,虽未分居各爨,而房内床之丈基尺地皆是。如西命宜在父母床身之西安床吉,东则凶。此法不论楼之上下,只论尺地之方合命,便无疾病而有福寿也。故弟兄东命居东,西命居西则吉,切勿执哥东弟西之俗例也。

【注解】分房之法,前已论及,当以玄空生旺之方分房为美。蒋大鸿在《阳宅指南》中说:"宅门只把正门量,仆妾儿孙各有房。一步一星随地变,门窗冲路亦推详。天光落处皆春色,此事精微英显扬。一路之中灾福异,管生管死在微茫。"并以坐坎向离之七运为例论分房,见下图。

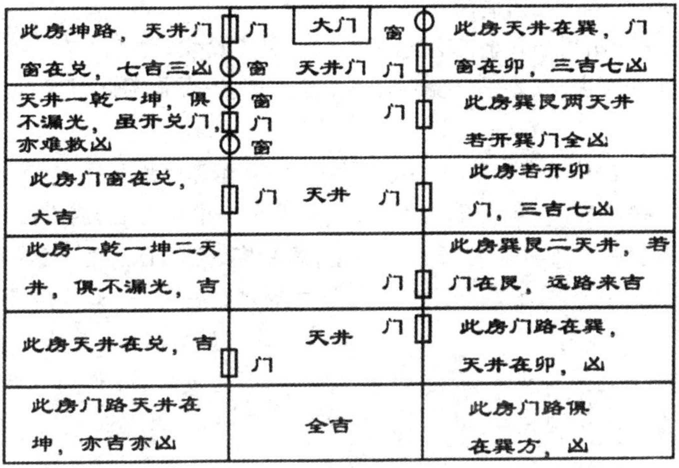

此房坤路,天井门门门 窗在兑,七吉三凶	大门 窗 天井门	此房天井在巽,门 窗在卯,三吉七凶
天井一乾一坤,俱 窗 不漏光,虽开兑门,门 亦难救凶 窗	门	此房巽艮两天井 若开巽门全凶
此房门窗在兑, 大吉	门 天井 门	此房若开卯 门,三吉七凶
此房一乾一坤二天 井,俱不漏光,吉	门	此房巽艮二天井,若 门在艮,远路来吉
此房天井在兑,吉	天井 门	此房门路在巽, 天井在卯,凶
此房门路天井在 坤,亦吉亦凶	全吉	此房门路俱 在巽方,凶

【原文】增修方。修补房屋,皆谓修方,如东命人修造东方屋吉,忌造西方,半年之内,祸福立见,试之屡验。

【注解】古人对修方非常重视,认为修方不仅有催贵、催丁、催财官之效,且有祛病、散讼之作用。但其法有注重修天星吉方者,有注重修七政恩星照命度及修方者,有注重八门三奇者,玄空飞星学则注重修生旺之方,绝非修东四、西四之说,前已详注,再举二例以说明。

例1.沈宅,宅向东,左边墙倒,塞子丑方界漕。子癸属坎,为耳,土塞坎即塞耳,土克水,水命必聋,独断长房,以左属长。余断宅母,以先天坤为老母,原在北位。余又断次男耳闭,以后天坎为中男,恰当子方也。叩之果然,主人云:"土壅数载,何以先年不应,必应于壬子年?"余叩其母与弟之庚,云母今年六旬,弟壬午生。余曰:"令堂壬子生,壬子年太岁临壬子方,值宅母坤位,申子坎位,壬子太岁冲壬午,壬为膀胱肾之腑,耳乃肾之窍,今被土壅克制坎肾之水,若不急除,聋不可救。"主延择吉扶命,搬土复漕,而二房耳闭者先通,耳聋者略减。

　　按:此例住西向东,为西四宅;子癸方属坎,为东四方。西四宅修东四方,以本书之论为不吉,而此却吉祥,是不以西四、东四为据。

　　例2.见本书上册第176面所举"邱应远为谢伯章修方"例。

　　按:宣和二年为下元庚子,丙辰生人即中元丙辰,属六白命,为西四命。西四命住庚山甲向屋,属兑宅,是住合法度。第一次甲辰年七月修申方,申隶坤方,是兑宅之天医吉方,以大游年之理,修之主吉,然却官讼不断;第二次修甲寅方大门,是修震方,为兑宅之绝命方,是最凶之方,修后反解讼发财,亦说明八宅游年修方不能圆说矣。

游年变卦图

　　【原文】生气图。变上一爻为生气,生比自然,吉中最贵。乾变兑,兑变乾,离变震,震变离之类,皆生气也,皆生比也,皆自然也。乾兑震离,数往者顺;巽坎艮坤,知来者逆。而一二三四五六七八,此皆自然之数也。"帝出乎震",生气资始,其性纯吉无凶。临在坎离震巽为得位,吉;在乾兑为内克,凶;在坤艮为战,减吉(彼克我为内克,我克彼为外战)。生气吉应在亥卯未年月。求财求子宜作生气灶。

　　【注解】生比:二种五行相生相比。如乾兑互变,金与金相为

生　气　图

贪狼震木

兑　　乾☰　　巽☴

变上一爻

离　　坎☵

震　　坤　　艮☶

比;艮坤互变,土与土为相比。离震互变,木与火为相生;巽坎互变,水与木为相生者是。

数往者顺,知来者逆:言先天卦顺序,乾一、兑二、离三、震四为阳气上升之过程,仿天道左行而为顺,为已生之卦;巽五、坎六、艮七、坤八为阴气上升之过程,仿地道右行为逆,为未生之卦。

帝出乎震:语出《说卦》传。帝指主宰大自然生机的元气,震卦为东方,日月均由此升起,时令为春分,万物均从此时生发。用此以喻生气之吉。

得位:生气为木,临坎水木相生,临离火木火相生,临震巽木相比和,均为生旺之方,故云得位。

亥卯未三合为木局,生气亦为木,木临木处为旺,故吉应在亥卯未年月日。

【原文】天医图。变下二爻为天医,未必自然,吉故次之。乾变艮,艮变乾,兑变坤,坤变兑,皆天医也,生比也。然乾一与艮七为天医,非若乾一即变兑之自然,故云未必自然,吉。天医虽五行有相生之意,不若生气浑沦而无迹,故为次吉之星。临在乾兑坤离为得位,吉;在震巽为内克,在坎为外战,减吉。天医吉应在申子辰年月。禳病除灾宜作天医灶。

【注解】得位:天医属土,临乾兑土金相生,临离火土相生,临坤艮为比和旺相,故云得位。

天 医 图
巨门艮土

兑　乾　巽
离　坎
震　坤　艮

变下二爻

延 年 图
武曲乾金

兑　乾　巽
离　坎
震　坤　艮

三爻皆变

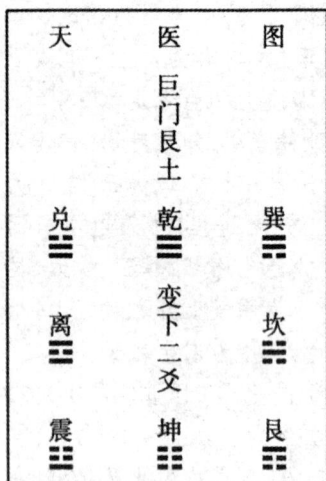

内克：天医土临震巽木，木克土，官克星为内克，依前论，吉气减半。

外战：天医土临坎水，土克水，星克官为外战，依前论则全凶。

天医属土，本书依水生于申，旺于子，墓于辰论五行生旺绝墓，亦自相矛盾。前以天医临坎为外战，此以临子为应期，是克乎？是旺乎？难以自圆其说矣。

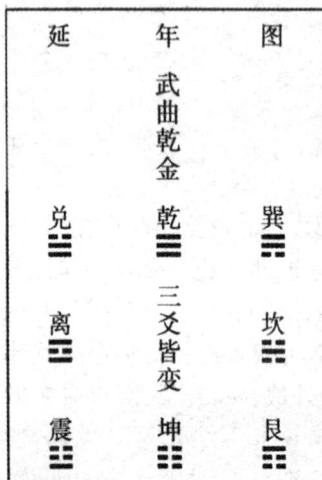

【原文】延年图。三爻皆变为延年，未必皆生，吉又次焉。乾变坤，坤变兑（兑当为乾之误），兑变艮，皆延年也，相生也。如坎离互变，则水火相克，虽是夫妇终有损，故云未必皆生。此图天地定位，山泽通气，雷风相薄，水火不相射。乾父与坤母配，未必天医纯是相生之义，其吉又次之。临在乾兑艮坤为得位，在离为内克，在震巽为外战，减吉。延年吉应在巳亥丑年月，却病增寿宜作延年灶。

【注解】坤变兑为天医，非延年，原文有误，应是"坤变乾"方符延年之意。另延年为金，当应在巳酉丑金旺之年月日，本书云

"巳亥丑"年月,与延年之意不符,"亥"字应是"酉"字之误明矣,故订正。

天地定位,山泽通气,雷风相薄,水火不相射:先天卦中最吉卦,二者卦气相通,阴阳正配,无一不在恰当处。本文强以卦位论生克,而去《易经》之正理,是舍本逐末,去真存伪之举,误人非浅。

得位:延年属金,临乾兑金与金相比,临坤艮土金相生,依此意临坎为金水相生,亦属得位,原文漏掉坎宫。

内克:延年金临离宫,火克金者是。

外战:延年金临震巽二宫,金克本宫之木是。

祸	害	图
	禄存坤土	
兑☱	乾☰	巽☴
离☲	变下一爻	坎☵
震☳	坤☷	艮☶

【原文】祸害图。变下一爻为祸害,有生有克,是为次凶。乾巽震坤克也,坤兑离艮生也。祸害有生有克,克者固凶,生者又反凶,何也? 如震克坤,乾克巽,东西相克,其理易见;至离生艮,兑生坎,其理难知。故曰:火生于木,祸发必速,由恩生子,子害于恩。祸害凶应在申子辰年月,争斗仇雠,因作祸害灶。

【注解】何以相生为祸? 本文云"火生于木,祸发必速",是言木火相生为祸,然震木见离火为生气,巽木见离火为天医,均言吉而未言凶,其理不通。后又云"由恩生子,子害于恩",艰涩难懂,支离破碎,更无义理。其实离生艮,兑生坎,离坎为东四,艮兑为西四,自家之人,心向他人,害由内生,非祸害何? 义理甚明。

祸害亦为土,若言生申,申泄土气? 若言旺子,土克子水,均于义理不符。

六　　　煞　　　图

文曲坎水

兑　　　乾　　　巽
☱　　　☰　　　☴

离　上下爻变　坎
☲　　　　　　　☵

震　　　坤　　　艮
☳　　　☷　　　☶

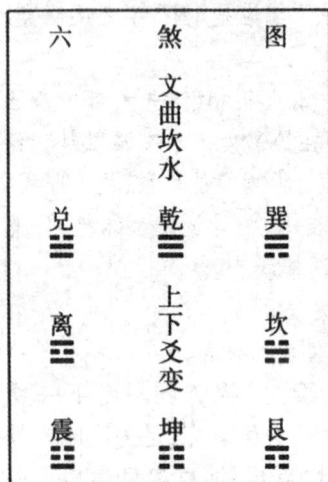

【原文】六煞图。上下皆变，文曲六煞，生克相济，宴笑戈甲。乾坎离坤，六煞相生；巽兑艮震，六煞相克，故曰相济。六煞生克，虽与祸害相等而卦不同，及西金克东巽木，东震克西艮土，东离生西坤土，西乾生坎水，盖生理不顺，反来盗败，遂致祸生谗佞故也，凶。六煞凶应在申子辰年月，耗散盗脱，因作六煞灶。

【注解】六煞相生之理，与祸害同，皆与五行生克之理不符。盖游年吉凶，或以相生为吉，或以相比为吉，忽而生者吉，忽而生者凶，政令不一；或以克我者为官鬼凶；或以我克者为妻财吉，忽而相克为吉，忽而相克为凶，皆不能自圆其说。同时，前三吉星有外战，内克之说，后凶星均无内克，外战之义；若逢内克，是制凶还是减凶？若逢外战，是增凶还是耗力？吉者言之，凶者何无论？是自无法解释。

五　　　鬼　　　图

廉贞离火

兑　　　乾　　　巽
☱　　　☰　　　☴

离　变上二爻　坎
☲　　　　　　　☵

震　　　坤　　　艮
☳　　　☷　　　☶

【原文】五鬼图。爻变上二为五鬼，五鬼最毒，位位相克，灾随位发，昂头即应。五鬼之神虽与绝命同，而卦则异。西四乾金克东四震木，东四巽木克西四坤土，西四艮土克东四坎水，东四离火克西四兑金。世道抵牾，相及相

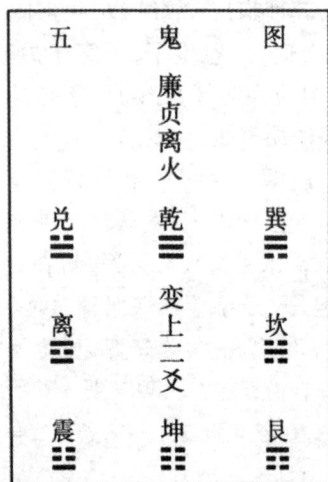

磨,由五鬼所致也。五鬼凶应在寅午戌年月。官讼口舌,因作五
鬼灶。

【注解】古时断五鬼之法,有以下三种。

一、五鬼制爻

鬼星入木爻相凶,口舌贼盗紧来通。

家中刁泼图喇汉,妻财老小不安宁。

小人口舌时时有,家中必定有灾迍。

鬼星入火是本官,比合鬼星进宅中。

田宅财宝无人管,阴旺阳衰妇主门。

六畜生癞财不旺,家中长有寡居人。

鬼星在金不安康,官灾六畜有损伤。

少女阴人灾星至,火光盗贼紧连连。

宅上邪鬼入宅院,不久家中闹喧喧。

鬼星入水少年亡,水火相煎闹嚷嚷。

退财失火年年有,六畜倒死在栏房。

四季常逢人口闹,田宅口舌官灾连。

鬼星入木位相生,星中克土不安康。

猫狗不在逃走去,少年老母常病生。

瘫痪鬼冲病缠身,宅中必出瘫痪人。

坤离巽兑纯是阴,寡妇宅上闹峥嵘。

阴克阳时灾星至,阳旺阴衰妇女空。

六畜不旺田蚕见,夜梦颠倒一场空。

伏阴衰阳噎疾病,大小人口有灾迍。

儿孙辈辈克伤父,寡妇房中受熬煎。

亲人争得田土去,阴人受气泪涟涟。

痨嗽家长心害怕,不久时时见阎君。

乾坎艮震纯阳宫,先吉后凶在宅中。

阳旺阴衰落胎病,小口个个女人空。

六畜宅上频声叫,田蚕财宝不能兴。

老公宅上正不见,重聚阴人在宅中。

二、五鬼点头

一鬼逢金杀子孙,定损牛羊火光生。

逢阳伤阳阳不旺,逢阴伤阴阴不兴。

年年田蚕皆不吉,岁岁六畜损伤凶。

二鬼逢水疾病多,家中忤逆不安和。

年年上下熬煎苦,堪堪不久见阎罗。

三滞伤风到土间,家中阴人专主权。

孙子不和生奸狡,终成绝败苦难言。

金至火宫两熬煎,定生邪魔宅内缠。

老公离母胡生事,人财败散苦连连。

内克外爻贼不来,外克内爻伤主多。

金木凶死病颠狂,水火相交每岁煎。

木土定加伤脾胃,火金房蛊祸相缠。

相生富贵相通旺,相克祸败痛灾侵。

三、五鬼穿宫

廉贞入乾兑,小口定灾伤。重重损五口,家中不安康。

廉贞入水乡,次子遭灾殃。长子小口死,累累病多伤。

廉贞震巽间,每岁盗贼连。家中财失散,每岁受熬煎。

廉贞到本宫,每岁二房荣。长男权柄事,合家富贵亨。

廉贞入艮坤,六畜损伤痛。西南损五口,东北伤二人。

【原文】绝命图。爻变中一为绝命,东西上下,合着皆伤。绝命者至凶之神,亦是先天克制而生。东四离火克西四兑(兑字当为乾字之误)金,西四兑金克东四震木,西四坤土克东四坎水,东四巽木克西四艮土,仇雠相克,不绝不休。绝命凶应在巳酉丑年月,疾病死亡,因作绝命灶。

```
绝    命    图
      破
      军
      兑
      金
兑    乾    巽
☱    ☰    ☴
离    变    坎
☲    中    ☵
      一
      坎
震    坤    艮
☳    ☷    ☶
```

```
伏    位    图
      辅
      弼
      巽
      木
兑    乾    巽
☱    ☰    ☴
离    三    坎
☲    爻    ☵
      皆
      伏
震    坤    艮
☳    ☷    ☶
```

【注解】离火克兑为五鬼,离火克乾方为绝命,原文中的"兑"字应是"乾"字之误。

破军绝命凶神之断,亦有歌诀如下:

破军不可见金官,比合虽有不为荣。
子孙多病无安泰,宗嗣绝时家亦倾。
破军见水阴人盛,每岁蚕丝不见成。
辈辈儿孙多少死,每岁熬煎定灾殃。
破军见木长男亡,后来败绝坏家声。
生分忤逆抛家业,连绵疾病不安康。
破军见火次女亡,无妻寡汉坐空堂。
男儿辈辈先劫火,岁岁家中有灾殃。

【原文】伏位图。三爻不变为伏位,安静无为,可进克退。乾遇乾,坤遇坤,事事比和,所为如意。伏位吉应在亥卯未年月。求为如意,宜作伏位灶。

【注解】以本文论,伏位属木星,位于乾为内克,位于坤为外战,一全凶,一减吉,何能事事如意?前后吉凶之说,自相矛盾矣。

以上为九星飞宫断宅吉凶,均未甚明,再引古论以明之:

六煞阴人死,走狗火焚庄。官事六畜损,阴人不久常。

相生贼火有,犯克也不祥。天乙是福神,建宅三子生。
相克死二子,置田三段成。善人家中有,念佛好看经。
花蛇入宅吉,百事称心情。五鬼乱火贼,阴人少有伤。
家中小口命,见死五口人。贼火伤五次,点点暗三场。
赤蛇号头公,家宅见不祥。祸害阴入死,见死有三人。
风疾兼秃瞎,家中怪梦惊。弟兄多不和,虫蛇入宅中。
相生祸事少,相克定见凶。绝命生凶星,长房有灾迍。
明五暗六盗,三六九伤人。红花蛇虫见,家中不安宁。
延年号武曲,小房多发积。白蛇入宅中,刺猬多大吉。
生产必是男,遇克多受制。其家渐渐兴,小口多灾病。
生气贪狼星,五子在宅中。其家人口有,青蛇入宅中。
万事多大吉,生财渐渐兴。相生多称意,相克半中平。

又有九星飞宫五行生克比和之论,义理精深,亦介绍如下:

一、金入木宫

金入震巽,金为星,震、巽为宫,金在上,木在下,是星克宫,身稍受克。金入震宫伤长男,金入巽宫伤长妇。金木凶死,生癫狂之疾,筋骨疼痛,腰腿生痈。金克震,多喘痨,男多凶死;金克巽,主咳嗽,妇人眼患。不论武曲,破军。

二、金入水宫

金入坎,金为星,水为宫,金在上,水在下,是星生宫。金能生水主兴隆,人口平安福禄增,赀财进盛六畜茂,儿孙繁衍。此指武曲而言,若是破军,凶多吉少。

三、金入火宫

金入离,金为星,火为宫,金在上,火在下,是宫克星,发凶尤甚。根身受克,赀财连退,家业空虚,子孙绝败。乾金与武曲俱伤阳,兑金与破军俱伤阴。主生瘤疾咳嗽,喘闷,妇人产痨血崩。盖因火能炼金,家不从容,人多疾病。

四、金入土宫

金入坤艮,金为星,土为宫,金在上,土在下,是宫生星。土能生金家业兴,人财两样俱兴隆,生男有四儿孙茂,后代兴旺百千春。土能生金,入阴土终被埋没,反无生意。(按:延年、绝命,并无分别。)

五、金入金宫

金入乾兑,武曲破军为星,乾兑为宫,武曲入乾兑二宫是比肩,赀财增盛,人口平安。武曲入乾兑俱是阳入阴宫,多生男。破军入乾兑多主凶事,财帛退散,六畜损伤,田蚕虚耗,绝嗣覆宗,子孙败亡,寡妇当家,多疾女人。重阴入阴,哭声吟吟。男孤女寡,子孙无踪。

六、木入金宫

乾兑为宫,贪狼木为星。木入于乾兑,是木在上面金在下,乃宫克星,根身受克。木入乾宫伤阳,木入兑宫伤阴,贪狼虽吉不吉,不宜入乾兑内。先吉后凶,相克半中平之谓也。三十年后人财退散,男女主生痛滞,咽喉病痛,心胸膨闷。或自缢或吐血,寡妇峥嵘,筋骨疼痛,腰脚之灾。木被金克,瘦瘠黄肿之患。

七、木入木宫

震巽为木,贪狼为星,木入木宫是贪狼,其家兴旺,广进田庄,子孙繁衍,家道茂盛,人口平安,百事顺利。

八、木入水宫

坎为宫,贪狼为星,贪狼入于坎宫,木在上,水在下,是宫生星,木水养,根身茂盛,主生五个儿郎,钱财大旺,六畜兴旺,田蚕倍收,粟米盈谷,永膺吉庆。

贪狼一木是福星,又逢坎水必亨通。

六畜赀财生意广,儿孙茂盛益绳绳。

九、木入火宫

离为官，木为星，木入离官是木在上而火在下，乃星生官。田蚕兴旺，人口平安，赀财茂盛，六畜盈栏。木虽生火，又恐火旺，盖是木上火下，则必烧尽木根而绝嗣，此又不可不知。

十、木入土官

坤艮为官，贪狼为星，贪狼入于坤艮官，是木在上，土在下，乃星克官。身稍受克，其家财物渐渐消退。土被木克，脾胃相伤，噎转病症，人多疲弱面黄，六畜不旺，田蚕不收，又主疥癞之疾。

十一、水入金官

乾兑为官，文曲为星，文曲入于乾兑官内，水在上，金在下，是官生星，六煞主事。六煞虽凶，其官相生，赀财六畜，始顺利而终绝败。阴入主事，乱业胡为，官司口舌，阴症相随，妇人多病。

十二、水入木官

震巽为官，文曲为星。文曲入于震、巽官，水在上，木在下，是星生官。六煞虽凶，吉星相顺，六畜亦旺，赀财亦兴，人口亦安，田蚕亦盛。厥后不免寡妇当家。

十三、水入水官

坎为官，文曲为星。文曲入于坎官，是水入水官，壬癸太重，家业飘零，男早丧，子孙稀，水蛊疾病，肚肠肿，面皮黄，子孙漂蓬，六畜倒死，田宅虚耗。

十四、水入火官

离为官，文曲为星。文曲入于离官，是水在上，火在下，是星克官，名为水火相煎。官司口舌，邪鬼为殃，贼盗火光，六畜倒死，家业空虚，人口灾害；先伤中男、中女，后死小儿、老母，眼目昏。火遭水克，产痨病肾水伤身；水来旺火，多主肾冷。因火被水克，火连心痛血崩，疮水制火，伤吐浓血，咽喉喑哑，绝妻损子。

十五、水入土官

坤艮为官，文曲为星。文曲交八坤艮官中，水在上，土在下，是官克星。根身受克,六畜倒死,钱财不旺,田蚕不收,官司贼盗,人离财散,百灾竞起。土克水,风狂灾,面色痿黄,或疲癃腹肿之患,或噎食水盅之灾,人口逃移。入坤宫主伤妇女,交入艮宫主伤男子。水入坤,从阴入阴,哭声吟吟;水入艮,从阴入阳,哭声忙忙。家业败,子逃亡。

十六、火入金宫

乾兑为金宫,廉贞为火星,廉贞入于金宫,是火在上,金在下,乃星克宫。入于兑宫先伤少女,五鬼势恶,主有心痛、咳嗽、血光肺痨之患,面色黄干产痨死。入于乾宫多伤家长,官司刑陷,血光横死。金被火伤,口舌是非,火金相克不从容。

十七、火入木宫

震巽为木宫,廉贞入于震、巽中,火在上,木在下,是宫生星。但廉贞势大,木虽生火,不见吉祥反招凶,主田宅退散,盗贼连连,忤逆凶徒,上下不顺,贲财耗散,老幼不安。木能生火反不生,身稍受克祸频频,官司口舌年年见,吃酒行凶打死人。

十八、火入水宫

坎为水宫,火入水宫,火在上,水在下,是宫克星。譬如一点飞雪入红炉,点到即化定无余,贲财大散家业破,火光事去又复来。人口灾害,官事叠见。火遭水克眼疾病,心痛吐血产难禁。下元七令水制火,伤瘦痨病吐脓。先亡中男少男,次亡家长。水火交战灾竞起,重重寡妇闹峥嵘。

十九、火入火宫

离为火宫,廉贞星入于离宫,火焰腾发,凶尤速。六畜田蚕不旺,阴人寡妇当家,心痛吐血火烧家,疥癞疮疾难化。中女阴人多病,家长痨病交杂,此合鬼星官事,人人破财离家,寅午戌年绝根芽,此是鬼星造化。

二十、火入土宫

坤艮为土宫,廉贞星入于坤艮宫中,火在上,土在下,是星生宫。但火为五鬼星,多凶少吉。火星入坤,老母先亡;火星入艮,少男辞世。瘫病缠身,疮痢多秽,庄田退散,六畜逃失,奴走难寻,家业陵替。

二十一、土入金宫

乾兑为金宫,巨禄为土星,入于乾兑宫中,土在上,金在下,是星生宫。但土有不同,禄存为阴土,土虽生金戊己多,终被埋没,田财不旺,财帛不兴,祸害入兑阴人死,祸害入乾男子亡。若是巨门星,入于乾兑宫中,贵财大旺,六畜繁兴,田蚕茂盛,子孙振振。

二十二、土入木宫

震巽为木宫,土星入于木宫,土在上,木在下,是宫克星,根身受克,灾害必重。禄存受克伤阴人,巨门受克伤男子,家业陵替,牛羊倒死,田蚕不收,人口灾害。巨土受克,肿蛊残噎病,盲聋脸面黄,脾土不和,胃气冲心。禄存受克,风病难动履,耳聋兼目瞎。

二十三、土入水宫

坎为水宫,土入坎宫,土在上,水在下,是星克宫。星宫不顺,身稍受克,家业飘零,子孙亡败,六畜倒死,田蚕虚耗。土来水宫,风病之灾面色黄,瘦瘠腹肿病难当,失言喑哑噎食病,水蛊病生黄肿灾,脚痛腿疼难医治,耳聋伤肾病难挨。

二十四、土入水宫

离为火宫,土入火宫,土在上,火在下,是宫生星。星宫相顺,富贵资财,钱财大旺,六畜茂兴,田蚕倍收,米谷盈仓。火能生土福绵绵,牛羊六畜遍山冈。人口平安常吉庆,后代儿孙广进田。此指巨门说,若禄存土凶多吉少。

二十五、土入土宫

坤艮为土宫,巨禄星到坤艮,是土入土宫。巨土到艮伤少男,到坤伤老母。禄存到坤艮俱伤阴。土生万物号为财,土入土宫重土埋,资财耗散人多病,少年老母立见灾。土多必主噎转臌胀之灾,土虚必有残疾之病。

天有九星,地有九宫,星宫相生主富贵,资财人丁旺。星宫相克主人口不利,资财不兴,主凶。

子嗣口诀

【原文】贪生五子巨三郎,武曲金星四子强。

五鬼廉贞儿二个,辅弼只有半儿郎。

文曲水星惟一子,破军绝命守孤孀。

禄存无子人延寿,生克休囚仔细详。

古诀非专以妻命论生子数目,假如坎命男女,得巽方来路,又灶向,又妻巽命相同,皆得生气,则有子而兼得富贵也。

【注解】常见富贵之人膝下无子,亦常有贫困之人,子孙众多。依八宅大游年论,住生气、天医、延年方方能富贵,且有五子、四子、三子不等,只有住破军绝命之方,主无子。那么官贵而无子者是居吉方之应? 还是居凶方之应? 显然八宅大游年论吉凶生子之之法不能解释。又贫贱之人生有三子、四子、五子,甚至有七八子者,是居三吉方之应? 还是居四凶方之应? 显然,以八宅大游年论吉凶富贵亦不能解释。详参前注。

东四西四八命之宅

【原文】乾命之宅(西四)。(图见第422面)

【注解】此是乾宅配八方大游年图,最外一层"伏、生、延、绝"之类八字是游星。第二层戌乾亥、庚酉辛之类是二十四山,一卦管三山。中间是三元生命之年。上元男命,坎一白入中逆行,中元男命巽四绿入中逆行,下元男命兑七赤入中逆行;女命上元起中宫五黄顺行,中元坤二黑入中顺行,下元艮八白入中顺行。图

绝
丙午丁

延
未坤申

祸
辰巽巳

生
庚酉辛

上元男命坎一白逆行戊
辰丁丑丙戌乙未甲辰癸丑壬戌
上元女命中宫五黄顺行乙丑甲戌
癸未壬辰辛丑庚戌己未
下元男命乙丑甲戌癸未壬辰辛丑
下元女命艮八白顺行辛未
庚辰己丑戊戌丁未丙辰

乙卯甲
五

壬子癸
天

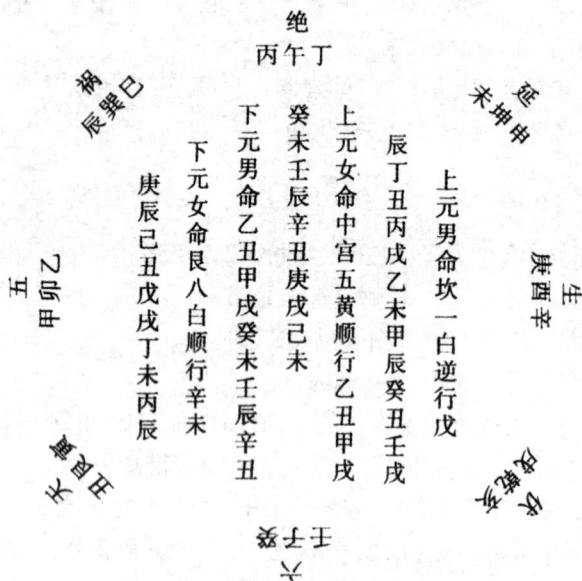

中只有上下元男女生命,无中元男女生命。补男中元乾命:辛未、庚辰、己丑、戊戌、丁未、丙辰。女中元乾命:戊辰、丁丑、丙戌、乙未、甲辰、癸丑、壬戌。

【原文】巽方水绕乾局。(图见第423面)

【注解】这是以六白入中,顺飞八官,然后将六白金与各宫飞星五行相配,以其五行生克论吉凶。

图中最外一层壬子癸、丑艮寅之类是二十四山。第三层是八宅大游年飞官之星,中间则是本宅入中之星。第二层即依本宅主星入中飞布八官之星及其星与中宫之星五行生克相配之气,其法如下:

生气:生本宅主星之星,如乾宅六白金入中,八白土、二黑土飞临处是。

乾六白金

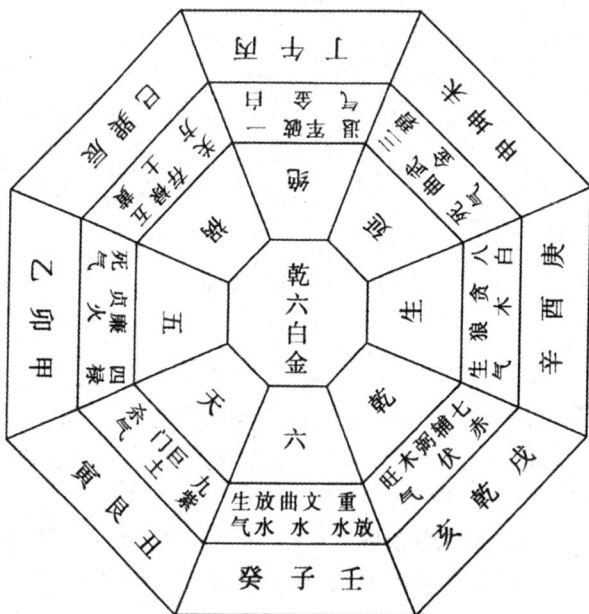

旺气：与本宅之星比和之星。如乾宅六白金入中，七赤金飞临处是。

退气：本宅之星所生之星。如乾宅，六白金入中，一白水飞临处是。

死气：本宅之星所克之星。如乾宅六白金入中，三碧木、四绿木飞临处是。

杀气：克本宅之星。如乾宅六白金入中，九紫火飞临处是。

关方：依本宅之星入中，五黄土星所临之处是。

由此，其八宅主星入中后其它各宫相配之气构成下面的表。

依此理，本书八图中有不少错误之处，均依此图在注解中一一纠正，不再注理论根源。

六气 八宅 ＼ 八宫	坎	艮	震	巽	离	坤	兑	乾
坎	生气	退气	杀气	死气	关方	生气	退气	杀气
艮	杀气	旺气	退气	退气	杀气	关方	死气	生气
震	死气	杀气	生气	死气	杀气	退气	关方	旺气
巽	退气	杀气	死气	旺气	死气	生气	杀气	关方
离	关方	生气	死气	退气	生气	死气	退气	杀气
坤	退气	关方	生气	死气	退气	旺气	杀气	杀气
兑	死气	退气	关方	旺气	生气	死气	杀气	生气
乾	生气	杀气	死气	关方	退气	死气	生气	旺气

【原文】乾命东五鬼,如灶向与来路犯之,长子难招,后有两子。犯北六煞方,伤仲子而有一子。犯巽祸害,伤长子女而终无子。若改生气方,又当五子矣。

生气贪狼降五鬼,天医巨门欺绝命。

延年武曲制六煞,九星制伏自安然。

如犯五鬼方,宜修生气则消祸矣。修其所生,以泄其凶也。灶卦克应附各图后。

乾命:　伏　坎　艮　震　巽　离　坤　兑
　　　　乾　六　天　五　祸　绝　延　生

【注解】东属震宫,为长子,又为乾宅之五鬼方,故灶与来路犯之伤长子。北方属坎宫,为中子。又是乾宅之六煞方,故灶与来路犯此方伤中子。巽在八卦中为长女,若来路与灶向犯之,故云伤长女或长妇。然长子隶属于震,原文云犯巽亦主伤长子,与卦理不符。

五鬼属廉贞火,生气属贪狼木。如犯五鬼方而修生气,是木助火焰,更增其势,并非泄其凶。故本文之说与义理不符。

【原文】婚姻。一乾命人问公,公曰:"求婚难就,何法可速?"

公为之改灶口向延年坤方,又于父母身床之坤方安床,又合延年分房,果半载得妻,委系延年坤方之女也。

【注解】乾属天,坤为地,先天卦天地定位,其气互通。乾为老父,坤为老母,阴阳正配,故乾命人求婚以延年灶向、安床为主。

【原文】子息。一乾命人难得子,公为之改灶口向生气兑,后生五子。假如移灶口向延年坤,有四子;向天医艮,有三子。见公为乾命人移灶向艮方,生三子;后改灶口朝兑向,又生五子,共生八子。总得生气方向,专发子孙,乃最验者。然用罗经须仔细,若灶口寅向误用甲,则犯五鬼;用丑向误用癸,则犯六煞,乾命人大凶子方。见乾命人移西北,乾方来路,灶口向乾口,主女无子,以辅弼星无生也。乾命灶口犯离命,主伤子,或不生子而自病夭,此绝命凶星,专主病夭绝嗣也。曾见乾命人于南方修火屋三间,而次年子绝孙殇,且自患痢,肛脱而死。有乾命人客往南方,竟不生还。总之,乾命若犯离方绝命,作灶口、移居来路、出行、修造、出嫁,必大凶。一乾命女嫁往生气方,生五子。后改兑方灶口朝南,先伤仲子,继患痰噎,期月病终,三年内长子及三、四、五子俱亡。又乾命女嫁往南方,虽灶口向兑而生五子,后皆夭亡,以犯来路之绝命也。若能改灶口向生气,则无伤而有子矣。分房、修方、来路同验。又须门、房、灶、床皆压凶方向吉方,此为尽善、半月即见效验。生气者,兑方也。

【注解】"又须门、房、灶、床皆压凶方向吉方"之句与前有误。前门、房、床各节云,宜开三吉方门,宜住三吉方房,宜安三吉方床,此却云宜压凶方,前后相抵。

生气为催子之法及其它七星论子法前已详注,再举数例以说明:

1913年,上元癸丑生,九紫女命,属东四命。家为离宅,住西厢房之南间,头在南而脚朝北,是伏位宅住伏位方。灶坐西向东,房门向东,是坐五鬼而向生气,件件与八宅大游年吉方相符,但只生二子,与生气灶生五子不符。

1938年中元戊寅生,七赤女命,属西四命。家为坎宅,住东厢方之北间,头朝北而脚向南,招赘入室,是住在本命之绝命房之祸害方。灶坐东朝西,房门与大门均是向西,为七赤命之伏位方。以八宅大游年生子法论,灶向伏位只生女不生男,然此女生二男三女,三个孙子,二个外孙,一个孙女。

又见一兑宅,人住兑方之南间,是住五鬼方;灶压南向北,是向祸害方;房门向东,是开绝命门;大门在坎方,为祸害门,以八宅大游年论,无一合法,然则生五男二女,孙子、孙女、外孙、外孙女二十余人,丁口极盛,亦与绝命门祸害灶不符。

诸如此类之例,比比皆是,均与大游年论子息不符。故各节论子息一段不再说明,参前即可。

【原文】疾病。一乾命男,误用灶口向离而伤乾金,心火炽克肺金,先心痛痰火,后咳嗽痨喘,吐血肺烂,头痛脑漏,鼻常流水。杨公令其莫食朝南旧灶,新添一小灶,或风炉口朝东天医艮方,炉压本命屋内之绝命离方,以除离卦之凶,食月余而病痊,并除根不发。盖天医乃专主除病之吉神也。

有一乾命人,犯震巽二方之来路、灶口,患生肝气目疾、跌伤手足、麻疯、疮毒、瘫痪等症。又一乾命人犯五鬼方向,患伤寒、疟疾、脚疮、肾虚诸症。又一乾命女犯坎六煞,症犯赤白带下,经期停阻,叠次小产。若将来路、灶口等改向艮方天医位,即除病根。向坤延年且多寿矣。

【注解】原文云"朝东天医艮方"句,乾命以东方为五鬼方,并非天医方。东方与艮方相连,应是少一"北"字,即"朝东北天医艮方"方符其义,特订正。

原文云"炉口朝东天医艮方,炉压本命屋内之绝命离方",此与实不符,大凡灶之坐向火口,均以相对方论。若灶坐离口必向坎,坐坤必向艮,绝无灶口开在灶坐偏方之理,亦说明。

得何疾者,宜以所住之方干支卦位来判断。六白为乾,若犯乾方者,其病在头、骨。乾中有戌有亥。戌为足腿、为命门、为头、为面、为腹;亥为头、为肾、为疝、为膀胱。其症主寒热往来,神经过敏、头痛、水肿、骨病、心胀、右足病、驼背、坠伤及交通事故。

例1.万姓,住乾宅(后天乾方),后有树株破烂,右首粪土堆积(先天乾位,午为乾曜)。孔圣云"乾为首"。戊寅年,戊午地官符,壬戌白虎,五月,举家童子疮癞满头,岁三合最留连。后择吉扶命,除尽免患。

例2.赵姓,酉命,住乾宅。上元乙卯年四绿太岁,五黄在乾,正月都天己卯到乾,九紫克方,动土犯杀,至五月午刑午,五黄重临于乾,主口舌,头脑肢筋受病,被长者仕宦所辱(乾为首,为肢筋,为长者,为仕宦)。六月未刑戌,四绿到乾(太岁一星),被冲克为反吟穿心煞,为木金太岁,受阴人詈骂,以绿木巽,巽为长女,属阴,今加于乾,乾为老阳,故阴人欺宅主。十月亥刑亥,九紫克乾,公然修坐山方位犯白虎煞,乾为君,为父,为火烧头,七窍多灾,口舌滋扰,石砖墙壁倾压不利。酉卯午戌生人至冬霜雪,被鞍马劳伤(乾为马,绿为鞍),旋因金玉宝石鹅雁等类(乾属金,为玉石鸭鸟)争斗生非,官讼囚禁,肢筋伤折成笃疾。戊午生被击头右太阳而亡。

例3.见本书上册第93面所举"刘姓坎宅犯乾方"例。

例4.癸亥生,乾宅,后一栋作厨房,上元戊午夏五月倾倒。劫杀本命在方,死符值位,九月被盗,十月六畜耗尽,次年三月修复。不知己巳到方,系本命七杀,又冲动官符,亥刑亥命,至十月官讼遭刑,头痛生疽,以乾为首,被火克金也。辛酉年二月令尽拆去,调八白土生乾金,替一白水制灶火,调壬戌天嗣、太阳、天喜、文昌、文曲、魁名、板鞍,转官星到方;替命禄甲子,同太岁会禄到方;四月初七辛丑日寅时动土修造,此日六白还宫,岁阴贵、福德、天恩、运财、尊星、丙奇俱到乾方;初七巳正二刻,日躔庚昴四度,天德辛丑,月德庚寅,时酉巳丑会金局,巳与酉丑合,合则不冲亥,寅又与亥合,太阳拱命主,所以竖柱,定主生贵子,发科出仕,大旺财富。

【原文】灾祸。一乾命人,犯灶口向离,即有官非口舌,火灾,仲媳忤逆,伤妻女。又一乾命人,灶与大门俱朝离,其妻淫乱,予师令其改灶口向兑,而灶座烟通压大门后丙午丁方,以除离凶,后果不淫。又乾命犯北方来路灶向,有人命牵连风波之事。犯震方,则奴婢窃取逃走,失贼火灾兼伤长子。犯巽方有东南妇人唆讼又伤母、妻及长子、女,俱照疾病门解除之法,用之大吉。

【注解】六白为官宦,离方为中女,故犯官非口舌,仲媳忤逆。去灾祸之法,与去疾病法同。

例1.壬戌生,住坎宅,庚申年,九紫火在乾,五行杀占乾。六月初四癸酉日作仓乾亥方,不知七赤加临犯交剑杀、暗刃,天命亡神占亥,以致少妇暨公,口舌不宁,骨肉伤残,争产破败,老父肺疾痰火。甲申害亥,一亥命受刑夭亡;一寅命被刑冲,脑生疮毒,盗窃钱物。七月六日还宫择吉扶命,并父肺疾痰火并愈。

按:六白乾为老父,七赤兑为少女,七六交加为交剑杀,故少妇暨公。

例2.罗姓大头疯,祖茔甲脉午向,庚戌年二月在茔戌乾方开大长沟,引戌乾风冲射坎首,动土犯太岁方位,己卯月庚辰到戌乾,冲动乾戌,故应戌生人头肿大痛极。择吉扶命,取恩星到度照方,填补整饬,疯肿渐消,头仍复旧无恙。

【原文】坎命之宅(东四)。(图见第429面)

【注解】中间一项缺中元男女命,今补足:男命即丁卯、丙子、

延
丙午丁

绝
未坤申

祸
庚酉辛

主
辰巽巳

天
甲卯乙

乙巳甲寅癸亥
下元男命庚午己卯戊子
丁酉丙午乙卯
下元女命丙寅乙亥甲申
癸巳壬寅辛亥庚申

上元女命己巳戊寅丁亥丙申
辛卯庚子己酉戊午
上元男命甲子癸酉壬午

丑艮寅　　壬子癸

乙酉、甲午、癸卯、壬子、辛酉诸年生人；女命即壬申、辛巳、庚寅、己亥、戊申、丁巳诸年生人。

【原文】离方水绕坎局。(图见第430面)

【注解】离方五黄土飞到,依理为关方,原书云"煞气"误,特说明。

【原文】坎命得巽方来路,灶向生气,有五子。得离延年有四子,得震天医有三子,得坎方伏位只有女。犯绝命坤伤长子,后绝嗣;犯五鬼艮伤季子,后有二子;犯六煞乾伤长子,后有一子;犯兑祸害伤季子女而无子,若改生气方则又有子矣。娶兑命妻主不和,犯禄存土虽无子而有寿。

坎命： 伏 艮 震 巽 离 兑 坤 乾
　　　 坎 五 天 生 延 绝 祸 六

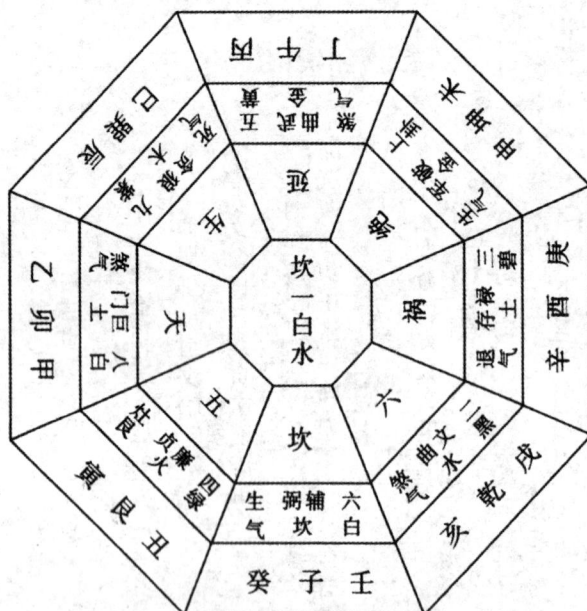

【原文】婚姻。坎命宜配巽妻,灶口宜向巽。求婚宜灶向离,及安床于父母身床之离方。分房、来路、修方同。坎命夫配巽命妻,有五子又和睦,助夫成家。

【注解】离先天居东,坎先天居西,为日月出入门;离为火,坎为水,合先天"水火不相射"之意,卦气相通。且离为中女,坎为中男,为阴阳正配,故求婚灶宜相向也。

【原文】子息。坎命男得巽来路、灶口,又与巽命妻相同,皆得生气,则有五子又富贵也。一坎命人初年无子,后添造东分房而生子五人。又见坎命人得巽命妻,果得五子。后来误改灶口向坤,食之十年而子皆死。又见坎命妇配巽命夫,生五子。后年老夫亡,误改灶口向坤,食八年子亦皆死。

又坎命人问师曰:"我坎命,误取兑命妻,祸害禄存土,又命犯孤,当无子,何法挽之?"师曰:"将大门改朝汝坎命之东南巽向得生气,当有五子,虽命犯孤,亦当有子。又将小灶或风炉另以口朝乾向,使妻独食,乃妻命生气吉向,亦当有子。"其人从之,后果生五子。可见阳宅之灶口方向,能挽回造化,神验如此。

【注解】原文"后添造东分房而生子五人"一句,其中的"分字"当是"南"字之误,后添造东南房生子五人,东南为坎命之生气,意通,特说明。

前二例均连死五子,莫非此十子所居之方及灶向均无一合法?若有合法者自身夭亡,是以父母命论?还是以子本人命论?若以父母命论,分房之说又有何用?若以子命论,父母命又如何解释?是八宅分房之不妥处。

【原文】疾病。一坎命,妻犯脾泄,而夫开饭店。师过之寓焉,夜间闻病声,师曰:"以小灶改向震天医方,与她饮食自愈。"店主曰:"老妻脾泄,卧床半年,数日不食,将危难救。"师曰:"新灶试煮汤灌之。"及饮半杯,病妇曰:"香甜,好药也。"旬余而痊。盖其灶口向坤绝命方,故患脾泄。师曰:"新灶改向天医震方也。"

【注解】坎卦统壬子癸三山,若犯此三方,其疾各有所主。《易》曰"坎为耳",又为肾,命门。具体分来,壬为颔、背、膀胱、臀、胫。癸为腰、为脚、为肘、为臁、为肚、为背、为肾、为耳、为血液、为膀胱、为阴囊、为胆。子为肾水,为膀胱,其症主子宫病、血液病、尿道炎、膀胱炎、难产、中毒、下痢、鼻、耳、痔疮、性病、肾病、冷感症、忧郁症等。

例1.见本书中册第527面所举"戊申生住离宅"例。

例2.上元乙卯,暗黄在坎,不利九、十月。一人欲霜降后一日丙午修坎,谓天月二德,不知丙午冲壬子,五黄到坎为克煞,土旺用事(土入水宫),非祸横加,瘟疫肿胀。一人避土旺,立冬后一日辛酉修壬子方,不知本年辛酉太岁、七杀、岁破、灾杀,十月四绿(太岁)到坎,乃加五黄,木入水破败淫奔。壬为背、臀、膀胱、颔、胫;子为耳、肾、脊、腰、脚、臁,诸处病应。次年正月,一白还方,修报皆痊。

例3.戊子,临邑县官自三月患背花告假调理,延医数十,至七月脓血滋甚,聘余衙内,询疾何由。余诘生命,答曰"庚子"。余曰:"子命遇子年,太岁在子方,先祖茔子方必有破缺积水坑。"官籍辽东,出任多年,云不知也。询自家来老苍头,云一坑在祖坟后正北,即子方,属坎卦。《易》曰:"坎为背。"今背花脓血不干,必坎方水坑污秽,子年太岁应子命生人,申子辰吊照,所以三月建辰起病,七月建申滋甚,恐冬月建子,正犯子命,正犯太岁,更难冀其平安耳。官泣恳求保救,余曰:"择天医、天赦、解神,极富星日将坑水先汲干,泥尽刮出,见干土,修光净,乘吉日另将生气方干土取来锤细似面粉,填实坑内,铺一层筑一层,逐次杵紧,至上面中起凸,比地面略高些,不令雨水浸入,方可免此背患也。"衙内即修家信,遣人兼程回辽谒茔,如是兴工。期月,背花渐消,两月痊愈,至冬无恙。

【原文】灾祸。坎命人犯坤方,老母不慈,妻妾不和。又妻妾泄痢,并伤母妻、子女,老婢绝嗣。若犯兑方,必生恼怒,吊缢刀伤,夫妻不睦而见三光:火光、血光、泪光。伤妻及婢女,又有西方圆面女人唆讼破财。如若无此,必有疯狂、暗哑、痨噎诸疾。一坎命妇食向兑祸害灶口,三年上吊十余次,幸来路吉,故屡得解救。后改灶口向东南巽,则永不吊矣。若夫命不利巽方者,又不可耳。故夫妻二命各东西者,宜以夫命定灶口吉向,而外以床、房、厕各爻救妻可也。

人问师曰:"有坎命妻病,接丈母到家看妻,不知分房之方,而其病反凶。"师曰:"令改丈母房在西方,而妻在丈母之东方,尺地或丈基便得分房之吉矣。"渠从之,又添向吉灶口与妻食,果痊。

坎命犯乾六煞,受父兄责辱,如父老长子不孝,老仆不仁,刀伤自缢,长子、妻女皆痨死。

又一坎命,修造乾方大门,周年后有过路老人死此门下而败家,是以误修六煞者,皆有人命讼事。若坎命妇犯此六煞,当被翁夫责詈。坎命犯艮方,先伤季子,继伤小仆妻妾,失财被窃五次,奴仆逃走而有火灾也。

【注解】灾祸之法,与疾病同,若犯其方,主应其病或其祸。

例1.丙申生人,祖茔坤脉寅甲向,丙辰仲春,在茔坎方作榨坊,俗以为下砂兜收水口,有益无妨也。不知犯本年大将军,白虎、大煞、五鬼、金神等煞占方,月建辛卯,调丙申火命到坎水宫,九紫离火煎熬水;六月五黄土,庚子天金神,白虎等煞加临申命,辰会子方三合会煞,其人行二,坎为中男,坎为耳,于辰日两耳聋闭,颠邪疯狂,眼亦曚昧。后去榨不愈,延余择吉扶命,整方修报,取七政恩星解救,数月全安。

例2.陈季童,肾卵疯,余断伊祖茔子方有雨积水坑,并出聋。伊邻对有四个牛卧坑,彼父耳聋多年,肾卵疯。彼两儿卵俱疯肿,耳亦常脓。余令取生气方土填平水坑,一年,季童与两兄卵耳皆除,独其父犹未瘥,以根深病久,难挽回也。

【原文】艮命之宅(西四)。(图见第434面)

【注解】原书中间无上元男命等字样,注者据前两图之例补入。仿其例所缺男女中元生命之年,今亦补于下:

中元男命:己巳、戊寅、丁亥、丙申、乙巳、甲寅、癸亥。

中元女命:庚午、己卯、戊子、丁酉、丙午、乙卯。

【原文】坤方水绕艮局。(图见第435面)

【注解】坎方飞星为四绿木,木克土为杀气,原图误漏,据义增补,特说明。

【原文】艮命得坤方生气灶口,有五子;得兑方延年,有四子;

祸
丙午丁

生
未坤申

延
庚酉辛

绝
辰巽巳

上元男命丙寅乙亥甲申

癸巳壬寅辛亥庚申

上元女命丁卯丙子乙酉甲午

癸卯壬子辛酉

下元男命壬申辛巳庚寅

己亥戊申丁巳

下元女命甲子癸酉壬午
辛卯庚子己酉戊午

天
乙卯甲

六

五
丑艮寅

伏
壬子癸

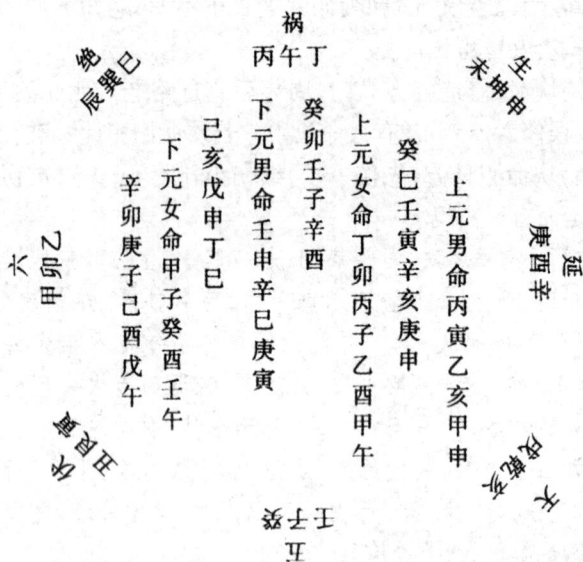

得乾方天医，有三子；若艮方伏位，只有女。犯巽方绝命，先伤长女，后伤长子而绝，皆脾泻、惊疳疮、麻疯疾或不生子而绝也。犯震伤长子而有一子，犯坎伤仲子而有二子，犯离伤仲子而终无子，以祸害亦在土绝也。

艮命：伏　震　巽　离　坤　兑　乾　坎
　　　艮　六　绝　祸　生　延　天　五

【注解】巽为长女，震为长男，离为中女，坎为仲子，犯何方而损所之人，此以八卦人物所主论。

【原文】婚姻。艮命配坤命妻，有五子。配兑有四子，夫妻和睦。配乾有三子。灶口宜向生气坤，求嫁宜向延年兑。

【注解】艮为山，兑为泽，山泽通气，故两卦相配吉。且艮为少男，兑为少女，为阴阳正配，所以云求婚灶口最宜向之。

丁　午　丙

乙　辰　巽　水　壬　亥

庚　酉　辛

申　申　未

口　语　言

贪狼　生气　木　一白

曲文　退气　水

艮八白土

生气　一白

武曲　延年

死气　金

乙　卯　甲

六

旺气　木　辅弼二黑

伏位

艮

五

天

廉贞　四禄　火

杀气

贞廉　四禄　火

癸　子　壬

寅　艮　丑

亥　乾　戌

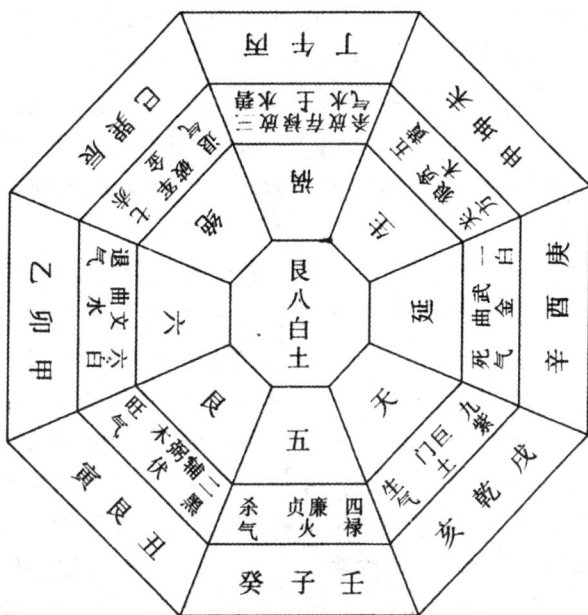

【原文】子息。一艮命犯巽方绝命灶口,后果绝。

【原文】疾病。一艮命寡妇无子,食巽向灶口三年,有将笄之女,疯痨危笃。师曰:"若添乾向天医灶口,与女独食,不但减病,亦可保寿。必须不食旧灶口,改坤向生气灶口食之,则不伤女矣。"从之,而女果得痊。父母能伤女,女岂不伤父母?智可类推矣。故医病人,宜先治其父母方向,或先治其子女丈夫方向,又添改病人方向,则速验矣。

其生症,则艮命男女犯离方向,主伤风咳嗽,痰火、症疬、痈毒、吐血、黄瘦;犯震则痢疟泻血,跌伤手足,中风瘫痪,至三年后大麻疯死。若小儿犯巽灶口,或分房巽方,则脐疯慢惊;犯坎则伤寒肾虚,遗泄等症。妇人则经闭、血崩、小产。皆用乾方天医向除病,或用兑方延年来路与分房方位则吉。

【注解】艮宅统丑艮寅三山,若犯此三方,虽属一卦,亦各有所主。《易》曰"艮为手",亦为足,又为鼻、指、脾、头、腰、血气。丑为腹、为小肠、为腰、为耳、为肝、为足肿。寅为胸、为胆、为肺、为爪甲、为毛发、为髭须。其症为脸线炎、动脉瘤、癌症、鼻病、脾病、关节炎、腰疼、腰折,左足神经痛、左手、左脚风湿、血路不顺、半身不遂等。

例1.巳命,坎宅犯艮。上元乙卯十月,四绿太岁坐坎,二黑穿心到艮,动土,宅女病,田产生非(二黑本坤,为母、为地);少男黄肿、痴呆、聋哑,黑反加艮,艮为少男;长男折伤、疮痈,吊寅到艮,寅为孟,先天震,为长男;松柏木疏艮土,寅风折伤;黑土反吟白土,二到八为反吟,黑穿白,生痈毒;月厌在丑,丑未命媳妇病;旁阴符在寅,刑巳害巳,病符、官符,九紫火星,亥月建冲克巳命,口舌,以火患目。按箕畴丑应腹脾、肝、耳、腰、指丫病,足腿臁胫病;寅为胸、臂、毛发、爪甲、肺、胆;艮为头脑、鼻、手指、腰、脾、血气、手病,乃三碧辛卯刑子害辰。凡子丑寅卯辰巳生人,或腿疾、手疾、耳疼、腰痛之类,俱历历应出彼时。阴阳怕懵懂,不知天地气化,原不为彼无知,而咎微遂或泯也。后择吉报方,制煞扶命,乃全安。

例2.见本书上册第61面所举"刘姓住震宅"例。

例3.万姓,两手俱战,祖坟艮山后有大路,从艮上又分歧路,故主两手臂战。万亦丑生人,丑年得此疾,深不可救,改歧路免后患。

【原文】灾祸。艮命犯震方,有东哑喉长身木形人唆讼破财,犬子不孝,伤父母、长子;又自跌伤手足,若父告忤逆,则免人命讼矣。犯巽伤母妻、子女,至绝嗣;又自伤手足而夭,受父母督责,夫妻不睦,长子忤逆。犯离主妻淫声远播,或经官符持权欺夫,扰乱家政,夫怒成病。即《水经》云"艮离阴人搅家风"也。又常有得胜之小官非,破财,常自哭泣;又有三光等灾。有一艮命富翁,大灶有七锅,而口俱朝南,共七妻,妻艮犯坎,失贼五次,又火灾,妻妾窃财与父母,奴仆逃走,伤仲子、水灾,又伤寒肾虚,遗浊虚弱,贫穷也。

【注解】艮犯离者,离方有丙火,艮纳丙,又为《易经》中最吉者,何冠以"凶"字?与卦理不符。

【原文】震命之宅(东四)。(图见下)

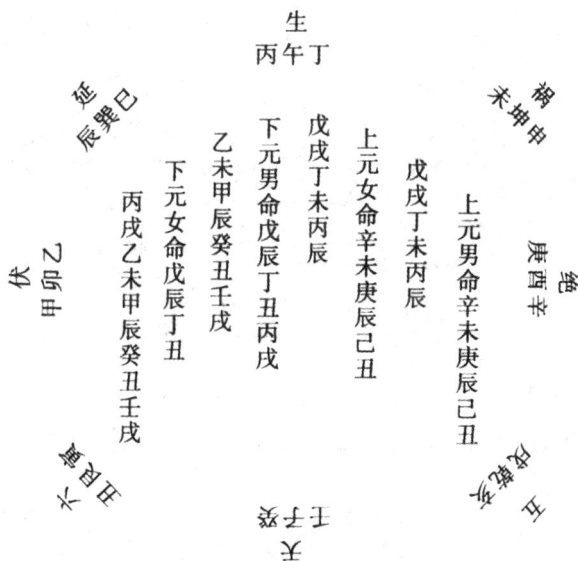

生
丙午丁

延
辰巽巳

祸
未坤申

戊戌丁未丙辰
上元女命辛未庚辰己丑
戊戌丁未丙辰
上元男命辛未庚辰己丑

下元男命戊辰丁丑丙戌
乙未甲辰癸丑壬戌
下元女命戊辰丁丑
丙戌乙未甲辰癸丑壬戌

伏
甲卯乙

绝
庚酉辛

天
壬子癸

【注解】原书图中间无上元男命等字,注者据前两图之义补入。其中亦缺男女中元生命之年,特补于下:

中元男命:乙丑、甲戌、癸未、壬辰、辛丑、庚戌、己未。

中元女命:乙丑、甲戌、癸未、壬辰、辛丑、庚戌、己未。

【原文】兑方水绕震局。（图见下）

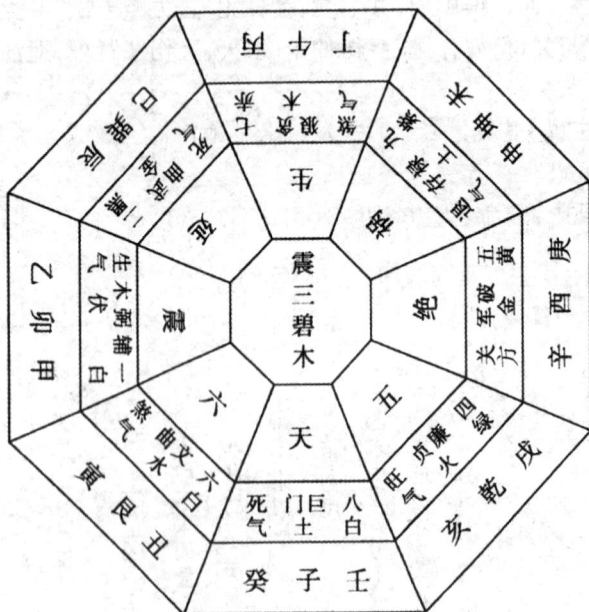

【注解】此图震三碧木入中，四绿木到乾，木与木相比为"旺气"，原图为"生气"有误。五黄土临兑，为"关方"，原图为"死气"亦误，今均更正，特说明。

【原文】震命得南方生气来路、灶口，有五子，得巽延年有四子，坎天医有三子，伏位只有女。犯酉绝命，先伤季子，女麻痘瘰嗽而绝。犯艮六煞伤季子，后有二子。

震命：　伏　巽　离　坤　兑　乾　坎　艮
　　　　 震　延　生　祸　绝　五　天　六

【注解】犯酉伤季子者，酉为少女，行三故。

【原文】婚姻。震命宜配离命妻，巽坎次吉。求婚宜安床巽方，则易成配。兑妻或灶口向西，主妻缢。

【注解】先天震居东北，巽居西南，遥遥相对，震为雷，巽为风，雷风相薄，卦气相通；且震为长男，巽为长女，成阴阳正配，故云"易成配"。

【原文】子息。震命灶口向离，必有五子。若年老不能生者，得向亦有雇工五人或奴仆五人，僧道亦有徒弟五人，并可大得财，又可唤子归家。曾见一老人问师曰："子久客不归，有何法令其可归？"师为之以灶座、粪厕压其人之绝命方，又灶口朝生气以招子，其家食之。旬余，其子在外梦见绛袍玄冠灶神语曰："汝父唤急，何不早回？"其子遂归。予做此法，为人唤子还家，虽螟蛉亦验也。师曾为人唤逃仆，亦以灶口朝主人生气方，又将灶座压主人五鬼方，其仆即来。盖以五鬼则其仆不逃，向生气则仆来也。又一震命人，半老无子，抱一周岁巽命螟蛉，取名压子，至三岁时，神附郡巫语曰："莫名压子，宜更名庆寿好。"其后老主百岁尚健，以震命得巽延年，有子而有寿也。

【注解】灶之座向成一百八十度，未见有其它角度者。今震命灶压五鬼是乾，向生气是灶口向离，似与理不通。若向巽方，亦是压凶方而向吉方也。

【原文】人问师曰："孩儿疮痘，夜哭，何也？""此分房灶口之误也。可将此东命子于父母身床之巽方尺基之卧，则除分房之凶而反得吉。又添一小灶，以灶口向巽，使乳母食之，以除旧灶之凶。"其孩果安。世之为父母者，不知此法，而误子以吐泻惊疳诸症，悲哉！若西命孩则宜于父母身床之西方去卧则吉，而东则凶也。灶口亦宜向西，而令乳母食之吉。予尝劝友人医士习此法以治小儿痘疮之类，十孩九活，百无一失。授此术者，体念上帝好生之德，广人世嗣续之美，在吾掌握，积阴功于冥冥，后人必昌，岂徒增取利禄哉！

【原文】疾病。震命灶口犯兑向，则咳嗽吐血，伤肺腹膈诸症；艮则杨梅漏毒，脾胃疟痢，对口恶疽；犯乾伤肺，吐血咳嗽；犯坤疟痢，泻血漏病。

【注解】震宅及震方为甲卯乙三山，若犯此三方，虽属一卦，却各有所主。《易》曰"震为足"，又为三焦、为左腋、为手、为目、为筋虹、为胁、为大肠、为脾、为鼻、为牙、为指，为肝；甲为首、为颅顶、为胆；乙为喉、为肝。其病症为神经衰弱、歇斯底里、肝病、肝癌、喉病、脚气、神经痛、脚关节脱白、畸形脚及心血管障碍。

例1.金姓，祖居卯方有一井，余据《易》震为足，为长男，断伊代有一者，左腿骨疽生漏，金家果然。奈井不能填，自迁他居，腿病免矣。后搬回旧居，仍发是病，多蹩跛，始改居悔恨，无灾矣。

例2.乙卯生，于上元己未六月亥日修震，彼谓亥卯未会成木局。不知年月俱七赤金克震木，日又亥刑亥，太岁、白虎凶煞结党，至八月七赤当令，冲动白虎月破之方，其人跨骡跌仆，折伤腿足。以震为足、为骡，乙卯即震，木被金伤，故应是祸。

按：其人生于下元乙卯年，一白水命，依八宅大游年论，一白命修震方为天医，是治诸病之方，今反得疾，天医说难圆矣。

例3.乙卯生，行一，巽宅，脉来卯乙，挖断作长流水沟，自幼瘰而成瘫。余见年壮疾久，沟不能填，令移宅别居，保后无犯而已。盖震为长男，震为足，卯即震也。

按：此人下元乙卯年生，属一白水命，住巽宅是住生气之宅。震方长流水，是天医之方水，依八宅大游年论为极佳之局，然此人却瘰而成瘫，亦与天医、生气所主之论不符。

例4.胡翁，丁酉生，住子山屋左厢，山尖卯射酉位。癸丑年三合巳酉丑金克卯木，灾杀临方，余见判应折伤腿，以震为足也。震为长，防腿足之疾。翁行一，宅主，果于巳月丑日酉时醉上床，忽下溺而坠，跌折伤两足，不能起伏就寝，下身不能反侧，以震足煞重,子飞来刑卯,冲动辛酉方白虎,加以岁破为太岁七杀,故昼夜呼号。乃郎央余救治,择吉修方,取本命恩星福星照度,五月二十日折厢转间,改整即愈。十日持杖扶过门限,六月出外行走,中秋不杖而大踏步。

例5.已命,壬山宅,犯震。上元乙卯五月,二黑重临,胁腋肿毒。月杀已丑,乃癸巳刑申,巳丑合酉冲卯,主合而不和,不和而合,调九紫到山受克,肿毒,过午月消,乃九紫到乾,火克金并生五黄,宅主少男头痛。

【原文】灾祸。震命犯兑方,季子不孝,先伤子女,后伤长子、末女、小婢,绝嗣,又恐自缢。若女犯此,主痨瘵,不思食,或来路吉者有救。犯艮有东北黄矮人牵连人命官非,伤季子、小仆。犯乾方先伤老父,继伤长子、老仆,又思自缢,失贼,又火灾仆逃。犯坤方有西南方黄矮人唆讼破财,又妻不和,老母不安宁,兼伤母妻、大女、老婢。

【注解】原文"先伤子女"句,接后伤长子、末女,长子、末女亦为子女,但带有排行,此句亦应有排行。以兑为少女论,当是先伤季子,或季女;以地支论,酉为仲,当是先伤仲子或中女。犯艮、坤二方有黄矮人者,因坤、艮二方属土,色黄人矮故。

例1.见本书中册第555面所举"姜姓,辛酉生,住亥山屋,震方一屋山尖冲射"例。

例2.一未命,坎宅犯震。上元乙卯九月,七赤冲克,反吟穿宫,客强主弱,阴人灾病,非祸横加。癸巳到卯,刑申害寅,宅母折伤。又三碧先天震,巳丑月杀冲克癸未木、八艮土,疮痈,长男灾祸,手足、目鼻、筋血、大肠、脾泄不止,盖艮为先天震故。

【原文】巽命之宅(东四)。(图见第442面)

【注解】原书图中间无上元男命等字,注者据前两图之意增补。其中亦缺中元男女生命之年,特补于下:

天
丙午丁

五
未坤申

六

庚酉辛

伏
辰巽巳

丁酉丙午乙卯
上元男命庚午己卯戊子
上元女命壬申辛巳庚寅
己亥戊申丁巳
下元男命丁卯丙子乙酉甲午
癸卯壬子辛酉
下元女命己巳戊寅丁亥
丙申乙巳甲寅

乙卯甲

壬子癸

延

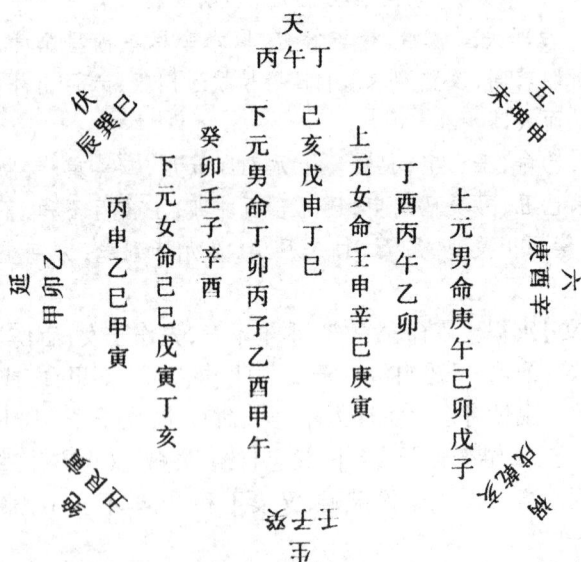

中元男命：甲子、癸酉、壬午、辛卯、庚子、己酉、戊午。

中元女命：丙寅、乙亥、甲申、癸巳、壬寅、辛亥、庚申。

【原文】乾方水绕巽局图。（图见第443面）

【注解】艮方飞星七赤金到，金克四绿木宅命，为"杀气"，原图误漏，今补足，亦说明。

【原文】巽命得正北生气来路、灶向，有五子；得坎分房，修坎方子同。得东延年有四子；得南门、床、香火、灶向有三子，若东南只有女。犯艮主疮毒，伤季子，绝嗣；犯兑主痨噎麻痘，伤季子女，而有一子；犯坤伤长子、长女，而有二子；犯乾伤长子而终无子。

巽命：伏　离　坤　兑　乾　坎　艮　震
　　　巽　天　五　六　祸　生　绝　延

【注解】犯艮伤季子者，艮为少男；犯乾伤长子者，乾为老父，

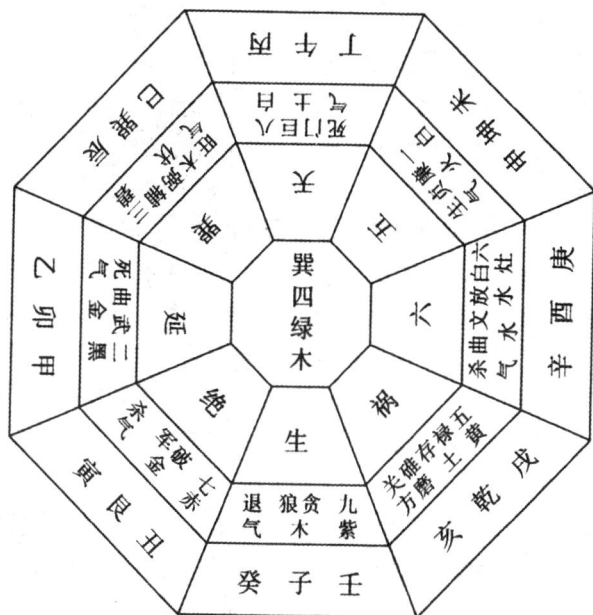

长子代父行事,且乾为首,长子即首子;犯兑伤季子女者,兑为少女故,此均以八卦人象所论。

【原文】婚姻。巽命人宜配坎命妻,离震次之。求婚宜安床震方易成。乾命祸害妻自缢。

【注解】巽先天居西南,震先天居东北,两卦相对为通气,叫作"雷风相薄"。且巽为长女,震为长男,为阴阳夫妇正配,故求婚易成。

【原文】子息。巽命,灶口向坎有五子,向巽只有女。犯艮伤季子小仆,有……

【注解】原文"有"字为行末字,另行即为"祸害"一段,显见是原书漏刻了若干内容,惜手中其它版本均有此弊,无法补全,特说明。现据前文之义补注"疾病"一节如下:

巽宅及巽方为辰巽巳三山,若犯此三方,虽属一卦,却各有所主。《易》曰"巽为股",又为肝、为头、为乳、为口、为绳、为悬吊;辰为胸、为肩、为腹、为腰、为膝、为背、为项、为足、为腿、为命门、为胃、为皮肤、为声;巳为三焦、为唇、为齿面、为咽喉、为手、为股、为脾。其病症为伤风感冒、气管炎、气喘、抽筋、大腿伤肿、关节炎、狐臭、口臭、体臭、颈部扭筋、股肱之疾。

例1.辛巳八月,陈姓流痰,右股穿漏,诸医莫治。其父询余,余诘生庚,云辛酉生。余据《易》巽为股,今年太岁巳同巽,巽忌酉克,三合巳年,酉月应酉命人股病发漏,必巽方有暗剀,遇巳年发流痰。不然必祖茔巳向,巽方有浸水坑。其父曰:"皆有之。"余令除剀填坑,治平不数日而脓水干,半月大愈,一年壮盛,由择吉合天时也。

例2.柳姓兑宅,巽方坑厕,余断股有疮恙。柳曰:"敝房久患此恙。"余询生庚并起病何时?柳曰:"丙辰生,壬辰年七月流痰,走气住于右股,从此发疽漏,千方莫效。"余曰:"辰依巽右故,壬辰年应辰命,右股申子辰三合,故于七月建申之时起病。"余令除去巽厕。柳曰:"厕在此数十年,先妣戊子年生人,亦曾如是病,腿不能起者亦数十年,惜前未知之也。"拆改仍难挽回,延余相冢,卯向曾祖妣墓前右脚下有一绝坟在巽方,问其妇为家父其先妣,亦主妇也。余曰:"巽为长女,故应两代长妇。"启迁水蚁交加,掘除污土,择吉扶命,取生气方土填平,其妇股恙始愈。

例3.邵姓,戊辰生,住子山屋,巽方二三浸水坑。甲辰年左腿疮疔成症,卧不能起,脓血弥滋,延予相宅。指示家人:"辰隶巽,巽为股,在宅左首,辰巽即应辰命左腿,今太岁劫杀在巽,都天是戊辰,刑本命,必起自三月。目下七月,调庚辰金神加巽,克戊辰,刑本命,所以甚笃。"家人痛服,恳余择期扶命,修方整治巽坑浸水来路,剖出湿泥,另取吉方土填平,八月即愈,九月平安行走无恙矣。

【原文】祸害。巽命犯艮，先伤季子，后自病夭绝。犯兑人命官非，伤季子女。犯乾伤老父，继伤长子、仆，大子不孝，母妻瘘死，受父妻辱；又西北方有大头喉响人唆讼，得胜伤财。犯坤母妻窃财，又母争闹，夫妻不和，伤母妻及大子女媳、老婢，又失贼、婢仆逃去，又火灾。

【注解】原文"先伤季子，后自病夭绝"，未成年者为夭，既有三子，又何云夭？义理不符。看灾祸之法，与看疾病同，既有凶形，亦有气验，形气配合，其灾方应。

例1.杜叟，行二，右臂股肱直硬下垂，坠不能起，伸不能屈。己丑孟冬延医傅友针灸兼约余相气化。兑宅，艮来一大堤，斜射至巽，巽方凿一圆池。据《易》巽为股，艮为手，今艮砂冲巽，手股受冲也。巽沼圆成金形，岂非金克木乎？木气死则直硬，在宅右首，故应仲房右膊。问庚系壬辰。余曰："辰隶巽，本命方也，恙必起于申子辰年月。"叟对："康熙三十九年七月起，冬月笃，次年五十岁，不能举箸，今十载矣。"余算是庚辰年，太岁劫杀在此巽方。问沼凿自何时？曰："先一年挖，第二年折膊，是己卯岁六月掘坑装水饮牲者。"余曰："犯戊辰、己巳都天杀，岁克壬戌冲辰，正本命七杀。六月己卯太岁加巽，须制化神煞，取恩星赦文相助，方可挽回，恐非砭所能断根也。"叟托傅友敦请择吉扶命，修方改整，堤弯抱，沼填平，宅内报方，一月愈，次春活动如常矣。

按：形先凶而后气应也。

例2.丙戌生人，祖茔坎脉丁向，丙辰年季秋在祖茔辰巽方新凿沟池，犯太岁、岁刑、黄幡、力士、二黑土。九月建戌，五黄、月破加临，本年辰方是壬辰，为丙戌命七煞，天克地冲，而月建戌戌又为壬辰方七杀，天击地冲。灾杀、飞廉、丧门到方，丁巳年岁杀、病符加临，四月七赤金到巽木位，癸丑到方，刑戌命，两腿肿疼，卧不能行，股生流痰，附骨疽，脓血滋甚。十一月天德到巽，天道东南行，九紫火到方，太阳拱照辰巽，择吉取恩星到方位，福星到命度，修方整饬，补救数次方愈。

【原文】离命之宅（东四）。（图见下）

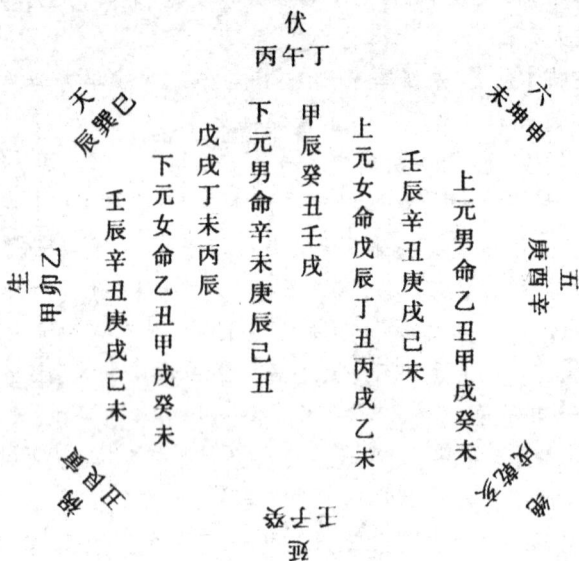

伏
丙午丁

天　辰巽巳　　　　　　　　　　　　六　未坤申

甲辰癸丑壬戌
上元男命乙丑甲戌癸未
壬辰辛丑庚戌己未
上元女命戊辰丁丑丙戌乙未

戊戌丁未丙辰
下元男命辛未庚辰己丑
下元女命乙丑甲戌癸未
壬辰辛丑庚戌己未

五　庚酉辛

乙卯甲

延　壬子癸

【注解】原书图中间并无上元男命等字，是注者根据前两图之义增补。其中亦缺中元男女生命之年，特补如下：

中元男命：戊辰、丁丑、丙戌、乙未、甲辰、癸丑、壬戌。

中元女命：辛未、庚辰、己丑、丙戌、丁未、丙辰。

【原文】正北水绕离局。（图见第447面）

【注解】原图坎方飞星为五黄属"关方"，非退气；乾方"一白"水飞临，水克九紫火，为"杀气"，亦非退气；二处俱径改。

【原文】离命得震来路、灶口，有五子；得坎延年，有四子；得巽

離九紫火

五

生

延

绝

祸

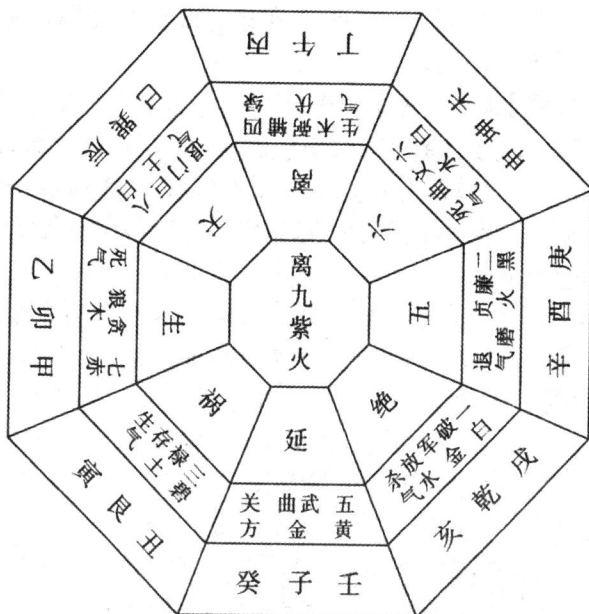

天医,有二子。犯乾绝命,长子痨噎绝嗣。犯艮祸害,先伤季子女,后有二子。犯坤六煞,伤长子女,后有一子。若犯绝命方灶口来路,虽子在千里之外,亦应伤子绝嗣,而自身亦不寿。

　离命：　伏　坤　兑　乾　坎　艮　震　巽
　　　　　离　六　五　绝　延　祸　生　天

【原文】婚姻。离命宜配震命妻,巽坎次吉。求婚宜安床坎方,易成。

【注解】坎先天居正西,离先天居正东,名"水火不相射",卦气相通;且坎离互为延年方,坎为中男,离为中女,阴阳夫妻正配故。

【原文】子息。离命灶口向震有五子,向乾绝嗣,向坎四子,向巽三子。

【原文】疾病。离命犯乾伤肺、咳嗽、吐血;犯坤疟痢、脚肿;犯兑肺腐、咳嗽、痰多、心痛、损目；犯艮小肠鱼口，杨梅烂，疟痢。除病俱依前法。

【注解】离宅及离方为丙午丁三山，若犯此三方，虽属一卦，却各有所主。《易》曰"离为目"，又为心、为肚腹、为脐、为膝、为舌、为神气、为胁。丙为目、为肩、为小肠。丁为心、为命门。其主症为结膜炎、白内障、高热、烫伤、脑溢血、大小便不通、脑肿瘤、脑膜下出血、失眠、灼伤、头痛、心脏病等。

例1.乙未，王宗伯款筵，照像绘地，余断祖茔丙向右旋，乙木阴脉，寅午戌火局，主寅午戌年发科选馆。木旺于春，火为礼，应礼部春官。惜茔右首午上乱石碌碌，多损目。宗伯云："原面前皆小石磊磊，形家令掘去，当向留左右嶙嶙为排衙，不料殃及子孙多坏眼。"余曰："离即午，离为目，离上有乱石，目中有乱石矣，宜去之。"

例2.邹姓，损右目，余断午丁方有印台。乃住宅午向，案内近右三午七丁方侧面方台，为罗都食月，故损右目。若三角形为罗喉食日，又损左目矣。若丙午方有火如罗者，或有土如计者，应双瞽，卯方同。且不可误认为印台。

例3.见我社已出版的同类书《平砂玉尺经》第316面和《水龙经》第476面所举"上虞鲤鱼山钱姓祖墓"例。

按：玄空飞星亦以九紫火为目，凡二黑土、五黄土、八白土与九同宫，为土入目中，多主瞽目，其方有土堆、土台，尤验。

【原文】灾祸。离命犯乾灾绝，又西北争打，破头流血，来路吉者不死，伤父及长子、大仆；若妇命犯之，受翁责骂、痨夭。犯坤吵闹，夫妻不睦，西南黄面老妇唆讼破家，伤母妻、大子、女、媳；若凶卦多而灶口又向坤，久必自中毒药；妇人犯之，受翁责骂，或有脚肿痛疾。犯兑伤母、妻妾、季子女，又妻窃财，小婢仆盗财逃走，失贼，又火灾。犯艮有东北黄童争讼破财，又伤小女子、婢仆。

【注解】西南黄面老妇唆讼破家者，西南为坤，为老母，土色黄故；东北黄童争讼者，艮属土，色黄，为少男故。原文云妇人犯坤受翁责骂与卦理不符，因坤为老母，应是受婆责骂方合卦义。

看灾祸之法与看疾病同，凡犯离方者形气一合皆主灾。

例1.龙姓，丑山屋，午方孤堆居宅四十丈许。癸丑秋，余见，判应子午生坏左眼。龙询何由？余据《易》离为目、为日、为火，《洪范》午为太阳，左目属太阳，今孤堆似罗喉火在午方，太阳被蚀，左目被蚀矣，故无光。龙曰："一大子出痘，炸左一目，已无救。二小儿壬午生，昨岁五月患目垂簾翳，右眼如故，左眼尚可救乎？"余曰："壬子太岁冲壬午命，丙午月午刑午方，庚戌金神加午方，又午刑午命，午属仲，在宅左，故应仲郎左目"。择吉扶命，取金水救星制化神煞应修其方，半月后云薄翳消，至冬渐复光明。

【原文】坤命之宅(西四)。(图见下)

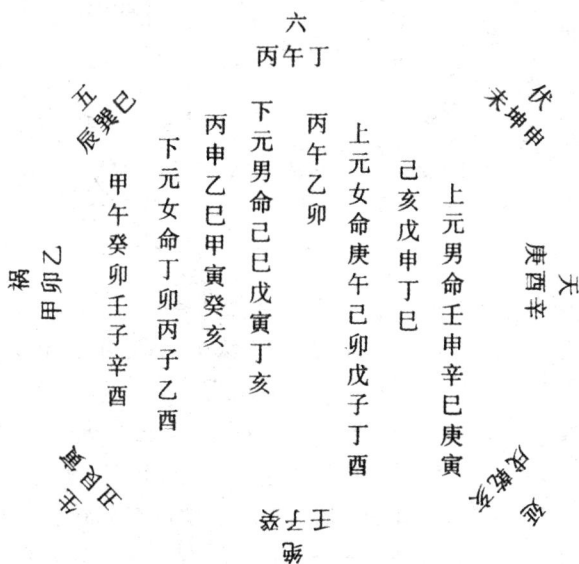

六
丙午丁

伏
未坤申

五
辰巽巳

天
庚酉辛

上元女命庚午己卯戊子丁酉
上元男命壬申辛巳庚寅
己亥戊申丁巳
丙午乙卯
下元男命己巳戊寅丁亥
丙申乙巳甲寅癸亥
下元女命丁卯丙子乙酉
甲午癸卯壬子辛酉

乙卯甲
壬子癸

【注解】原书图中间并无上元男命等字，注者根据前两图之意增补。其中亦缺中元男女命之年，特补于下：

中元男命：丙寅、乙亥、甲申、癸巳、壬寅、辛亥、庚申。

中元女命：甲子、癸酉、壬午、辛卯、庚子、己酉、戊午。

【原文】艮方水绕坤局。（图见下）

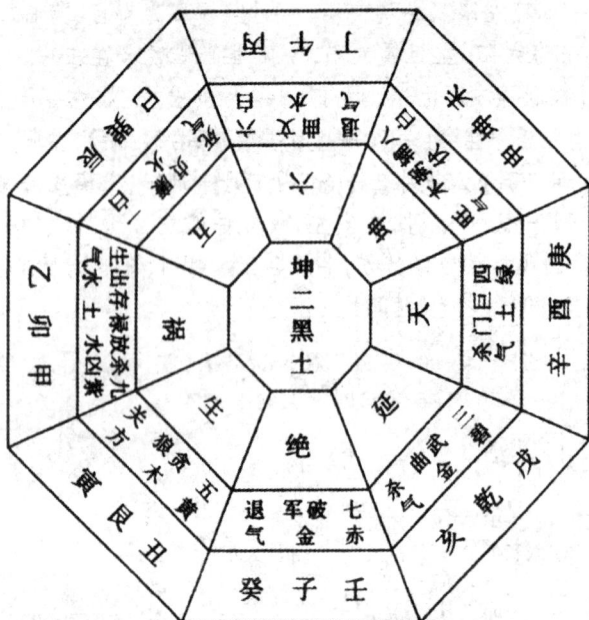

【注解】震方飞星九紫飞到，火生土为生气，原文写煞气者以三碧木克土言，非问星之法。兑方四绿木飞到，木克土为杀气，原文为退气，是错讹，今据义更正，兹说明。

【原文】坤命得艮生气有五子、乾四子、兑三子，坤只有女。犯坎绝嗣。有一坤命客住坎方，一年家申子亡，皆伤寒慢惊痢痘，以坎肾也。又有一寡妇，坤命，灶口向坎，三年内二孙溺水。犯离伤仲子女，而有二子。犯震伤长子，以后竟绝。犯巽伤长子、长女，而有二子。

坤命： 伏 兑 乾 坎 艮 震 巽 离
　　　　坤 天 延 绝 生 祸 五 六

【原文】婚姻。坤命宜配艮命妻，乾兑次吉。求婚姻宜安床向乾易就。

【注解】坤为地，乾为天，天地定位，其先天卦气已通。后天乾为老父，坤为老母，又为阴阳正配，故求婚易就。

【原文】子息。坤命男，灶口向艮有五子，向兑三子，向乾四子。

【原文】疾病。坤命男女犯离，有心痛、痰火、吐血等症，用兑方天医来路除之。犯震巽有疟痢、疮毒等症。犯坎绝命，男则伤寒疟疾、虚弱无寿；女则闭经、血崩、痨噎。除病可用天医兑向，五日见效，十一日起床，两月除根；用延年乾向，二十五日见效起床，虽有三分残疾，而延年有寿也。灶向天医，则用来路延年方，如来路天医，则灶向宜用延年。余仿此。

【注解】坤宅及坤方为未坤申三山，若犯此三方，虽属一卦，却各有所主。《易》曰"坤为腹"，又为脾、为肚、为胃、为踝。未为腕膈、为脊梁、为胃、为脾、为手、为小肠、为口舌。申为肺经、为骨节、为大肠、为头、为背、为膀胱。其症为胃肠病、食欲不振、消化不良、胃炎、胃痉挛、下痢、黄疸、失眠症、右手损伤、神经痛、衰弱及诸腹症。

例1.寅命，坎宅犯坤，上元甲寅，五黄太岁，六月修未坤申一带，调丁丑到未坤。克月建辛未，即未坤七煞，不但丑未相冲，而且坤申冲克太岁，并冲克本命。夏季三碧到坤，土遭木克，犯岁破（申方），犯死符（未方），长女腹病，先天巽在坤，坤为腹也。至十月，八白到坤，反吟受冲，主萱亲灾忧，以坤为老母，死符在未坤地。家人被牛斗惊伤，坤为牛也。或谓僧尼道姑生非，以致田产破败，未应僧，值坤为尼姑，坤为地，应田产，岁破在坤申也。宅内男女逢寅申丑未年生者,大病半载。择吉扶命报方制化清宁。

例2.一雷姓,艮宅,幼女不能食,食亦似嘈杂,腹常一痛几死。余观茔宅俱无犯,细细推究,中宫管肚腹脾胃者,今天井中裂折陷下,或者埋有瓦渣在内也。叩之云:"前年在天井凿泥坑,将破磁片块及烂砖瓦塞坑,以土敷掩。"余曰:"坤为腹、为胃,天井在堂前坤方,有瓦砾积水在内,以致胃湿腹痛。"后掘除填平,幼女安然,脾胃反健壮矣。由择吉扶命补救坤气之合天时也。

例3.潘姓,祖茔坤脉乙向,癸卯年忽在茔坤方凿一沼养鱼,犯岁墓都天杀,其家长妇克老母小腹疼痛,百医莫救。乙巳年丧门占方,六月建未,都天己丑岁墓到方冲动,姑媳同一丑日卒,以先天巽为长妇,后天坤为老母,俱隶西南维。坤为腹,脉受残,故终于腹疾。未坤属阴,凡丑未生男肚腹皆有疾病。丁未年,癸丑七杀到太岁方位,二月都天、灾杀、月破会方,一辛未生,一癸未生相继而亡。三月庚戌刑方,一乙未儿腹痛几死。恰逢予过,央友延余择吉扶命,取七政中恩星福曜照临,并用神到命度方位修理复原,数日即痊,永保无恙矣。

【原文】灾祸。坤命人犯坎方,有投河、风波溺死等灾,又虚损,伤仲子,后伤长子绝嗣,小孩则慢惊风殇夭。犯离则有人命官非;又妻淫、伤妻妾、仲子、女婢,又痰火、心痛、仲媳忤逆,若有母则为仲女,以一家年岁长幼分仲季也。犯震有得胜官非破财,长子不孝,老仆不仁。又一壮年坤命人,添造震方房一间,予师阻之曰:"修后一年,父必告汝忤逆。"其人曰:"父爱我而恶弟,安有此事?"期年父果告之,破财。其人又问曰:"北方大屋,我欲居住,何如?"师曰:"北方屋虽美,而汝坤命,犯坎方绝命,须先于坤方或艮方出向居数月方进此大屋,不但无灾,而有福寿。"其人不听,遂居之,年余而死。又一坤命女,修震方屋,被夫责辱不已,师令拆之而安。若坤命男犯巽方,老母妻媳窃财,婢仆逃走,失贼;又火灾伤母妻,又伤大子、大妻、大媳。

　　【注解】断灾祸与疾病同,形气皆犯,其灾即应。

　　例1、癸未年,太岁在未坤,都天亦在未坤。见一萧姓,正月内在未坤方挖凿塘窟。三月建辰,遇壬戌到坤刑未太岁,其家丑未生男子肿胀。至六月已未都天当令,又遇壬戌到未坤刑太岁,刑未命,则未生人殒矣。传存乙丑生人肠腹渐甚。余执《易》"坤为腹",令车干塘水,择期扶命,七月调癸亥、天德、岁德合到坤,与太岁三合填平,肠腹渐无恙。

　　【原文】兑命之宅(西四)。(图见下)

　　【注解】原书图中间并无上元男命等字,是注者根据前两图之意增补。其中亦缺中元男女生命之年,亦补于下:

　　中元男命:庚午、己卯、戊子、丁酉、丙午、乙卯。

中元女命：己巳、戊寅、丁亥、丙申、乙巳、甲寅、癸亥。

【原文】正东水绕兑局。（图见下）

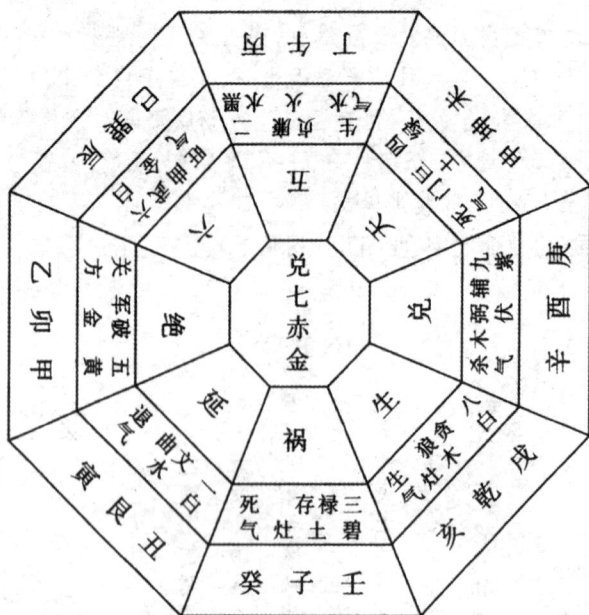

兑七赤金

【注解】七赤金入中，八白土临乾，土生金，为生气，原图煞气误；一白临艮为文曲水，六白临巽为武曲金，此二宫亦误。

【原文】兑命得乾方来路、灶向有五子，艮四子，坤三子，兑只有女。犯震绝命则子疟痢，惊疳绝嗣。犯巽伤长子、女，而有二子。犯坎伤仲子、女，而终无子。凡灶向凶而势不能改者，则我不食之；或家中有合命者食之，我则另添小灶或风炉亦可。只论灶口向三吉方为验。

兑命：伏 乾 坎 艮 震 巽 离 坤
　　　兑 生 祸 延 绝 六 五 天

【原文】婚姻。兑命配乾妻有五子,艮坤次吉。求婚宜安床艮方,易成。

【注解】兑先天居东南,艮先天居西北,兑为泽,艮为山,名曰"山泽通气",先天卦已吉。后天兑为少女,艮为少男,阴阳正配亦吉,故求婚易成。

【原文】子息。兑命得乾妻有五子,艮四子,坤三子,兑只有女。犯震绝嗣。

【原文】疾病。兑命犯离,痰火血光等症。犯震损目、疟痢、跌伤、腰背痛疼。犯巽忧怒、损目、伤手足。犯坎伤寒、痿弱等症,妇女经闭、小产等症。皆宜用天医延年方以解除之,则吉。

【注解】兑宅及兑方为庚酉辛三山,若犯此三方,虽属一卦,却各有所主。《易》曰"兑为口",又为肺、为耳、为小肠、为精血、为右胁、为手膊、为背、为口舌、为缺唇、为辅颊、为鼻声、为肾。庚为腰、为大肠,辛为膝、为肺。其症为右肺、口腔病、言语障碍、牙痛、舌病、神经衰弱、性病、妇人病、月经不调、肠、耳等病。

例1.见本书上册第115面所举"戌命艮宅犯兑"例。

例2.毛姓,字疑修,孝廉,乾宅犯兑。兑属先天坎,坎为耳,病为元武阴私盗贼。今宅北直沟冲项,正西尖砂射右胁,父子主仆皆聋。屡令改除,怠缓因循。孝廉持馆金回度岁,被盗扼死,此乾兑金遭火煞也。

按:以八宅大游年论,乾宅以兑方为生气,乃最吉之方,今遭此凶,是形气之验,生气之说非也。

例3.坎宅,前土墩三五塞在未方。月遇计,兑位水沟壅塞,先天坎在兑,坎为月,为水也。《洪范》午为舌,未为口舌,午未土阜主喑哑,其家壬午子未年月生人,逢酉煞在命,主喑哑。择吉修报,小儿早救可挽,迟久难治。

例4.艮宅,酉方水口直流去,沐浴不静,据《易》兑为口,为舌,为缺唇、为少女、为精血、为肾、为鼻孔、为破碎。行二男女痨病夭亡,三女赤带崩漏,酉生人掀口流涎或破口唇,脱腮漏齿,或多梦遗、破鼻残疾。

【原文】灾祸。兑命犯震,伤长子、仆,跌伤手足,腰背少安。有一兑命富翁,添造震方大屋数间,三年后二孙皆死绝,以后自身亦死。犯巽有东南长身哑妇唆讼,或母吵闹并妻淫,又伤大子,损目,跌伤手足。犯离主失贼、火灾,妻妾窃财,婢仆逃走,又妻吵闹,伤父母、仲女、婢。犯坎常有得胜官非破财,水灾,伤仲子、女仆;若仲子命合宅吉方,则伤季子。曾见一兑命妇犯坎方,则有血崩疾,仲子溺死。

【注解】犯巽有东南长身哑妇者,巽为木,身长,为长女,为喑声,故云。

大凡看灾祸与疾病,形气所犯,必有是疾。

例1.亥命坎宅,乙巳年五黄暗建,七赤还兑,九月三碧占中,五黄到兑上,主此时修酉方。十月四绿到兑,木战金上,动土木之工,犯跌仆杀。大雪节三碧到兑,安床又犯天狗、计都,本年本命值岁破,巳亥相冲,丧门丁未占宅,己酉官符在兑,九月戊子都天到兑,十月己丑正都到兑,十一月庚寅木战兑金之上,其人跌仆而伤其足。足系子,癸属坎,坎先天在酉方,计都躔命度,犯刑囚难星,震为足,下受金克,故于金日遭伤。

至此,八命之宅及诸水绕宅局均已注完,但细思其理,八命之宅与八水绕宅图相互抵触之处甚多。如坤命宅,艮为生气,乾为延年,兑为天医,坤为伏位,乃坤命之四吉方。但二黑入中,配飞星则艮方为五黄大杀之关方;乾方为三碧,兑为四绿,均为煞气,反为最凶之方。相反,震本为祸害凶方,飞星则为九紫火,反为生气,却为最吉之方。如此则吉凶颠倒,不知所从。再如,巽命之宅,乾水绕巽局,巽命以坎方为生气,今九紫火星飞到,反为退气;巽命以离为天医,今八白土飞到为死气;巽命以震方为延年,今二黑土飞到为死气,三吉方反皆为凶星,不可住。反之,巽方以坤方为五鬼,今一白水星飞到为生气,凶处反为吉处,又可住。诸如此类,无一不自相矛盾,不能圆说。

婚　姻　论

【原文】有亏行者不准。

求婚世用吕才法,无如用改灶法最稳。妻元配夫元,大有补益。故妻之东四配东四夫,则有子又和睦,若配西四夫则难嗣而不和矣。配生气有五子,配延年有四子,配天医有三子,配伏位本宫有女无子。配五鬼后有三子,配六煞只一子,配绝命则孤孀无子而难偕老,配祸害虽无子而有寿偕老。故论妻元配合,不专以妻命论,贵同夫妻配合,皆得生气为上吉,延年、天医次之。世之为子求婚及未定婚者,宜留意焉。

【注解】以八宅游年之说论配婚多不能圆说,前已注,现再举几例以说明:

例1.男女均辛酉年生,男上元兑七命,女上元八白命。夫妇相配为延年,依理有四子,然此对夫妇仅生二子,但有六女。

例2.男,辛巳年生,中元中五命,寄坤为坤二命,属西四命;妻,中元庚辰年生,离九命,属东四命,夫妇互配为六煞,依上理只一子,且夫妻不和或风声不雅,然此对夫妇生二男一女,且身为高官,声誉极佳。

例3.男,中元壬辰年生,三碧命,属东四命;女,中元癸巳年生,四绿命,属东四命,夫妇相配亦为延年,应生四子,但此对夫妇仅有一子,再未怀胎。

例4.男,中元庚寅年生,为中五命寄坤,即坤二命,属西四命;女,中元癸卯年生,亦为中五命,寄艮,即艮八命,属西四命。

两命相配互为生气,且男为东北人,女为湖南人,方向也属东北对西南,依八宅大游年婚配之法,应是最佳婚姻法。然二人于戊寅年结婚,辛巳年离异,三年多的时间里,男骗女财,口舌是非不断,两人仅生一女,并未生男。

子 息 论

【原文】有损德、天刑、年老不准。

子嗣一节,世人不知其命,或知命而误用其方,以致伤子。今以各名成局,并集八方宅向游年绘图于前,以便趋避。吾师以体上帝好生之德,为人广嗣也,求之者,宜宝之。催丁则灶口宜向伏位,俟其年天乙贵人到向,谓之到命,必生子,极验。天乙贵人即坤也,轮法见前。

【注解】前八命之宅求子息一节,均言灶口向伏位只生女而不育男,此节又言催丁灶口宜向伏位,前后矛盾如此矣。

疾 病 论

【原文】凡冤谴鬼祸受病者不准。

天地五行定位,乃东木、西金、南火、北水、中央五宫坤艮戊己土也。应于阳宅内之八卦者,如震巽二卦,若坤艮土命人犯之来路灶口,而有疟痢泻痔等症,以木克脾土也。又如离属火,克乾命人之肺金,生咳嗽及痨噎之疾。是以腹具五脏,应乎五行,而宅之方向卦爻,亦从此推之。又坎水克离火,命之心经,是以有心痛、痰火之症。坤艮二土卦克坎水,命之肾经,而生浮肿等症。又宅内犯乾兑二金卦,克震巽二木命人,应伤肝损目而自恼缢也。

【注解】大凡人之疾病,来之有三:一是天气所感,一是本身自致,一是宅气所应。本身所致者如劳累过度,性生活不慎等,此类可用岐黄之术以治之。而宅气所应及天气所感,则非草木汤药可制,必须择吉扶命,取恩曜福星生克制化,修方补救方可救弊。清代名医叶天士的医书中亦有择吉一节,可见古人是非常重视形气配合的。

青江子在《宅谱修方》一书中有"祛病"一节,叙述较详,特择要介绍如下,以供参考。

一、祛病要旨

神农尝百草,医药有方。黄帝问天师,调剂多术。乃有不疗之疾,累代相沿,合门传染者,毋乃宅举感召,卦位干支有刑冲克害之所致乎?阴阳气化应出是病本先天;草木药石医治,是病在后天。用后天不尽能挽回先天,而本先天却能补救先天。如太岁、五黄、病符、灾煞,在在皆启疚之端。天德、天恩、紫白、人道,处处有解厄之神,每年逐月《时宪书》载之详矣。一切恩曜救星,亦载在七政经纬躔度《时宪书》,百姓日用而不知耳。苟能知年神方位之推移,即俱有制煞祛病之至理;能知七政经纬之会望,即俱有造命解厄之真机。始信无药而夺神工,诚足补黄农之所未逮。然吉凶悔吝生乎动,煞方不犯不生殃,福地不修不召祥,故必避凶位而趋吉方,择良辰以扶主命。因天时,顺地利,藉三光七宿之护符;遁用神,依畴范,仗八卦九宫之昭术示,孰能越五行之外而不为天地精华所保合哉!

二、身体诸部系卦象

头系乾、亥、戌、甲、艮、未、巽。额角系甲、艮、巽。颅顶系甲、丁。脑系乾、亥。额颅系乾、甲、艮、震、巽。发毛系寅、巽、震。脸系乾、戌、午、巳。颧、颊辅系兑,颐系丑,颔系壬,喉系乙、兑,眉系辰。目系离、酉、震、壬、巽。耳系坎、丑、兑。鼻系艮、兑、震。口系兑、未、巽。唇系兑、巳。舌系兑、午、未。牙系卯,齿系巳,髭须系寅,津液系子。声音系兑、震,言系乾,神系午,气系午、艮。项系亥、辰,肩系辰丙,膊系酉。肘系艮、未、巳、震。臂腕系寅、辰、戌。擘指系卯、艮，指丫系丑，爪甲系寅，掌心系震。胸系亥，乳系巽。腋系子，卯左，酉右，背系坎、壬、乾、兑、申、辰。胁系午、卯、子、戌。腹系坤、辰、巳、未、丑、戌。腰系坎、艮、丑、庚、辰。脐系午，小腹系离、卯、未。心系离、丁、戌，肝系震、乙、丑，胆系甲、寅、子、卯，肺系兑、辛、寅，胃系坤、未、辰，脾系艮、未、巳、卯、丑，肾系坎、兑、癸，三焦系巳，心系巳，命门系丁、辰、戌，大肠系庚、申、卯，小肠系巳、丙、未。膀胱系亥、壬、子、申。肛门系亥、子。精血系申、酉、坎、兑。臀系壬，尻系癸，腿系巽、辰、戌。膝系辛、戌、辰、午。足系震、子、丑、癸、辰、戌。臁系戌、子、丑、壬、癸。踝系坤，胫系丑，脚系癸、子，跟系癸，涌泉系亥、癸，脚指丫系未，阴茎系坎、壬，卯系坎，阴户系亥、巽，经水系癸、酉。血系坎、兑、卯、艮。筋系申、卯，骨系亥、申，髓系亥，胞系癸、辰、巳，皮肤系子、辰，脐系离。

　　三、修九畴之病

　　五黄归中：动土大凶，暗建下犯上，宅长忧辱，克犯水命凶灾，聋哑、黄肿、痴呆，六畜消耗。

　　六白还乾：有气修进钱财。暗建下犯上，父长忧辱，克犯木命，骨肉残损，杀伤盗贼。

　　七赤还兑：有气阴人暗助财产，临旺修发横财。暗建下犯上，克犯木命，骨肉残损，肺病痰火，杀伤盗贼，口舌。

　　八白还艮：有气进益田产。暗建下犯上，少妇口舌，逆夫忤姑。克犯水命少男，聋哑、黄肿、痴呆之类。

　　九紫还离：有气发富催贵，考试大利，临旺生子。暗建仲妇逆夫，克犯金命，杀伤小口，火灾血光，武功名厄险。

　　一白还坎：得令可制火星，修发横财，或鱼盐货殖商贾起家。暗建犯上，克犯火命，灾祸水厄，犬咬蛇伤，泄泻痢症。

　　二黑还坤：动土阴人患目，田产之非。暗建犯上宅母忧，克犯水命宅母,昏迷痴呆,聋哑肿胀,腹疾胃痛。

三碧还震,有气考试大利,临禄旺科第首选。暗建犯上,风声不正,兑犯动土,木工灾祸,淫乱破败,长房杖罪。

四绿还巽:有气文章进益,临禄旺考场利宜。暗建长妇逆夫忤姑,克犯土命,长房风声不正,淫奔破败,笞棒枷杖,凶。

四绿在中:克宫,非祸横加。暗建下犯上,长妇冤灾叠凶,破败淫奔、折伤、疮痈附骨疽。

五黄在乾:动土宅长大病。暗建犯上,克犯水命凶灾,季房小口凶,绞颈。

六白在兑:有气武功大利,修进金宝。暗建犯上,肺疾痰火,交剑杀伤,盗贼,骨肉残损,争财败散。吉,催孕。

七赤在艮:有气钱谷旺盛。暗建妻犯夫主,失财破物,口唇疾,刑巳刑戌,阴人灾祸、疯癫痼瘵。吉,催生。

八白在离:生助进益田产,少男大利。暗建下犯上,仲妇口舌,受生纳丙生贵子,增福禄,利山行发横财。

九紫在坎:贪图往返,少成多败。暗建下犯上,妻压夫主。受克经不对月,不受胎,血疾淋沥,疮疥腿脚。

一白在坤:可制火星,水土农事大利。暗建下犯上,中男逆母,叠凶水厄灾祸。瘟疫肿胀,中满嘈杂,肚腹冷疾。

二黑在震:老母脾胃有伤。暗建下犯上,长男被母斥责,犯土宅母,田产破败,或牛斗惊伤,尼姑生非。

三碧在巽:长房风声不正,口舌破败。暗建犯上,长男责妻,动土木工灾祸,官符笞棒枷杖。吉,催生。

三碧在中:非祸横加,官事牵连。暗建犯上凌下,动土木工灾祸折伤疮痈,阴人小口不利。

四绿在乾:口舌官讼,囚禁淫奔。暗建自逞强暴,不知所止,取祸招非,户役钱粮破败。

　　五黄在兑：动土少妇重病，田土口舌，损失六畜。暗建克犯水命，刑酉冲卯凶灾，黄疸、黄肿、痴迷、昏呆、绞颈。

　　六白在艮：金土相生，修进财禄生丁。暗建犯上凌下，宅主责罚少男，上旬交战杀伤，疯癫痼瘵。

　　七赤在离：少妇肺疾痰咳。暗建下犯上，仲妇因钱詈姑。受克阴人灾祸，鼻衄、口舌破财，鱼丝起讼。

　　八白在坎：中男肾病，因山场水利生非。暗建犯上凌下，冲克退田产，非祸横加，官事牵连。

　　九紫在坤：富贵生子，发横财。暗建下犯上，逆姑，动作进益，田产六畜兴旺，布帛谷米丰盈，催科甲。

　　一白在震：有气制火星，长房大利，发富催贵，科甲首选。暗建水厄灾祸，中子游荡。

　　二黑在巽：宅母灾忧，脾胃有伤。暗建田产之非，破财败家或牛斗惊伤，因僧尼道姑生非。

　　二黑中五：犯动宅母灾忧，田产之非。暗建老夫老妻反目，四季命宅母聋哑、黄肿、痴呆、损牛退田。

　　三碧乾六：自逞强暴，不知所止，取祸招非，户役钱粮破败。暗建口舌官讼囚禁，动土木工灾祸。

　　四绿兑七：自逞强暴，不受下克，惹祸招凶。暗建口舌，官讼囚禁，淫奔破败。

　　五黄艮八：贪图往返，少成多败，动土少男重病。暗建下犯上，克犯凶灾、聋哑、黄肿、痴呆，宅长、六畜不利。

　　六白离九：老父肿病咳痰，大肠鼻病。暗建下犯上，仲媳忤公，受克交战杀，伤头脑，肢筋受病，鞍马劳伤。

　　七赤坎一：有气阴人暗助财产，生子。暗建少女中男口舌。秋冬修进金银或因池塘水利发横财，中房旺丁。

　　八白坤二：有气进益田产，生子。暗建贪图往返，迭凶少男聋哑、黄肿、痴呆,宅母灾忧,上旬下旬退产。

九紫震三:得令生子发秀,催官进禄,长房文明,科场首选。受生中女福寿,仲妇孕男,寅午戌亥卯未生子。

一白巽四:有气能制火星,修造大利文章科甲。暗建下旬,长女不利,上旬墓辰,水厄灾祸。会吉催生贵子。

一白中五:得令可制火星,受克水厄灾祸。暗建下犯上,中男忤逆,迭凶瘟疫、肿胀、水蛊泻痢。吉,催丁。

二黑乾六:有气宅母清泰发福。暗建妻压夫,失和犯土,宅母灾忧,田产之非,迭凶宅主被墙倒土击,退牛田。

三碧兑七:自逞强暴,不知所止,取祸招非,因户役钱粮破败。暗建下犯上,动土木工灾祸,口舌、官讼囚禁。

四绿艮八:折伤疮痛。暗建长妇少男口角,落孕,迭凶动作,破败淫奔,考试降黜,山场被人争去。

五黄离九:动土宅主大病,仲妇不利。暗建受人欺凌,白土欠利,凶灾黄肿、火病、血光、损胎。

六白坎一:金生水,宅主顺遂,或因商货发财。暗建中男花费银钱,得令修生贵子,功名显达或典库水利,广增金宝。

七赤坤二:有气阴人暗助财产。暗建少妇欺姑,私奔娘家,口舌。迭凶女妇灾祸,或因妾婢巫尼是非失田牛。吉,催丁。

八白震三:土入木,脾胃有损。暗建长欺少,草木口角,受克退田产,因石木破败,左手足腕中流脓,附骨疽。

九紫巽四:得令文书科甲,大利长房,生贵子。暗建仲妇血光;受生文武双榜,兄弟联芳,长仲男胎。

九紫中五:火生土,育贵子,发财禄,进益田庄,催官贵。暗建中女黄疲,迭凶疾病夭亡,辰戌丑未生命虚耗火灾。

一白乾六:受生制火,大利修造,中男发横财。暗建触父怒,次子泄气。迭凶水厄灾祸。水入金,仲房风声损财。

二黑兑七：土金有气，进益田产，或以银钱生利。暗建少妇逆姑，娘家口舌。迭凶宅母灾忧，田产之非，牛生灾。吉星土生金，催丁。

三碧艮八：木入土，折伤疮痈，动土木工灾祸。暗建少弟长兄口角，春月子命不利。下旬寅木合吉，催生男。

四绿离九：木火生子，考试大利，长房发贵。暗建下犯上，火灾血光。迭凶动作，破败淫奔、自缢，腰股生肿毒。吉神会，生贵子。

五黄坎一：克宫，非祸横加，动土重病。暗建中不利，丑未辰戌凶灾，黄肿、聋耳、泄泻不受孕。

六白坤二：金土发钱财，进田牛，生子。暗建老父老母欠安，头脑、肢筋、肚腹受病，上旬疯癫痼瘵，迭凶交战杀伤，卖产犯刑名。

七赤震三：金克木，阴人灾祸。暗建少妇犯夫兄，长房反目，离而后合，非祸横加，官事牵连，贪图往反，足有残疾。

八白巽四：土入木，少男胃口受风寒，腹有病。暗建长女长妇因田地受累而败，凶灾，退田产，吊颈破家，手臂指甲疮毒。吉神催丁。

八白中五：有气进益田土山场。暗建少男肾病，耳闭塞，面黄瘦。上旬刑戌，下旬刑巳，退田产，聋哑、黄肿、痴呆之类。

九紫乾六：克宫，非祸横加。暗建仲妇犯宅主，产厄，交战杀伤，头脑肢筋受病，或因天鹅等物生非。

一白兑七：有气制火星，利修造，生子发财。暗建下犯上，少妇仲房口角，迭凶水厄灾祸，中房风声损财。

二黑艮八：贪图往返，少成多败。暗建母责少男忤逆，犯土宅母灾忧，田产之非，聋哑、痴呆、黄肿之类，损畜。

三碧离九：有气生子发秀，催科催官。暗建仲妇犯夫兄，迭凶动土木工灾祸不测，火星血光，滚汤伤足。

四绿坎一：得令考试大利，旺丁。暗建中男受长嫂辱，迭凶动作,破败淫奔,股肱流脓,左手腿弯疽。

五黄坤二:动土宅母重病黄肿,聋哑痴呆昏迷。暗建田地口舌,克犯凶灾,跌仆倾折失田牛。

六白震三:克官,非祸横加。暗建父责长男,迭凶交战杀伤,因金玉宝石争斗生非,头痛。

七赤巽四:金入木,阴人灾祸,官事牵连。暗建妯娌口角,迭凶动作克长女、少女,中伤。

七赤中五:秋金得令,阴人暗助财产。暗建少妇犯宅主,因婢口舌。迭凶阴人灾祸,小口刑伤,血疾红光。催丁,吉。

八白乾六:土生金,益田产,下旬寅亥合,发横财。暗建少男犯父,迭凶上旬头脑股筋受病,少男退田。

九紫兑七:克官,非祸横加。暗建小妇受仲妇辱,犯土口唇牙舌受病,肺壅鼻漏,痰火产厄,汤火肿毒。

一白艮八:有气制火星,修造大利。暗建少夺上,少弟犯仲兄,迭凶水厄灾祸,瘟疫肿胀,蛊症损孕,中房不利。

二黑离九:有气进益田产,考试大利,土财丰盈。暗建宅母厌制仲妇,犯土迭凶,宅母灾忧,田产之非,失牛官讼。

三碧坎一:有气生子发财,考试大利。暗建长男压制仲弟,迭凶动土木工灾祸不测,长子游荡蛇咬。

四绿坤二:克官,非祸横加。暗建长妇欺姑退牛,迭凶破败淫奔,宅母折伤,疮痛,上旬交战杀伤。

五黄震三:动土长男重病,暗建子欺父,媳忤姑,奴叛主。土入木脾胃损,动土木工凶灾不测,宅主遭冤枉。

六白巽四:克官,官事牵连。暗建宅主责长妇,贪图往返,少成多败,交战杀伤头痛。

六白中五:有气发福,修进金银,老父安享,广增衣禄。暗建下犯上,迭凶疯癫,痼瘵灾忧,杀伤马损。吉神催丁。

七赤乾六：交剑、骨肉残损，争产败散，肺疾痰火。暗建犯上，少妇罢公，犯凶阴人灾祸，头脑肢筋受病，口舌不宁。

八白兑七：土生金，进益田产，夫妇和悦，颇招横财，田园获利，生贵子，多喜事，考试功名，文武首选。

九紫艮八：火生土，贵添丁，九气制金神，中男阴人发横财，小男最利，功名显达生贵子，进田产。

一白离九：水旺制火。暗建犯上，杀妻换家长，见重丧，远三年。迭凶水厄灾祸，贪图往返，官事牵连。

二黑坎一：犯上宅母灾，田产之非，聋哑黄肿，弱症痴迷。暗建下犯上，克制非祸横加，中男灾咎。

三碧坤二：木克土，祸横加，官牵连。暗建长男逆母，动土木工灾祸，宅母脾胃损，折伤疮痈，田产之非。

四绿震三：有气文旺，文场利宜。暗建犯上，长妇忤夫，迭凶动作，淫奔丑败，破家荡产，孟房最凶。

五黄巽四：犯土长女重病。暗建下犯上，奴仆偷窃，阴人小口凶灾，六畜消耗。

按：何谓暗建？即岁破。如上元乙卯年，四绿入中，则以四绿为太岁，乾六白为岁破，即以六白为暗建。

水入土，瘟疫肿胀；水入金，咳嗽啾唧泄泻；水入火，目疾心情小肠病；水入水迭凶，跌伤泄泻；水入木迭凶，肝旺肾衰，一白水入辰墓，上旬不生巽。

木入木迭凶，足腿牙痛；木入土迭凶，折伤疮痈；木入火迭凶，心火舌焦腭烂；木入金，三焦病，皮肤枯；木入水迭凶，梦遗崩漏。

火入火迭凶，失红病，伤小口；火入土迭凶，疾病夭折；火入金肺病、痰火、喘齁、产厄；火入水受克，大小便结不通，巳午紫入乾，头脑肢筋受病；火入木迭凶，肝胆受病。

土入土迭凶，聋哑黄肿，痴呆；土入火迭凶，泄泻灾病昏迷；

土入木迭凶,脾胃损伤腹痛;土入金迭凶,脾胃虚弱困倦;土入水,膀胱、疝气、水厄。

金入金肺气,痰火目疾;金入土迭凶,疯癫阴人病重;金入水犯煞,气血凉虚泻痢。金入木迭凶,股臀毒疮足疾;金入火,咳嗽吐痰,背疼鼻病,六自七赤入丑,上旬不利。

四、何应痰火痨病吐血?

社庙红墙壁对之,吐红。庙墙在左应孟,中应仲,右应季,在后应宅主、宅母。

金逢火血光痨疾,坑凹在艮长少痨病。房门对灶门,心慌干血痨。水破生方,沐水单朝,午支囚水冲射门,前山乱衣,前见赤土,前反高凸,山崩土红黄,神屋当面,气脉水坑痨病。天罡破脑,当向井在支方,左右树朽枯,四维破怪树恶石,木星在坤,老妇痨伤;左臂土崩,吐红哽咽。水流背破男妇痨,屋形火字男痨。明堂斜角参差,甲脉向西丑水冲,来脉空心破树,独树高现根,坐火面水,蚯蚓路在前,坐水面火,肾虚痨病。坐金面火,痨煎无语言;艮风射入,土气克水二子痨。四生破坑,高树抱小枝相绞,弱症痨瘵。前后对井或破窑坑,辰戌脉向辰戌水,前塘猪腰形,病死方田塍直长射入,病死方有三角墩,天井如小坑窝积聚污湿,巳午方有井,男女痰火;前砂似槌,吐血伤命。

五、何应妇女疾病?

艮坎方破损,伤阴滞血不怀胎;胎水支流,月经不调难受孕。绝胎碌碡,子宫不静亦难产;阴差阳错,精血不和怎产男。人不行经,多发昏晕,非堂屋黑暗,必屋阔气散;小肚寒冷,胎神零落,非房屋阔室,必怪石拦门。后树生包,晕闷难疏;路耸绝命,闭经肚硬。安床血刃,精寒气耗;房背牖隙,闭经疲瘵。尖石怪碣,经不对月;阃厚藏石,经水滞积。天井破碎皆土,生崩漏红;前见赤红,崩漏血光。宅内芭蕉,赤白漏消;停水留涩,漏红下湿。横射右胁,阴人漏血;明堂破砾,崩漏带白。四维有破树,寸半虫阴蚀。巳方漏藏,有虫发阴蚀。前有双厕坑,两乳俱痈;坎方烂树株,主生奶花疮。巽方有破陷,乳生奶花。

六、何应痞块、血疽、臌胀?

绝胎方有堆或深塘,肚腹暗疾,多成痞块。坤离凹坑,痞块血疽。巽风破败,血疽成块不孕。重刃中宫,土王犯动腹积痞。坤方或离方水坑,明堂迫狭阴臌胀。

七、黄肿因何?

背后水淋头,屋后接檐披翅,前山冬瓜样,水坑破艮方,低脉扦水坑,寅艮犯凹风,天井聚水坑,坤方多乱沟,门前堰崩破,过脉井太深,绝胎方有塘,肿脚山在前。后檐接柱宅母肿,犯四墓水。

八、风疾因何?

寅艮篁星好风,其方有硬风射则应风疾,左应左,右应右。罗喉尖后冲心,疯疾血崩病。有坑在艮白癜疯,寅未酉方风攻击羊羔疯,坎方空缺风射母猪疯,寅甲空缺风射大麻疯,脉断处寅风冲循骨风,寅戌方凹缺风射狗疥疯,申酉空缺风来冲疙瘩疯(左右粪缸臭秽亦是),乾甲方凹缺风射肿头疯,震癸方凹缺风射足麻为软脚疯,兑方凹风冲射为搬口疯。子风肾水痫疯如猪声,午方心火痫声如羊咩,卯方肝木痫声如犬噪,酉风肺金痫声如鸣喈,墓风脾土痫疯声如羊咩,乾方金克木痫声如马嘶。丁癸寅甲葫芦砂疯,后有井缸受风应疯疾,碓顺灶后春头疯发燥,窑灶炉冶在乾头疯燥疥,坑在乾亥受疯头脸疯肿,厕置巽或来脉上疯疾缠身。左边风吹劫,左边疯瘫必甚;右边风吹破,右边疯瘓先发。

九、何应头脑疾病?

乾甲方石坑积水多污秽之物,主头脑生痈。头痛偏左属肝经、血虚火盛,木生火太过也。偏右者属肺经、痰炎气虚,火克金太甚也。左右俱痛,气血两虚。眉棱骨痛,风热并痰,震巽兑乾方之弊。坟多小树株,痰子疮满头。它后有坑,头生癞疾多白壳。前有肿树破损,主头痛,乾山多出白壳癞。后有树株,甲方阴剋或堆粪,头生癞。乾甲之方破树,主头癞。三角形罗喉在乾,头顶火。乾位凹风射入,主癞疮满头。坤申脉向南乾,男女幼癞。乾方有破井,少年多头癞。厕安乾甲丁,幼男俱头癞。寅甲凹方射入,少长皆癞。

十、何应偏头,大头?

《易》曰"乾为首",乾方削而敧者,头必偏;壅而倾者,头必宽;凹而空者,头必大;平阳地,顶平宽。宽阔而嘴尖,在左应长,在中应仲,在右应季,或年命方,三合方。亥风头脑偏,戌方头颅偏,甲风头偏窜顶尖削,申风头偏左,艮风头偏右,巽风头宽或仰首尪。天柱半受风吹,头偏难教容直。未风顶上阔下尖瘦,离风头脑脸偏削。

十一、何应生瘿包赘疣?

申向巳水生赘疣,巳向寅水生瘤包,戌向水折丙瘿瘤,山峡紧逼顶重瘿,申脉巳水项垂包,病死砂水射生瘤,水中石似葫芦瘿包,门撞柱有小包瘤,离井沐方脸生瘤。

十二、脸面疾病因何?

离为面,离方破损,脸上疤瘤残破。一有坑坎,脸生瘤痣。坑坎水不干,痣瘤生豪毛,左有在脸左,右有在脸右,周面以八卦位所应相符。窟在左前,左腮黑痣;窟在右前,右腮黑痣。坑虽多而无水积,长小内瘤。一干一湿者,多生黑点斑。

面生粉刺系肺火兑金炎炎,宜取水星、土星以却之。面上生疮,上焦火焰,离方风射,宜取水星到方以修之。面热赤红者,阳明经兑方受风,宜取土金水星以修其方。唇紫黑者,阳明经不足。金不能生水,水不能胜火,火反煎水,烟薰成紫黑,宜取土金水星以修兑坎方。唇黑裂口而口内干枯者,离衰坎旺,寒冻成水,又宜取火星以修之。

十三、何应耳病?

坎为耳,坎宫有破损,主耳多病。耳乃肾之窍,子癸方应肾经,其方有烂树主耳脓。坎方刽孔桩砖塞闭,耳脓。阴沟暗窖不通停,耳流水脓。左右山尖不通光,乍聋乍聪。塞窗隙犯土克肾,耳如筑。坎坑污水内流脓不止;子癸界漕堆土,耳闭气必聋。岁煞坎方钉桩耳内恶疮,火土形当子癸耳重听先生亭耳,填塞井灶沟渎耳聋,子癸最验。兑坎坑破碎,在左左聋,在右右聋。西方破损,女人聋耳。大树肿根,本命三合对冲聋。社坛在侧角冲,耳必重听。辰乙脉鼽成聋水年重重,乾脉误承戌气耳不听人事,当前怪石磊横耳闭不闻声。宅后桩大如斗,在左左聋,在右右聋。栋柱虫蛀空宅内人聋,明堂内有侧土雷震无闻,空心树当耳旁烂眼耳病聋。动土犯戊子煞,耳聋疾发;恶石当门岁煞临耳无闻。葫芦砂见,在阳方男分房应聋,在阴方女分房应聋。正宅山窗闭塞犯土忌,左男聋,右女聋。子癸方单起小屋,子癸男聋;西方起小屋,酉合对冲女聋。恶土形在兑,二男三女耳聋;五黄二黑到坎,犯应耳聋;一白岁星受土刑克,应耳病。

十四、何应目病?

卯属先天离,午属后天离,离为目,离宫破损应目疾。乙为肝,卯亦为肝,木乃肝之窍,乙卯方有弊肝气伤而眼目病。填塞窟灶井渎之类犯土主盲,须择吉打通,大竹竖于中,挑净土筑之。烟孔射房患眼,对面见烟窗目病。天井分作双患眼(天井中砌路梗或墙),壬脉午向眼斜眶,甲脉坤未丑向眼斜眶,坤未丑脉甲向眼斜眶。门柱上补钉患目,三角形更甚,钉主眼生疔。门前左右土墩患双目。屋上青苔寸余厚眼病,前所更甚。寅申巳亥污秽坑患眼,树头向外倒患眼,横例内倒主眼花。面前一凹一坑一凸患目，本命合冲岁煞患目。辰风烂眼弦，红土崩亦然。右山头，节节长，带石烂，眼泪流。巳风白瞳水晶眼，长房泪眼昏花。明堂堰堤赤红土，应红眼圈子。树丫头向内倾倒，防目损。离风扎眼红烂弦，赤红土亦然。巳向寅水出午，长男女近视；离方起浪水星遮，男女近视。下唇新烂烂眼弦，桑树烂眼坏眼弦，本命合、对冲亦然。坤向离方水浪形，长男中女近视；卯方树裂破，长男中女坏眼角。四处土崩红，眼圈烂弦。宅内破磨石半片，患眼。门前破树株患目，丙午丁未更甚；低凹坑在坤，宅母眼睛昏。乾方坑凹破窑在前，患目；神屋在前，常年患眼。面前乱坟如荡水，泪眼；面前浸水窝积，泪眼烂弦。铁器石头在岁煞方患目，钉桩犯金神患眼伤明。灶土崩裂折男妇，小儿患眼。栏圈值天都方眼病，土堆天都眼失明，天都凿坑目云起，塘水黄泥眼多昏迷，前多乱坟眼睛昏花，左右两尖指云翳蒙蔽，明堂有尖石患眼，火烟出压岁煞命方多目疾，天井大石坐四角宅母患眼，檐墙漏风未塞紧患眼，床前壁缝不泥紧妇女患眼。面前小堆主眼花，或一雌一雄。面前水坑破缺，患目垂帘翳。枯枝指入门，男女眼常疼。太阳损明，戊午怕水溢；太阴薄蚀，己未怕多土。坐山左肩遇恶曜双盲，破印当午瞽目眜（子午寅戌命生）。左右角参差残疾眼一只（左男右女）。门前丛林，眼目不明，前高后低出盲儿。面前顽石乌黑损眼，明堂一头大一头小瞎眼，前山乱石碌碌多瞎目，左右山头生恶石残疾独眼，午水折巽行三子青盲，休囚乾水冲射双目瞽，面前墩头破碎伤目，明堂内尖嘴伤目，辰上歧路坏眼睛，火尖形在坤申方眼昏。面前一坟眼不明；面前双坟，双眼昏昏；小屋山尖斜照内，患目。

十五、何应鼻病？

艮为鼻，中宫亦属鼻。艮宫有破横，鼻气壅塞难通；中宫红石红砖瓦一二块，主流鼻血。火形尖样布艮，常流鼻血。火字居中鼻头带赤,壬脉见长流槽穿红烂。明堂左右角斜,血衄在鼻;中宫火木,鼻衄难禁。艮方凿伤,虫食鼻尽;火血坑在坤,破缺鼻孔。艮方太空,塌鼻无山根直柱;壬脉酉巳水交,鼻如鹰嘴;丑艮脉巽巳向,鼻孔仰朝。

十六、口齿唇舌,声喑之病因何?

兑为口,为舌。兑有破损主口病,兑遭罗计主舌蹇。兑脉辰水,含胡漏齿;巽向左水,纽牙暴齿。虫蛀门槛循牙疳,门槛虚悬湿烂主风火牙,柱角闷烂火牙痛,艮兑两伤缺口唇,坤兑方破缺出缺唇,癸气山水缺口唇,酉方破坑口唇疮,戌乾脉水扯口唇,辰癸水缺唇漏齿,酉水休囚口瀑涎。

兑方坑坎破损,或三角乱尖似火星克金,声主喑哑;戌乾休囚水来,亦主喑哑。辰井哑。门被枝水射(巳水冲哑口伤),当门破树空心,朝屋倾倒,山尖射天井(震兑相斗),左右尖对射,明堂浮石多哑。面前小屋横,门前土阜横,木根穿亡者之喉,前磊石堆或土堆,面前一山如絮盘,巳水未水而相攻,天井大石对中门,壬脉反水向午丁,酉山懒缓辰水入,灰袋香炉案多哑。

十七、喉项之病何应?

乙为喉,丙为膈,乙丙磨碾哽食病。阶下埋碎石,哽噎多疾。乙方石墩土台主哽咽。左右土崩,哽病难食;门壁中剜补,主哽咽。门内天井曲墙冲射主哽。天井造卷棚,干哽哽喉咙。门前小屋横,哽食停膈;乙方尖角刑,哽病封喉;左首山土崩,哽咽膈噎。坟前有坟横,哽咽而死;水入寅宫,喉壅横塞。

乙方碓当两门,喉内生蛾;气脉水坑,喉生倒鳞。碓横春打门,喉内生单蛾;火在乙方,喉火肿塞(井在乙方亦然)。

乙方有粪坑,项生疬子疮。坑内有石头,主生瘰子。灶门对阴沟,泥水污秽生虫,应女子颈项生九子疮。山峡紧逼,项生瘿疣;甲脉巳水,项多垂瘿;戌方井崩,九子疮生。水坑污秽女命方,项生瘰疬;辰方有坑,瘰疬子生。

十八、何应疥疮、痈疤、斑癣、疮毒?

污秽太岁主生疮,梁上燕巢遇天都五黄主生恶疮而死。一白在离,九紫在坎,生疥疮;午方大金冢,丁向,宅主恶疮亡。粪窟当门遇煞,痈疖疔疮;厕逢天都本命方,疥疮脓血。孛罗亥子方,痈疖并肿毒;粪秽三煞方,逢本命则生疥疮。门柱倾斜或破烂频患疮,丙午方位坐灶窟眼疮心腹疮。脉断左半,男生旁骨之疽;脉断右半,女生附骨疽;若为本命太岁则不妨。来脉上凿坑,主生多骨疽,门多木节不刷盖主生疔疮。厕当来脉发背痈疽难活,厕当来脉近左右背发肩瘩。厕旁胁下逢煞,主人背发腰瘩。房多污湿臭气,疮疾癫癣。栖圈朝堂或向房,连年发疥疮。绝胎坑塘,老鼠疮绊人胁。破树在前皮裂开,无名肿毒疮;树烂距地一尺,臁疮黄水。来脉多小坑窟,恶毒发背痈疽。乱石堆井口,主生鱼口恶毒疮,天井臭秽碎砖块生疮,翼火坑连内,胸前必生蛇盘疮。艮方破树株指,疽偏蛇头;修犯血衄方,脓血疮毒。

穴前积水坑凹,癣癞生斑。房前污秽,癣瘢生癫。厕在天都灾杀,主生癫疾。四阶堆青苔,主生癣。粪堆本命方,岁煞到生癫。乾山烂株,头癫白壳。辰方陷秽,项癣皮肤汗斑。巳方窝陷秽积,满面冷饭癣。丙午丁方秽积,脸胸癣癫。亥方污秽积,头癫疾胸癣。巽方金形水池,小儿头癫。甲方破株,头生癫壳生痰子。甲方窑灶坟窟,头癫成秃。甲方污秽,满头白壳癫。

厕污太岁,毒疮更遭横祸;厕秽生方,无名肿毒犯凶。坑当劫杀,肿毒招凶损小口;左胁坑左腋疮,右胁坑右腋疮。左腋肝木,邪热毒疮反生右胁,以左方粪坑当病符而肝热传于肺,故右腋发毒。一坑生一疮,两坑生两疮。右腋肺金邪热,毒却又生左腋,以右金方有坑厕值天都诸煞,肺邪克干,故左腋发毒。子癸坑屁股尻生疮毒,择吉扶命,福曜到方,修之即愈。

十九、手指怪病因伺？

《易》曰"艮为手"，艮宫有破损，手指怪病。木到震巽而遇煞，两手拘挛。手屈不伸病在筋，申卯方病征；手伸不屈，病在骨，亥申方病征。酉水交巽巳，短指并拐指；子癸脉水双来，拳指又骈指。艮风射膊肩，下手骨脱节；艮风射右膊，右手脱骨节；艮风射左肩，左手脱骨节。艮上歧路，两手战战不宁。碾艮左片，长子左手战不便；碾艮右片，长子右手战不便。碾丑左片，季子左手战不便；碾丑右片，季子右手战不便。艮路冲穴，双手战战莫定。碓舂艮丑，曲肱痛指手难伸；艮寅本命煞到，指生肿毒。破树寅艮，大指蛇头生疽。

艮方山水显露，余气内拖，大指余一指；余气外拖，小指余一指；艮方水露，双手双足俱生六指。子山高耸，必出六指凑名；子方水聚，六指必是贫贱人。子癸脉水子癸山，出六指。

二十、因何发背花？

坎为背，坎宫有破，本命岁煞到方，主生背花。子方有烂树根，壬方有积水坑，粪坑当堂屋后檐中。壬子方凿窟，在坐山左左搭背，在坐山右右搭背，在坐后正中背花成痈。

二十一、因何出驼腰背？

壬为背。壬宫有破损主背驼腰勾，计都在壬鞠躬头俯，背乃胸之腑。背屈肩垂，腑倒坏腰乃肾之腑。转摇不能，肾惫皆坎病。路反背出蛇腰。白中见赤，西方红色，曲木弯弓主驼腰。碓舂堂屋正中，碓头打背背难直。碓舂壬，朝内打，背驼。穴情斜反背驼。坎方有巷风射入，向上绝胎水冲，坎风射背，皆背驼腰勾。树肿腰又曲折，前平屋后高楼，前平坟后高冢，枯树头向外反，砂脚摆斜驼腰。乾脉午水屈身摇，坤脉卯水屈背窜。

二十二、因何出矮子？

震为足、巽为股，足股短者，震巽太空。未坤向遇乾亥巽三水出坤，多应矮身；申庚向见巽水，合乾水出坤身体矮壮。向上墓库水冲来，坤脉懒缓震脉空，震方深塘，震巽方金火冢，均主患脚疾。

二十三、因何脚病？

癸为脚，癸方破损，岁煞加临，多生脚病。木到巽而见杀，两脚气痛；气入寅而逢刑，脚虚浮肿。冬瓜山，脚肿大。树下损一边，休囚癸水冲，天井栽木缸门前，破树株，门壁下补钉。

二十四、腿病因何？

震方坑池泄本气，腿痛难行；木到巽逢煞，两足拘挛。甲丁脉作乾向，元辰水直出，足重难移；屋尖在震对酉方，足腿折伤。乾脉丁向反水主腿疼，门楣柱下补钉接足疾。乾甲脉作甲向，元辰水直出腿疼；叉路在震，脚疾到老难医。砂脚斜足有疾，前塘低深腿生病肿疼。震方浸水湿润生臁疮，黄泉方路斜反生臁疮。粪污卯甲，臁疮黄水成脓，丙向反水乾甲破损鹤膝。

膝乃筋之府，屈仰不能行则痿俯柱杖筋愈，因卯申方有破损；骨乃髓之府，不能久立，必申亥方有破损矣。

二十五、跔子跛子因何？

二金三金在震，长房出跔又出跛。艮丙巽脉乾向破局，见去跛而不能履，见来止于跔跛犹能履。乾甲丁脉，甲向水去流寅艮，主腿疼而跛。壬脉反水午丁向跛足，甲脉反水丑酉辛向出跔子。水路流反一腿长一腿短，跪膝山显露对向多跔跛。休囚甲水冲或甲风射穴，坎方积水坑或坎风射穴，休囚乾癸水或受乾癸风。离风低凹风冲射出跔跛，前山似罗喉火摆斜跔跛。路如跪膝形一瘸一跛。一边一条沟或砂或水主女跛。申向后有坑在寅甲方出跔跛。向上病水死水冲出跔跛。明堂三角罗喉火形出跛，砂见冬瓜杵形出跔子，树头肿脚人足跔，砂脚摆斜跛足。

二十六、因何出瘫子？

明堂两头大中间小，或一头大一头小俱主两足瘫痪。向上病死水冲,匍匐蛇行。左胁短缺脚瘫,拖拽跪爬。震巽两方金星叠叠,跪爬走。乾方古井忽崩裂,岁命煞到,震方有计都土台压断腿。寅艮阴风入,手足疯瘫;艮震两方空缺,木命疯瘫。

二十七、因何弱症淋遗,卵肾疝气?

桃花沐浴,淋沥之灾;水无所出,冷精梦遗;木犯火泄,淋症流血。左缺有浸,溢精成淋;生方坑深,梦遗赤淋。寅凹坑深,梦遗淋症;寅申凹风,砂淋不通。

坎凹风,卵肾疯,气卵肿大,湿渍破皮。停积水不出,肾卵多怪疾。寅向前有坑,申午向前有坑,气卵烂卵。坎坑气卵肿湿。树肿根又破,大卵疝气;厕近堂中,卵肾怪疾。

二十八、痔漏因何?

坎坑寅申巳亥坑出痔疾。壬脉向午丁,甲脉甲水,子癸水破局,树下烂眼痔漏,离凹风左右短促亦然。后山不藏有水坑痔疮。后山直硬水沟长,坐水面土内痔。

二十九、取例

例1.薛姓,宅向未,天井出水酉。雍正辛亥四月刲圩木桩堆碎砖,犯本年灾杀。酉属先天坎,为耳,家内男女巳酉丑卯未生人俱发亭耳。择吉克杀,取恩星扶命令疏通,过八月,巳酉丑生人愈,以灾杀三合退宫也。过十月,卯未生人始痊,以太岁三合退位也。巳月吊乙未在兑,酉卯相冲,故卯酉生人甚而迟。

例2.一雷姓,宅向西。右边蒸酒灶在子癸方填塞犯土,家申子癸命耳俱闭。主人托戚延余,余命徒择吉克土,取恩救子癸,金星躔女虚泄土以生水,将前所填土启开,并刮红黑焰垩,令出净尽,日以水洒,耳俱渐通。徒询灶炕终如何治。余另择吉课,令挑生气土填平,永无恙矣。此雍正壬子年起病,癸丑年巳午月更甚,七月启,十一月填,甲寅春耳病全除。虽灾杀临子,子得吉星保护,逢凶化吉矣。

例3.龚姓老母,双瞽,因窖在宅右,系本命方,填时未去火烧土,所以成瞽。后择吉扶命,刮尽红黑土,另挑生方净土填之中,竖打通节大竹一根,周围筑满,竹出地四尺,仍复见亮。

例4.孙教谕,名学关,双目朦蔽,屏前天井紧靠门砌一直墙分成双,已经患目,随丁父艰,停枢中堂,逾年渐朦,拆墙不瘳。屡视圹上,蛛丝窠甚稠,莫或蛛贝进枢丝满眼? 即夜灯火开圹揭棺视之,果两眼眶内蛛丝缠绕作窠,挑去净尽,双目旋复光明。

例5.见本书上册第103面所举"广德汪九成"例。

例6.癸亥生,于上元庚申年四月二十六丙申日巳时修乾,以为日禄归时,壬午岁贵到方。不知年月日时俱九紫火克乾金,二巳冲亥,两申害亥,亥隶乾,亥刑亥;四月丙火正旺,至五月午为乾煞,又暗建八白丑艮寅到戌乾亥,戌癸化火,寅亥合木,壬午木一齐生火,己丑土克癸亥水,己丑月太阳穴生疔疮,医用火炙针刀,毒血遍窜,红肿如朱樱,舌焦喉闭而死。时传遭庸医误杀,实系九紫克乾金所致。

例7.见本书上册第113面所举"余姓祖茔"例。

例8.卯命兑宅犯震,上元乙卯八月,八白受克冲太岁,下夺上;壬辰害卯,月杀到月破、月厌之方,长妇破败私奔。四绿太岁到艮,客强主弱,克手折伤疮痈,非祸横加,官事牵连。以艮戊子刑卯应长房,先天震也。

例9.见本书中册第350面所举"辛未生人,祖茔坤向"例。

例10.刘姓兑宅,系兑脉来路,挖塘宅前巽方右首,台在水中,男女皆哑。《易》曰"兑为口",属金,管于肺,其家仲郎肺病,先天坎在兑,为中男也。次女喑哑,先天离在向为中女,前有枯树朝内倾倒也。少女失音,兑为少阴,为声也。辰生人哽喉结舌,先天兑在辰巽,兑为舌也。酉命哑者三,肺病背花死者四,填塘平台,后保无犯。

灾　祸　论

【原文】凡积德行善者不准。

灾祸是非,各随元命卦爻生克而推,细具于前,智者随机断之,无不响应。

【注解】这几节前均如有"大德、大恶、损德、亏行、积德不准"等字样,此与风水之本义不符。以风水而论,吉则应吉,凶则应凶,此为天地之气所应,非人加所可改。所以古人有损德亏行者莫为其修宅,莫为恶奸之人修宅,以免助其恶焰,损己德行之说。

这两节内容前面均已论述过了,请参阅。

求　财　论

【原文】凡强求败德者不准。

元命合灶口吉向,可以求财。合生气大富,期月得大财,如生气木星应在亥卯未年月。合天医巨门土星,应在申子辰年月,发财有千余金。合武曲延年金星,日日进财,中富。合伏位辅弼木星,小富,日有小财进益,应亥卯未年月。屡试屡验,术者秘之。

修　造　论

【原文】凡大德大恶俱应迟。

凡屋有坐有向,而命有东有西,今人专论坐之东西而不论命之东西者误,必须从命配山,乃为全吉。乾山巽向屋,而大门、香火、房床、店铺等宜安乾坤艮兑西四方位,灶口宜向西四方,而西四方宜高大。若灶座,坑厕,碓磨等安东四方,如此配合,西坐山之吉者也。西四命人居之吉,东四命人居之凶。是乾坤艮兑命宜居十二西坐山,坎离震巽命宜居十二东坐山也。

或人问曰:"弃命从山,修造何如?"师曰:"宅可改而命不可改,则当从命为吉。"又问:"屋基难更山向,求何解法？"师曰:"如艮山坤向,大厅屋于东命宅主不利,可于左厢旁厅小屋居之吉,或添造左廊吉,而东命宅主大利。其本山厅屋宜西命子孙居之,另添神堂、厕、磨吉。否则与弟侄合命者居之,或租与人居住,各行后门,或空间为客座,而自不安床亦可。"

【注解】古时修造,非常讲究选时造命,所谓选时造命,就是以修造主人的四柱八字为基础,选择年月日时修造主人本命吉用神之时动作,这叫作修方扶主,据说可以收到趋吉避凶、起死还生的效果;并且古人认为选时造命是选择中最为精深的功夫。在整理者看来,要讲清这个问题真是需要写一本书,此处仅就造命、补龙、扶山、立向、相主等最基本内容做一简要介绍。

一、论造命

杨筠松造命歌(又名千金歌):

天机妙诀值千金,不用行年与姓音。

但看山头并命位,五行生旺好推寻。

一要阴阳不混杂,二要坐向逢三合。

三要明星入向来,四要帝星当六甲。

四中失一还无妨,若是平分便非法。

按:阴阳不混杂者,以龙入首一节论,非言坐山。乾甲坤乙坎癸申辰离寅午戌十二来龙属阳,宜立申子辰、寅午戌阳向,用阳日期;艮丙巽辛震庚亥未兑巳丁丑十二来龙属阴,宜立阴向,用阴日期。此即净阴、净阳之论。逢三合者,是以坐山朝向三合补龙。如巽龙巳山亥向,用卯未亥合木局以补巽木龙。明星者,即日月,要七政中恩星照山,照向也。帝星者,尊帝二星也,亦有云龙神者,不宜落空。如甲子旬内作辰戌、乾巽、亥巳龙向,甲子旬中无戌亥,龙神落空矣。此四者缺一不碍其吉,若缺二者则吉凶参半,故云非法。

煞在山头更若何,贵人禄马喜相通。

三奇诸德能降煞,吉制凶神发福多。

二位尊星宜值日,一气堆干为第一。

拱禄拱贵喜到山,飞马临方为愈吉。

三元合格最为上,四柱喜见财官旺。

用支不可有损伤,取干最宜逢健旺。

生旺得合喜相逢,须避克破与刑冲。

吉星有气小成大,恶曜休囚不作凶。

按:山头即坐山,煞即年月日诸恶曜,若坐山犯之,则宜用本命贵人禄马,太岁贵人禄马和乙丙丁三奇及天德、月德等吉神到山,可以化解,但岁破和戊己都天等杀却未可轻试;拱禄、拱贵、天元一气等均言造命诸格,详见后注。干宜见旺者是天干应到生旺之处,如甲乙见寅卯,丙丁见巳午,庚辛见申酉,壬癸见亥子等;支不可伤者言冲破,如用子见午,寅见申,卯见酉等是。

山家造命既合局,更有金水来相逐。

太阳照处自光辉,周天度数看躔伏。

六个太阳三个紧,中间历数第一亲。

前后照临扶山脉,不可坐下支干缺。

更得玉兔照坐处,能使人生沾福泽。

既解天机字字金,精微选择可追寻。

不然背理庸士术,执著浮文枉用心。

字字如金真可夸,会使天机锦上花。

不得真龙得年月,也应富贵旺人家。

按:六个太阳,又有云七个太阳者,即升玄太阳,都纂太阳,乌兔太阳,四利太阳,雷霆太阳,都天宝照太阳等,均非真太阳,惟历法中太阳为真太阳。玉兔者,太阴也,月亮也,即太阴躔度照临者是也。

又歌:方方位位神煞临,避得山过向又侵。

只有山家自旺处,天机妙绝好留心。

支如不合干中取,迎福消凶旺处寻。

任是罗喉阴府煞,也须藏优九泉阴。

选时四课造命格局:

1.天地同流格。即干支均同,如四甲戌,四乙酉,四丙申,四丁未,四戊午,四己巳,四庚辰,四辛卯,四壬寅,四癸亥之类是。

杨公祖亡,庚午命,葬乾山,用四乙酉,乙与命干庚金化合,年月日时虽皆犯阴符,下后子孙富贵不替。

杨长茂与坝上文婆下白石冈地,艮脉作癸山丁向,用四丙申,天地同流,犯四阴符不忌。记曰:艮脉丁向水流巳,丁上尖峰峙。丙申七月丙申时,天地气合一。十三又是丙申日,乌兔阴阳分南北(七月太阳到向,十三太阴到山)。一周三载横财归,文武排绯衣。

昔有一人作亥山屋,己未生命,用四丁未,徒以天地同流之格为喜,孰知造后二子俱亡,己则发疯。或问:"是课古人之所用为吉,何也?"答曰:"命与所合不同。宜甲戊庚壬生人,甲以丁未为贵,贵人非凶物也。戊见丁为正印,未为阴贵人;庚见丁为正官,未为天乙贵。壬见丁为正财,丁与壬合,未中亦有丁火,皆为壬命之财,故皆宜之。而己未并己丑,辛命皆不宜,丁为己土枭印,未为己之阳刃,安得不大凶?故宜分辨,不可套用。"问:"何不丧本身而独生子?"答曰:"经云,枭神夺食。偏印枭神乃克子之星也。本身未死者,四未与命相比也。"

2.一气推干格。即天干四字相同。如辛巳、辛卯、辛丑、辛卯;丙午、丙申、丙戌、丙申;甲寅、甲戌、甲寅、甲戌等是。

杨筠松与一丙午宅长造酉山,用辛巳年、辛丑月、辛未日、辛卯时,犯月破不忌。记曰:"四位辛干丙命合,堆干一气无杂驳,四位进禄都到山(辛禄归酉),食禄万千年。三房得福一般均,不利乙生人。合得天机大格局,子孙皆享福。待将亥卯未年来,家生贵子发横财。"盖丙午生人,丙合辛,午合未,四位辛干得化。丙克辛干为财,四辛联珠,一气归于坐山;丙命用巳年为食禄,己巳年属长男,未丑月日属小男,卯时属中男,故三房同发福。四辛干不利乙命人,因四辛为乙木七杀也。

杨公为兖州邹县孔大夫下祖坟,艮山坤向,用壬寅年、壬寅月、壬午日、壬寅时,子孙五代封侯。

3. 一气堆支格。即地支四字相同者是。

沈溪许氏,庚山,杨用己未年、辛未月、己未日、辛未时。记曰:未年未月未时下,未日有声价。两位尊星入正官,有福自然通。子孙登科后入相,十月之内挂绯衣,名题金榜上。(后未拜相,只有入内宫办事为中书舍人者,余皆效。)

郭景纯与吉安项居仁葬,戊辰亡命,寅山申向,用壬子年、壬子月、壬子日、庚子时,记曰:四子一气顺行流,富贵旺田牛,不见官星何处出,财旺生官急。甲乙年头金榜名,只为见官星。子孙各个得贤妻,行嫁宝如堆。年月日皆犯阴府太岁,总无灾谷。

4. 比助格。即天干与造葬主命相同者是。

陶公与润州金山郑图起造巽山屋,辛亥主命,用辛卯年、辛卯月、辛未日、辛卯时,后出四员大官,人丁大盛。盖四辛与辛命比助身强,卯未与亥邀成三合,又是辛命之财局,四辛乃巽宫纳卦,巽属木,三合木以补山,故吉。(按:此格亦天干一气格)

5. 正官格。即造葬四柱天干,与命主为阳克阴或阴克阳者是。如造葬命主天干是甲,造葬四柱天干为辛;造葬命主天是乙,造葬四柱天干是庚之类。若命主天干与造葬四柱为阳克阳,阴克阴者为七杀,大凶,并非正官格。

丁巳命,葬寅山,曾文辿用壬申年、壬申月、壬子日、壬寅时,丁用壬是官旺,子生申又巳与申合水,取申子辰马到寅山,巳午年出贵。

壬午生命,造巳山屋,曾文辿取四己巳。己官虽不与壬命作合,然四己禄贵聚午命,是官星帝禄朝命,而壬命贵人居四巳,巳支补山,会马到亥向,扶山相主,妙理无穷,后出状元。

6.正财格。即造葬本命天干克造葬四柱天干,且为阳克阴,阴克阳之类。如甲用四己,乙用四戊,丙用四辛,丁用四庚之类是。

曾文辿与饶州宋氏造巳山屋,壬午造主,用四丁未,壬取丁为财,财干禄归命支,合马到山,记曰:天干浑丁支浑未,天地同流皆一气,干支合命愈为奇,管取家豪代代贵。

祝吉师为信州上饶周待郎葬亲,坤山艮向,辛巳亡命,用乙卯年、乙酉月、乙酉日、乙酉时,半纪朱紫盈门,富盛无比。盖辛年以乙为偏财,辛命禄在酉支,四乙贵人到坤山,乙又是坤宫纳气,固妙。

7.拱格。拱者,夹也,即两支中间夹拱一支,此支若为造葬主命之禄叫拱禄格;或为造葬命主之天乙贵人,叫拱贵格。

岷江秦好仁葬藕溪地,亡命庚戌,申山寅向,杨长茂取庚申年、壬午月、庚申日、壬午时。盖庚命贵人在未,以两午两申夹出未字。记曰:"午合寅向申补脉,双飞蝴蝶格,此为聚禄马,食禄作三公;年命日贵俱在未,申午拱出永无疑。聚会禄马夹贵人,取用妙通神。"

京兆余侍御,乙亥生,致仕在家,未方作退居,杨长茂选庚寅年、庚辰月、庚寅日、庚辰时。命禄在卯,二寅二辰拱卯禄,乙又以庚为官,官禄俱全,四庚聚贵于未方,上吉。时侍御年已七十六岁,不能再任,特赐钱以养老,擢其子孙于高位,寿登九十之上,此夹禄之验也。本书上册第68面亦举有此例,可参阅。

另还有遥格、冲格、合禄格、食禄格、三奇格、罗纹交贵格、六阴朝阳格、三德聚会格等,如有心研究者,可参读《渊海子平》《滴天髓》《子平真诠》《命理用神精华》等书,会有很大受益,这里不再一一细举。

吴景鸾云:"选择之法,莫如造命;体用之妙,可夺神工。"造命不仅是补龙扶命,修方之用;安床造命,四课亦有催丁、催官、催财之妙,故特予以详细介绍,并举例以证。

例1.江陵余姓,宅主乙酉、己卯、庚寅、乙酉。命主以水为天嗣,日主以金为禄神、喜神,辛巳命宫以木为喜神天嗣。住宅辰山兼巽,坐庚辰角七度,纳妾戊戌、辛酉、壬子、甲辰,命主以月为喜神,水为禄元;日主以金为天嗣,木为禄元;乙卯命宫以水为禄神,天嗣木三宫,甲寅年九月一日到震方,择二十一癸巳日巳时安床,岁德、天月、天合、太阳、天喜、印德、合德、仁德、和德、嗣德、金德、配德在甲卯方。恰合麟星辛未到宫,取天上太阴金水木星到女命主并房床方位。门开丙午,走阳路,丁己两年双凤翯,三蛇一猪是头男,羊庶马猪亦出庶。后果丁巳年五月初六亥时生子,丁巳、乙巳、癸巳、癸亥。至己未年十一月二十七日亥时生一子,己未、丙子、庚午、丁亥。

例2.荆州城东关外崇德坊吴敏庵,上元己丑,命主禄元日,天禄月,天嗣火;九月甲戌,二十九丙申日主,天禄木,仁元火,喜神天嗣气;乙未时,乙亥命宫,主荫星月,天嗣火,禄元火,木应亥卯未,火应寅午戌。娶晋甲午命主,天嗣月,禄神木,天禄火。正月丙寅,十四丙辰日主,禄元水,天禄木,喜神天嗣气。癸巳时,癸酉命宫,主禄神月,喜神火,天嗣土。上元丁酉,女八官艮,土属阴,宜兑艮乾坤四阴方安床乘地气,宜兑艮坤乾四阴方安门,纳天气。今住坎宅,床安兑方,房门迎艮气,合泽山成少阴、少阳和配。丙辰年艮纳丙,酉丁岁合,十二月辛丑,辛禄到酉,本年喜巳酉丑之方,而本月天德、月德在庚酉方,岁德合在辛酉方为旺德、禄德，初六乙丑日，天月德合，申时安床，时上贵人格。初八丁卯日丁未时，拱夹亥贵合木局铺床入宅。卯日冲动酉房，未时冲动丑艮，诸吉曜到方临门照命度，所以巳年巳月天德辛，月德庚一还官即叶吉。戊午年正月甲寅，天德丁巳加艮门，月德丙辰临兑房，初十癸亥日乙卯时生男，命宫主甲子，与己丑天地德合。后所有子命，均合时上贵人格，日禄居命宫。

二、论补龙（造葬同）

邱平甫曰："先观风水定其踪，次看年月要相同，吉凶合理参玄妙，好向山家觅旺龙。"

凡入其乡，而星峰奇特，龙神秀拔，富贵无疑。入其乡而山冈撩乱，龙神卑弱，贫贱无疑。祸福之本，总属之龙，择日而不补龙，又何必择。知补龙之说，而此道之元枢得矣。

凡远龙不论，单以到穴之小脉为主，以正五行论生克，日时四柱生扶之则吉，克泄之则凶。

阳宅阴地至结穴处必有一线小脉，细细察定并以罗经格之，属木用亥卯未局，属水土用申子辰局，属火用寅午戌局，属金则用巳酉丑局，或印局生之亦可，龙雄带煞者宜用财局。

山谷阴地，耸起开窝者，近穴只有圆球无小脉，若阔非脉也，宜于山后蜂腰处审而补之。

凡省城府县，非午向则丙丁向，其午向者，必壬子癸龙也，其丙丁向必亥艮龙也，俱宜申子辰局。但正脉已结衙署矣，民居或东或西，皆脉上枝分横来看，不知属何五行，只以补山为主。自此以外则皆补脉，而阴地尤紧，盖葬乘一线之生气也。

龙气之衰旺，全看月令，故补龙者必于三合月或临官月，墓月亦作旺月，非衰病死之例也。盖丑宫有辛金，未宫有乙木，辰宫有癸水，戌宫有丁火，固知四墓之旺而非衰也哉，故三合局用之。

凡补龙全在四柱地支，盖天干气轻，地支力重也。有以地支一气补者,如卯龙用四卯之类,极妙,但难取,十余年始一遇,而又或月家、日家,山向不空,其可强为乎?不若三合局之活动易取也。三合局只要在三合月内,生月、旺月、墓月皆可。如此三月内凶神占方,则临官月亦可,名三合兼临官。地支一气局,或四生,或四旺,不用四墓,三合字不必全,二字亦可。

十二净阴龙宜用阴课,十二净阳龙宜用阳课。杨筠松曰:"一要阴阳不混杂",正谓也,但五行龙各有阴有阳,而亥卯未木局,巳酉丑金局则皆阴也,寅午戌火局,申子辰水局则皆阳也,故旧课亦不甚拘阴阳之说。

古人造葬八字,多以地支补龙,天干补主命,或与命比肩一气,或合官,或合财,或合禄马贵人到山到向,而地支又补龙补脉,则八字之上上局也。

唐一行禅师,宋托长老皆以四柱纳音补龙,本年之纳音亦甚应验,但不如地支之力大耳。又有论纳音者,其法不论本龙之纳音,而于龙之墓上起纳音论生克。如庚寅年作山,戌龙正五行属土,水土墓辰,亦用五虎遁得庚辰金音,八字宜土音,金音吉,火音为克龙墓,凶。此盖本洪范变运而论者,与一行禅师,托长老之旨有异,亦宜参看。

凡以三合水局补水龙,以木局补木龙者为旺局,上吉。以金局生水龙,以水局生木龙者为相局,又为印局,次吉。水龙用火局者为财局,龙雄带煞者不必再补,则用财局,不补亦不泄也。

三、补龙吉课(以正五行论)

亥壬子癸四龙属水,生申、旺子、墓辰,申子辰乃三合旺局,上吉。临官在亥,吉。巳酉丑为印局,亦吉。寅午戌为财局,次吉。亥卯未为泄局,凶;辰戌丑未为鬼煞局,尤凶。得壬癸庚辛干尤妙,然难尽拘。

亥龙乾山巽向,曾文辿用壬寅年、壬寅月、壬寅日、壬寅时,后八子入朝。系丁亥亡命,取丁与壬合。以丁命言之,为合官,又四点壬禄到亥龙,四寅与亥命合,又与亥龙合,妙甚。四壬水又补亥龙,上上吉课也。又有用癸亥年、甲子月、甲申日、乙亥时者,后发甲贵显,此以申子水局补亥龙,而用二亥为临官也。

亥龙壬山丙向,杨筠松取辛亥年、庚子月、丙申日、丙申时,后出丞相,此以申子亥水局补龙三合兼临官局。

壬龙子山午向,杨筠松取四癸亥,后多贵显,盖四亥乃壬龙禄地,又四癸禄到子山,名临官格,又名聚禄格,又名支干一气格,妙甚。亡命非戊则癸,或子命俱妙。

子龙艮山坤向,曾文迪取癸巳年、丁巳月、癸酉日、癸丑时,后代贵显,此因艮山坤向俱属土,土能克子龙之水,故不用申子辰局而用巳酉丑金局,以生子水而泄土气也。又三点癸禄到子,重龙不重坐山也。主命非癸则戊,或戊子命尤妙。

壬龙子山午向,杨筠松取壬申年、戊申月、壬申日、戊申时,后大贵。此取壬龙四长生在申也,又两干不杂,地支一气。丁巳亡命,取丁与壬合官格,又巳与申合也。寅生人皆夭折,四申冲也。

艮坤辰戌丑未六龙属土,亦生申、旺子、墓辰,临官亥。以申子辰为旺局,亦土克水财局也,上吉。以寅午戌为印局,亦吉。金局泄,木局克,皆凶。喜丙丁戊己干,然难尽拘。

艮龙壬山丙向,杨筠松取辛亥年、庚子月、丙申日、丙申时,大贵。廖金精取庚申年、戊子月、庚申日、庚辰时,三合局。

艮龙甲山庚向,杨筠松取丙辰年、丙申月、丙申日、丙申时,后发贵绵远。此不惟申子辰局,而四丙火生艮土,又艮官纳丙,主命非丙生必辛生也,或辛巳命,四丙禄到巳尤妙。

艮龙癸山丁向,杨筠松取四丙申,五百日及第。支干一气格,艮土生申又名四长生格;又四点丙火生艮土,又艮官纳丙,四帮也,妙甚。

寅甲卯乙巽龙属木，生亥，旺卯，墓未。以亥卯未木局为旺局，临官在寅，上吉。以申子辰为印局，亦吉。巳酉丑为煞局，寅午戌为泄局，皆凶。喜壬癸干，然难尽拘。

卯龙甲山庚向，杨筠松取乙卯年、乙卯月、庚寅日、己卯时，此单用临官帝旺二字也，名官旺局。

卯龙亥山巳向，古人取四辛卯葬，辛巳亡命，取四辛以扶辛命，四卯以补卯脉，又合亥山，又冲动辛命之酉禄也。卯龙在辛年五虎遁得辛卯木，又纳音补纳音也。

卯龙乙山辛向，曾文辿取庚寅年、丁亥月、辛卯日、辛卯时；赖布衣取甲寅年、丁卯月、辛卯日、辛卯时；均为三合兼临官。

巽龙乙山辛向，朱子取庚寅年、戊寅月、癸卯日、甲寅时，临官帝旺局。

巳丙午丁四龙属火，生寅、旺午、墓戌、临官巳。以寅午戌为三合旺局，上吉。亥卯未为印局，吉。巳酉丑为财局，次吉。申子辰为煞局，凶。辰戌丑未土局泄气，亦凶。天干喜丙丁甲乙，然难尽拘。

丙龙巳山亥向，杨筠松取己巳年、己巳月、壬午日、壬寅时，三合兼临官，又丙龙禄在巳。

丙龙坤山艮向，赖布衣取癸巳年、丁巳月、庚午日、戊寅时。

以上皆三合兼临官，盖因三合之年份、月份、山向不空，则用临官年月也。

申酉庚辛乾五龙属金，生巳、旺酉、墓丑、临官申。以巳酉丑为三合金局，上吉。以辰戌丑未土为印局，然相冲不吉。以亥卯未为财局，次吉。以申子辰为泄局，凶。寅午戌为煞局，尤凶。喜庚辛戊己干，然难尽拘。

酉龙酉山卯向，杨筠松取甲申年、癸酉月、丁酉日、己酉时，官旺局。赖布衣取辛酉年、辛丑月、辛丑日、癸巳时，三合局，又二点辛禄到西龙酉山。

　　辛龙乾山巽向，曾文迅取丁酉年、己酉月、甲申日、己巳时；又取己酉年、癸酉月、壬申日、乙巳时，三合兼临官，吉。虽是阴府，金局制之，无妨。

　　辛龙壬山丙向，赖布衣取辛酉年、辛丑月、辛酉日、癸巳时，三合局又兼三辛补辛龙。

　　古课甚多，难以备录，姑举为式，或三合局，或三合中止用二字，或地支一气，总之皆补龙也。以补龙为主，而又不冲克坐山，冲克主命，且坐山有吉神无凶煞，主命或比肩或合财，或合官，或会合四柱之禄马贵人，又或四柱之禄马贵人到山到向，则上上吉课也。地支一气者，四支一样也，或本龙之四长生字，四临官字，四帝旺字皆可，若四墓字则凶，墓非三合结局不用也。

　　又有纳音以补龙者，一行禅师谆谆尚之矣。托长老为丰城宛冈黄氏葬墓，戌龙作辛山乙向，得甲戌火龙入穴也，宜木音生之，火音比助之，正宜立夏乘旺。故用庚寅年木音，壬午月木音，戊午日火音，己未时火音下葬。又曰造葬八字取用全在纳音，不可分毫争差，则福应如响。然以前法参之，亦相合焉。戌龙属土，又与寅午戌三合火局，今托长老用寅午火局以生戌土，则非徒纳音之属木、属火能助甲戌火龙也。故补龙者必以前三合局或一气局为主，而参以纳音之说，托不补辛山，而单补戌龙之纳音，因知古人重龙不重山也，今人不问龙而单问山，岂不谬哉！

　　按：读此节可知本文纳音论三命之误矣。

　　又有一法，谓之占夺一方秀气，亦甚吉。如木龙则四柱用寅卯辰全，谓之占尽东方秀气。火龙则用巳午未全，谓之占尽南方秀气。金龙则用申酉戌三字全，谓之占尽西方秀气。水土龙则用亥子丑三字全，谓之占尽北方秀气。与官旺局同，但多一字耳。以三字凑作四柱，择一字空利者，多用一字以成四柱也。三字外不可参一别字,参一别字则乱格矣。杨筠松与人修方,用壬寅年、甲辰月、甲辰日、丁卯时,此必寅甲卯乙龙又坐寅卯山方也,寅卯辰全,秀占东方格。

四、论扶山

坐山不必补,但宜扶起,不宜克倒,克倒则凶。何谓扶起坐山? 有吉星照之无大凶煞占之,而又八字相合,不冲不克即扶也。如坐山与龙同气,则补龙即以补山。如壬癸龙坐子向午,龙与山皆属水,用申子辰局可也。倘龙与山不同气,则只以补龙为主,而坐山有吉星无凶煞即妙。

何谓克倒? 太岁冲山则倒,三煞,阴府,年克及伏兵、大祸占山则倒,此开山之紧要凶神,勿造勿葬可也。

年家天地官符占山,侯其飞出别卦之月,以吉星照之,或太阳、或紫白、或三奇,此中得一二吉星到反能发福。盖天官乃临官方,又名岁德吉方;地官乃显星方,又为岁合,皆可吉可凶,非大凶煞也,但要吉星到耳。忌还官、忌本月、忌旺月,占向同此。其余神煞置之勿论。

凡太岁占山叠戊己、阴府、年克、打头火则大凶;叠金神次凶。若不叠此数凶,而以八字比之或三合之,又八节之三奇同到,上吉,其福最久。

凡日月金水、紫白、三奇、窍马,二三件到山大吉。

凡八字四柱禄马贵人到山到向大吉。如寅山多用甲字,甲山多用寅字,名堆禄格。余仿此推。

凡主命之真禄马、贵人,以太岁入中宫,遁到山向上吉。

凡岁贵、岁禄、岁马,以月建入中宫,遁到山向次吉。

凡八字宜扶山,合山,与山比肩一气,或印绶生山,或禄贵到山皆吉。切忌地支冲山,次忌天干克山,惟辰戌丑未山不甚忌冲,然岁冲亦凶。日月时内止一字冲之可也,冲多亦破而凶矣。

凡四柱中有纳音克山者,若年克、月克忌修造,不能制也。葬则以月日纳音制之,制者当令,克者休囚乃稳。

凡阳居原有屋而修山者,兼方论,忌大将军、大月建、小月建、小儿煞、破败五鬼及金神煞,此五者惟金神可制,而秋月难制。大将军飞出卦则无妨,还宫则凶,吉多无妨。此俱忌修方修山,不忌葬。

年家打头火及月家飞宫打头火,丙丁火占山占向,忌月家天地官符占山向中宫,得月家紫白同到又有气,不忌。

居城市者,龙远难测,宜补坐山,与补龙法同。阳居坐山颇重,与阴地不同也。

五、论立向

向不必补,但有吉星而无凶煞可也。何谓凶煞?太岁也,戊己煞也,地支三煞也,浮天空亡也,此类造葬同忌者也。内惟太岁、戊己尤凶。盖太岁可坐不可向,而戊己在向猛于在山也。三煞宜制,亦宜斟酌矣,其休囚之月,以三合克之,吉星照之,然葬可而造险,盖葬暂而造久也。浮天空亡略轻,主退财耳。伏兵、大祸占向次凶,然修造亦忌,葬不忌也。巡山罗喉占向,一白到则吉。古人有补向者,所求补龙扶山也,不然则坐山之财局也。如艮龙作丙丁向,或用四丙,或用寅午戌火局者,生艮土也。又如子山午向,用寅午戌火局者,子山克火为财也。然只用寅戌二字,忌午冲山,余仿此推。

六、论相主

相主者何?以四柱八字辅相主人之命也,从来皆论生年,不论生日,有论生日者,非古法也。

修造以宅长一人之命为主,葬以亡命者为主,只忌冲压,余可勿拘。

古人皆论生年之天干,或合官、或合财、或比肩、或印绶、或四长生、或取禄马贵人,不冲命克命而又补龙扶山,则上上吉课也。

昔杨筠松为俞侍御修阳宅,俞系乙亥生,用庚寅年、庚辰月、庚寅日、庚辰时,取乙与庚合,合官格也。乙禄到卯、寅辰拱之,拱禄格也。四柱又名天干一气,两支不杂,上吉格也。课曰行年七十六岁,自乙亥至庚寅年正七十六岁,此论生年不论生日之说明也。

又一戊午年生人,于丙子造葬,是非不停,皆冲生年也,故知生年为重。

用合财、合禄格者,如曾文扯为壬午修主,杨筠松葬壬午亡命,皆取四丁未,盖丁与壬合,合财格也。又午与未合,天地合格也。四点丁禄到午命,聚禄格也。故其课曰“支干合命愈为奇”,上上格也。今人以支干合命者为晦气煞,何其谬欤。

昔杨筠松为乙巳主命修艮山坤向屋,取丁丑年、庚戌月、庚申日、庚辰时,盖取乙与庚合,合官格也。又庚禄居申,坤向驿马到艮寅山,故其课曰“三合马进山,三禄向上颁”。

印绶格宜正印,忌枭印;如甲命宜四癸,乙命宜四壬之类;枭印亦能生我,多见忌,一二点不忌;若伤官食神泄气多见更忌。

比肩格:如己巳亡命,杨筠松取四己巳,比肩格也。今人忌本日,何欤比肩上吉也? 如己命,见三己四己是也。劫财凶,如己命多见戊字是也。

四长生格:如壬申人用四申、丙生人用四寅是也。官不相合,不宜多见,多则克身,一二点可也,合官则四点愈妙。

七煞大能克命,忌用。或年月利而干系七煞,一点可也,得四柱中天干食神制之为妙,若至二点必凶,况多乎。昔有乙卯生人造屋,用辛丑年、辛卯月,后大不吉,乙以辛为七煞也。若用庚字,则合官大吉矣。合官者贵格也,合财者富格也,不合则无情,财与官俱宜一点二点。

禄马贵人宜四柱活动取之，如甲以寅为禄，甲命人叠见寅字，乃自家之现成财禄也。寅命人叠见甲字，乃财禄自外而来也，皆聚禄吉格。贵人与马仿此。

命禄与命贵人最吉，马次之，乃病地也。马有必不可用者，如寅以申为马，若四柱用申字，则冲寅命，凶。

查古人造葬课所云，禄马贵人皆四柱中之显然可见者，如上数课是也。然难逢难遇，盖成格成局之难也。又有本命飞禄、飞贵、飞马，取造葬之年飞到山向中宫，俱大吉。此稍易取。

本命地支忌四柱地支冲之，若又天干克命干者，名天克地冲，最凶。

太岁冲命最凶，月次之，日又次之，时为轻。

按：今人造命，年柱与日柱同重，魏青江《阳宅大成·修方》中实例甚多，请参看，古人之说并不尽然。

如辰戌丑未命遇冲不吉，但略轻，土冲土也，然太岁冲之亦凶。

又曰："东冲西不动，南冲北不移。"谓木不能伤金，水不能克火，亦略轻。如申酉命遇寅卯冲，亥子命遇巳午冲是也，只主是非。若北冲南命，西冲东命，则凶莫堪矣。然亦以太岁为重，月次之，盖岁君力大而月乃司令也。

凡本命羊刃，四柱切忌多见，如甲命忌卯字之类。

本命煞惟天罡四煞最凶，造葬皆忌。

天罡四煞即岁煞也，修忌宅长，葬忌化命及祭主，吉不能制。寅午戌年生人属火，忌于丑年月日时内作甲乙庚辛四向，凶。申子辰年生人属水，忌于未年月日时内作甲乙庚辛四向，凶。巳酉丑年生人属金，忌于辰年月日时内作丙丁壬癸四向，凶。亥卯未年生人属木，忌于戌年月日时内作丙丁壬癸四向，凶。

命食禄最吉，能催官禄，乃本命食神之禄也，八字用三四点最吉,或修食禄方亦妙。如甲命以丙为食神,丙禄在巳,四柱多用巳字是也,或修巳方亦吉。

凡三合之力胜于六合,但主命喜与八字六合,而三合次之。惟用三合降煞者,得主命与八字共成三合为妙,山向又喜与八字三合,而六合轻矣。

凡坐山及来龙与命干命支同推,但二十四山向少戊己二字,而多乾坤艮巽四字,用禄马贵人到乾与亥同,坤与申同,艮与寅同,巽与巳同。如四柱用壬字,则为禄到乾亥也。用丙丁,则贵人到乾亥。用巳,则马到乾亥也。坤艮巽仿此推。

如乾坤艮巽山用长生印绶者,则乾金与庚金同,坤土与戊土同,艮土与己土同,巽木与乙木同。

马有冲山者,则取到向。如寅山马在申,则忌申字冲寅山,则四柱多用寅字,又助起寅山,又马到申向也。禄贵到向俱吉,宜活法取之,勿执一也。

又有本命飞遁真禄、真贵、真马,则支干俱全之谓也。以太岁入中宫,遁到山向中宫,造葬、安床、入宅俱大吉。修方者宜到方。

如甲子年生人寅为禄马,丑未为贵人,用甲年五虎遁,则寅为丙寅,丑为丁丑,未为辛未;乙丑年修作,以太岁乙丑入中宫,顺数,丙寅到乾六,则乾为禄马,辛未到坤二,则坤为阳贵人,丁丑到艮八,则艮为阴贵人,乾坤艮三方大吉。

按《通书》云,本命日不宜用事,诸历皆无明说,惟见《道藏经》。今选择家通忌天克地冲年月日时,如甲子忌庚午之类。并忌天比地冲年月日时,如甲子忌甲午之类。《起例》又忌葬日纳音克化命纳音,而地支相冲者,与篇内戊午忌丙子日者相合,具表于后。天克地冲,天比地冲显而易明,故不列表。

甲子忌戊午,乙丑忌己未,丙寅忌甲申,丁卯忌乙酉,

戊辰忌庚戌,己巳忌辛亥,庚午忌壬子,辛未忌癸丑,

壬申忌丙寅,癸酉忌丁卯,甲戌忌壬辰,乙亥忌癸巳,

丙子忌庚午,丁丑忌辛未,戊寅忌庚申,己卯忌辛酉,

庚辰忌甲戌,辛巳忌乙亥,壬午忌甲子,癸未忌乙丑,

甲申忌戊寅,乙酉忌己卯,丙戌忌戊辰,丁亥忌己巳,

戊子忌丙午,己丑忌丁未,庚寅忌壬申,辛卯忌癸酉,

壬辰忌丙戌,癸巳忌丁亥,甲午忌戊子,乙未忌己丑,

丙申忌甲寅,丁酉忌乙卯,戊戌忌庚辰,己亥忌辛巳,

庚子忌壬午,辛丑忌癸未,壬寅忌丙申,癸卯忌丁酉,

甲辰忌壬戌,乙巳忌癸亥,丙午忌庚子,丁未忌辛丑,

戊申忌庚寅,己酉忌辛卯,庚戌忌甲辰,辛亥忌乙巳,

壬子忌甲午,癸丑忌乙未,甲寅忌戊申,乙卯忌己酉,

丙辰忌戊戌,丁巳忌己亥,戊午忌丙子,己未忌丁丑,

庚申忌壬寅,辛酉忌癸卯,壬戌忌丙辰,癸亥忌丁巳。

按:以上所忌,是本命忌纳音所克且地支所冲。今具魏青江《阳宅大成·时选》"生命忌用之日"一节,将天克地冲与天比地冲日一并录下,以供参考:

甲子忌庚午、甲午日, 乙丑忌辛未、乙未日,

丙寅忌壬申、丙申日, 丁卯忌癸酉、丁酉日,

戊辰忌甲戌、戊戌日, 己巳忌乙亥、己亥日,

庚午忌丙子、庚子日, 辛未忌丁丑、辛丑日,

壬申忌戊寅、壬寅日, 癸酉忌己卯、癸卯日,

甲戌忌庚辰、甲辰日, 乙亥忌辛巳、乙巳日,

丙子忌壬午、丙午日, 丁丑忌癸未、丁未日,

戊寅忌甲申、戊申日, 己卯忌乙酉、己酉日,

庚辰忌丙戌、庚戌日, 辛巳忌丁亥、辛亥日,

壬午忌戊子、壬子日, 癸未忌己丑、癸丑日,

甲申忌庚寅、甲寅日, 乙酉忌辛卯、乙卯日,

丙戌忌壬辰、丙辰日，丁亥忌癸巳、丁巳日，
戊子忌甲午、戊午日，己丑忌乙未、己未日，
庚寅忌丙申、庚申日，辛卯忌丁酉、辛酉日，
壬辰忌戊戌、壬戌日，癸巳忌己亥、癸亥日，
甲午忌庚子、甲子日，乙未忌辛丑、乙丑日，
丙申忌壬寅、丙寅日，丁酉忌癸卯、丁卯日，
戊戌忌甲辰、戊辰日，己亥忌乙巳、己巳日，
庚子忌丙午、庚午日，辛丑忌丁未、辛未日，
壬寅忌戊申、壬申日，癸卯忌己酉、癸酉日，
甲辰忌庚戌、甲戌日，乙巳忌辛亥、乙亥日，
丙午忌壬子、丙子日，丁未忌癸丑、丁丑日，
戊申忌甲寅、戊寅日，己酉忌乙卯、己卯日，
庚戌忌丙辰、庚辰日，辛亥忌丁巳、辛巳日，
壬子忌戊午、壬午日，癸丑忌己未、癸未日，
甲寅忌庚申、甲申日，乙卯忌辛酉、乙酉日，
丙辰忌壬戌、丙戌日，丁巳忌癸亥、丁亥日，
戊午忌甲子、戊子日，己未忌乙丑、己丑日，
庚申忌丙寅、庚寅日，辛酉忌丁卯、辛卯日，
壬戌忌戊辰、壬辰日，癸亥忌己巳、癸巳日。

以上仅对造命、补龙、扶山、立向、相主等的基本内容做了一简介，篇幅已不小了，有兴趣者，可参阅《象吉通书》《钦定协纪辨方书》《阳宅大成》等。

通天照水经摇鞭断宅歌

【原文】鬼人雷门伤长子。——鬼者，廉贞火也。震为雷，应长男。此言乾方大门，正东震方起造高房屋主有凶。此以大门方位为主，而论房高之方。如乾门使用大游年歌，乾六天五祸绝延

生,顺轮至五鬼,以乾金克震木而伤长子也。如震方安床亦忌。盖乾是西宅之门,与正东四宅之门不合故,不论何人居之皆凶。尝见乾命人灶口向震,亦伤长子,配震妻有子难招;又造震方房,期月而长子死。又乾命女、男用震方来路,亦有此凶。乾命分房亦不可犯,以及茔元之方皆同。余可类推。

【注解】《通天照水经摇鞭断宅歌》传为黄石公所作。汉张良于下邳圯上遇一老人,授书一篇,曰:"读此,可为王者师。后十三年,见谷城山下黄石即我矣。"此老人世称"圯上老人",又称"黄石公"。张良读其书遂佐汉高祖刘邦定天下。此皆术家所传,并无正史。

本书所收"摇鞭断宅歌"只是摘取其中数句,断章取义,并未收全,且与他书有不同之处,详注见下。

【原文】歌断。北宫门对论。

鬼入雷门伤长子。——此言乾方大门克震方房床,则为五鬼而伤长子,此以宫克宫论也。

【注解】大游年之法,有以命起者,有以坐山起者,有以高房起者,此以大门起。《易》曰:"震为雷。"五鬼入震方,门即在乾方,是乾金克震木也。震为长子,故云损长子。此句他书又有"入乾克震伤长子"及"乾入雷门伤长子"之异,以卦理论,乾金临震克震木句最为合理。玄空飞星风水,就是以乾六白金克震三碧木为伤长子而论。

【原文】火见天门伤老翁。——此言离火大门,克乾方房床为绝命,亦宫克宫也。

【注解】火:五鬼廉贞火。

天门:古人以亥为天门,巳为地户,申为人门,寅为鬼门。亥隶乾,天门即言乾,意即廉贞火见乾金是。

玄空飞星以九紫为火,乾金为六白,凡山上飞星为六白,再遇九紫火克,是火克金。或九紫火飞到乾方亦是。乾为老父,九紫火克六白乾金,故云伤老翁。

【原文】离侵西兑翁伤女。——此正南大门,克西辛房床,与火见天门篇同。而兑,少女也。

【注解】离为火,兑为金。先天乾居离,乾为老翁,兑又为少女,如果门开离方,住兑房,安兑床,主少女有灾。

玄空飞星以离为九紫火,兑为七赤金,山星七金所飞之方,九紫火到,主有丧少女之灾。如果九紫火飞到兑方无制,亦主有此灾。

【原文】巽入坤位母离翁。——此巽木门克坤土房床,与"震坤老母寿难丰"之局同。

【注解】巽为木,坤为土,又为母,如果门开离方,住坤方或床安坤方主老母有灾。

玄空飞星以巽为四绿木,坤为二黑土,山上飞星为二黑,年月四绿木飞到是木克土,主伤母。如果巽四绿木飞临坤二宫,无制化,亦有此应。

【原文】兑妨震巽长儿女。——此兑方大门向,震屋高损长男,巽星屋高伤长女。

【注解】兑为金,震为木,为长男,巽亦为木,为长女。如果门开兑方或兑向,住震房、巽房或安震巽床者有此应。

玄空飞星以震为三碧木,巽为四绿木,兑为七赤金。山上飞星是三碧或四绿,年月七赤金飞到,无一白水或九紫火化解,主有此应。若七赤金飞到震方或巽方,山上飞星无化解亦主有此灾,因七赤金入震巽本宫故。

【原文】艮离阴妇搅家风。——此艮方大门,而离方屋高大或安床于此,然禄存星阴象,火生主阴旺阳衰,故云"阴妇搅家风"是也。

【注解】艮为土,为少男,以八宅论属西四命,属阴。离为火,为中女,以八宅论属阳。火生土本吉,但因艮离以大游年排互为祸害,祸害为禄存,属阴星,火生土旺,阴气更盛,故有此说。

玄空飞星认为,艮为八白,离为九紫,如果正当元运,为大吉之象。即使休囚,火生土为生入,亦主有小小吉庆。如果八白为山上飞星,九紫火到生入主添丁。如果八白为向上飞星,九紫火到生入主进财。

【原文】艮火小口多疾病。——此艮方大门,而坎方屋高,犯五鬼廉贞火,而小口必多疾病。

【注解】艮为土,为少男。坎为水,为中男。艮与坎互为五鬼,所以云艮火。即艮方大门,人居坎方或床安于坎方者,主少男多疾多灾。

以玄空飞星论,艮为八白土,坎为一白水。若一白水当令,八白土临山为克入,主生贵子且有官禄之喜。如果一白水临向,八白土到亦为克入,主有进财之喜。若一白水失令临山星,年月八白土飞到土克水,一白为中子,中子受克而伤,并非损少男。

【原文】坤坎中男命早终。——此坤方大门,而坎方房屋高,已不安稳,犯破军,坤土克坎水,应伤申子。

【注解】坤为土,坎为水,为中男。如果大门在坤方,人住坎房或床安坎方,因坤坎互为绝命,坎水中男受坤土之克,故云"中男命早终"。

玄空飞星风水认为,坤为二黑土,坎为一白水,如果山星飞星为坎,年月二黑土到土克水,若一白失令,主伤中男。如若当令,反主得官发丁。若一白水在向上且当令,主进大财,即使失令,也有小小进益。

至此原书歌诀已完,与他书相比,实为断章取义,随意删摘,以致面目全非。今介绍《阳宅十书》"摇鞭断宅诀"如下:

入乾克震伤长子，火见天门损老公。
木来克土少男弱，巽入坤宫母离翁。
兑克震巽长男死，坤坎中男命不存。
离乾老公主不久，巽坤老母寿难丰。
坎艮小口多疾病，离艮阴人搅家风。
艮震堕胎伤人命，艮巽风病主不长。
离兑火光伤少女，产痨咳嗽病重重。
贪狼不入乾兑宫，长子先亡损老公。
田产财宝无人管，寡妇堂前放哭声。
巨门不入震巽宫，先损家财后伤人。
巨门临到少男位，禄存受克损阴人。
文曲交入坤艮宫，主伤妇女有逃宗。
艮克文曲伤男子，坤克文曲损女人。
坎宫受克中男死，水宫土到入黄泉。
父母双全儿孙灭，寡妇房中受熬煎。
震宫受克武破军，长子先损后亡身。
儿孙辈辈先亡父，寡妇家财定无人。
武破临巽长夫亡，无妻寡汉守空房。
子孙辈辈先亡母，阳旺阴衰死婆娘。
离宫最忌文水凶，阴人先次产痨空。
水火相煎无财宝，财散妻子损人丁。
艮宫木克子孙稀，五男又险二人归。
肿病少亡无休歇，儿孙后代受孤悽。
乾宫受克火来侵，家长痨病去年尊。
老母堂前多带孝，儿孙去妇数年春。
廉贞不入坎水宫，奔井投河远乡人。
长子颠狂贼盗险，军兵苦死落他人。

坤宫老母木相逢，肿病肚胀又残聋。

子孙辈辈先亡母，损妻伤妇产痨凶。

兑为少女怕廉贞，产为先次损阴人。

喘女咳嗽多痨病，火金相克不容情。

辅弼二木来乾兑，人口主灭家财退。

中宫木位最险凶，也须老母当家计。

按：细析此诀，并非以大游年论吉凶，如"贪狼不入乾兑宫"，贪狼为木，乾兑为金，木入金而受克，其凶无疑。而大游年以"乾兑"互换为生气，是大吉之方，若乾山开兑门，兑山开乾门，均大吉庆，与此诀不符。又"离宫最忌文水凶"，离为九紫火，坎为文曲水，坎离互换为延年，以大游年论亦为吉，又何凶之有？可见摇鞭赋并非以大游年论，其以飞宫星宫五行相克论吉凶明矣。经伪法一注，面目全非，黄石公泉下有知，当啼笑皆非矣。

《阳宅撮要》一书也有"摇鞭赋"一节，注明是"论星宫坐克吉凶"，也比本书合理，亦摘于下，以供参考：

天门落水出淫狂，水淫天门内乱殃。——乾坎两宅不宜互相开门，以坎为乾之六煞也。内金生外水，虽发财主男女淫乱，火盗堕胎。

天临山上家富贵，山起天中贤子孙。——乾艮互相开门，得天医星吉。

按：艮为山，乾为天。

天作雷门损长子，龙飞天上老翁殃。——乾震互为五鬼，金克木伤长子，火克金伤老翁，此星克宫而宫克星也。

按：震为雷，乾为天。

天沉风户杀长妇，风户埋天产难亡。——乾巽互为祸害。宫克宫堕胎产亡，男疯女缢家不和。禄存土生乾金，虽有财，病难免。

按：巽为风，为地户。

天门见火翁嗽死，火燎天门少妇当。——乾离互为绝命，星官相克主老翁嗽死，损少男。

按：离为火，为中女；乾为天门，为老父。

天开地户夫妻美，地起天门富贵昌。——乾坤互为延年。

按：坤为地。但本文云地户有误，因巳为地户，隶巽非隶坤，原文有误。

水淹鬼户小儿死，鬼遇汪洋落水亡。——坎艮互为五鬼，官乃水土相克，星乃水火相煎，中子无出，伤妇。

按：艮为地户，坎为水。

天泽财旺女淫乱，泽天阴邪损老翁。——乾兑互为生气。

按：兑为泽。

水雷子孙多富贵，雷水财旺克妻官。——坎震互为天医。

水风财旺妇女贵，风水官禄子孙贤。——坎巽互为生气。

水火破财主眼疾，火水眼疾田园兴。——坎离互为延年。

水浸人门中子杀，人门落水亦同殃。——坤坎互为绝命，母克子，少男不利，小口有灾。官克官，星生官，虽有财，灾不免。

按：申为人门，申隶坤。

水临白虎堕胎杀，白虎投江六畜伤。——坎兑互为祸害，星克官少子，中男不利；星生官，虽有子孙富贵，不免残疾灾厄。

按：西方为白虎，即言兑。

鬼见龙头小儿忌，龙鬼伤胎少子当。——艮震互为六煞，星官相克，火盗官非，少子。

按：东方为青龙，龙即言震；寅方为鬼门，寅隶艮。

鬼临风户母妇忌，风户见鬼堕胎亡。——艮离互为祸害。星官相比，小房久病淫乱。

山地少年多劳瘵，地山年幼子孙劳。——艮坤互为生气，初年财旺,久则败绝。

　　山泽进财人生旺,泽山增福旺少房。——艮兑互为延年。
　　雷风长女多疾病,风雷富贵人口昌。——震巽互为延年。
　　雷火进财人口贵,火雷孝顺一门荣。——震离互为生气。
　　龙入人门伤老母,人临龙位产痨伤。——震坤互为祸害。
　　龙争虎斗要伤长,虎入龙窝痨盗尪。——震兑互为绝命。
　　风火益财妇人寡,火风财旺子孙稀。——巽离互为天医。
　　地到人门老母丧,人埋地户老阴当。——坤巽互为五鬼。
　　地中见虎伤长妇,虎逢陷地亦伤阴。——巽兑互为六煞。
　　火烧人户阴人败,人户逢炎损少娘。——坤离互为六煞。
　　火烧虎头熬煎苦,虎遇炎逐少女当。——离兑互为五鬼。
　　地泽进财后嗣绝,泽地财旺异姓居。——坤兑互为天医。

诸星吉凶

【原文】生气——贪狼木星吉,发长子。
　　　　　天医——巨门土星吉,发二房。
　　　　　延年——武曲金星吉,发小房。
　　　　　绝命——破军金星凶,败长男。
　　　　　五鬼——廉贞火星凶,败长房。
　　　　　祸害——禄存土星凶,败二房。
　　　　　六煞——文昌水星凶,败小房。

　　生气在水木火为得位,不宜金土。天医在火土金为得位,不宜木水。延年在金土水为得位,不宜木火。

　　【注解】得位者,以生我之宫,与我比和之宫,及我生之宫者是。如生气为木,见震巽木为比和,见坎水为生我,见离火为我生者是。如果我克或克我者则为杀死之气,为不得位。详见前注。

飞 宫 诀

【原文】中宫飞出乾,却与兑相连,艮离寻坎位,坤震巽居边,巽复入中宫。

【注解】此言九星飞布顺序,即先中宫,次乾、次兑、次艮、次离、次坎、次坤、次震、次巽。而后以最后一位复入中宫,次即逆行九星,顺布九宫之法。如上元甲子,一白水中,则二黑布乾六,三碧布兑七,四绿布艮八,五黄布离九,六白布坎一,七赤布坤二,八白布震三,九紫布巽四。复以九紫入中布九星,则一白布乾六,二黑布兑七,三碧布艮八,四绿布离九,五黄布坎一,六白布坤二,七赤布震三,八白布巽四。再以八白入中宫顺布,周而复始。详见前注。

九宫所属

【原文】一白属坎水,二黑属坤土,三碧属震木,四绿属巽木,五黄属中土(权总四方,威领八面),七赤属兑金,八白属艮土,九紫属离火。

【注解】原文缺"六白属乾金",补足说明。

此九宫数是据洛书而来,即所谓"洪范九畴"。中宫为皇极,乃建极、立极之处,即建宅、立坟之中心点。皇极居中,则八卦不动,即元旦盘,诀为"戴九履一,左三右七,二四为肩,六八为足,五居中央"。若皇极中五易位,则其余八方则随之流行,周流六虚。其飞星之法,即以本文法为序。详参前注。

玉 辇 经

【原文】乾亥戌山从巳起,坎癸壬地向申求。

兑庚辛位逢蛇走,坤未申山甲上寻。

离丙丁位是虎头,巽巳龙身猴为首。

丑艮寅山逢亥位,震卯乙位向猪游。

八卦长生起福德,无义之人不可求。

如乾亥戌三山,巳上起福德,丙瘟疫,午进财,丁长病,未词讼,坤官爵,申官贵,庚自吊,酉旺庄,辛兴福,戌法场,乾颠狂,亥口舌,壬旺蚕,子进田,癸哭泣,丑孤寡,艮荣福,寅少亡,甲娼淫,卯亲姻,乙欢乐,辰败绝,巽旺财。

【注解】《玉辇经》为安门之法,其法是从长生之位起福德。如乾亥戌及兑庚辛六山属乾兑,为金,金长生于巳,故此六山从巳上起福德。坎癸壬三山隶坎宫,属水,水生于申,故从申上起福德。甲卯乙寅四山属木,木长生于亥,故从亥上起福德。离丙丁隶离宫,属火,火长生于寅,故从寅上起福德。以上皆与起法相符。但丑艮属土,以本书前论土应申子辰年月,当是土长生在申,何以在亥上起福德?辰巽巳隶巽宫,属木,木长生于亥,木绝于申,何以反从申金绝处起福德?此皆于"玉辇"之意不符。坤未申三山隶坤,坤为土,当从本宫申上起福德。坤土绝于寅甲,又何以反从绝处取福德,故"甲"字疑是"申"字之误。由此,本书玉辇之起法并非皆合义理。《象吉通书》有"玉辇经安门法"之表,与本文不同,特介绍如下,以供参考。(见下面的表)

两者相较,本书以八卦五行论长生起福德,与二十四山之意不符。《象吉通书》以三合五行及八卦纳甲起福德,较本书略为合理,但若一细究,均不能自圆其说。

其一,五行混淆。风水既立二十四山,山山就各有自己的五行。如乾虽属金,但戌之正五行属土,亥之正五行属水,均非金之气,若以长生论,亥山立巳向为死绝之方,岂非大谬?若以卦论,巽又属木,金又怎能长生于木?是五行混淆。

方位 神煞 ＼ 坐山	申坎辰巽辛癸	艮丙	震庚亥未	离壬寅戌	坤乙	兑丁巳丑	乾甲
福德○	申	亥	寅	丁	子	酉	巳
瘟疫×	庚	壬	甲	未	癸	辛	丙
进财○	酉	子	卯	坤	丑	戌	午
长病×	辛	癸	乙	申	艮	乾	丁
词讼×	戌	丑	辰	庚	寅	亥	未
官爵○	乾	艮	巽	酉	甲	壬	坤
官贵○	亥	寅	巳	辛	卯	子	申
自吊×	壬	甲	丙	戌	乙	癸	庚
旺庄○	子	卯	午	乾	辰	丑	酉
兴福○	癸	乙	丁	亥	巽	艮	辛
法场×	丑	辰	未	壬	巳	寅	戌
颠狂×	艮	巽	坤	子	丙	甲	乾
口舌×	寅	巳	申	癸	午	卯	亥
旺蚕○	甲	丙	庚	丑	丁	乙	壬
进田○	卯	午	酉	艮	未	辰	子
哭泣×	乙	丁	辛	寅	坤	巽	癸
孤寡×	辰	未	戌	甲	申	巳	丑
荣福○	巽	坤	乾	卯	庚	丙	艮
少亡×	巳	申	亥	乙	酉	午	寅
娼淫×	丙	庚	壬	辰	辛	丁	甲
亲姻○	午	酉	子	巽	戌	未	卯
欢乐○	丁	辛	癸	巳	乾	坤	乙
绝败×	未	戌	丑	丙	亥	申	辰
旺财○	坤	乾	艮	午	壬	庚	巽

其二,长生有误。木生于亥,火生于寅,水生于申,其说有理。土生于申,旺于子,其说有悖。土临水本为克,何以为旺乎?既

以为生为旺,何以坤见坎为绝命,艮见坎为五鬼?又金生于巳,巳正五行为火,卦隶巽属木,金木、金火均相战之神,何能冠以生?既冠以生,又何乾巽互换为祸害,兑巽互换为六煞?前后抵触,自相矛盾。

其三,二十四位吉凶神煞有误。仅以本文所举戌乾亥三山为例。乾见丙,丙火克金,为"瘟疫"之凶,其义理尚通。然乾山开午门为"进财",却不可思议。以煞曜论,午火为乾金之煞曜;以十二长生论,金临午火为沐浴,为败地;以大游年论,乾山见午为绝命;以正五行论,我克者为妻财,克我者属官鬼,无一与"进财"有关,何以冠之?毫无义理。又未坤申同属一山,为金临官之处,故乾见申为"官贵",见坤为"官爵",尚合义理。然见未为"词讼",亦有悖义理。从正五行讲,未土为生乾金之神,生者有情也,乾金得位也,何能冠以"词讼"二字?从卦义上讲,乾属老阳,为老父,为天;未隶坤,属老阴,为老母,为地,天地通气,阴阳相配,吉庆无比,又怎能以"词讼"论其凶?以十二长生论,乾金至未为冠带,正欣欣向荣之时;以大游年论,乾坤互换为延年,无一凶处,何能冠以"词讼"?不合义理之甚矣。再如法场在戌,颠狂在乾,口舌在亥,以正五行论金见金为比和;以八卦论,金见金为旺,为得位;以大游年论,乾见乾为伏位,均为吉庆,然此三方皆凶,实无义理可言矣。至于庚为自吊,壬为旺蚕,子为进田,癸为哭泣等,均无义理,纯属臆造。故《鲁班经》云:"论门楼不可专主《门楼经》《玉辇经》。误人不浅,故不编。"《象吉通书》云:"门楼玉辇经,用之误人不浅。"

玉辇开门放水六畜等图局

【原文】凡开门放水,大小不同,乡俗不同。有以五音论者,有以八卦论者,有以生气吉星贪狼论者,有以生向风水八龙论者,有以来路爻象年命吉星属土八白九星论者,用法不同,合将通用俗图,开列于后。

　　假如坐西北向东南戌乾亥三山向,开门放水、六畜、碓、磨、碾、厕,备具式例,以博睹览。

　　【注解】五音:古时把所有姓氏按五音分成五种,即角音属木,徵音属火等,本书上册第353面已作介绍,请参阅。

　　八卦水法竟有三种之多。

　　一、先天水法

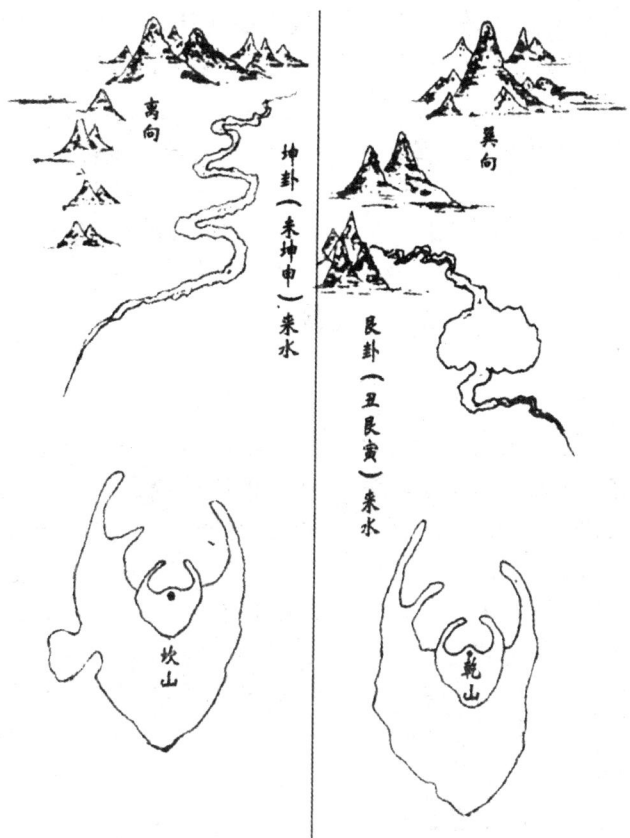

先天水主要是应人丁之位。不论是阳宅,还是阴宅,所立之卦山其先天之卦方有水朝堂,应宅主男丁旺,子孙繁盛。假如先天之位无水朝堂,或水来在其它方位转向,则主男丁不旺。如果水并非在先天之位朝堂,反由其它方位流向先天卦之方,是名破先天水,不但不能旺丁,反而会损丁。

先天水是依坐山之卦方为据,再视本卦之先天属后天之何位,该卦之位即属本坐山之先天位,其方来水即谓之先天水。要

知先天水在何方,首先要知道先天八卦和后天八卦变化的准确的方位。如坎(壬子癸)卦先天水法图。(见第508面左图)

坐坎向离,坎卦之先天位居后天八卦之兑方,则坎卦之先天水位在兑卦之庚酉辛三方。此图水从庚酉辛之方朝入,即是先天水。

再如乾(戌乾亥)卦先天水法图。(见第508面右图)

坐乾向巽,乾卦的先天位居后天八卦之离方,则乾卦之先天水位在离卦之丙午丁三方。此图水从丙午丁之方朝入,属于乾卦之先天水。

二、后天水法

后天水主要是应妻财之位。不论是阳宅还是阴宅,所立之卦山其后天之卦方有水朝堂,应宅主钱财旺,妻健。假如后天之位无水朝堂,或水来在其它方位转向,则主钱财不旺。假如水不能从后天之位朝堂,反由其它方流向后天卦之方,叫作破后天水,不但不能旺财丁,反而会使财产消耗殆尽,甚至于妻女也会常患病或发生重妻之象。

后天水是依坐山所属何卦,再视本卦之后天卦居于先天卦何方,则该方就是本坐山卦的后天方,其方来水就叫作后天水。特举二例以明之:

坎(壬子癸)后天水法图。(见第509面左图)

坐坎向离,坎卦之后天位居先天八卦之坤卦位,则坎卦之后天水位在坤卦之未坤申三山方。此图水从未坤申之方朝入,即是后天水。

乾(戌乾亥)后天水法图。(见第509面右图)

坐乾向巽,乾卦之后天位居后天八卦之艮卦位,则乾卦之后天水位在艮卦之丑艮寅三山方。此图水即从丑艮寅之方朝入,符后天水法。

三、先后天相见相破例

此节出于《相地指迷·卷六》,先后天水相见相破不是以卦位论,而以纳甲论,为又一说,故介绍如下:

先天艮居西北乾位,而艮纳丙,又乾纳甲壬,故乾甲壬向见艮丙水为见先天。又乾居离南,故见离水为见后天水。若水出艮丙为破先天,水出离为破后天。

先天巽居西南坤位,而巽纳辛,又坤纳乙癸,故坤乙癸向见巽辛水为见先天。又先天坤居坎北,故见坎水为见后天水。若水出巽辛为破先天,水出坎为破后天。

震纳庚,先天震居东北艮位,而震纳庚,又艮纳丙,故震向见艮丙水为见后天。又先天离居正东,故震庚向见离水为见先天。若水出离为破先天,水出艮丙为破后天。

巽纳辛,先天巽居西南坤位,而坤纳乙癸,故巽辛向见坤乙癸水为见后天。先天兑居东南,兑纳丁,故巽辛向见兑丁水为见先天。若水出兑丁为破先天,水出坤乙巽为破后天。

艮纳丙,先天艮居西北乾位,而乾又纳甲壬,故艮丙向见乾甲壬水为见后天。先天震居东北,震纳庚,故艮丙向见震庚水为见先天。若水出震庚为破先天,水出乾甲壬为破后天。

兑纳丁,先天兑居东南,乃后天巽位,又巽纳辛,故兑丁向见巽辛水为见后天。先天坎居正西,故兑丁向见坎水为见先天。若水出坎为破先天,水出巽辛为破后天。

后天离南乃先天乾位,而乾纳甲壬,故离向见乾甲壬水为见先天。先天离居正东,乃后天之震位,震纳庚,故离向见震庚水为见后天。若水出乾甲壬为破先天,出震庚为破后天。

后天坎北乃先天坤位,而坤纳乙癸,故坎向见坤乙巽水为见先天。先天坎居正西,乃后天兑位,兑纳丁,故坎向见兑丁水为见后天。若水出坤乙癸为破先天,水出兑丁为破后天。

　　古人论水，共分两种，一为形法，以水来去屈曲之玄、绕抱清澈为吉，以直射斜反、背城混浊为凶。一为理气，先天、后天、天门、地户、黄泉、八曜、三合等均属此类。大玄空飞星虽亦以气论，但和形法紧密结合，形吉气吉为上吉，形凶气吉不为凶，形吉气凶有小凶，形凶气凶方为大凶，并且还认为生旺之方水宜朝来，死煞之方水宜流去，这些都很合易变之理。仅以水法论，先后天之说就落于下乘。所以先哲亦有对八卦风水提出异义者，特简介如下。

　　徐善继善述兄弟在《人子须知·论卦例之谬》中说："诸家装卦之例，其说甚繁。近世最崇尚者，如所谓《玉钥匙》云，其法取山坐某方得某卦以后天论穴，坐某方得本卦某爻可变某卦，穴与某水之去合某律，去水与某水之来应本卦与之子母，以为循环变化之妙。又法以山峙之方为贞卦，水去之方为悔卦，合成六画之卦，以水之纳付取干支为卦之某爻某辞，即断其吉凶。至于二十四位阳穴放阴水，阴穴放阳水，在十二地支者取左旋隔八之律吕，在八干者，取五位相得而各有合之说，使之以阴摄阳，以阳摄阴也。卦之子母，母喜其来，儿不喜其去。乾喜甲来，坤忌乙去，震庚巽辛、艮丙兑丁、坎巽离壬皆仿此。卦之三合爱其入而不爱其出，如震爱亥未坎，不出申辰。兑与巳丑，离与寅戌亦仿此。卦之子母不可相破，如坎山不放坤水，坤山不放坎水。艮与震，震与离，巽与兑，离与乾，坤与巽，兑与坎，乾与艮皆仿此。又与先天圆图之对待，以横图乾一兑二之数而合以为九。如乾与坤相对，则以乾之一而合坤之八，使成九数是也。又与后天圆图之对待，以洛书坎一坤二之数合以为十，如乾与巽相对，则以乾之六而合巽之四，使成十数也。于是坐向放水，如乾放巽，艮放坤，以为用中五之数共成十有五数。殊不知大易之作，所以定天地之吉凶者，必待揲著而后行，其在风水日期之间，朱子所谓古人葬地、葬日皆取决于卜筮是也，岂可穿凿以为说哉？又况穴乘生气，水自反闭；生气不完，城必顺关，古人成法也，乌能如彼之牵合哉？廖氏曰：'卦为宗者误人多，无龙无穴事如何？任尔装成天上卦，等闲家计落倾波。'刘氏曰'下地不装诸卦例，登山不用使罗经'正谓此也。其它卦例，名目尤多，如所谓天卦、地卦、五鬼、壶中、横天、紫微、魁罡斗杓、玉函挨星及单于梅花、飞官吊替之类，大抵与宗庙九星相伯仲，彼吉此凶，不胜繁秽，于理无凭，祸福不验，流毒天下，惑世诬民。初学之士，罔知真伪，一入其门，牢不可破，惟执其例曰某山合某卦，某星下某向，某水来，某水去，某星某卦深若干，浅若干，此其迷谬，非以误人，且以自误，可慨哉。杨氏云：'定卦番来是梦中，只观来历有无踪，仍将两手钳龙脉，莫把三星乱指空。'又云：'天宽地宽眼亦宽，真龙泊处是根源，不论五音诸卦例，但求主好对宾贤。'又曰：'隔山装卦泥星辰，下了误人贫。'曹氏云：'但登财禄君须下，莫用山头卦。'又曰：'四平八图与天心，世代时师何处寻？不识天心并十道，慢将卦例吐怀襟。'廖氏曰：'巧目神机参造化，透彻玄微贵无价，古传龙法及砂图，谁见神仙专论卦？假如龙法不真奇，岂得偏将卦例推？但要真龙并正穴，阴阳二路自相居。'卜氏曰：'水若屈曲有情，不合星辰亦吉；山如破碎斜欹，纵合卦例何为？'又云：'既明倒杖之法，方知卦例之非。'皆鄙弃诡异者之良剂也。"

梅漪老人在《阳宅辟谬·辨八卦生克》中说："八卦五行，出于汉人筮法，与地理全不相涉，蒋氏于辨正书中已纠其谬。今乃以坐北坎宅，即以一坎飞入中宫，坤在乾，震在兑，巽在艮，五在离，乾在坎，兑在坤，艮在震，离在巽，以此定五行生克，推八宫吉凶，八宫皆如此例。试思两仪生四象，四象生八卦，本本元元，统归太极，安得有此卦生彼卦，此卦克彼卦之理？今即以《易》言之，乾坎相生，而其卦为讼；震兑相克，而其卦为随。又如金火相制,而其卦反为同人;水火相伤,而其卦反名既济,则圣人不以八卦言生克明矣。生克之理,根于图书,河图以顺行相生为体,洛书以逆行相克为用,万物必赖相克而用斯彰。木克土而百谷用成,金克木而宫室斯建,火克金而器用成资,土克水而江河顺轨,天地之理,何尝以相克便为凶乎?天元妙用,自有枢机,故当其吉则卦卦皆吉,当其凶则卦卦皆凶,而必不于生克二字讨消息也。愿与世人明切言之。"

风水之书,派别繁杂,众说纷纭,莫衷一是。此言吉而彼言凶,刚云宜而旋言忌,令人无所适从。大抵说来,辨八卦而定八方,明变化而察九宫,吉凶悔吝生乎动,判断应验取乎象。如震方,《易》曰"震为雷",震为足,为长子。如果其方安静不动,吉凶皆无应验。如果修造其方,则为之动,以天星论,吉则应长子,凶则主长子灾,病则应于足。以形法论,震方如果无门、无路、无山、无水、无房屋冲射为静。如果有山、有水、有屋脊冲射,有门、有路,则以形论吉凶,形吉则吉应于长子,形凶则凶应于长子。至于八卦生克,有八宅派与九星飞星派之别,将在后章详细介绍。

另还有三合水法,净阴净阳水法,黄泉水法,三合连珠水法等,不再一一解释。

【原文】乾山巽,巽巳水来长。庚酉旺方皆不利,大江朝入不寻常。流丁甲,出公卿,破伤辛兑守空房。辰巽若从当面去,人家长子且须防,抱养不风光。

【注解】乾山为金,以庚酉方为旺方,水来大吉,故有大江朝入不寻常句。然本文云"庚酉旺方皆不利"句,一与下文之意相反,又与义理不符,故疑"不"字应是"大"字之误。若水从庚酉辛之方流出,是破了旺方,故有"守空房"之说。若从辰巽当面流出是元辰水出,为水法中大不吉者,不仅伤丁破财,且退败横祸。

【原文】亥山巳,贪狼巽巳好。申庚辛戌自南来,积玉堆金进

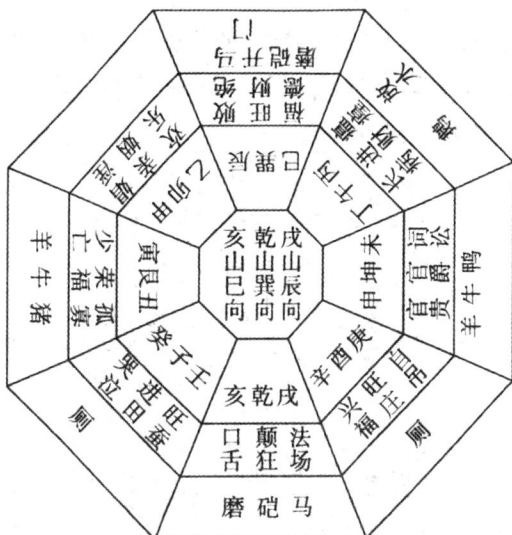

横财。丁水去,衣锦回,马羊走人女怀胎,但破庚辛兼辰巽,三年
两度哭哀哀,家业化成灰。

【注解】亥山丁水,丁火为亥山之财,故云衣锦回。若庚辛水
去,为亥山之生方,是破了生方;辰巽水去是元辰水流出,皆主不
吉,故云"家业化成灰"。

上图为乾山巽向,依八宅大游年之法论,兑方为生气方,是
最吉之方。而大游年之法坑厕宜压凶方而向吉方,此图坑厕却
压在兑方生气最吉方,与前大游年之法相矛盾。

【原文】壬山丙,寅申贪狼是。巳卯朝山还更好,流归辰巽正
相宜。家富足,出贤儿。巳丙去,长子受孤凄。但遇朝来为上相,
破流寅甲受跷蹊,妻子两分离。

【注解】壬山丙向,申方水来是生方朝入,依三合水法论为最
吉,流归辰巽是墓方水去,亦合三合水法。若丙方水去,为元辰

水出,故主凶灾,长子不利。

【原文】子山午,庚未及坤申。四位朝来多富贵,酉辛戌前妇人淫。龙走去,定遭刑,破流生旺不须寻。文曲朝来瘟火动,如流丙巽出公卿,来去要分明。

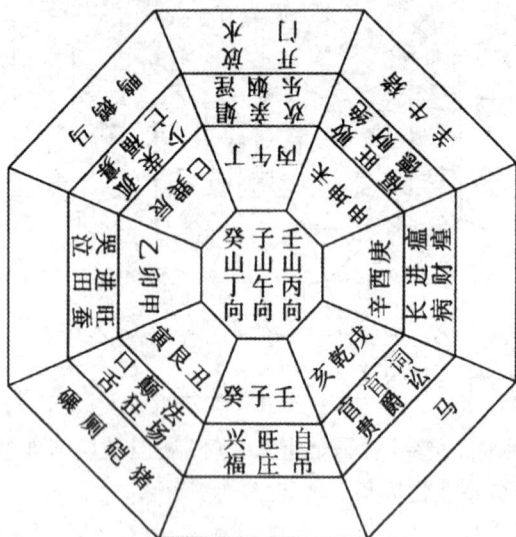

【注解】子山午向,庚申方水朝是长生水,未方朝来是当面朝堂水,均为吉水,故云“富贵”。兑方水朝入,虽金生水,但酉属子山的沐浴桃花位,兑为少女,故云“妇人淫”。若子山水从辰巽出,是从墓方出,合三合水法,故云出公卿。然从丙出亦为元辰水出,非吉。故本文“丙巽出”之丙字,应是“辰”字之误。

【原文】癸山丁,穴向未中裁。更得申宫朝拱入,须防辰巽返流回。丙宫注,永无灾,酉辛水射定为垂。朝人风声并落水,三年两载哭声哀,军贼损货财。

【注解】三合水法,喜生旺方水朝,墓方出水;忌墓方水朝,生旺方出水。癸山亦属水,故喜申方生水朝,忌辰巽墓方水朝。酉辛亦为癸山桃花水,且酉为军贼,为败方,故该水朝入,主风声溺水,及军贼损财之灾。

【原文】丑山未,未坤水之滔。万流朝来坐丁水,亥壬拱入穴坚牢,扦之奇安紫茜包。丙巽去,出英豪,龙马运行家退败,出人疾患主疯痨,营造动枪刀。

艮山坤,龙虎兔来雄。乾位犬猪从左入,须寻卯向觅仙踪。庚丁去,出行公,丙辛水去亦无凶。只怕羊官并马位,这般来水似相冲,即便主贫穷。

【注解】艮山坤向,未午方水朝来,是当面朝堂为吉。本文云贫穷者非。未土冲丑,迎面朝来,尚以吉论,何况未艮并非直朝乎。如果午未方水直射而来,则为冲射,并非朝入,却主大凶,故要分别。

【原文】寅山申,甲庚水过堂。亥壬子癸横来吉,流归辛戌正

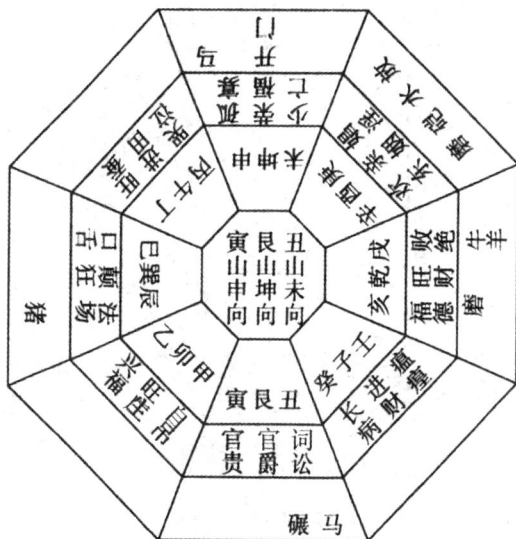

相当。蛇马鸡,最无良,宜去不宜横箭射,朝来入口败其家,媳妇

守空房。

【注解】寅山属木,三合寅午戌属火,亥壬子癸属水,此四方来水生坐山,故吉。戌方为火墓,流出亦合三合水法,故云相当。鸡为西方,属金克寅山;巳方三合亦属金,克坐山,均为杀,其方水朝入为杀方之水,不吉,尚符三合水法。然午方为火旺之方,有水朝入是旺方水朝,言其凶者不合义理。

原图(即上图)甲方为旺蚕,卯方为进田,乙方为哭泣,与丙午丁方同,今据原序改正,故说明。

【原文】甲山庚,壬子及坤申,二水名为贪武位,但来朝入进昌荣。家宅好,永安宁。酉辛去,旺人丁,近过明堂人少死,安坟立宅主孤贫,灾祸起频频。

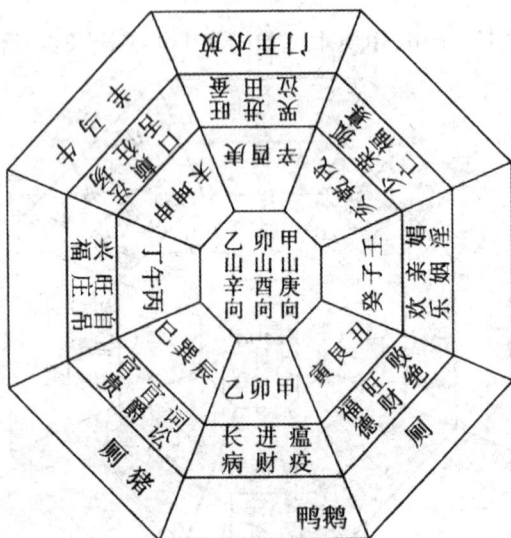

【注解】甲山属木,隶震,壬子水朝来为生水,以八宅大游年论又为贪狼生气方,故吉。坤申方以大游年论为祸害,并非武曲

水,原书有误。但以三合论,申子合水生木,亦通。酉辛方水去,虽为煞方水去,但亦为元辰水去,若之玄屈曲,尚可言吉,如果直泄而去,绝无吉庆,所以旺人丁亦须看自然水形。

【原文】卯山酉,金鸡最无良。乾宫猪犬皆为吉,折归庚兑出朝郎,税产不寻常。未坤水,实难当,穴前流水主瘟瘴。不见人家并寺院,年年少死动官方,家产落空房。

【注解】卯属震,为木,木生于亥,卯与戌合,故戌亥方来水吉。卯山必酉向,若酉方水屈曲朝来,亦主吉庆。若直射而至,方以凶论。未坤为卯山之墓方,以三合水法论,此方水宜出不宜朝入,故应少亡,有败家之凶。

【原文】乙山辛,蛇马左边迎。牛虎右边朝进揖,两宫迁合更加荣。合此局,流乾壬,家赀赛过孟尝君。猴鼠两边君莫下,犬防来去定遭刑,室女被人唆。

【注解】乙山属木,乙木长生于午,若巳午方水朝来,艮寅方水亦朝来,二水汇合为玉带水绕宅,属大吉之水,财官皆发。如果申子方水来,以正五行论,申子合而化水,为生方水朝。以神煞天星论,乙木以申子为阴阳贵人,属贵人方水朝,亦为吉庆。以八宅大游年论,乙属震卦,子属坎卦,震坎互换为天医,亦吉。以卦爻论,申属坤,坤纳乙,为正纳甲水,亦吉,本文言凶,实无义理。

孟尝君:战国时齐人。姓田,名文,齐威王之孙,田婴之子。年少有大志卓见,门下食客数千,以好客自喜,招致天下游侠。

上图还有一问题应指出,震山兑向,以八宅大游年论,巽方为延年吉方。大游年之法,厕所宜压凶方而向吉方,此例则厕位于巽方吉方,与大游年之说相抵。

【原文】辰山戌,鸡犬不相宜。但喜甲庚壬子癸,朝坟朝穴最为奇。酉辛去,着朱衣,庚辰流破水头妻。但要龙真并穴正,千门万户足光辉。

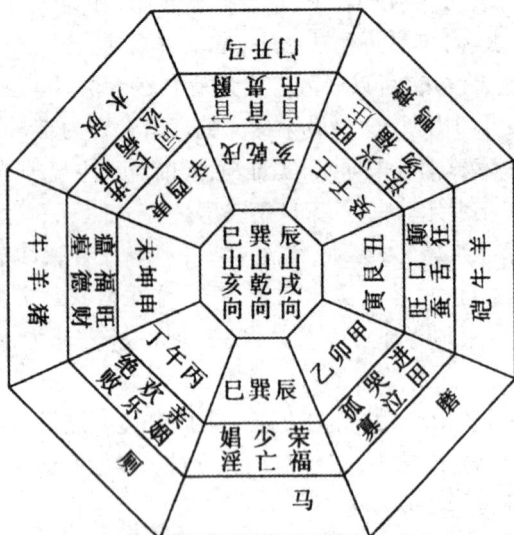

【注解】辰为水土之墓,壬子癸水朝入为入库,故吉。酉辛方为土沐浴之方,水宜去不宜朝。庚金为土长生之方,若水流去为流破生位,故主不吉。

【原文】巽山乾,申坎要朝坟,此水入来为第一,酉辛壬申不堪闻,来水定遭瘟。猴鼠去,命难存,人丁大折绝家门,昔日颜回因此地,至今世代永传名,术老细推寻。

【注解】颜回:春秋时鲁人,字子渊,孔子弟子。

巽山属木,坎水朝来,水生木,大游年亦为生气方,故吉。申方水朝,申子有合水之情,且申隶坤,先天为巽,又为先天水朝,故言吉。如果申子方水去,是破了吉方,故云不宜。

【原文】巳山亥,乾壬戌水来。虎鬼引龙东林入,世家富贵永无灾。庚癸去,旺日财,不宜午子逆行向。坤未申宫皆不利,频频流去养尸骸,水蚁侵棺材。

【注解】巳山正五行属火,火长生于寅,故寅方朝入为生方水朝入,主世家富贵。未坤申三方为火衰病之地,故不宜水朝入,此以十二长生水法论。

大游年论宅,巽宅以离方为天医,属吉方。大游年安厕之法是厕宜安在凶方而向吉方,此局却将厕安于离方(吉方),与大游年之法相抵。

【原文】丙山壬,牛虎过山打去水。从六及西北,房房位此旺田庄,彭祖寿永长。巳丙抱,永吉昌,三五十年无破败。若还流戌定遭殃,刑克配他乡。

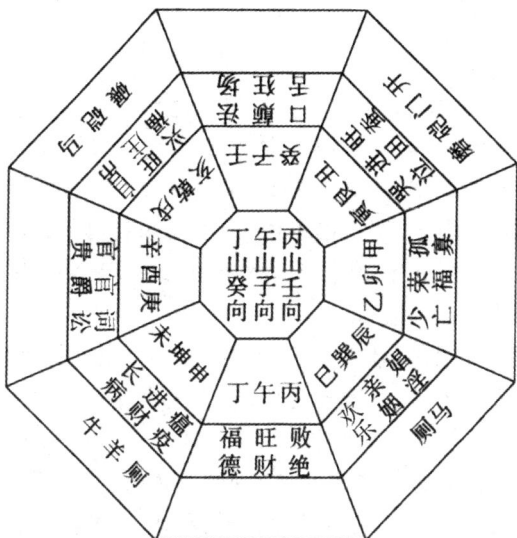

【注解】彭祖:上古颛顼玄孙,姓篯名铿,善导引行气,尧时封于大彭,至殷末七百六十七岁而不衰,后不知所终。

丙山为火,长生于寅,故喜寅艮方水朝入,为生方水朝。巳为丙禄,抱穴为禄抱穴,故亦吉。戌为火墓,其方水流去吉,流来凶,故云遭殃,流戌徒配。"从六及西北"句意不明,疑有错讹之字,但诸本皆同,只好留待以后考正。

【原文】午山子,砂水莫相倾。丑艮寅中响潺潺,即要流归乾壬路,世代家豪富。未回头,风赶虎,损军做贼败祖宗。请君莹,仍向巽宫迁,儿孙拜相为宰辅,田地遍乡土。

【注解】午属火,寅方水来是生水朝入,再流过乾戌消出,是从墓方消出,符三合水法,故云"世代家豪富"。若从寅巽方消出,是破了生方、禄方,故有"做贼败祖宗"之凶应。

【原文】丁山癸,庚酉要横流,但爱龙真并穴正,水流甲乙足堪求,田地有方丘。龙猴蛇朝入,旺田牛,两宫皆富贵,大过小扬州。

【注解】丁为阴火,长生在酉,且丁为兑卦之纳甲,相互通气,故宜酉方水朝入。甲乙木能生火,朝入亦吉。

原图(即上图)子方三项位置颠倒,今据前序更正。

大游年论宅,离宅以巽方为天医吉方。大游年安厕之法宜厕安凶方向吉方,此则安吉向凶,与大游年之法相抵。

【原文】未山丑,卯乙怕相逢,子水朝来君可下,坤申后金般,同福永无穷。辰巽宫,此水最为凶,最忌回头侵入坎,宜流甲乙主财丰,富胜石崇翁。

【注解】石崇:西晋南皮人,官荆州刺史,有敌国之富,被杀。

未山为木之库,依三合之理,卯方来水属旺方主吉。卯属乙木,且未隶坤,坤纳乙,故乙方水亦当以吉论。原文先言"卯乙怕相逢"者,是据乙为坤方煞曜之义;而后又云"宜流甲乙主财丰",是前后矛盾不知该从何说为准。殊不知,水来生旺,何方均吉;若来死绝,何方皆凶,此为不移之理。

【原文】坤山艮,亥壬子癸来。流归乙丙去无灾,安坟立宅足钱财。龙摆去,虎回头,家产化成灰。连前凶祸起,不闻欢乐只闻哀,室女定怀胎。

【注解】坤属土,寅属木,坤山寅水为杀曜水;辰龙为土墓,水亦宜去,若来为墓水,故坤山见此两方水朝入灾祸不断。

【原文】申山寅,猪赶鼠牛走。三宫朝入子封侯,富贵在他州。申丙去,永无忧,扳金鞍,侍口口。不论三房并两房,家家起倡架高楼,财旺主乡州。

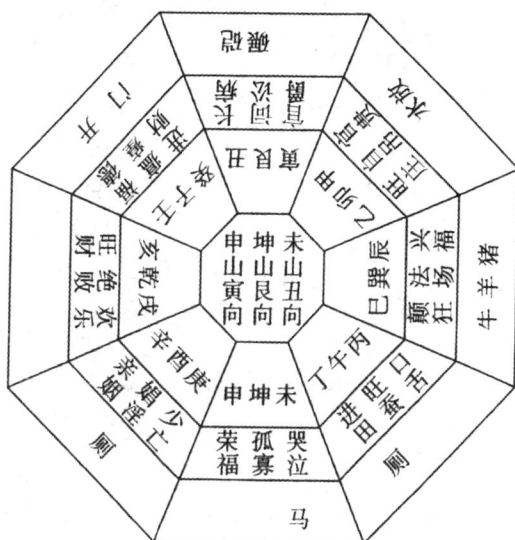

【注解】申山子水,三合有情;中山丑水,虽丑为金墓,但依八宫大游年论为生气方水,故均为吉水。丙方水去,丙为申杀,水去主吉。然申山申水去,是泄本山之气,岂能亦吉论? 故"申"字应是"甲"字之误,因金绝于木,绝方放水主吉故。

原图(即上图)丙下为"哭泣"有误,今据序更正。以八宅大游年论,坤宅以兑方为天医吉方,八宅大游年安厕是坐凶向吉,此却坐于天医吉方而向祸害凶方,与大游年安厕之法相抵。即使安离六煞方,亦向坎绝命方,非坐凶向吉矣。

【原文】庚山甲,壬亥朝来皆大旺。但得二臂并五曲,一湾抱处得荣昌。龙安静,虎伏藏,闺中出女淑贤良。最怕死兔并死虎,若还逆转退田庄,岁岁动瘟瘟。

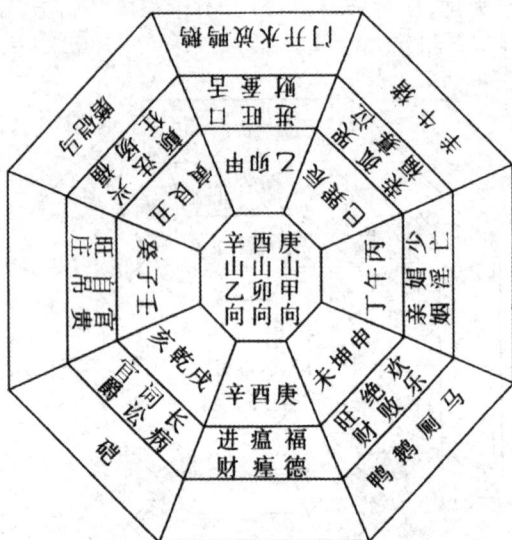

辛山乙向　酉山卯向　庚山甲向

【注解】庚隶兑,属金,金绝于木,所以庚山最怕寅卯二方水朝,是绝处来水,故凶。

【原文】酉山卯,大会总朝迎,四季流来添进宝,逆流艮土出公卿,世代坐专城。庚辛立宅好安坟,四个禄存流尽出,儿孙跨马入朝门,个个尽超群。

【注解】酉山属金,四季即辰戌丑未四土,此四方若有水朝入为生水,故喜见。

【原文】辛山乙,水宜来坤申。左右两边横大穴,宜流丙申忌流辰。仔细认朝迎旺方,申癸穴下庚。赶龙蛇,元马兔,逆流坤艮定遭殃,少亡死绝房。

【注解】辛山巽水,辛为巽卦之纳甲,故辛山巽方水来为卦气相通,主吉。

以八宅大游年论,兑坤互换为天医,属吉方。而其法厕宜安于凶方,此图厕正安天医吉方,亦与八宅大游年之理有违。

至此,八宅水法已注完,细审其文,不仅诗文俚俗不堪,且无义理,故不详注。究其水法,基本是以三合水法为依据而论吉凶,所以,特将三合水法予以介绍:

申子辰坤壬乙六山属水,寅午戌艮丙辛六山属火,巳酉丑巽庚癸六山属金,亥卯未乾甲丁六山属木。

申为水之长生,子为水之帝旺,辰为水墓。寅为火之长生,午为火之帝旺,戌为火墓。巳为金之长生,酉为金之帝旺,丑为金墓。亥为木之长生,卯为木之帝旺,未为木墓。

三合水法,喜生方、旺方、临官、冠带之方水朝入,墓方水消出,主吉庆。忌生旺、临官、冠带方水流出,墓方水朝入,主凶祸。

以上八图分别载有六畜所宜方位,细细究之,多在凶位。六畜为一家之财,其旺衰与一家财运息息相关,故《象吉通书》载有进六畜吉庆之日,前贤亦多论及养六畜之吉凶方,如本书中册第539-541面就介绍了魏青江、郭景纯等人的论述,请参阅。

门楼玉辇经

【原文】福德安门大吉昌,年年进宝得田庄。

主进甲音金银器,又生贵子不寻常。

此位安门,大吉之兆,主进牛马六畜,蚕谷旺相,又进东方甲音人契书,金银铜铁横财。应三年内进人口,生贵子,加官升职,进产业,平安大吉。

【注解】甲音,姓氏属于木音者,即五音中之角音,详见本书上册第353面。

按,五音姓属摘《象吉通书·卷十五》,以下皆同。

五方五行中东方属甲乙木，木方木音，故云进东方甲音人契书财宝。

【原文】瘟瘟之位莫安门，三年五载染时瘟。

更有外人来自缢，女人生产命难存。

此位安门，招时气麻痘痢疾，大小口生暴病、落水、蛇虫、水火雷伤之厄。女人产厄，非横遭刑，外人自缢，官事退财，破耗不利。

进财之位是财星，在此安门百事宜。

六畜田蚕人口旺，加官进爵有声名。

此位安门进财谷，添人口，西方田宅契书，加官进宝，牛马田庄，乡人寄物，吉兆。

长病之位疾病重，此位安门立见凶。

家长户丁目疾患，少年暴卒狱牢中。

此位安门，家长手足不仁，眼昏心痛，人口疾厄，少年儿孙暴卒，口舌官非败财，家贼勾连外人侵扰，人口不安。

词讼之方大不祥，安门招祸惹非殃。

田园财物阴人利，时遭口舌恼人肠。

此位安门，争斗产业，非灾横祸，破败六畜，田蚕不利，小人邪害，耗散不安。

安门官爵最高强，仕人高擢入帝乡。

庶人田地钱财旺，千般吉庆总相当。

此位安门，加官进爵，增添人口，良善发达。庶人田蚕六畜加倍，人财大旺。

官贵位上好安门，定主名轰位爵尊。

田地资财人口旺，金银财物不须论。

此位安门生贵子，仕路高迁，进田宅契书，六畜横财，币帛田蚕，发福。

自吊位上不相当，安门立见有灾殃。

　　刀兵瘟火遭横事,离乡自缢女人伤。

　　此位安门损人,自缢落水,官事破耗,男离乡,女产厄,六畜资财不利。

　　旺庄安门最吉利,进财进宝及田庄。

　　北方水音人进契,大获蚕丝利胜常。

　　此位安门进田地,乡人产业,招北方妇人田地契书,六畜横财,进人口,发木命人。

　　【注解】水音,即五音中之羽音。

　　五行五方北方属水,水生木,故云发木命人。

　　【原文】兴福安门寿命长,年年四季少灾殃。

　　仕人进职加官禄,庶人发福进田庄。

　　此位安门,福寿绵长,人口平安,男清女洁,仕人进擢,庶人发福,六畜大旺,出人忠孝。

　　法场位上大凶殃,若安此位受刑伤。

　　非灾牢狱披枷锁,流徙发配出他乡。

　　此位安门,主遭不明人命官司,流徙他乡,妇人勾连,不利。

　　颠狂之位不可夸,生离死别及颠邪。

　　田地退消人口败,水火瘟癀绝灭家。

　　此位安门,主人疯邪淫乱,女人产厄,男酒女色,少年暴卒,父南子北,人口不安,财物耗散。

　　口舌安门最不祥,常招无辜横灾殃。

　　夫妇相煎日逐有,无端兄弟斗争强。

　　此位安门,口舌不离,官事常有,忤逆不孝,媳妇詈姑,六畜无收,凡事不利。

　　旺蚕位上好修方,此位安来家道昌。

　　六畜蚕丝皆大利,坐收米谷满仓箱。

　　此位安门,大旺田产,财帛胜常,增添子孙,勤俭好善,火命人起家,蚕丝倍旺。

进田位上福绵绵,常招财宝子孙贤。

更主外人来寄物,金银财帛富田园。

此位安门,招田产契书,出人亲贤乐善,本命寄物发达,六畜加倍。

哭泣之位不可开,年年灾祸到家来。

枉死少亡男与女,悲啼流泪日盈腮。

此位安门常哭声,瘟疫疼痛,痘痢麻疹,男女少亡,阴人多病,破耗钱财,六畜不利。

孤寡之方灾大凶,修之寡妇坐堂中。

六畜田蚕俱损败,更兼人散走西东。

此位安门,寡妇无倚,走出他乡,破家耗散,六畜不利。

荣福位上最堪修,安门端的旺人稠。

发积家庭无灾祸,富贵荣华事业收。

此位安门,荣迁加转,田蚕旺相,财帛倍收,六畜胜常,火命发旺。

少亡之位不堪谈,一年之内哭声哗。

好酒阴人自缢死,雷门伤子死天涯。

此位安门损小口,招妻枉死,投河自缢,阴人多病,酒色破家。

娟淫之位不堪修,修之淫乱事无休。

室女怀胎随人走,一家大小不知羞。

此位安门,男女酒色,娟淫无耻,败坏家风,妇人淫乱,室女怀胎,六畜不收。

亲姻位上好修方,修之亲戚众贤良。

常时往来多吉庆,金银财宝满箱仓。

此位安门,招财进人口,六畜大旺,火命发达。

欢乐门修更进财,当有徽音人送来。

田蚕六畜皆兴旺,发福声名响似雷。

此位安门,招南方绝户银钱币帛,六畜兴旺,阴人送帛,木命人发达。

【注解】徵音即五音中之火音。

徵音属火,为南方,木命人生火是泄本命之气,何以发达?故应是土命人、火命人或水命人发达方合义理。

【原文】绝败之方不可修,修之零落不堪愁。

人丁损灭无踪迹,父子东西各自投。

此位安门,破败家财,遭瘟暴卒,自缢落水,风火之厄,不利。

旺财门上要君知,富贵升迁任发挥。

显达人丁家业胜,一生丰厚寿眉齐。

此位安门,进商音人财物且又永寿,火命人发达。

【注解】商音即五音中金音。

商音属金,发火命者,火克金为财,金为火命之财者是。

古人对安门非常重视,除本文外,还有许多方法,如门路定局,可参下面的表。

另还有"天机木星安门例""杨曾九星造门经"等,但均不符义理,此吉彼凶,相互抵触,多为好事人妄造,民间多不采用。惟"压白法"与"鲁班尺"广为流传,并在古建筑中广泛应用。详见后注。

【原文】乾宅开门。乾山巽,亥山巳,戌山辰。

此宅利未申酉年月,入墓于丑,征应在宅主。本宅于兑方尽属吉星。艮有微疵,不若酉为第一。若坎则六杀,震则五鬼,巽则祸害,而离则绝命之破军,皆不利也。

乾宅为正巽向,不宜正开而论,宜开右一间巳门,合"玉辇经"曰"福德门",又合西四宅,宜开白虎门,最为上吉。且乾金生巳,大门开巳,二旁门开兑,门在庚位,又不犯巽向杀曜为第一。或大

方位／神煞	坐山	亥壬子癸丑	艮寅甲辰	卯乙巽午	巳丙庚酉	坤申辛戌	丁未
质库	质库	巳	申	戌	亥	寅	辰
	赭衣	丙	庚	乾	壬	甲	巽
绝体	绝嗣	午	酉	亥	子	卯	巳
	宪纲	丁	辛	壬	癸	乙	丙
横财	横财	未	戌	子	丑	辰	午
	殖产	坤	乾	癸	艮	巽	丁
刑狱	刑徒	申	亥	丑	寅	巳	未
	失爵	庚	壬	艮	甲	丙	坤
囚禁	遭官	酉	子	寅	卯	午	申
	勇宝	辛	癸	甲	乙	丁	庚
进田	进田	戌	丑	卯	辰	未	酉
	衡名	乾	艮	乙	巽	坤	辛
食益	食益	亥	寅	辰	巳	申	戌
	捕负	壬	甲	巽	丙	庚	乾
五龙	进龙	子	卯	巳	午	酉	亥
	温饱	癸	乙	丙	丁	辛	壬
科斗	称斗	丑	辰	午	未	戌	子
	家虚	艮	巽	丁	坤	乾	癸
欠债	欠债	寅	巳	未	申	亥	丑
	金赢	甲	丙	坤	庚	壬	艮
饭罗	饭罗	卯	午	申	酉	子	寅
	天孤	乙	丁	庚	辛	癸	甲
大耗	大耗	辰	未	酉	戌	丑	卯
	昌贵	巽	坤	辛	乾	艮	乙

门在坤，以老阴老阳配合，又合延年武曲金星，比和星助本宫，更合天地定位之局。又《衍文》一书不定坤门者，以三碧在坤，其吊之气又有微疵也。至吊紫白，乾系六白金星，吊得七赤星到本宫，

是为坐旺。八白土在兑，是为生气，上上吉也。若开艮门，是为天医巨门之土星，土生乾金，星生乎宫，亦上吉之宅也。以三者较之，坤巳宜开大门，兑开二门，艮开便门，三吉备矣。

【注解】乾为老父、为官宦、为上司，故乾卦吉凶应宅主。

此段言乾宅开门，共用了三种方法。一是门开"巳"方，合《玉辇经》之长生"福德门"。二是门开兑方，宅九星吊得八白土到生兑金；门开坤方，宅九星吊得三碧木到，克坤土，是以宅紫白论吉凶。三是门开坤方，合得延年；门开艮方，合得天医；门开兑方，合得生气，是以八宅大游年论。如此则天有三日，家有三主，令人无法适从矣。且吉凶相互抵触，不辨其理，只凭臆想，误极矣。如门开巳方，以八宅大游年论为祸害门，以宅紫白论为五黄关煞之方，是一吉二凶；门开艮方，以《玉辇经》论，偏丑为孤寡，偏寅为少亡，二凶一吉；以宅紫白论，九紫火飞到艮宫，正是乾方杀曜，亦主凶咎。门开庚方，虽为生气之方，但以《玉辇经》论又为"自吊"，主立见灾殃、刀兵瘟火、离乡自缢，也是自相矛盾，所以此法为清初以后大多风水家所弃之。

玄空风水认为，门宜开生气、旺气之方，忌开死气、煞气之方，运运有变，山山不同。如戌山辰向，一运旺气在乾，生气在兑艮；二运旺气在乾，生气在兑艮；三运旺气在巽，生气在震；四运旺气在乾，生气在兑艮；五运旺气在乾，生气在震坤；六运旺气在巽，生气在震坤；七运旺气在巽，生气在震坤；八运旺气在乾，生气在兑艮；九运旺气在巽，生气在震坤。

乾山巽向与亥山巳向同。一运旺气在巽，生气在震坤；二运旺气在巽，生气在震坤；三运旺气在乾，生气在兑艮；四运旺气在巽，生气在震坤；五运旺气在乾，生气在兑艮；六运旺气在乾，生气在兑艮；七运旺气在乾，生气在兑艮；八运旺气在巽，生气在震坤；九运旺气在乾，生气在兑坤。

【原文】坎宅开门。子山午，壬山丙，癸山丁。

此宅利申子年月，入墓于辰，征应于申子。本宅坐宫全美，在旁可开小门，开后门在壬位、癸位，不离本宫，吉，不可侵亥丑位去。查坎宅配巽为生气，震为天医，离为延年，可开门路。然即此三方吊白亦有不尽吉处。若乾则六煞，坤则绝命，艮五鬼而兑祸害，尤不吉也。至吊紫白，坎系一白水星，吊得六白金到本宫，是坐生气。二黑到乾，八白到震，俱有杀气，然震为天医巨门，可开便门，以助正门之吉。如地形可开大门，又合东四宅，宜开东方门，吉。三碧在兑，为禄存；四绿在艮，为廉贞五鬼，俱为退气。七赤到坤，是为生气。九紫到巽，亦为死气。巽以贪狼而吊死气，亦安小门而助正门之吉。查书称巽门方"木入坎宫，凤池身贵"，且见坎宅开巽门而吉者亦多也。坤以破军而吊生气，故癸山丁向有开坤申门者，因在坎水即生方，而有生星照，兼能迎合右之来水也，此不过存之以待左手不能开门者。五黄在离，属武由延年，地理衍义谓之不利者，其直冲也。愚以原正合参，除衙门喜门正门外，凡百姓之家，丁向之房，不必开午，以禄破。二门直开，大门在丙位，乃纯吉也。子山午向，亦是二门直开，大门在丙位为尤吉也，俱喜在赦文位也。若壬山丙向，多是左水到右，方合水法，大门开巽收巽，是火之临官位，皆有贪狼星到，最为吉利，不得泥原正一书而为巽门不可开也。其丙向二门，仍对开为吉，大小门不应在巳位开，而走破丙向之禄也。次知丁午向，而大门开丙为第一；丙向大门开巽为第一。若丙向只是一门而进，竟以正对为吉。若午向开东乙卯大门路亦吉。若丁向丙门之外，在坤方开迎水之门亦吉。同一坎宅，用之则有分别，是在人因地形方便而定之也。

【注解】征应于申子：坎宅属水，申为水之生方，子为水之旺方，吉凶应申子年月似乎亦通。但纵观其它卦向，征应皆为宅主，小房、中房等人事，并非年月，故"申"字应是"中"字之误。因坎为中男,故应是征应"中子",方合卦理,特予订正。

此节忽而巽方不吉,忽而大吉,自相矛盾,实不知所云。据八宅大游年之理,坎宅巽方为生气,离方为延年,震方为天医,坎方为伏位,此四方开门为吉。然以宅紫白论,一白入中,五黄大煞关方在离,八白土煞气在震,九紫火死气在巽,均为凶方,故本文言可开小门助吉。殊不知若门为凶,大门可凶,小门亦可凶;若云吉,大门吉,小门亦云吉,其门之吉凶并无大小之分。若以《玉辇经》论,丙方为娼淫,巳方为少亡,辰方为孤寡,乙方为哭泣,壬方为自吊,是门又不宜开矣。

玄空风水开门之法,是开在当运的旺气、生气之方,吸纳本运生旺之气,深合其理。其坎山三向开门分别于下。

壬山丙向,一运旺气在坎方,生气在坤震方;二运旺气在离方,生气在兑艮方;三运旺气在坎方,生气在坤震方;四运旺气在离方,生气在艮兑方;五运旺气在坎方,生气在坤震方;六运旺气在坎方,生气在坤震方;七云旺气在离方,生气在艮兑方;八运旺气在坎方,生气在坤震方;九运旺气在离方,生气在坤震方。

子山午向,癸山丁向同。一运旺气在离方,生气在艮兑方;二运旺气在坎方,生气在坤震方,三运旺气在离方,生气在艮兑方;四运旺气在坎方,生气在坤震方;五运旺气在离方,生气在艮兑方;六运旺气在离方,生气在艮兑方;七运旺气在坎方,生气在坤震方;八运旺气在离方,生气坤兑方;九运旺气在坎方,生气在坤震方。

【原文】艮宅开门。艮山坤,丑山未,寅山申。

此宅利申酉戌年月,入墓在辰,征应在小房。配乾金为天医,坤为生气,兑为延年,俱可开门。至坎为五鬼,离为祸害,震为六煞,巽为绝命,皆不相配也。至吊紫白,艮为八白土星,吊得二黑土到本宫,亦为坐旺。九紫到乾,是为生气,当以乾为第一门。一白在兑,虽气有未纯,实可开门穿井。三碧离,四绿坎,俱为杀气,而坎尤凶。五黄在坤,虽系贪狼,而贪属木,又与艮土略嫌,以坤开二门,乾为大门第一,庚酉辛方开大门为第二也。

【注解】《易》曰艮为少男,故征应在小房。

以八宅大游年论,艮宅坤方为生气,兑方为延年,乾方为天医,艮方为伏位,属四吉方,均宜开门。然以宅紫白论,兑方吊得一白水到,为艮宅之死气;坤方吊得五黄杀到,为艮宅之关煞,却又为凶。若以《玉辇经》论,则丑方为词讼,戌方为绝败,庚方为娼淫,申方为少亡,未方为孤寡,是又不可开门也。

以八卦纳甲论,艮纳丙,门开丙方为卦气相通。以三合论,丑属金,门开巳方为生门,门开酉方为旺门;寅属火,门开午方为旺气,此又一法。

玄空飞星亦主张在生气、旺气之方开门,各山九运生旺之方如下。

丑山未向:一运旺气在艮方,生气在坎离方;二运旺气在坤方,生气在坎离方;三运旺气在艮方,生气在坎离方;四运旺气在艮方,生气在坎离方;五运旺气在坤方,生气在坎离方;六运旺气在艮方,生气在坎离方;七运旺气在坤方,生气在坎离方;八运旺气在坤方,生气在坎离方;九运旺气在坤方,生气在坎离方。

艮山坤向与寅山申向同。一运旺气在坤方,生气在坎离方;二运旺气在艮方,生气在坎离方;三运旺气在坤方,生气在坎离方;四运旺气在坤方,生气在坎离方;五运旺气在艮方,生气在坎离方;六运旺气在坤方,生气在坎离方。七运旺气在艮方,生气在坎离方;八运旺气在艮方,生气在坎离方;九运旺气在艮方,生气在坎离方。

【原文】震宅开门。卯山酉,甲山庚,乙山辛。

此宅利亥寅卯年月,入墓于未,征应于长房。本宅坐宫为伏位,吉。配巽为延年,离为生气,坎为天医,俱可开门作灶。若乾则五鬼,坤则祸害,艮则六杀,兑则绝命,俱不吉。至吊紫白,震系三碧木星,吊得一白星到本宫,是坐生气。二黑在巽,八白到坎,七赤到离,虽气有未纯,皆可开门。四绿到乾,实为旺气,是可并可灶方。若五黄在兑,大不利。按,八宅俱无可开后门之处,虽中宫伏位挨左右柱可开后路便门,亦按此开之吉。震宅巽宅俱不宜直开门路,以金克木也。二门在庚,开合纳甲亦可。

【注解】《易》曰震为长男,所以震卦三山吉凶应在长房。

以八宅大游年论,震宅离方为生气,巽方为延年,坎方为天医,震方为伏位,此四方开门均吉;但以宅紫白论,震三入中顺布,七赤金煞气到离,八白土死气到坎,二黑土死气到巽,此三方又为不吉;以玉辇经安门论,甲方为瘟疫,乙方为长病,辰方为词讼,丙方为自吊,壬方为娼淫,均凶,均与大游年安门方相抵。

以八卦纳甲论,震纳庚,门开庚方为通气。以三合论,木长生于亥,木开亥方是长生门,均为吉庆,此又一法。

以玄空飞星论,震虽属一卦,但有三山,门宜开在三山各运的生旺之方。具体是:

甲山庚向,一运旺气在震方,生气在巽方;二运旺气在兑方,生气在乾方;三运旺气在震方,生气在巽方;四运旺气在兑方,生气在乾方;五运旺气在震方,生气在巽方;六运旺气在兑方,生气在乾方;七运旺气在震方,生气在巽方;八运旺气在震方,生气在巽方;九运旺气在兑方,生气在乾方。

卯山酉向与乙山辛向同。一运旺气在兑方,生气在乾方;二运旺气在震方,生气在巽方;三运旺气在兑方,生气在乾方;四运旺气在震方,生气在巽方;五运旺气在兑方,生气在乾方;六运旺气在震方,生气在巽方;七运旺气在兑方,生气在乾方;八运旺气在兑方,生气在乾方;九运旺气在震方,生气在巽方。

【原文】巽宅开门。巽山乾,巳山亥,辰山戌。

此宅利亥子丑寅卯年月,入墓于未,征应在长女。配震为延年,坎为生气,离为天医,俱为吉配。开东方甲卯乙门,坎方壬子癸门俱吉。不宜直开门。若乾则祸害,坤则五鬼,艮则绝命,兑则六杀,皆非吉。至吊紫白,巽为四绿木星,吊得三碧木到本宫,是为坐旺。二黑土在震,虽气有未纯,亦合财官,故震为延年之方,可以开门。五黄在乾,一白为不利。六白到兑,亦为杀气。七赤在艮,与兑相合,同八白在离,虽死气之方,而无凶杀。九紫在坎,可以开井。

【注解】《易》曰巽为长女,故巽卦之吉凶征应长女。

以八宅大游年论,巽宅坎方为生气,震方为延年,离方为天医,巽方为伏位,此四方开门均为吉。但以宅紫白论,巽四入中顺布,吊得九紫退气到坎方,八白土死气到离方,二黑土死气到震方,是三吉方又变为三凶方。以《玉辇经》安门法论,巽为少亡,巳为娼淫,卯为哭泣,乙为孤寡,丁为绝败,癸为法场,吉方亦变为凶方,均与大游年之法相抵。

以八卦纳甲论,巽纳辛,门开辛方为通气。以三合论,巳金旺于酉,开酉方门为旺门;辰土生于申,旺于子,门开申子方是生旺门。此又一法。

以玄空飞星论,巽虽为一卦,却有三山,门宜开三山之生气及旺方。各运具体于下。

辰山戌向:一运旺气在乾方,生气在巽方;二运旺气在巽方,生气在乾方;三运旺气在乾方,生气在巽方;四运旺气在乾方,生气在巽方;五运旺气在乾方,生气在巽方;六运旺气在巽方,生气在乾方;七运旺气在乾方,生气在巽方;八运旺气在巽方,生气在乾方;九运旺气在巽方,生气在乾方。

巽山乾向与巳山亥向同。一运旺气在巽方,生气在乾方;二运旺气在乾方，生气在巽方；三运旺气在巽方，生气在乾方；四运旺气在巽方，生气在乾方；五运旺气在巽方，生气在乾方；六运旺气在乾方，生气在巽方；七运旺气在巽方，生气在乾方；八运旺气在乾方，生气在巽方；九运旺气在乾方，生气在巽方。

【原文】离宅开门。午山子，丁山癸，丙山壬。

此宅利寅卯巳午年月，入墓于戌，征应在中女。本宫伏位吉，配巽为天医，震为生气，坎为延年，俱正配。其中坎有冲克之病，若乾则绝命，坤则六杀，兑则五鬼，艮则祸害，非吉配。至吊紫白，离以九紫火星，吊得四绿木星到本宫，是坐生方。三碧在艮，亦是生气。七赤在震，虽气有未纯，实是生方。六白在坤，二黑在兑，六事皆吉。八白在巽，井灶咸利，便门皆可开。大门惟甲乙方为吉。若用二门，亦不宜正开，偏左壬位，转震而出则善矣。若子向不宜开子，在癸上开门亦吉，总在向上换一字，不正对，以壬癸两位，互换开门亦可。

【注解】《易》曰离为中女，故离山吉凶应在中女。

以八宅大游年论，离宅以震方为生气，以坎方为延年，以巽方为天医，以离方为伏位，此四吉方宜开门。坎方虽与离冲克，但先天天地定位，后天一九对待，成水火既济，故亦以吉论。但宅紫白以九紫入中顺布，吊得五黄关方到坎，七赤死气到震，八白退气到巽，此三方又由吉变凶，二者相互抵触。以玉辇经开门法论，则绝败在丙，娼淫在辰，少亡在乙，孤寡在甲，法场在癸，颠狂在子，口舌在壬，亦均为凶。此皆与大游年安门之法相抵者也。

以八卦纳甲论，离纳壬，是门开壬方，卦气相通。以三合五行论，午属火，长生在寅，门开寅方为长生门。此又一法。

以玄空飞星论，离虽为一卦，却有丙午丁三山，门宜开三山之旺方，九运具体如下：

丙山壬向，一运旺气在坎方，生气在艮离方；二运旺气在离方,生气在坎坤方;三运旺气在坎,生气在艮离方;四运旺气在离,生气在坎坤方;五运旺气在离方,生气在坤坎方;六运旺气在坎,生气在艮离方;七运旺气在离,生气在坎坤方;八运旺气在坎方,生气在艮离方;九运旺气在离方,生气在坎坤方。

午山子向与癸山丁向同。一运旺气在离方,生气在坎坤方;二运旺气在坎方,生气在艮离方;三运旺气在离方,生气在坎坤方;四运旺气在坎方,生气在艮离方;五运旺气在坎方,生气在艮离方;六运旺气在离方,生气在坎坤方;七运旺气坎方,生气在艮离方;八运旺气在离方,生气在坎坤方;九运旺气在坎方,生气在艮离方。

【原文】坤宅开门。坤山艮,申山寅,未山丑。

此宅利申酉戌亥子年月,入墓于辰,征应在宅母。配乾为延年,艮为生气,兑为天医,俱吉配。若坎则绝命,离则六杀,震则祸害,巽则五鬼。至吊紫白,坤系二黑土星,吊八白土星到本宫,亦为助旺。别宫则未纯,依原正一书,丑艮寅可开正门路,乾兑以便门助之。吊紫白论,开门三吉方纯吉者少,不必拘泥。惟知西四宅乾坤艮兑,宜开白虎门路,吉。东四宅震巽坎离,宜开青龙门路,吉。在三吉方向,来水案向好,堂局好,正宅之向可向则向;不可向,另在吉方各自立向,更为有益,不可从出水立向也。

【注解】《易》曰坤为老母,故坤宅之吉凶征应在宅母。

以八宅大游年论,坤宅以艮方为生气,乾方为延年,兑方为天医,坤方为伏位,此四吉方宜开门。但宅紫白以二黑土入中顺布,吊得三碧木杀气到乾,四绿木杀气到兑,五黄关方到艮,三吉方又变为三凶方,与大游年安门之法相抵。以《玉辇经》开门法论,坤为孤寡,未为哭泣,庚为少亡,酉为娼淫,乾为绝败,丑为长病,艮为词讼,四吉方亦多半为凶,亦自相矛盾。

以八卦纳甲论,坤纳乙,是门开乙方,卦气相通。以三合五行论,申属金,亦属水,门开子方、酉方均为旺门。未为土,以本文之法论亦生申,旺子,故亦宜开申子方门。此又一法。

以玄空飞星论,坤虽为一卦,但隶未坤申三山,故门宜开三山九运生旺之方。具体是:

未山申向一运旺气在艮方,生气在乾兑方;二运旺气在艮方,生气在乾兑方;三运旺气在艮方,生气在乾兑方;四运旺气在坤方,生气在震巽方;五运旺气在艮方,生气在乾兑方;六运旺气在坤方,生气在震巽方;七运旺气在坤方,生气在震巽方;八运旺气在艮方,生气在乾兑方;九运旺气在艮方,生气在震巽方。

坤山艮向与申山寅向同。一运旺气在坤方,生气在震巽方;二运旺气在坤方,生气在震巽方;三运旺气在坤方,生气在震巽方;四运旺气在艮方,生气在乾兑方;五运旺气在坤方,生气在震巽方;六运旺气在艮方,生气乾兑方;七运旺气在艮方,生气在乾兑方;八运旺气在坤方,生气在震巽方;九运旺气在坤方,生气在乾兑方。

【原文】兑宅开门。酉山卯,庚山甲,辛山乙。

此宅利巳未申酉年月,入墓于丑,征应在少女。配乾为生气,坤为天医,俱成吉配,而乾重重生气尤佳。若坎则祸害,震则绝命;巽虽六杀,离虽五鬼,不相比和者,而吉存焉。至吊紫白,兑系七赤金星,吊得九紫火星在宫,坐不全美,后门不宜照中宫左右开,有乾坤二方可开在也。一白在艮,虽为退气,而延年助金。四绿在坤,我克为财,不嫌死气。五黄在震,木不克金。八白在乾,生生不息,利益无穷矣。以数较兑宅,以乾门为纯一,不杂之方位也。原正一书辟艮门不用,历验兑泽开艮门者,未见其不吉也。甲卯乙向,对开亦吉。如两重门第,二门直开。外大门若乙卯向,开在甲位,甲向开在艮位亦可。

【注解】《易》曰兑为少女,故兑宅吉凶之征应在少女。

　　"巽虽六杀,离虽五鬼,不相比和者,而吉存焉"句不通,六杀、五鬼皆凶星,何能存吉? 比和者可解,但冠以"不相"其意又不通。故疑"不相"之"不"字应是"互相"之"互"字之误。因宅紫白兑七入中,离方吊得二黑土,宫生星;巽宫吊得六白金,与兑宅相比和,其二方虽凶,但以紫白论却吉,故"吉存焉",其义通。

　　本文又云兑宅门可开甲卯乙方,以八宅大游年论,震方为兑之绝命方;以宅紫白论,震方属五黄关方。以《玉辇经》论,甲方属口舌之位。前文刚言不可开门,旋又言尚可,颠倒如此,何能为法?

　　以八宅大游年论,兑宅以乾方为生气,紫白又吊得八白土到亦为生气,故云"生气不患","纯一不杂"。艮方为天医,坤方为延年,兑方为伏位,此四吉方宜开门。但宅紫白以七赤入中顺布,九紫火到兑为杀气,一白水到艮为退气,四绿木到坤为死气,是吉中又藏凶之象,与大游年安门法相抵触。以《玉辇经》开门法论,酉方为瘟疫,戌方为长病,乾方为词讼,艮方为法场,寅方为颠狂,坤方为绝败,是吉中又藏凶焉。

　　以八卦纳甲论,兑纳丁,兑宅开离门,两卦气通。兑为金,金长生于巳,门开巳方为生门,亦吉。这也许亦是本文"巽虽六杀,离虽五鬼","而吉存焉"之论据。

　　以玄空飞星论,兑虽一卦,但统庚酉辛三山,故门宜开在三山九运之生旺方,具体于下:

　　庚山甲向一运旺气在震方,生气在坤坎方;二运旺气在兑方,生气在艮离方;三运旺气在兑方,生气在艮离方;四运旺气在震方,生气在坎坤方;五运旺气在兑方,生气在艮离方;六运旺气在震方,生气在坤坎方;七运旺气在兑方,生气在艮离方;八运旺气在震方,生气在坤坎方;九运旺气在兑方,生气在艮离方。

　　西山卯向与辛山乙向同。一运旺气在兑方,生气在艮离方;二运旺气在震方,生气在坎坤方;三运旺气在震方,生气在坤坎方;四运旺气在兑方,生气在艮离方;五运旺气在震方,生气在坎坤方;六运旺气在兑方,生气在艮离方;七运旺气在震方,生气在坎坤方;八运旺气在兑方,生气在艮离方;九运旺气在震方,生气在坤坎方。

三　元

【原文】上元,康熙二十三年甲子起上元。

流年男女	流年男女	流年男女	流年男女	流年男女	流年男女
甲子坎艮	甲戌离乾	甲申艮兑	甲午兑巽	甲辰乾离	甲寅坤坎
乙丑离乾	乙亥艮兑	乙酉兑艮	乙未乾离	乙巳坤坎	乙卯巽坤
丙寅艮兑	丙子兑艮	丙戌乾离	丙申坤坎	丙午巽坤	丙辰震震
丁卯兑艮	丁丑乾离	丁亥坤坎	丁酉巽坤	丁未震震	丁巳坤巽
戊辰乾离	戊寅坤坎	戊子巽坤	戊戌震震	戊申坤巽	戊午坎艮
己巳坤坎	己卯巽坤	己丑震震	己亥坤巽	己酉坎艮	己未离乾
庚午巽坤	庚辰震震	庚寅坤巽	庚子坎艮	庚戌离乾	庚申艮兑
辛未震震	辛巳坤巽	辛卯坎艮	辛丑离乾	辛亥艮兑	辛酉兑艮
壬申坤巽	壬午坎艮	壬辰离乾	壬寅艮兑	壬子兑艮	壬戌乾离
癸酉坎艮	癸未离乾	癸巳艮兑	癸卯兑艮	癸丑乾离	癸亥坤坎

中元,乾隆九年甲子起中元。

流年男女	流年男女	流年男女	流年男女	流年男女	流年男女
甲子巽坤	甲戌震震	甲申坤巽	甲午坎艮	甲辰离乾	甲寅艮兑
乙丑震震	乙亥坤巽	乙酉坎艮	乙未离乾	乙巳艮兑	乙卯兑艮
丙寅坤巽	丙子坎艮	丙戌离乾	丙申艮兑	丙午兑艮	丙辰乾离
丁卯坎艮	丁丑离乾	丁亥艮兑	丁酉兑艮	丁未乾离	丁巳坤坎
戊辰离乾	戊寅艮兑	戊子兑艮	戊戌乾离	戊申坤坎	戊午巽坤
己巳艮兑	己卯兑艮	己丑乾离	己亥坤坎	己酉巽坤	己未震震
庚午兑艮	庚辰乾离	庚寅坤坎	庚子巽坤	庚戌震震	庚申坤巽
辛未乾离	辛巳坤坎	辛卯巽坤	辛丑震震	辛亥坤巽	辛酉坎艮

| 壬申坤坎 | 壬午巽坤 | 壬辰震震 | 壬寅坤巽 | 壬子坎艮 | 壬戌离乾 |
| 癸酉巽坤 | 癸未震震 | 癸巳坤巽 | 癸卯坎艮 | 癸丑离乾 | 癸亥艮兑 |

下元,明天启四年甲子起下元。

流年男女	流年男女	流年男女	流年男女	流年男女	流年男女
甲子兑艮	甲戌乾离	甲申坤坎	甲午巽坤	甲辰震震	甲寅坤巽
乙丑乾离	乙亥坤坎	乙酉巽坤	乙未震震	乙巳坤巽	乙卯坎艮
丙寅坤坎	丙子巽坤	丙戌震震	丙申坤巽	丙午坎艮	丙辰离乾
丁卯巽坤	丁丑震震	丁亥坤巽	丁酉坎艮	丁未离乾	丁巳艮兑
戊辰震震	戊寅坤巽	戊子坎艮	戊戌离乾	戊申艮兑	戊午兑艮
己巳坤巽	己卯坎艮	己丑离乾	己亥艮兑	己酉兑艮	己未乾离
庚午坎艮	庚辰离乾	庚寅艮兑	庚子兑艮	庚戌乾离	庚申坤坎
辛未离乾	辛巳艮兑	辛卯兑艮	辛丑乾离	辛亥坤坎	辛酉巽坤
壬申艮兑	壬午兑艮	壬辰乾离	壬寅坤坎	壬子巽坤	壬戌震震
癸酉兑艮	癸未乾离	癸巳坤坎	癸卯巽坤	癸丑震震	癸亥坤巽

【注解】康熙二十三年即公元1684年;乾隆九年即公元1744年;明天启四年即公元1624年。

游年歌

【原文】乾六天五祸绝延生,伏坎艮震巽离坤兑。

坎五天生延绝祸六,伏艮震巽离坤兑乾。

艮六绝祸生延天五,伏震巽离坤兑乾坎。

震延生祸绝五天六,伏巽离坤兑乾坎艮。

巽天五六祸生绝延,伏离坤兑乾坎艮震。

离六五绝延祸生天,伏坤兑乾坎艮震巽。

坤天延绝生祸五六,伏兑乾坎艮震巽离。

兑生祸延绝六五天,伏乾坎艮震巽离坤。

【注解】原书此节无标题,标题为注者所加。此歌在前面第44面已载,此处系重复,足见本书原文之混乱。

异授天尺图式

【原文】凡屋之尺寸、步数,皆宜单不宜双,门宜三九二尺七寸半阔,七九六尺三寸半高。大双阁则宜四九三尺六寸半阔,或五九四尺五寸半。宜以四法尺较量之,取四样尺皆吉为准。尺俱不离九数而加半,则四样尺俱吉。

【注解】原书前总目录中载有此节名称"异授天尺图式",但原文中无此节内容,为使本书完整,本节正文根据另外版本补入。

古人对造屋各种尺寸严格的要求,以下简单介绍几种:

一、宅门要合步数

从堂前滴水直量至安门之门限处。法以十二建除配十二黄道、黑道。建为元吉,除为明堂,满为天刑,平为卷舌,定为金柜,执为天德,破为冲煞,危为玉堂,成为三合,收为贼劫,开为生气,闭为灾祸,凡步数合除、定、执、开者主立生贵子,并发财禄。其法四尺五寸折合一步为建,九尺为二步,为除,依此则:

一丈三尺五寸,满,三步。　　一丈八尺,平,四步。

二丈二尺五寸,定,五步。　　二丈七尺,执,六步。

三丈一尺五寸,破,七步。　　三丈六尺,危,八步。

四丈零五寸,成,九步。　　四丈五尺,收,十步。

四丈九尺五寸,开,十一步。五丈四尺,闭十二步。

五丈八尺五寸,建,十三步。六丈三尺,除,十四步。

二、造屋尺寸定式

八尺深,瓦屋尖二尺七寸,井口七尺一寸高,合九尺八寸数。

九尺深,瓦屋尖二尺九寸,井口七尺九寸高,合一丈零八寸数。

一丈深,瓦屋尖三尺三寸,井口七尺五寸高,合一丈零八寸数。

一丈零八寸深，瓦屋尖三尺六寸，井口七尺二寸高，合一丈零八寸数。

一丈一尺八寸深，瓦屋尖三尺九寸，井口七尺九寸高，合一丈一尺八寸数。

一丈二尺八寸深，瓦屋尖四尺二寸，井口八尺六寸高，合一丈二尺八寸数。

一丈三尺八寸深，瓦屋尖三尺九寸，井口八尺九寸高，合一丈三尺八寸数。

一丈四尺八寸深，瓦屋尖五尺二寸，井口八尺六寸高，合一丈三尺八寸数。

三、各种门之尺寸

四尺九寸六分，配二尺九寸六分，合太阳，房门催孕屡验。

四尺九寸九分，配二尺九寸八分，进宝。

四尺九寸八分，配二尺九寸九分，九紫，此门催生祛病屡验。

五尺零六分，配三尺零一分，田财。

五尺零八分，配三尺零一分，堆禄。

五尺三寸九分，配三尺三寸八分八，催官，此门屡试屡验。

五尺四寸一分，配三尺三寸九分九，迎财。

五尺四寸六分，配三尺四寸一分，旺财，此门催财屡验。

五尺四寸九分，配三尺四寸零分九，天财。

五尺四寸八分，配三尺四寸零分八，贵子，此门催生屡验。……

按：须要注意，以上数之尾数，均为一、六、八、九，合压白尺"一白、六白、八白、九紫"之吉数。

四、各种宅式之尺寸

仅以三间两栋为例，余皆不录。

正宅内深一丈，堂宽丈二八，房宽九尺六。檐墙七尺九寸，尖三尺九寸，合一丈一尺八寸数。檐阶一尺。

天井直长一丈一尺八寸,横宽一丈三尺八寸,厢内深八尺一寸,阶一尺。檐墙七尺一寸,尖二尺七寸,合九尺八寸数。

按:此各类尺寸之尾数,均合一、六、八、九吉数。

四样尺:子房尺、鲁般尺、曲尺、玄女尺。详见下节注。

【原文】尺法。一曰子房尺,二曰曲尺,三曰鲁班尺,四曰玄女尺,(尺俱九寸)。

又曰,鲁班尺乃木匠常用,一寸管一字,财、离、病、义、官、劫、害、本。内财、义、官、本四字吉兴。此鲁班尺又不相同,不在此论内。

子房尺以九寸为步,金星吉,火星凶,罗星凶,木星吉,紫气吉,文星凶,计都凶,月孛凶,水星吉。

曲尺以九寸分九步,第一寸为一白吉,六寸为六白吉,八寸为八白吉,九寸为九紫吉,其二、三、四、五、七寸皆凶。

鲁班尺以九寸分十三部,财遂田增,生灾口舌,分定损妻,离乡绝义,招财进业,旺财吉利,生贵子吉,进财生子,横祸凶神,长病师孤,官司牵连,瘟火退财,进宝吉利。

玄女尺以九寸分八部,贵人吉,天灾凶,天祸凶,天财吉,官禄吉,孤独凶,天败凶,辅弼吉。

凡门屋尺寸,俱以此四样尺较量,取其吉皆可也。以一板四寸阔,九寸长,画此四样尺于一面,则吉凶了然。总之,数不离九,遇九则吉。以九寸为一尺,以九尺为一丈,再加半寸,则诸尺皆吉也。

【注解】子房:张良,字子房,秦末汉初之人,屡献奇策,辅佐刘邦夺取天下。因刺秦始皇事败,亡匿于下沛,遇黄石公授《太公兵法》,深精用兵之道,阴阳五行。子房尺传为张良所制。

鲁班尺:鲁班是春秋时鲁人,姓公输名班,因其为鲁人,故称鲁班。为能工巧匠,木匠尊其为祖师。相传鲁班尺即其所传。

玄女：九天玄女，道教中的神仙。

子房尺、玄女尺现很少见使用，惟曲尺及鲁班尺用之甚广，我社已出版的《鲁班经》对此二尺有详细介绍，可参阅。

【原文】造床法。床之尺寸，俱宜单数，长宜六尺三寸半或五尺四寸半，阔宜四尺五寸半，小床三尺六寸半，高宜单数。

床不宜接脚，不可添新换旧，不宜披头尖，或陀头笋亦可，不宜锯减，不宜裁狭，不宜用樟树，忌神坛坟树。床横宜七根，不宜双。床料宜柿、梓、桐、栎、椿，亦树之开花结子者。床怕房门相冲，以一屏风抵之乃佳。床宜安本命生、天、延三方吉。造床宜吉日，必当令旺相乃吉；正、旁四废勿用。安床日亦忌之。

【注解】正四废：春庚申、辛酉，夏壬子、癸亥，秋甲寅、乙卯，冬丙午、丁巳。

造床宜忌甚多，详参我社已出版的《鲁班经》。

【原文】作灶法。长七尺九寸，上象北斗，下应九州；广四尺，象四时；高三尺，象三才；灶口阔六寸，按六合；高一尺二寸，象十二月；安两釜，象日月；突大八寸，象八风。宜新砖净土相合香水，切不可壁泥相杂。以猪肝和泥令妇人孝顺。凡作灶取土，先除地面上土五寸，取下面净土以井花水并香和泥大吉。

　　　　　　　　　　　　　　　　　癸未年正月十二日午时
　　　　　　　　　　　　　　　　　完稿于海口

参考书目

万全玉厘记　　　　　　　　（晋）许敬之　著
卜宅篇　　　　　　　　　　（唐）吕　才　著
五行六义　　　　　　　　　（元）萧　古　著
人子须知地理资考统宗　　　（明）徐善继、徐善述　著
董氏诹吉新书　　　　　　　（明）董德章　著
新刻金符经　　　　　　　　（明）胡文焕　著
新刻连珠历　　　　　　　　（明）胡文焕　著
星历考源　　　　　　　　　（清）康熙御定
协纪辨方书　　　　　　　　（清）乾隆御定
象古通书　　　　　　　　　（清）魏明远　著
永吉通书　　　　　　　　　（清）李侨宜　著
阳宅大成　　　　　　　　　（清）魏青江　著
选择求兵　　　　　　　　　（清）胡晖一　著
沈氏玄空学　　　　　　　　（清）沈竹礽　著
宅运新案　　　　　　　　　（民国）策群　著
择日生死门　　　　　　　　钟义明　著
风水与建筑　　　　　　　　全实　程建军主编

整理者后记

不管对术数如何看待,不管对术数在我国传统文化中的地位怎么评价,仅以出土的甲骨文几乎全部是卜辞这一事实,就足以证明术数对我国传统文化的影响之大、之深远。因此,只要不采取历史虚无主义态度,不管怎么说,术数都是我国传统文化的一个重要组成部分,整理我国传统文化也就不能不整理术数。我想,海南出版社也正是基于这个出发点,才安排这类图书的出版的。

术数类古籍不好整理,因为术数本身就有神秘的一面,更加之有些著作托言天机不可泄露,故弄玄虚,半吐半露;还有些著作则试图以其昏昏,使人昭昭,甚至随意曲解增删;诸如此类的问题都使我们今天要搞清楚历史上各种术数活动的细节和本来面目,变得十分困难了。

针对这种情况,此次整理力求遵循一条原则,即尽量做到能正本清源,还各种术数以本来面目,并尽可能搞清楚历史上各种术数的来龙去脉,及原本的运用方法。如:古代阴阳宅到底是根据什么原则来确定的? 六壬占卜是如何运用天地盘操作的? 择吉、推命到底是怎么进行的? 等等。

为了做到这一点,本套书在整理方式上均根据各种古籍的具体情况进行了不同的选择。通常整理古籍,除了最基本的添加标点外,大体上还有几种方式:注释难字的音形义;直译成白话并加解说;意译成白话并加解说;有些特别艰深的古籍还要进行各种考证工作,等等。由于术数类古籍不是古汉语范文,人们阅读他并不是为了提高自己的古汉语水平,也由于我们此次整理的目的旨在搞清楚古人的本意,因此,本套丛书的整理采取了灵活变通的方式：凡原文晦涩难解处，多采取意译并加解说的方式，有时还举例予以说明，并与别的版本或观点进行比较；凡原文语义比较清楚者，则仅略加注解，而不予意译，更不解说；有些甚至只是添加标点。总之，一切以能搞清古人本意为原则。

搞清古人的本意，无疑是对整理古籍最基本的要求。整理者力图做到这一点，但不敢说已经做到了。限于整理者的学力，加上时间又紧，处理不当，甚至误解之处在所难免，还望方家不吝赐教。

关于本书的整理，还有几个具体问题应当说明。

本书为《故宫珍本丛刊》中之一种，原书系明崇祯年原刻清乾隆年重刻本。原书中明显的错讹字，均径改；漏段等重要之误，则多另找其他版本补全并注明。本书原图不清晰者，均据其它版本作了修补。

在本书的整理过程中，袁大川、苏斌、成无功、李升召、殷曰序、康健、瑞民、辛强、李晓光、冯建文、秦钢、刘德军、王清、陈小丽、陈光霞等同志从各方面予以大力支持，谨表示诚挚的谢意，他们的无量功德与此书同存。

2006年3月19于海口

《〈故宫珍本丛刊〉精选整理本丛书·术数》
出版信息

御定六壬直指 分上下册共二册,每套138元(平装)。清内府刻本,不著撰者。六壬是我国最古老的预测吉凶的方法之一,与(奇门)遁甲、太乙(神数)合称"三式",并被尊为"三式"之首;其法以占时加地盘取四课,以四课克贼发三传,以三传与干支的生克论吉凶。本书卷上为直指,即介绍六壬的基本理论和具体操作方法;卷下为析义,即对六壬的每一课(共720课)的课体、课义进行分析解释并给出断辞。

渊海子平 每册68元(平装)。本书是我国古代最经典、最有代表性的命书(俗称算八字);命术相传始于先秦鬼谷子,至唐李虚中系统化,至宋徐子平即完善,故命术又称子平术,本书即为徐子平撰;子平以生人之年月日时四柱论命,以日为主,形成了一个非常完善自洽的理论系统。

平砂玉尺经 每册40元(平装)。元刘秉忠述,明刘基解,赖从谦发挥。我国古代看风水有三合理论一派,本书即是该派理论的经典著作;其法以二十四山分属水木火金,且以龙脉入首时左旋右旋分属阳阴,并配合五行十二支来论二十四山的龙脉、坐山、立向及水之来去的生旺墓绝;消砂拨水则以四大水口是否合法判断阴阳宅的吉凶。

水龙经 每册45元(平装)。晋郭景纯著,清蒋平阶编辑,清抄本。本书是专论水龙的经典著作;该书论述了水形有屈曲、回顾、绕抱、斜飞、直冲、反跳及来去分合的区别,又从理气天星、方位及喝形呼穴方面进行了探源,并说明其吉凶。

鲁班经 每册45元(平装)。本书包括三种古籍:《鲁班经》《择日全纪》《秘诀仙机》。《鲁班经》,明午荣汇编,该书认为,建筑中常用的只砖片瓦、尺地寸木都与吉凶紧密相联,建筑物中的前后左右、高低尺寸也与祸福息息相关;《择日全纪》,明胡文焕德父校正,该书介绍古人怎样选择吉日；《秘诀仙机》，未另著撰者，该书则介绍古代禳解各种灾祸时常用的一些符咒。

阴阳五要奇书 分上中下共三册，每套128元(平装)。本书包括五种古籍：《郭氏元经》《璇玑经》《阳明按索》《佐元直指》《三白宝海》，另附录《八宅明镜》。分别为晋郭璞、晋赵载、明陈复心、明刘伯温、元幕讲禅师、宋杨筠松著。前五种古籍实为明代选编的"选择(择吉)学"丛书，其中特别介绍了各种吉凶神煞及其趋避方法；附录《八宅明镜》，该书则介绍了东四命、西四命人配东四宅、西四宅的理论和方法，为"风水(地理)学"的一个流派。

河洛理数 每册68元(平装)。宋陈抟著，宋邵康节述。本书以易经和河图洛书为本，以易之卦爻配合生人的年月日时八字，来判断人或事的吉凶。

梅花易数 每册35元(平装)。宋邵雍撰。本书或以年月日时起卦、或以字的笔画数起卦、或以某物的数目起卦，即所谓随物起数、随数起卦，然后利用易经、易理进行分析，以判断人或事的吉凶；此外，本书还详细介绍了我国传统"拆字术"的理论和方法。

御定六壬金口合占 分上中下共三册，每套共95元(平装)。原书将六壬720课每课都分列"天时、射覆、行人、田宅、谒见、捕猎、疾病、出行、文信、来意、婚姻、迁移、孕产、失物"等14项古人常欲占断的事项并逐项给出了断辞；这些断辞都是根据六壬和金口诀两种方法的原理联合做出的。为了方便读者比较，我们将根据六壬做出的断辞《御定六壬直指析义》720课的全部内容)分别排在"合占"每一课的后面。由于原书没有关于六壬和金口诀的基本知识的介绍，为了方便初学者学习，本书将《故宫珍本丛刊》中的《御定六壬直指》和《官板大六壬神课金口诀》二书改成了简体横排并加注释，作为本书的一部分，一并出版。